조선조 유교 정치문화

조선조 유교 정치문화

1판 1쇄 인쇄 2008년 2월 20일
1판 1쇄 발행 2008년 2월 28일

지은이 | 조남욱
펴낸이 | 서정돈
펴낸곳 | 성균관대학교 출판부
등 록 | 1975년 5월 21일 제 1-0217호
주 소 | 110-745 서울특별시 종로구 명륜동 3가 53
대표전화 | (02) 760-1252~4
팩시밀리 | (02) 762-7452
홈페이지 | http://press.skku.edu

ⓒ 2008, 유교문화연구소

값 22,000원

ISBN 978-89-7986-742-8 94150
ISBN 978-89-7986-493-9(세트)

유교문화연구총서 7

조선조 유교 정치문화

조남욱 지음

儒敎文化硏究所
성균관대학교 동아시아학술원

| 머리말 |

　오늘의 현대 사회에서 '조선조 유교 정치문화'라는 제목의 논저는 과연 어느 정도의 관심을 일으킬 수 있을까 하는 의문을 가지면서도, 굳이 이렇게 표현하는 데에는 필자 나름대로의 이유가 있다.

　첫째는, 유교사상의 중심에서 정치는 어떻게 설명되는 것이며 그것은 우리의 역사에서 어떻게 응용되어 왔는가 하는 부분을 밝혀보기 위함이다. 주지하다시피 공자와 맹자는 인륜도덕사회를 구현하고자 천하를 주유하며 교화를 펼치고 또 여러 위정자를 만나 인정仁政을 향한 반성과 대안을 제시하기도 했다. 그리하여 유교사상은 인간존중의 가치관을 견지하면서 '정치의 인간화'를 위해 고급의 사상체계를 갖출 수 있었으니, 그것은 유교 경전이 증명하는 바이다. 유교가 우리나라에 수용되기는 고대의 일이지만 고려에서 조선으로 전환되는 시점에서 유교 정치문화의 저변이 확립되었다. 이 점을 주목하여 필자는 우선 유교 정치론의 요체를 확인하면서 여말선초의 지식사회 변화와 이태조에서 세종대왕에 이르기까지의 조선전기 왕정을 면밀히 살펴보았다. 그 실제가 이 책의 제1부와 제2부 내용이다.

　둘째는, 조선시대 큰 유학자들은 바로 정치 참여에 적극적이었고 또 유교 정치문화 창달의 중추적 역할을 다하고 있었다는 사실을 밝히기 위함이다. 그 큰 유학자들이란 장시간 '진유眞儒'로서의 평가과정을 거쳐 문묘에 배향된 인물들을 이름이다. 이들은 학자적 전문성과 선구자적 지혜로써 유교 정치문화의 정수를 보여주고 있었다는 사실을 따라 특히 조선조 성리학 전성기까지를 살피되 후기 실학적 측면에서는 정다산을 포괄하여 조선조 전반의 모습을 확인할 수 있도록 하였다. 흔히 과거 전통사회에서 '학자'라고 하면 정치 사회에 초연한 이론가를 연상하여 조선시대의 유학자도 그러한 것으로 간주하기 쉽겠지만, 그러나 '유생' '사림'이란 말에서 느끼듯이 조선조의 그들은 자신의 정계 진출을 당연시 했을 뿐만 아니라 평소 공부한 내용을 바로 이 현실에 구현하는 '행도行道' 부분에 남다른 사명감을 가지고 있었다. 그것은 학문이 깊을수록 더욱 활발하여 큰 유학자들은 몸소 정치 행정에 참여하면서 선정善政을 향한 여러 논저를 펼치기도 했으니, 그 주요 내용은 이 책의 제3부에서 확인할 수 있다.

　셋째는, 과거 왕조시대의 유교 정치문화에서도 오늘날의 정치문화 발전에 기여할 수 있는 요소를 발견할 수 있다는 점을 천명하기 위함이다. 우리 민주시대의 현대사회에서 왕조시대를 말하는 것은 금기시되고 있다. 정치체제가 다르다면 그 내용은 더 이상 볼 것이 없다는 태도이다. 그렇다면 무엇 때문에 오늘날도 지폐를 통하여 세종대왕을 높이는 것일까? 여기서 우리는 영국이나 일본 등에서와 같이 전통의 왕조체제와 현대의 민주정치를 공존시키는 분위기, 즉 정치체제를 넘어서 정치 내용면을 의식하는 본질적 차원을 주목하는 데에 여유를 가질 필요가 있다고 본다. 이러한 유연한 태도를 가지게 된다면, 이 책의 제4부에서 뿐만이 아니라 성현 정치론 전반의 행간 사이사이에서 적지 않은 발전요인을 발견할 수 있을 것이다. 특히 위로는 하늘의 뜻을 살피며 아래로는 민생의 고통을 제거하는 방식으로 온 백성과의 소통을 중시했던 점이나, 도덕성과 직무능력을 함께 고려하는 정치 지도자론 속에서 멸사봉공의 가치로 공공의식을 드높이는 공직문화 창달의 측면, 그리고 정치인은 통치자로서 뿐만이 아니라 교육자로서의 사명감을 발휘하여 백성들로 하여금 마음으로부터의 복종을 낳을 수 있게 해야 한다는 일체감 강화의 부분 등은 그 기여도를 높이기에 충분하다고 본다.

필자는 이상의 문제의식에서 그동안 발표한 글들을 전체적으로 다시 확인하고 수정 보완의 과정을 거쳐서 저서의 체제를 따라 이렇게 정리해 보았다. 이것은 30여년전 유승국柳承國 선생님의 지도를 받으며 제출한 석사학위 논문 「조선조 사림의 정치의식에 관한 연구」의 연속적 의미를 갖는 것이기도 하다. 그 후 박사학위 논문으로 「세종의 정치철학에 관한 연구」를 내면서 조선전기 군왕정치의 실제적 측면과 조선조 선현의 정치사상 부분에 연구의 관심을 가져 왔다.

그 과정에서 필자는 '우리나라에 유교사상이 없었다면 과연 어떠한 모습의 역사가 이루어졌을까?' '백성들은 정치인들에게 어떻게 각인 되었을까?' 그리고 '큰 유학자가 나타나지 않았다면 조선조의 정치문화는 또 어떠한 모습이었을까?' '과연 5백년의 역사를 낳을 수 있었을까?' 하는 등등의 의구심을 접하면서, 특히 민막民瘼의 해소를 위하여 고도의 창의력을 발휘하며 남다른 성과를 보여서 해동요순으로 칭송될 만큼 유교 정치문화를 꽃피운 세종대왕, 그리고 왕권의 절대 권력 앞에서 적극적으로 어진 정치론을 펼쳤던 우리의 선현들에 대하여 존경의 마음을 더하게 되었다. 나아가 그 도덕정치의 원론들은 오늘날 정치 공동체로서의 자기 혁신을 모색하는 데에 있어서도 적지 않은 의의를 가질 수 있겠다는 확신을 얻기도 했다.

이제 성균관대학교 유교문화연구소와의 인연으로 이와 관련한 글들을 모아 출간할 수 있게 되어 다행으로 생각한다. 그리고 필자로서 독자에게 거는 기대는, 원론과 사료에 근거하여 서술하는 데에 최선을 다한 것으로 이해해 주십사는 주문과 함께, 온고지신의 입장에서 과거의 우리 모습을 올바로 이해하고 지금과 내일의 정치문화 발전에 기여할 요소를 탐색하시는 데에 조금이라도 도움이 되기를 바라는 마음뿐이다. 또한 부족한 부분에 대한 질정과 가르침도 기다려 본다.

그 동안 이 책의 출간을 위해 도움을 주신 유교문화연구소 소장 오석원 교수님과 진성수 연구원, 그리고 교정 작업에 동참한 조장연 박사에게 감사드리며, 바쁜 중에서도 멋진 모습으로 세상의 빛을 보게 해 주신 성균관대 출판부 임직원 여러분께 고마운 말씀을 올린다. 특히 신철호님의 세심한 배려에 감사한 마음을 잊을 수 없다.

2008년 2월
심곡心谷 서재에서 조남욱 씀

제2부 | 조선 초기 군주의 정치사상

제3부 | 조선조 유학자의 정치론

제4부 | 유교 정치문화와 현대

제1부 조선조 유교정치의 사상적 배경

제1장 공자의 덕치주의

1. '바름'의 정치이념

　오늘날 정치를 해석함에 있어서는 흔히 권력의 획득과 유지 및 행사를 중심으로 하는 구성원들의 제반 법적 행위로 설명된다. 권력을 정치현상의 핵심 요인으로서 간주하는 입장이다. 그리하여 '권력은 국민으로부터 나온다.'는 민주시대의 보편정신에 따라 그 주요 과정에서는 선거의 방식이 활용된다.

　그러나 왕조시대의 전통사회에 있어서는 그와 같이 설명되지 않는다. 물론 정치 현상에서는 다스림의 힘으로서 권력이 작용하고 있지만, 그것의 획득이나 유지 등의 문제는 세습군주제로서 이미 해소된 상태이기 때문이다. 다만 그것이 하나의 정치문제로 부각되는 것은 역성혁명易姓革命의 왕조 교체기나 폭군 제거의 반정反正시기에서나 볼 수 있다. 즉 권력 중심적 정치해석은 그 권력관계가 매우 불안정했을 경우에만 가능하다는 점이다.

　그러므로 흔히 왕조시대에 있어서의 정치해석은 세습군주제로 왕권이 안정된 상태 즉 권력 추구의 대립 상황이 제외된 상황을 기본으로 한다. 따라서 그것은 국가와 백성을 다스린다고 하는 소위 '통치'의 관점에서 진개되기 마련이었다.

　그리고 한자문화권의 특성으로 말미암아 오늘날과 같이 '정치政治'

라는 용어 그대로가 쓰인 것은 아니다. 그 두 문자가 붙어서 함께 쓰이던 것이 아니라 '정政'자 또는 '치治'자로만 쓰였다는 점이다. 그러나 후자의 의미와 기능은 넓게 보아 전자의 영역을 벗어나는 것은 아니었다. 여기서는 이러한 점에 유의하여 관련 내용을 살펴보기로 한다.

정치 행정의 실제는 '국가의 주권자 또는 통치 권력을 위임받은 자가 그 영토와 국민을 다스린다.'는 데에 있다. 이러한 사실은 예나 지금이나 다를 바 없다.

그러나 유교에서는 그저 아무렇게나 다스리는 것까지를 정치행위로 보려는 것은 아니었다. 인생에 있어서 보편 원리로서 도덕성이 중시되듯이 이 정치론에서도 정의正義의 원칙을 담고 있었던 것이다. 이러한 사실은 중국 노魯나라 대부 계강자季康子의 '정치가 무엇인가?'라는 물음에 대한 공자孔子(이름은 丘, 자는 仲尼, 기원전 551~479)의 설명에서 분명하다.

> '정치란 바로 잡아가는 것(政者 正也)'이다. 당신이 올바름으로 이끌어 가면 누가 감히 바르지 않으랴! (『논어論語』 「顔淵」)

이처럼 정치의 실상을 해석하는 데 있어서는 '인민을 통치함'이라는 지배적 성격은 뒤로한 채 '올바름(正)'이라는 정의의 이념을 그 중심에 놓고 있었던 것이다. 여기에 포함하는 선행 조건은 '다른 사람들을 바르게 이끌어 가기 위한 자신의 바름' 문제이다.

그러므로 공자는 또 다음과 같이 말한다.

> 자신이 바르면 시키지 않아도 행할 것이요, 그 자신이 바르지 못하면 비록 명령하더라도 잘 따르지 않을 것이다. … 진실로 자신이 바르면 다스림에 어떤 어려움이 있겠으며, 자신이 바르지 못하면 남을 어찌 바로 할 수 있겠으랴! (『논어』 「子路」)

이러한 발언에서 우리는 다음과 같은 몇 가지 의미를 찾을 수 있다. 첫째 정치가 잘못되는 것은 정치인 자신의 바르지 못함에서 기인된다는 사실이요, 둘째 바른 정치를 위해서는 먼저 정치인 스스로의 태도가 올바로 정립되어야 한다는 점이며, 셋째 그렇게 정치인이 바로서면 감화의 분위기로 정의의 사회가 전개될 수 있다는 점이다.

그러면 그러한 '바름(正)'의 발현 근거는 무엇일까? 여기서 그 연원적 측면으로는 도道와 덕德을 말하고 또 그 방법적 측면으로는 예禮와 악樂의 길을 보이는 것이 유교적 입장이다. 그리고 '그 도와 덕은 또 무엇에 근거하느냐?' 하는 물음에 대해서는 곧 '하늘(天)'을 말하지 않을 수 없다. 유교에서는 모든 인간 존재와 자연 현상의 근원에는 하늘을 상정하고 있기 때문이다.

이러한 사실은, "하늘이 뭇 백성을 낳고, 사물 있음에 그 법칙 있다. 백성들이 그 떳떳함 잡아 아름다운 덕으로 좋아한다."(『시경』「大雅」) "하늘에서 죄를 얻으면 빌 곳이 없다."(『논어』「八佾」) "하늘이 명령한 것을 일러 본성이라 하고, 그 본성을 따르는 것을 도라 한다."(『중용』 제1장)라는 등의 경전 구절만 보아도 알 수 있다. 이처럼 유교에서는 인간 존재의 근원을 하늘에 두면서 항상 그를 떠나고서는 바르게 살 수 없다고 본다. 따라서 진정으로 인간 도리를 말하려면 그 근원으로서 천리天理의 경지를 살피지 않을 수 없었던 것이다.

이러한 구조적 관점은 정치론에서도 그대로 견지된다. 즉 하늘의 이치와 하늘의 뜻을 정확히 파악하여 그에 따르는 다스림을 가장 이상적인 것으로 간주한다는 점이다. 그러므로 그 천天·인人 합일의 상징으로 '천자天子'를 설정하여 정치적 최상의 지위로 추앙되어 왔다. 그것은 '지배 권력의 승리자'라기보다는 하늘에 닿는 절대 진리의 소통처로서의 의의를 가지는 것이었다. 맹자孟子(이름은 軻, 자는 子輿, 기원전 372~289)의 이른바 "순임금은 서물에 밝고 인륜을 잘 살폈다."(『맹자』「離婁下」)라는 칭송도 그러한 맥락에서 나타나는 모습이다. 요堯-순舜

-우禹-탕湯-문文-무武로 이어지는 성왕의 흐름도 그러한 천인관계를 내포하여 공자의 이른바 '바름'의 정치를 낳는 역사적 작용인이기도 했다.

또한 그 천인회통의 논리에는 백성을 포괄하고 있다는 사실이 주목된다. 즉 '말이 없는 하늘의 뜻을 어떻게 따를 것인가?'에 대한 방법으로서 백성을 들고 있다는 점이다. 『서경』에서의 "하늘이 보는 것은 우리 백성이 보는 것으로부터 하고, 하늘이 듣는 것은 우리 백성이 듣는 것으로부터 한다."(「周書」, '泰書')라는 지적이 그것이다. 이러한 천민일여天民一如의 관점에서는 자연히 '백성 섬기기를 하늘 같이 해야 한다.'는 정치의식을 낳는다. 이에서 진정한 애민과 위민의 어진 정치를 기대할 수 있다.

공자가 천명한 '바름'의 정치이념은 자기 스스로를 향해서도 공표하고 있었다. 그는 '만일 위衛나라 행정을 맡는다면 무엇을 먼저 할 것이냐?'는 제자 자로子路의 질문을 받고 이렇게 응답했다.

> 반드시 이름에 바르게 할 것이다. 이름에 바르지 않으면 말들이 순조롭지 못할 것이요, 말이 순조롭지 못하면 일들이 잘 이루어지지 못할 것이며, 일이 잘 이루어지지 못하면 예악이 흥기되지 못할 것이고, 예악이 흥기되지 못하면 형벌이 적중되지 못할 것이며, 형벌이 적중되지 못하면 백성들은 손발을 제대로 둘 수가 없을 것이다. (『논어』「子路」)

'바름'을 향한 명분의식의 중요성을 일깨우고 있다. 즉 명분의식이 상실됨으로써 각각의 처소에 따른 바름의 실상이 와해되는 모습을 연계적으로 지적하여 그 정립의 필요성을 제고시키고 있는 것이다. 정치 현장에서 '무엇을 가장 먼저 해야 할 것인가?'라는 질문도 실감나지만 그 응답 또한 현실적 생동감을 더해주고 있다.

공자에 있어서 그러한 명분의식의 구체적인 양상은 "임금은 임금답고 신하는 신하다우며 부모는 부모답고 자식은 자식다워야 한다."(『논어』「顔淵」)라는 정명론正名論으로 귀결된다. 따라서 과연 어떠한 태도가 '~다움'의 경지인지, 직위와 이름에 따른 각자의 정진이 요망되는 것이다.

이러한 맥락에서 '임금은 임금답고 신하는 신하다움의 문제' 즉 정치인이라면 정치인다움의 과제가 부단히 제기된다. 그 바름의 출발점은 정치적 지위가 가장 높은 군주로부터 시작되어야 한다고 보는 것이 또한 유교의 입장이다. 공자는 바로 그 점을 강조하여 "자신을 수양하여 사람들을 편안케 하고, 자신을 수양함으로서 백성을 편안케 한다.(修己以安人 修己以安百姓)"(『논어』「憲問」)라고 일렀다. 이를 배경으로 주자朱子(이름은 熹, 자는 元晦, 호는 晦庵, 시호는 文公, 1130∼1200)는 '수기치인修己治人'이라는 용어를 나타내면서(「大學章句序」)『대학』의 요지를 종합했다.

이처럼 유교 정치론에서는 우선 위정자 자신의 측면 즉 '수기修己'의 문제를 처음부터 제기하였다. 인간과 사물에 대한 이치를 깨닫고 올바로 실천해갈 수 있는 학식과 덕망이 제대로 구비되었는가의 문제이다. 이것은 위정자 사신뿐만 아니라 백성들 그 모두가 '바름'의 기반으로서 공유되는 요소이다. 따라서 '수기修己'에서의 '기己'와 '치인治人'에서의 '인人'이 일원적으로 화응해 갈 수 있다는 논리구조가 전제되어 있음을 알게 된다.

그리하여 '바름'의 정치이념에서는 '수기치인'의 실천론이 중시된다. 이러한 관점으로『대학』의 구성요소인 삼강령三綱領 팔조목八條目을 분석하면, 삼강령 중의 '명명덕明明德'은 팔조목 중의 '격물格物 치지致知 성의誠意 정심正心 수신修身' 등 다섯 조목을 포괄하는 입장이며 이는 곧 '수기'의 내용인 것이요, 삼강령 중의 '친민親民'은 팔조목 중의 '제가齊家 치국治國 평천하平天下'를 포괄하는 것으로 이른바 '치인'의 내용이 된다. 그리고 삼강령 중의 '지선에 이름(止於至善)'의 경지는 '바름'을 추구하는 목적지로서 의미를 가진다.

　이러한 모습을 보이던 성왕으로서는 요堯 순舜이 대표적이다. 특히 '하는 것 없이 다스린 분(無爲而治者)'으로 칭송되는 것은(『논어』「衛靈公」) 바로 그 도덕적 감화의 정수를 이름이다. 거기서 '하는 것 없음'이란, 그저 아무것도 하지 않는 수수방관의 태도가 아니라 진리와 일치하는 도덕성의 체득으로 정치의 중심을 잡아 가만히 있으면서 행정의 실무는 신하들에게 맡긴다는 의미를 담고 있었던 것이다.

　따라서 '바름'의 정치이념을 구현하는 관건은 정치적 지위에 따른 정치인 스스로의 도덕적 역량에 달려있다고 본다. 그러한 의지가 남달랐던 공자는 난세를 주유하면서 교화에 힘쓰고 있었을 뿐만 아니라, 『춘추春秋』라는 이름으로 조국의 역사를 재작성하여 과거와 현재 그리고 미래 그 모든 곳에 '올바름'을 잃지 않아야 한다는 메시지를 전하고 있었다.

2. 정치의 방법론 – 덕

　유교에서는 그처럼 위정자의 자질을 문제시하고 있는 것은 '정치란 그 사람에 달려 있다.(爲政在人)'라는 사실을 간과할 수 없기 때문이다. 그러므로 정치적 지위가 높을수록 인간세계의 이치를 깊이 깨우치고 실천해갈 수 있어야 한다고 보았다. 이러한 정치인의 자질 문제는 정치 행정의 종사자 그 모두에게 도덕성 문제로 집약되고 있었다. 그것은 백성들과 교감을 높이는 첩경이 되는 것이었기 때문이다.

　유교에서는 외형적 지배와 복종의 양상에 만족해하지 않는다. 도덕을 키워드로 하는 만큼 정치의 영역은 구성원의 내면에까지 이르는 것을 당연시 하며 그 공감대 형성을 중시하고 있는 것이다. 그리하여 공자는 이렇게 비교한다.

덕으로 정치하는 것은 비유컨대 여러 별들이 북극성을 향하여 도는 것 같다. … 금법으로 다스리고 형벌로 통제하면 백성들은 그 벌을 벗어나지만 부끄러워함이 없으나, 덕으로 이끌고 예의로 잡아가면 부끄러워하며 지극함이 있다. (『논어』「爲政」)

형률 중심의 법치와 예의 중심의 덕치를 비교하며 구성원들의 감화 분위기를 주목하고 있는 발언이다. 이것은, 밖으로 드러나지 않는 사상이나 양심의 부분에까지 정치적 영향력을 미치기 어렵고 또 그것은 개인의 자유 영역으로 인정해야 한다는 오늘날의 관점과는 크게 차이가 있는 것으로 볼 수 있다. 그러나 인간의 도덕과 예의에는 너와 나의 다름이 없고 우리들과 너희들의 구별이 있을 수 없다는 동질성을 전제하면서 그로 말미암아 안팎에 회통하는 공감대로서 진정한 화평을 이룰 수 있다는 일체감의 논리를 수긍한다면, 그 또한 정곡을 찌르는 발언으로 보지 않을 수 없다. 즉 공자에서는 '바름(正)'을 지향하는 정치의 방법으로 '덕德'을 강조하고 있었던 것이다.

사실은 공자 이전에도 어진 정치의 키워드로 '덕德'자가 쓰이고 있었다. 『서경』에 의하면 요임금의 경우는 '준덕俊德'으로, 순임금의 경우는 '현덕玄德'으로 그 정치능력의 실상이 묘사되었다. 또 공자는 "군자는 덕을 품고 소인은 땅을 품는다. … 덕을 갖춘 자는 외롭지 않고 반드시 이웃이 있다."(『논어』「里仁」)라는 말로서 그것은 인격적 요소임을 확인시켰다.

그렇다면 그 '덕'의 실제 의미는 무엇일까? 이에 우선 그 자의를 보자면 '덕德'의 본자本字가 '悳'이고 또 이것의 구조가 '直+心'이므로 일단은 '올곧은 마음 상태'로 풀이된다. 한편 허신許愼의 『설문해자說文解字』에서는 이를 '밖으로는 타인에게서 얻고 안으로는 자기에게서 얻는다.(外得於人 內得於己)'라 하였으니, 자기 안팎에서의 '얻음(得)'을 가리키는 것으로 보았다.

　　이와 같이 '얻음(得)'이라고 풀이되는 경우는 고전의 여러 곳에서
볼 수 있다.

　　　　덕이란 도가 머무는 곳이니 만물은 이것을 얻어 생긴다.[1]
　　　　덕이란 몸에 얻은 것이다.[2]
　　　　얻어서 살게 되는 것 그것을 덕이라 한다.[3]
　　　　덕은 얻음이니, 사실의 의당함을 얻음이다.[4]
　　　　천하의 이치 얻음을 덕이라 이른다.[5]

　　이상을 총괄해 보면, '덕德'이란 '얻음(得)'인데, 그 '얻음'이란 인간
을 포함한 천지 만물들이 바르게 존재할 수 있는 '도와 생리 또는 사
리를 터득함'의 뜻으로 쓰였음을 알 수 있다. 즉 '얻음'으로 풀이되는
'덕'의 구체적인 내용은 존재 원리에서 당위 규범에 이르기까지 매우
포괄적인 의미를 담고 있다는 점이다. 그러한 전제에서 크게는 천덕天
德·지덕地德·인덕人德을 말하게 되는 것이며 작게는 인간됨의 모습
하나하나를 일컫기도 한다.
　　요컨대, 여기 '덕'이란, 주자가 '도를 행하여 마음에 얻음이 있는 것
(行道而有得於心也)'(『논어』 「위정」 1장 註)이라고 해석하고 있듯이 '도
리의 실천 능력'을 뜻한다고 하겠다. 따라서 '행도行道'로서의 그러한
실천능력을 갖추기 위해서는 우선 '도리에 대한 앎(知道)'으로서의 인
식과정이 선행되어야 함은 물론이다. 또한 그 '행도'에서의 '도'가 구

1 『관자管子』 「心術上」: "德者 道之舍 物得以生."
2 『예기禮記』 「鄕飮酒義」: "德也者 得於身也."
3 『신서新書』 「道德說」: "所得以生 謂之德."
4 『석명釋名』 「釋言語」: "德 得也 得事宜也."
5 『성리대전性理大全』 34 「德」: "得天下之理之謂德."

체적으로는 '인간의 도리'라는 성격을 벗어날 수 없다고 볼 때, 그 실
천은 도덕적인 것, 인자한 것으로 평가되어 마땅하다.

따라서 그러한 능력을 함양하기 위해서는 우선 그 덕의 기반이 되
는 천지 만물의 이치를 올바로 이해하는 일이 긴요하다. 그러한 인식
의 차원에서 시작하여 내면의 정서적 측면을 거쳐 실천적 행위에 이르
는 덕성 함양의 원리는 유교에서 『대학』의 팔조목 체계로 나타났다.

그 팔조목 중의 '격물格物 치지致知'는 천지 만물의 이치를 분명히
파악하는 인지의 단계요, '성의誠意 정심正心'은 그것을 정서적으로
심화해 가는 정의적 단계이며, '수신修身'은 그러한 모습을 일단 자기
한 몸에 일치시키는 궁행적 단계이고, '제가齊家 치국治國'은 그것을
집안과 나라로 넓혀가는 확장의 단계이며, '평천하平天下'는 그것이
온 세계에 펼쳐져 화평함으로 나타나는 최종적인 단계이다.

여기서 특히 주목되는 바는 '평천하'라는 이 최종의 모습이 다름 아
닌 '명명덕明明德'의 상태로 설명되고 있다는 사실이다. 즉 그 어떠한
국력이나 법제에 의한 통일된 형태로서의 세계평화를 의미하는 것이
아니라, 구성원 모두의 도덕성이 유감없이 발현된 상태로서 자연스레
나타나는 평화의 경지로 설명되고 있다는 점이다.

이러한 측면에서 그 '명덕明德'이 의미하는 바를 다시 보지 않을 수
없다. 주자는 그것을 "사람이 하늘로부터 받은 바로 청허하고 신령하
여 어둡지 않은 상태의 여러 이치가 갖추어져 있어 모든 일에 광명정
대하게 응해가는 것"(『대학』 경1장 註)으로 해석했다. 인간의 천부적 영
명성靈明性이 일상적 현실에서 원만하게 구현되어 나아가는 상태를
이름이다. 바로 그러한 능력을 함양해 가는 적극적 과정이 '명덕을 밝
힘(明明德)'인 것이요, 그 구체적인 단계별 과제가 팔조목으로 설명되
고 있었던 것이다.

그러므로 어진 정치의 실제로서 '도덕 정치'를 구현하고자 하는 유
교 정치인들에 있어서는 여러 경전 중에서 특히 그 『대학』이 가장 중

시되는 것이었다. 그러한 현상은 송대 신유학 형성기에 더욱 뚜렷했
다. 즉, 사마광司馬光이 『예기』의 한 편으로 전하는 그것을 분리하여
『대학광의大學廣義』를 지으면서 이른바 '사서四書'라는 새로운 경학
체계를 열게 한 이후, 주자는 『대학장구大學章句』를 편찬하고, 또 그
것을 군주의 정치력 함양을 위한 경연 교재로 활용하는 모습을 보였던
것이다.

또한 제2의 주자로 칭송되는 진덕수眞德秀는 방대한 분량의 『대학
연의大學衍義』를 지어 그 관심을 더 높이고 있었다. 그 구성은 삼강령
팔조목의 체계에 널리 역사적 사례를 붙임으로써, 이론과 실천의 양면
을 하나로 통일해가는 정치능력 함양의 교본으로서의 역할을 다하게
하는 것이었다. 그리하여 우리나라에서도 조선조 초기부터 유교 정치
문화 전개의 필독서로 활용되었다.

그와 같은 도덕정치의 입장에서는 형벌을 쓰는 법치의 차원을 넘어
서고자 한다. 그리하여 공자는 "반드시 소송 행위를 없애도록 하겠
다."(『논어』「顏淵」)고 다짐하면서 제소행위 자체가 나타나지 않을 공
존의 감화사회를 추구하는 것이었고, 또 『서경』에서는 "형벌은 형벌
없음을 기약한다."(「虞書」 '大禹謨')라고 이르면서 형법의 현실 속에서
도 그 법 적용이 없는 상태를 지향하고 있었다. 이러한 입장에서 진정
으로 형법이란 정치의 보조적인 의미를 갖는 것이다.

그러한 도덕정치의 전개는 특히 정치 지도자의 솔선수범과 교화의
식으로 그 진면목을 보일 수 있다. 즉 군주는 절대적인 통치 권력을
소유하고 있다 하더라도 그것을 전면에 내세우지 않고서 '마음의 복종
(心腹)'상태까지 나타나도록 하는 것이 덕치의 정수라는 점이다. 그러
한 차원에서는 그 어떠한 범법 행위로 소송이나 형벌의 문제가 나타날
수 없는 것이지만, 그 기반을 이루는 인격 함양과 교화의 문제는 위정
자 스스로의 과제로 남는 것이었다.

제2장 맹자의 인정론

1. 인의의 정치

1) 인의仁義를 향한 정치 비판

전국시대를 살면서 180년전 춘추시대 공자사상을 계승하며 유교사상을 크게 떨친 주인공은 역시 맹자이다. 그가 남긴 저서 『맹자孟子』에는 그의 철학사상 특히 정치적 이상이 밝게 나타나 있다. 그 첫 문장은 양혜왕의 '어떻게 하면 우리나라를 이롭게 할 수 있겠습니까?'라는 물음과 그에 대한 답변으로 시작된다. 그 발언의 일부를 보면 다음과 같다.

> 왕께서는 왜 하필 이利를 말하십니까? 또한 인의仁義가 있는 것입니다. … 만일 의로움을 뒤로 하고 이익을 먼저 한다면 빼앗지 않고서는 만족할 수 없게 될 것입니다. (『맹자孟子』「梁惠王上」)

당시 일반화된 정치관에 반성을 촉구하면서 '인의仁義'라고 하는 인간 도리를 정치이념으로 내세우고 있는 것이다. 즉 편향적 이익 추구 그것보다 더 중요한 것, 그리고 국가적 이익이 구성원 모두에게 공유될 수 있는 가치관을 각성시켜 주는 발언이다.

『맹자』에서 전개되는 대화체의 정치론 대부분은 그와 같은 비판적 반문의 형식을 띠고 있다. 말하자면 치자로서의 의무감 또는 사명감을 진작시키면서 자신의 견해를 밝히고 있다는 점이다. 이제 그 말 가운데서 한 풍자적인 예화를 주목해 보기로 한다.

　개 돼지가 사람이 먹을 것을 먹어도 억제할 줄 모르고 거리에 굶어 죽는 자가 있어도 창고속의 곡식을 내놓지 않고 사람들이 죽으면 말하기를 '나 때문이 아니라 흉년의 세월 때문이다'라고 하니, 이것이 사람을 찔러 죽이고 이르기를 '나 때문이 아니라 칼이 그런 것이다'라고 말하는 것과 어찌 다르리오. 왕께서 흉년을 탓하지 않으실 정도이면 천하의 백성이 모여들 것입니다. (『맹자』「梁惠王上」)

이처럼 맹자는 정치가 잘못되는 원인을 치자의 자기반성적 차원에서 깊이 자각시키면서 그 실천적 의지를 일깨우고 있다. 그리하여 위정자의 안일한 태도와 책임회피식에서 벗어나 민생을 적극적으로 해결하는 정치 전개를 독려한다. 만일 이러한 태도를 갖지 못한다면 '백성의 부모'로서의 군주다운 모습은 찾을 수 없다고 본다.

맹자에 있어서 그와 같은 자기반성의 논지는 '하지 않는 것(不爲)'과 '할 수 없는 것(不能)'은 완전히 다른 것이라는 분별적 해석으로 나타나기도 했다. 즉 맹자는 왕이 왕답지 못하게 되는 것은 태산을 끼고 북해를 건너는 것과 같은 '할 수 없는 것'에 속하는 일이 아니라, 나뭇가지를 꺾으려 하지 않을 정도의 '하지 않는 것'의 범주에 해당되는 것이라고 말한다. 현직의 왕으로서 '할 수 있는 것'임에도 불구하고 처음부터 '할 수 없는 것'으로 간주하려는 소극적 태도에 반성을 촉구하고 있는 모습이다.

그 다음, 맹자는 또 일단 열심히 하기는 하는데 '무엇을 하는가?'에 대한 문제의식을 던지고 있다. 그 한 예를 보면 다음과 같다.

닭이 울면 일어나서부터 부지런히 착함을 꾀하는 자는 순임금과 같이 되어가는 무리요, 닭이 울면 일어나서부터 이익을 꾀하는 자는 도척과 같이 되어가는 무리이다. 순임금과 도척의 구별을 알려면 다른 것이 아니라 바로 이익과 착함의 분간이다.(『맹자』「盡心上」)

새벽부터 일어나서 열심히 한다는 사실은 같지만, 그 방향이 다르다면 정 반대의 가치를 가지게 된다는 지적이다. 따라서 정치인은 순임금과 같이 착함의 경지를 목적으로 삼아야 한다는 자기 다짐을 더할 수 있어야 된다는 것이다. 그 착함의 경지란 양혜왕과의 대화에서 천명한 인의를 뜻하는 것임은 물론이다.

나아가 맹자는 위정자의 도덕적 중심성이 상실되면 결국 망할 수밖에 없다는 점을 입체적으로 지적한다.

윗사람이 도리로 헤아림이 없으며, 아랫사람이 법도를 지킴이 없어서, 조정의 사람들이 도리를 믿지 않고 관원들이 제도를 믿지 않게 되어, 군자가 의리를 범하고 소인이 형법을 범하는 데도 나라가 존속된다는 것은 요행한 일이다. 그러므로 일컫기를 성곽이 완전치 못하고 병기가 많지 않음이 나라의 재앙이 아니며, 전답이 개간되지 않고 재물이 모이지 않는 것이 나라의 해가 아니라, 윗사람이 무례하고 아랫사람이 배움이 없으면 해적의 무리가 일어나 망할 날이 멀지 않다고 하는 것이다. (『맹자』「離婁上」)

외형적 생존 수단이 중요하지만 그것보다도 더 긴요한 것이 인간의 도덕정신과 학문적 태도라는 점을 강조하고 있는 것이다. 군주를 중심으로 상하의 지위에 있는 사람에서부터 백성들 모두에 이르기까지 각자의 실체적 기능이 상실되지 않을 때, 국가의 존속이 원칙적으로 가능한 것임을 밝히는 대목이다. 이것의 가능성 여부도 바로 그 군주의 역할에 달렸다고 본다.

그리하여 만일 그러한 구성원들이 스스로 자기 모습을 가질 수 없게 되는 상황이면, 외부로부터의 침략 이전에 스스로 붕괴될 수밖에 없다는 논지를 피력한다. 따라서 군주에 있어서는 특히 도덕적 예행禮行을 존중하고 의리적 학행學行을 추구하는 능력 함양이 치도정립의 관건이 된다고 보았다.

2) 인정의 실상

공자에서 '바름(正)'을 향한 정명정신과 덕치주의는 맹자의 '인정론'으로 이어진다. 『논어』에서 '인仁'이 강조되지만, '인정仁政'이라는 용어는 보이지 않는다. 그러나 '사서四書' 가운데 오직 『맹자』에서만은 '정政'자 앞에 '인仁'자를 붙여 정치의 이상으로 삼았다. 그 몇 가지 예를 보면 다음과 같다.

> 임금이 백성들에게 '인정仁政'을 펼치려거든 형벌을 줄이고 세금을 가볍게 하며 논밭을 깊이 갈고 김매기를 잘하도록 해야 한다.(『맹자』「梁惠王上」) '인정仁政'을 행하며 왕답게 하면 누구도 막을 수가 없을 것이다.(「公孫丑上」) 무릇 '인정仁政'이란 반드시 경계를 바로 하는 것으로부터 시작한다.(「滕文公上」)

정치 행정의 이상형을 바로 '인정仁政'이라는 용어로 표현하고 있는 것이다. 이처럼 맹자는 정치 전개의 척도로서 '인仁'을 절대시하고 있었다. 여기에는 '인仁'을 키워드로 하는 공자사상을 적극 수용한다는 의지가 내포된 것이기도 하다.

그리하여 제반 정치현상에 대해서는 또 이렇게 평가한다.

> 하夏 은殷 주周 삼대가 천하를 얻은 것은 인仁 때문이었고 그것을 잃

어버린 것은 불인不仁 때문이었다. 나라가 흥하고 망하는 까닭이 또한 그러하니, 천자가 어질지 못하면 세상을 보존해 갈 수 없고, 제후가 어질지 못하면 사직을 보전할 수 없고, 경대부가 어질지 못하면 종묘를 보전할 수 없으며, 선비 그리고 서민이 어질지 못하면 자신의 몸을 보전할 수가 없다. 지금 죽기를 싫어하면서 불인不仁을 즐기는 것은, 술 취하기를 싫어하면서 술 마시기를 더하는 모습과 같다. (『맹자』「離婁上」)

언제 어떠한 경우에서든지 '인'을 잃으면 곧 패망과 죽음의 결과를 낳게 된다고 보는 것이다. 그 관점은 정치사회적 측면만이 아니라 인간 개개인의 영역에 이르기까지 일관하고 있다. 여기서 '인'이란 인간 존재의 보편적 원리로서의 성격으로 간주되고 있었음을 알 수 있다.

그와 같이 '인'의 원리가 정치적으로 절대시되고 있는 예는 다른 경전에서도 볼 수 있다. 즉 "성인의 큰 보배로움은 '지위'라 이르고, 어떻게 그 지위를 지킬까 하면 '인仁'이라 이른다."(『주역』「繫辭下」) "임금은 인仁에 이르고 신하는 경敬에 이르러야 한다."(『대학』 전3장)라는 경우이다.

이러한 분위기를 심화시키듯이 맹자는 정치의 이상경을 '인정仁政'이라는 표현으로 확정시키는 모습을 보였다. 그리하여 결국 "요순의 길에서도 인정仁政이 아니면 천하를 화평하게 할 수 없다."(『맹자』「離婁上」)라고 단언했다.

뿐만 아니라, 그것은 정치 전개의 비전을 추구하는 미래적 측면에서도 하나의 이상을 표명하는 키워드로 작용했다. 즉 정치 전개의 기본은 반드시 '인仁'에서 비롯해야만 된다고 보았던 것이다. 그리하여 맹자는 정치 전개에서는 인을 펼쳐야 한다는 의미로 '발정시인發政施仁'이라는 명제를 제시했다.(『맹자』「梁惠王上」)

그렇다면 그 '인仁'이란 무엇을 뜻하는 것인가? 실은 『논어』에서도 '仁'자의 용례가 다양하여 그 어떤 한 가지로 말하기 어렵다. 그런데 맹자는 "인이란 사람다움이다(仁也者 人也)"(『맹자』「盡心下」)라고 말했다. 즉 넓은 의미로 그것은 인간으로서 가장 '인간다움' 그 자체를 가리킨다는 것이다. 따라서 맹자의 이른바 '인정仁政'이란 '인간다운 어진 정치'를 가리키는 것으로 정리된다.

3) 인정의 방법

'인仁'자를 정치 이상의 키워드로 사용한 맹자는 그 인정의 구현 방법론도 제시하였다. 그것은 이른바 '왕패론王覇論' 속에 나타난다. 그 전문을 보면 다음과 같다.

> 힘으로 인仁을 가식해 가는 것은 패도(覇)이고 덕으로 인仁을 실행해 가는 것은 왕도(王)이다. 왕도에서는 큰 것을 기대하지 않으니, 탕 임금은 칠십리로 하였고 문왕은 백리로 하였다. 힘으로 사람들을 복종시키는 것은 마음으로부터의 복종이 아니라 힘을 감당하지 못하는 것일 뿐이나, 덕으로 사람들을 복종시키는 것은 속마음이 기뻐하여 진실로 따르는 것이니, 칠십 제자가 공자에게 따르는 것과 같다. 『시경』에 이르기를 '동서남북 그 모든 곳에서 복종하지 않음이 없다'고 하는 것은 이를 이름이다. (『맹자』「公孫丑上」)

이에서 알 수 있듯이 맹자가 말하는 '인정'이란 기본적으로 덕에 의해서만 가능하다고 본다. 따라서 그 속내는 공자가 천명한 덕치주의와 다른 것이 아니라는 사실을 알게 된다. 특히 다스림의 영역을 사람들의 정신적 내면에까지 확장시키며 마음으로부터의 공감성 여부를 주목하는 부분은 공통적이다. 즉 '이끎'과 '따름'의 정치현상에서 정신적으로 하나됨의 경지가 맹자에서는 '속마음의 기쁨(中心悅)'으로, 또 공자에서는 '부끄러움(恥)'의 심상으로 표현되고 있었던 것이다.

그러므로 이러한 경지의 지도력을 발휘하기 위해서는 공자의 경우와 마찬가지로 정치인의 덕성 함양 문제를 다시 거론하지 않을 수 없다. 모든 백성들로 하여금 '마음으로부터의 따름(心服)'의 차원에 이를 수 있도록 덕성을 발휘할 때에 비로소 '인仁'을 실행하는 왕도로 평가될 수 있는 것이다.

그러면 그와 같이 공감의 소통을 낳은 원리는 맹자에서 어떻게 설명되는 것일까? 이러한 의문은 그의 성인론을 보면 해법을 찾을 수 있다. 그는 성인의 모습에 대하여 "성인이란 내 마음 속 같은 바를 먼저 터득한 분이다. 이치(理)와 옳음(義)이 내 마음을 기쁘게 하는 것은 고기가 내 입을 즐겁게 하는 것과 같다"(『맹자』「告子上」)라고 하였다. 이치와 옳음이라고 하는 인간 공유의 근원적 동질성을 전제하여 그것의 체득과 자극으로 인한 소통의 공감성이 유발된다는 점을 밝혀주고 있는 것이다. 따라서 백성들로 하여금 마음으로부터의 순종을 낳게 할 정치인의 덕성 함양은 바로 이 성인의 경지로서 가능한 것임을 알 수 있다.

또한 맹자는 덕치 전개의 이념적 근거는 인성론적 차원에서 확인하기도 한다. 그것은 유명한 사단설의 저음에서 볼 수 있다.

사람은 모두 '남에게 차마 하지 못하는 마음(不忍人之心)'이 있다. 선왕은 이 차마 하지 못하는 마음을 간직함으로서 '차마 하지 못하는 정치(不忍人之政)'를 펼쳤으니, 이 차마 하지 못하는 마음으로 차마 하지 못하는 정치를 행할 것 같으면, 천하를 다스리는 일은 손바닥 안에 움직이게 할 정도이다.(『맹자』「公孫丑上」)

어진 정치의 근거는 인간의 심성에서 찾을 수 있고, 또 그 심성에 따르는 정치는 손안의 물건을 움직이듯 어렵지 않게 잘 될 수 있다는 말이다. 그러면 그러한 '차마 하지 못하는 마음'의 연원은 또 어떻게 확인될 수 있는 것인가? 이 문제는 아이가 물에 빠질 위험 상황에서의 놀라는 마음에서 '인仁'의 본성을 확인시키는 등의 방법으로, 측은 惻隱 수오羞惡 사양辭讓 시비是非의 마음 즉 인의예지의 사단四端으로 설명한다. 그러면서 맹자는 이러한 심성을 확장시키면 온 세상을 잘 보전해 갈 수 있고, 그것을 잃으면 부모도 섬기기 어렵다고 단언한다. 따라서 이 인성 회복의 이론 또한 인정을 향한 왕도 구현의 적극적인 방법으로서의 의미를 갖는 것이다.

이러한 인간론을 견지하는 맹자는 현실의 정치인들이 그러한 도덕의식과 가치관을 정립할 수 있도록 적극적인 모습을 보였다. 넓은 입장에서는 천하가 혼란하니 도道로 구제해야 한다는 대원칙을 천명하면서 그 실천적인 대안으로 현실의 위정자를 접촉하고 있었던 것이다.

그리하여 정치적 살육전이 자행되는 당시의 정국에서는 최소한 그것만이라도 막아야 한다는 의지를 보이기도 했다. 즉 그는 당시의 위정자들이 살인하기를 좋아하지 않는 이가 없다고 비판하면서 그 근원적 예방책으로서 그와 같은 인성 회복의 논리를 펼치기도 했던 것이다.

그는 또 이르기를 "죄가 없는데 선비를 죽이면 대부가 떠나버릴 것이요, 죄 없는데 백성을 죽이면 선비가 떠나버릴 것이다."(『맹자』「離婁下」)라고 하여, 무도한 살인정치가 초래하는 백성의 일탈 현상을 지적하기도 했다. 사실, 하나의 불의不義를 저지르거나 하나의 무고한 백성을 죽여서 비록 천하를 얻는다 하더라도 결코 해서는 안 될 것을 주장하던 맹자로서는 그런 정치적 살인행위 문제는 가장 심각하게 생각되지 않을 수 없었을 것이다.

그러나 다만 살인행위를 수긍한 경우가 있으니, 그것은 '국민 모두가 죽여야 한다.'고 말할 지경에 이르러서야 왕이 또 직접 살펴서 그 이유를 보고 결단해야 된다는 예이다. 그 때는 국민적 총의로서 살생의 타당성을 신중히 확보할 수 있다고 본 것이다.

요컨대, 맹자에 있어서 인정 구현의 적극적 방책은 위정자로 하여금 살생의 현실을 직시하여 더 이상 죽임을 일삼는 덫에서 벗어나 인간 본성의 회복으로 덕성을 함양하여 백성들로부터 마음으로부터의 공감과 순종을 낳을 수 있는 지도력을 발휘하게 하는 맥락으로 전개된 것이라 하겠다. 그리하면 백성들의 호응 속에 어진이를 높이고 능력자를 등용하는 분위기를 낳아 국정의 안정 속에 인간 사랑의 정치를 구현할 수 있다고 보았던 것이다.

그 첩경은, 역시 임금의 덕성에 달려있는 것이니, 맹자는 "임금이 어질면 어질지 않은 사람이 없고 임금이 의로우면 의롭지 않은 사람이 없게 된다."(『맹자』「離婁上」)고 하였다. 이는 앞서 본 공자의 '당신이 올바르면 누가 감히 바르지 않겠는가?'라는 발언과 성격을 같이하는 것으로서, 왕조시대의 정치문화 정립은 군주 즉 위로부터의 변화로 가능한 것임을 거듭 확인시키는 대목이다.

2. 백성 존중의 신념

1) 중민重民의식

맹자의 인정론에서 나타나는 또 하나의 특성은 백성들을 매우 존중하는 신념이 견지되고 있었다는 점이다. 백성은 정치적으로 통치의 대상이기도 하지만 존경의 대상으로 인식되어야 한다는 태도이다.

정치 현장에서 백성이 중시되어야 한다는 입장은, 일찍이 공자의 이른바 "백성을 부림은 큰 제사를 받들듯이 하여야 한다."(『논어』「顏淵」)라는 말로 천명된 바 있고, 또 『서경』에서는 "백성을 가까이 함은 옳으나 하대함은 옳지 않다. 백성은 나라의 근본이니 그 근본이 견고하여야 나라가 평안하다."(「夏書」 '五子之歌')라는 민본정신으로 공표된 바 있다. 백성이야말로 국가 유기체의 기본이 된다는 사실을 직시하여 결코 어떤 정권의 희생물로 전락될 수 없다는 의지가 뚜렷이 드러난 경우이다.

  맹자는 그러한 중민重民 의식을 이으면서 더 진전된 태도를 보이며 이렇게 말했다.

　　백성이 귀하고, 사직이 그 다음이고, 임금은 가벼운 것이다. (『맹자』 「盡心下」)

  이것은 국가의 구성이 기본적으로 백성과 영토 그리고 주권의 세 요소로 말해지는 근대적 관점과 상통한다. 사직은 영토와 성격을 같이 하고 임금은 왕조시대의 주권을 상징하는 것으로 볼 수 있기 때문이다. 그런데 맹자는 그 세 가지를 대비하면서 각 위상을 그렇게 비교하고 있었던 것이다. 이것은 당시가 왕조시대라는 점에 유의하면 실로 생각하기 어려운 지적이다.

  그런데도 맹자는 임금에 앞서 '백성을 귀한 것'이라 하며 맨 처음에 위치시키고 있었던 것이다. 물론 이 발언의 저의는 임금을 경시하는 데에 목적이 있었던 것이 아니라, 국가 운영의 정치적 측면에서 백성이 결코 간과될 수 없다는 중민重民의식의 표출로 이해할 수 있다. 특히 그러한 비교론은, 군주 중심의 국가의식에서 백성 중심의 국가의식으로 전환하는 의미를 담고 있다는 점에서 주목되는 것이다.

  그리고 맹자의 중민의식은 민생 중시의 방향으로도 나타났다. 그 한 예를 보면 다음과 같다.

　　항산恒産이 없더라도 항심恒心을 간직하는 자는 오직 선비만이 할 수 있다. 일반백성에 있어서는 항산이 없으면 그로 인하여 항심을 갖지 못한다. 만일 항심이 없게 되면 방탕하고 편벽되며 사치스러움이 자행될 터이다. 그리하여 죄에 빠진 뒤에야 따라가 처벌한다면 이는 백성들을 그물로 잡는 짓이니, 어찌 어진 사람이 왕위에 있으면서 백성에 그물질 하는 일을 할 수 있으리오. (『맹자』 「梁惠王上」)

여기 '항산恒産'이란 생존을 위한 기초적 생업을 의미함이요, '항심
恒心'이란 사람이 언제나 가지는 보편적 선심善心을 뜻하는 말이다.
맹자는 이 두 가지를 키워드로 선비와 백성의 차이를 확인하면서 정치
인들로 하여금 민생의 중요성을 자각시키고 있는 것이다. 선비들에 있
어서는 항산이 없더라도 항심을 유지할 수 있는 것으로 보는 것은, 바
로 그들에 있어서는 물질을 넘어서는 도덕적 가치추구에 힘쓰는 공부
의 과정이 전제되었기 때문이다.

　그러나 일반 백성들의 경우에는 그러한 학자적 태도가 전제될 수
없는 것이다. 그러므로 그와 같이 선비들과 다른 모습으로서 의식衣食
이 어려우면 항심이라고 하는 평상심도 가지기 어렵다고 진단하였다.
따라서 위정자는 그 점에 특히 유의하여 민생의 기본 문제 해결에 진
력할 것을 주문하고 있었던 것이다. 위의 인용문에서 보이듯이 그러한
기본 문제에 힘쓰지 않고 법과 구속으로 대응하는 통치행위에 대하여
'백성에 그물질'이라고 표현한 부분은 그 실감을 더해주고 있다.

　그러므로 맹자는 왕정을 논하면서도 항상 백성의 생명과 생활의 안
전 문제를 확인시키고 있었다. 특히 백성들에게 형벌을 신중히 하고
세금을 가볍게 하는 일이 강조되었다. 백성들을 향한 교육의 문제도
그러한 민생 안정 이후의 과제로 보았던 것이 맹자의 입장이다.

2) 여민동락與民同樂

　맹자 정치론의 한 중심을 이루는 『맹자』「양혜왕하편」에는 다음과
같은 내용이 전한다.

　지금 임금이 풍악을 펼침에 백성들은 그 여러 악기소리를 듣고 모두
머리를 아파하고 이마를 찌푸리며 서로 이르기를 '우리 임금님이 풍악
을 즐기시는구나. 어찌 우리들로 하여금 이러한 지경에 이르게 하였나?
부모 자식이 서로 보지 못하고 형제와 처자가 흩어지게 되는구나.'라고

말한다. 이는 다른 것이 아니라 백성들과 즐거움을 함께 하지 않기 때문이다. 지금 임금이 풍악을 펼침에 백성들은 그 여러 악기소리를 듣고 모두 흔쾌히 기뻐하면서 서로 이르기를 '우리 임금께서 질병이나 없으실까? 풍악을 제대로 즐기실 수 있을까?'라고 말한다. 이는 다른 것이 아니라 백성들과 즐거움을 함께 하기 때문이다. 지금 임금이 백성들과 즐거움을 함께 한다면 왕도를 걷게 된다.

왕조시대의 특수성에 따른 '왕만의 즐김'과 그렇지 않음의 상황이, 백성들에게는 판이하게 달리 느껴지는 것임을 적나라하게 설명하는 대목이다. 맹자는 그 '왕만의 즐거움'을 '독락獨樂'이라 칭하고 '백성들과 함께 즐기는 것'은 '여민동락與民同樂'이라 이르며, 바로 이 후자의 모습을 왕으로서 왕다운 길을 걷는 어진 정치의 실상으로 간주했다. 왜냐하면 왕실의 행사라 하더라도 거국적인 의미를 가지고 또 그것이 물자를 필요로 하는 한, 민생民生과 괴리된 채로 거행될 수는 없다고 보았기 때문이다. 즉 크고 작은 제반의 정치 행정에 있어서 특히 백성과의 연계성을 중시하면서 그 공감성 여부를 '백성이 귀한 것(民爲貴)'의 차원에서 평가하는 것이었다.

그리하여 맹자는 임금의 정서적 심경은 마땅히 백성들과 떳떳이 소통되어야 할 것으로 본다. 바로 그러한 상황에서 왕다움의 어진 정치가 전개되는 것임을 확신하고 있었으니, 이러한 사실은 다음과 같은 대화편에서도 볼 수 있다.

제나라 선왕宣王이 설궁에서 맹자를 보고 묻기를 '어진 이도 이러한 즐거움이 있습니까?' 하니, 맹자는 답하기를 '있습니다. 사람들이 그 즐김을 얻지 못하면 그 위를 비난합니다. 사람들이 얻지 못한다 하여 비난하는 것이 잘못이지만, 백성의 위 사람이 되어서 백성들과 더불어 즐거움을 함께하지 않는 것도 또한 잘못입니다. 백성들이 즐거워하는 것을 즐기면 백성들이 또한 그 즐기심을 좋아하고, 백성들이 근심하는 것을 근심하면 백성들이 또한 그 근심하심을 걱정합니다. 온 천하로써 즐기며 온 천하로써 근심하면서 왕답지 못하게 되는 바는 없습니다.'라고 했다.(『맹자』 「梁惠王下」)

이러한 문답론에서 우리는 다음 몇 가지 요소를 발견하게 된다. 즉 ①임금의 심상은 백성들 모두가 주목하고 있다는 점, ②거기에 소통이 없으면 민심은 이반되기 쉽다는 점, ③그러나 그 소통이 원활하면 백성들은 임금의 그 모습에 더욱 공감하고 심취한다는 점, ④왕다움의 어진 정치는 바로 그러한 공감의 일체감으로 가능하다는 점 등이다. 따라서 군주에게는 가족 사랑의 자애로운 부모처럼 언제나 백성의 처지를 먼저 살피는 태도가 긴요하다고 본다. 맹자가 임금을 종종 '백성의 부모(民父母)'로 부르던 이유도 바로 여기에 있었다.

그러한 유대관계는 군주와 백성 사이의 소통성으로 가능하다. 그러므로 맹자는 군주를 향해서는 백성에 대한 보살핌의 태도를 부단히 요구했던 것이요, 또 신하를 향해서는 민의民意 전달자로서의 역할을 중시하고 있었다. 이러한 과제 해결을 위해서는 임금과 신하 사이의 원만한 공존 관계가 긴요하다. 그리하여 맹자는 "임금이 신하를 손이나 발처럼 여기면 신하는 임금을 배나 심장처럼 여기는 것이요, 임금이 신하를 흙이나 지푸라기처럼 여기면 신하는 임금을 도적이나 원수같이 여긴다. … 지금은 신하가 간하는 것이 실행되지 않고 말을 해도 들어주지 않아서 다스리는 혜택이 백성에 미치지 못하고 있다."(『맹자』 「離婁上」)라고 지적하면서, 임금 스스로에 의한 신하와 백성 사랑의 선행적 태도를 주문하기도 했다.

맹자에서 오륜의 하나로 천명되는 '군신유의君臣有義'의 '의義'의 경우도 바로 그러한 삼각관계를 포괄하여 진의를 갖는다. 비록 그 표현은 임금과 신하의 양측을 나타내고 있지만 그들의 정치 현장에는 이

미 백성이 있었기 때문이다. 따라서 그 '의義'의 내용을 이루는 구성
요소에는 임금이나 신하의 입장에서만이 아니라 '백성이 보아도 옳은
것'으로서의 보편적 성격을 띠지 않을 수 없는 것이다.

이처럼 맹자는 백성이 처한 정치적 현실성을 직시하면서 그 어떠한
경우에도 그들이 간과되거나 소외될 수 없다는 점을 견지하고 있었다.
즉 왕정의 기본은 백성과 함께하는 데서부터 출발하는 것으로 여겼다.
그러므로 그는 '백성이 제일 귀한 것'이라고 평가하기도 하고, 전통적
민본의식과 천민일여관天民一如觀을 재확인하기도 하면서 임금의 '홀
로 즐김(獨樂)'에 경계와 반성을 촉구하기도 했던 것이다.

그와 같이 정치의 중심에는 임금만이 아니라 백성이 함께하고 있다
는 사실을 각성시키면서 위민의 성격으로 인정과 왕도를 주창한 맹자
의 정치론은 후기의 유교 정치문화에서 매우 중시되어 왔다. 조선조
의 정치문화 역시 이러한 맹자의 인정론과 맥락을 같이하고 있었던
것이다.

제3장 순자의 예치주의

1. 인위와 예의

유교 사상은 공자와 맹자를 중심으로 하지만 그 폭을 넓히는 이가 있으니, 바로 순자荀子(이름은 況, 존칭명은 孫卿, 기원전 313~238)이다. 그가 공맹과 관점을 달리하고 있는 것은 아래 구절만 보아도 알 수 있다.

> 하늘의 운행은 일정하니 요堯임금 때문에 있는 것이 아니요, 걸桀왕 때문에 없어지는 것도 아니다. 잘 다스림으로 응하면 길하고 어지러움으로 응하면 흉하게 된다. 생산에 힘쓰고 쓰기를 절약하면 하늘도 가난하게 할 수 없고, 부양 능력을 갖추고 적시에 움직여 가면 하늘도 병들게 할 수 없다. … 하늘을 원망해서는 안되는 것이니, 그 도가 그러한 것이다. 그러므로 하늘과 사람의 분별됨에 밝으면 곧 지인至人이라 이를 수 있다. (『순자荀子』「天論篇」)

요순시대 이후 왕위의 변화를 하늘의 뜻과 관련하여 해석되는 입장을 떠나 하늘을 가치중립적으로 해석하면서 그 모든 것은 사람들의 노력 즉 '인위人爲' 여하에 달려 있다고 보는 것이다. 이와 같은 세계관은 종래의 의인화된 천관天觀과는 매우 다르다.

뿐만 아니라 순자는 인간 본성에 대한 해석도 달리한다. 주지하다시피 그는 인간의 욕구 본능을 주목하는 입장이다. 즉 그는 맹자에서와 같이 도덕적 선의지의 직각성을 전제하는 것이 아니라, 이기적 욕구 지향성을 그 실상으로 본다. 그리하여 그 욕구는 결국 쟁탈과 혼란으로서의 악행을 낳는 근본 요인으로 파악하고 '인간성은 악하다'고 주장하는 것이다.

그러면 악한 본성을 타고난 인간이 어떻게 착해질 수 있을까? 여기서 말해지는 것이 후천적인 작위성 즉 '위僞'의 단계이다. '선善'의 상태에 이르기 위해서는 오직 '위僞'의 과정을 거침으로서 가능하다고 본다. 이러한 뜻을 함축하여 "인간의 본성은 악하다. 그 선한 것은 인위이다.(人之性惡 其善者 僞也)."(『순자』「性惡篇」)고 하였다. 그러면서 맹자가 본성을 선이라 한 것은 이 '성性과 위僞의 다름'을 잘 살피지 못했기 때문이라고 비판했다. 그는 배워서 될 수 없고 힘써서 될 수 없는 것으로 원래 인간에 있는 것을 '성性'이라 하고, 배워서 할 수 있고 힘써서 이룰 수 있는 것으로서 사람에 있는 것을 '위僞'라 하면서 그 사이의 다름을 선천성과 후천성의 양면으로 분명히 갈랐다.

그러나 정치사회의 양대 모습을 치세와 난세로 구분하는 것은 순자도 일반과 다르지 않았다. 다만 난세를 극복하여 치세로 나가야 한다고 하는 적극적 의지는 그의 인성론과 궤를 같이하는 것이었다. 그가 주장한 성악설의 현실적 의의는 인간사회의 악행을 당연시 하거나 변호하기 위한 것은 아니다. 오히려 난세와 악행을 유발하는 모든 타락 행위를 비판하는 기본원리로 작용되는 데 있었던 것이다. 이러한 사실은, 걸桀이나 도척盜跖 및 소인小人들을 천시하는 이유가 바로 그 인간 본래의 성정에 따르기만 하는 것이었기 때문이라는 지적에서 볼 수 있다. 그리하여 순자는 언제나 본성을 변화시키기 위해 '인위를 일으킴(起僞)'의 태도를 강조하였다. 이를 통해서만이 선의 세계 즉 치세를 기대할 수 있다고 보았다.

이와 같은 치란문제는 그의 선악에 대한 개념 설명으로도 명시되고 있다. 『순자』에 전하는 그 실제는 이러하다.

> 무릇 예나 지금이나 소위 '선善'이라는 것은 '바르게 나아가고 화평하게 다스려지는 것(正理平治)'을 이르고, 소위 '악惡'이라는 것은 '치우치고 험하여 어그러져 혼란됨(偏險悖亂)'을 이르니, 이것이 선과 악의 다름이다.(「性惡篇」)

이처럼 순자의 선악관은 인간 내면의 선천성이나 관념적 이상세계를 추구하는 형식으로가 아니라 현실론 특히 정치사회의 양대 현상을 따라 설명하는 형태로 나타났다. 따라서 그에 있어서 '인위를 일으킴'에 의한 선의 추구는 곧 정치사회의 발전론적 성격을 갖는 것이다.

그리하여 성왕정치 역시 그러한 선의 사회를 지향하는 인위적 과정으로 해석되었다. 그 한 예를 보면 다음과 같다.

> 인성은 악하다. 옛날 성인은, 인성이 악해서 편벽되고 험악하고 바르지 못하고 어그러져 혼란해서 다스려지지 못한다고 생각했던 까닭에, 그 바름을 위해 군주의 권세를 세워 임하게 하고 예의를 밝혀 감화시키고 법정法正을 세워 다스리고 형벌을 엄중히 하여 금지시켜서 천하 인민들로 하여금 모두 치세에 나아가서 선에 합하게 하였다. 이것이 성왕의 정치요, 예의의 감화이다.(「性惡篇」)

인성의 악함과 그로 인한 혼란의 현실을 선한 치세의 경지로 전환시키기 위해서는 반드시 성인의 작위에 의한 예의와 법정의 개입이 요청된다는 것이다. 즉 '인위'의 과정론이다.

그런데 이러한 순자의 설명에 대하여 히니의 의문이 제기될 수 있다. 그것은 선의 세계에 나아가는 일이 예의와 법정으로 가능하다면,

그것을 제정한 성인 또한 선함으로 해석되지 않을 수 없다고 하는 논리상의 과제로서, 이는 순자에 있어 '성인이나 범인이나 인간의 원래 본성은 하나로 악하다.'라는 명제에 모순되는 것이기 때문이다. 그러나 이러한 문제는, 성인이야말로 그 '인위'의 노력에 철저해서 애초의 타고난 본성을 크게 전환시킨 것이라는 논리로 대응하여 그러한 모순됨을 쉽게 해결한다. 그렇게 전환된 상태에서의 저작이 바로 예의요 법정이라는 것이다.

그리하여 순자는 그 인위의 원칙으로 '예禮'를 강조한다. 이것은 물론 성인에 의하여 지어진 것이지만 그 발생의 연원에 대해서는 이렇게 설명한다.

> 예는 어디서 기원하는가? 이르건대 사람은 나면서 욕구가 있어서 바라는데 얻지 못하면 구하려 하지 않을 수 없게 되고, 추구함에 도량과 분계가 없으면 다투지 않을 수 없게 되며, 다투면 어지럽고 어지러우면 궁핍하게 된다. 선왕이 그런 혼란을 염려하여 예의를 만들어 분별되도록 하고, 사람의 욕망을 부양하며 구하는 데에 공급하여, 욕구로 하여금 물질에 반드시 곤궁하지 않게 하고 물질로 하여금 욕구에 굴종되지도 않게 하여 이 두 가지가 서로 의지하여 잘 돕도록 해가는 것, 이것이 예의 기원이다. (「禮論篇」)

순자 이전에 있어서의 예의 연원을 말하자면 고대의 신앙의식까지 접하게 될 일이지만, 순자는 특히 인간의 욕구본능의 측면에서 현실적 삶의 균형과 조화의 관점으로 그 발생과 기능을 밝히고 있는 것이다.

그리하여 그는 마침내 "예란, 삶을 높임에는 기쁨을 꾸밈이요, 죽음을 보냄에는 슬픔을 꾸밈이요, 제사에는 공경함을 꾸밈이며, 군대에는 위엄성을 꾸밈이니, 이는 백왕이 같은 바요 고금이 한가지다."(「禮論

篇」)라고 확신한다. 이처럼 그는 예의란 인생의 대소사에 있어서 올바름을 향한 척도와 기준으로서 부단히 지향되어야 할 기본 태도로 보았다. 이러한 입장에서 결국 '예란 인도의 극치이다.'(「禮論篇」)라는 말이 가능했던 것이다.

따라서 그 예의 기능면을 말하자면 자연히 그런 인도주의 정신을 전제하지 않을 수 없다. 또 그에 수반하는 정치 사회적인 기능으로는, 우선 투쟁의 난세를 극복하여 질서를 잡아가게 할 수 있다는 점, 그리고 사회구성원이 각각 적의한 제자리를 찾아 마침내 화평한 사회를 이루게 할 수 있다는 점을 들 수 있다. 이러한 과정에서 이른바 '지극히 평화로운 사회(至平社會)'가 말해진다. 즉 순자는 그 예의 궁극적 기능이란 사회 각 계층의 사람들이 각기의 소임에 스스로 충실하여 자족하는 분위기를 조성하며 전체적으로는 균형과 조화를 이루어 삶의 안전망을 구축하는 데에 있다고 보았다.

2. 성왕 모델의 예치론

1) 성왕 모델의 두 측면

순자는 예의를 통하여 추구하는 '지극히 평화로운 사회'의 실상을 다음과 같이 묘사했다.

상주는 것을 이용치 않아도 백성은 부지런하고 벌주는 것을 이용치 않아도 백성은 복종하며 유사가 힘쓰지 않아도 일이 잘 되고 정령이 번 잡하지 않아도 풍속이 아름다워지고 백성이 감히 사법을 따르지 않음이 없고 위의 뜻을 받들고 위의 일을 부지런히 하며 안락해 한다 … 세상의 모든 사람들이 명령을 기다리지 않고도 일치해 가니 이를 일컬어 지 평至平이라 한다.(「君道篇」)

상벌이나 그 어떠한 술책도 필요치 않는 공존과 화평의 사회상으로 『예기』의 '대동사회론'을 연상케 하고 있다. 이러한 이상경의 구현을 위해 순자는 전통적 시각과는 다른 특유의 세계관과 인성론을 제기하고 있었던 것이다.

그러면서도 그는 문인門人 이사李斯와는 견해를 달리하여 "내가 이르는 인의仁義란 큰 편리함의 편리이다."(「議兵篇」)라고 이르며, 인의의 정치를 높이 칭송하였다. 마치 공맹의 덕치주의와 궤를 같이하는 태도이다. 또한 순자는 요堯 순舜 우禹 탕湯을 추존하고 걸桀주紂를 비판하는 유가전통의 기본 입장에 충실하였다. 그리하여 "천하에는 두 진리가 없고 성인에는 두 마음이 없다."(「解蔽篇」)라는 신념 하에서 "성인이란 진리의 극치이다."(「禮論篇」)라고 평가하기도 했다.

그런데 그 성인의 단계는 공맹의 경우와 달리 순자 스스로의 논리에 의하여 설명된다. 그 실제는 이러하다.

> 본성이 없으면 인위(僞)가 가해질 곳이 없고 인위가 없으면 본성이 스스로 아름답게 될 수 없으니, 본성과 인위가 합쳐진 연후에 성인이라는 이름을 이루는 것이다.(「禮論篇」)

이처럼 성인의 경지에 이르는 방법론은 인위에 의한 본성의 변화 즉 '화성기위론化性起僞論'의 맥락에서 풀이된다. 그 변화 과정에서 부단한 '인위의 축적(積僞)'으로 나타난 최상의 인물이 곧 성인이라는 것이다.

따라서 이 세상에 옳음의 진리를 구현하기 위해서는 반드시 그가 정치적 최고 위치에 올라야 한다고 본다. 여기서 성왕정치론이 시작된다. 그 현실적 당위성을 순자는 다음과 같이 밝히고 있다.

> 천하란 지극히 중대한 것이니 지극히 강하지 않고서는 맡을 수 없고,

지극히 큰 것이니 지극한 변별력이 없고는 분별해갈 수 없으며, 지극히 많으니 지극한 총명성이 없고서는 화평케 할 수가 없다. 이 세 가지 지극한 것은 성인이 아니고는 다할 수 없는 것이다. 그러므로 성인이 아니고는 왕 노릇할 수가 없다.(「正論篇」)

인간세계의 구조적 상황을 직시하며 그 주관 역량의 전문성을 제기하고 있는 것이다. 방대한 이 세상의 당면 과제를 올바로 해결할 수 있기 위해서는 오직 성인의 자질을 갖춘 유능한 사람이 정치의 최고 위치에 올라야 한다는 점이다. 이와 같은 사실적 측면에서의 성왕정치론은 순자에 있어서 예의문제와 함께 부단히 제기되고 있었다.

그리고 순자도 맹자의 경우처럼 왕패론王覇論을 말하고 있다. 이러한 내용은 좀 더 넓은 정치 형태론 속에서 볼 수 있다.

임금이 예를 높이고 어진이를 존중하면 왕도를 걷게 되고, 법을 중시하며 인민을 아끼면 패도를 걷게 되고, 이익을 좋아하며 거짓이 많으면 위태롭게 되고, 권모술수로 음험한 데로 빠지면 망하게 된다. (「天論篇」)

맹자의 왕패론에서는 '덕과 행인行仁' '힘과 가인假仁'의 대비로 해석되었으나, 여기 순자에서는 '예'와 '법'을 키워드로 하여 그 다름을 말하고 있다. 그러면서도 패도가 맹자의 경우처럼 심히 부정적인 경우로 보지는 않았다. 순자가 극히 부정의 대상으로 본 것은 그 이후의 두 모습 즉 탐리의식과 권모술수의 정치이다. 이처럼 네 유형으로 분류하게 되는 것은 정치전개의 현장을 더 상세히 평가한 결과이다.

순자가 비록 패도를 크게 부정하지 않았다 해서 왕도보다 우월하게 여긴 것은 아니다. 그의 이른바 "성인이 아니면 왕다울 수 없다."(「正論篇」)라는 말이 대변하듯이, 그는 어디까지나 성왕을 모델로 하는 인의의 예치禮治를 최상으로 보았다.

　그러면 역사상 수많은 성왕 가운데 어느 시대 인물을 모델로 삼는 것이 가장 효과적이라고 보았을까? 이에 대한 고민을 순자는 이렇게 밝힌다.

　　성왕聖王 수가 백이나 되니 내가 누구를 본받으리요. 생각하건대, 이를테면 모습이 오래면 소멸되고, 음악의 절주도 오래되면 끊어지며, 법조를 지키는 유사도 오래되면 해이해지는 것이다. 그러므로 성왕의 자취를 보고자 하면 그 찬연함에서 해야 할 것이니 후왕後王이 곧 그것이다.(「非相篇」)

　여기서 우리는 순자가 성왕聖王을 모델로 삼는다고 할 때에 과연 어느 시대 누구를 모범으로 삼아야 좋겠느냐 하는 방법론상의 문제제기와 그 대안을 밝히고 있음을 보게 된다. 즉 그는 선왕先王에 대한 후왕後王의 표현을 쓰고 있는 것이다. 이것은 요순을 중심으로 하는 맹자의 선왕 중심론과 대비된다.

　순자가 그처럼 후왕 모델론을 제시하고 있었던 것은, 위의 말처럼 성왕의 찬연한 모습을 가장 실질적으로 자세하게 모방할 수 있기 위해서는 무엇보다도 역사사실의 현존성이 전제되어야 한다고 보았기 때문이다. 옛날의 희미한 것에 대한 근래의 뚜렷한 것의 상대적 유용성을 중시하는 태도이다. 그리하여 그는 "왕정의 체제에 있어서 원리적으로는 삼대를 지나서는 안 되고 법제면으로는 후왕에 어긋나서는 안 된다."(「王制篇」)라는 결론적 입장에 이른다.

　여기 후왕에 대하여 구체적으로 누구를 지칭하는 것인지 그 실제의 인물을 거론한 예는 보이지 않는다. 그러나 유가전통의 성왕론과 순자의 시대상황을 따르면 문文 무武 주공周公 성왕成王으로 이어지는 주나라의 인물을 가리키는 것으로 보인다. 이러한 입장을 드러낸 것은,

현실을 사는 시대적 상황에서 그렇게 강조하는 성왕 가운데 과연 무엇을 어떻게 본받을 것인가에 대한 고민이 깊었기 때문이다.

2) 형·법 병존의 예치주의

순자는 백성을 다스림에 있어서 그들에 대한 분명한 도리를 제시할 때 비로소 난세로 전락되지 않을 수 있다고 보았다. 그리하여 그 방안을 바로 '예禮'에서 찾고 있었으니, 그는 이르기를 "천지는 생명의 시원이요, 예의는 정치의 시원이다."(「王制篇」)라고 말했다.

그런데 그 '예'는 무차별의 평등성을 추구하는 것이 아니라 신분이나 직능상 각기 상이한 현존의 양태를 긍정하는 모습이다. 따라서 '예를 높인다'는 말은 사회구성원 상호간 분별관계에 의한 차등성을 유지한다는 의미를 갖는다. 실제로 순자는 인간사회에 있어서 무차별의 상태는 불가능하다고 보면서 그 차등의 원리를 천지자연론에 연계시켜 절대시하기도 하였다.

그렇다면 그 차등의 실제적 척도는 무엇으로 보는 것일까? 여기서 제반 생존양태가 인습적으로 고착화된 그대로의 모습온 가리기는 것은 아닐까 하는 의문이 생길 수도 있다. 그러나 만일 이와 같은 경우라면, 순자의 예치禮治는 현실에 대한 각종의 변화 논리를 포괄할 수 없음은 물론, 미래에의 발전론적 성격도 가질 수 없게 된다. 이에 다음의 말을 주목할 필요가 있다.

> 비록 왕공 상대부의 자손이라도 예의에 합할 수 없는 자는 서민에 귀속시키고, 비록 서민의 자손이라도 학문을 쌓고 품행을 바로 하여 예의에 합할 수 있는 자는 경상 사대부에 귀속시킨다.(「王制篇」)

신분이나 직분 등 모든 차등현상을 바로 그 '예의 실천성'에 의해 결정되어야 한다고 보는 것이다. 이러한 주장은 그 시대상황에 비추어 보면, 가히 혁신적인 견해라 하지 않을 수 없다. 왜냐하면 기존의 존재 양식을 뒤로한 채, 예의 척도에 어긋나면 상하귀천 관계가 재구성되어야 한다는 과제를 안고 있기 때문이다. 이는 인습을 위해 예가 있는 것이 아니라 예의 준행으로 현실이 변화되어야 한다는 '예 실천주의'를 반영하는 경우로서 높이 평가될 만하다.

그런데 보다 더 넓은 관점에서 그의 예치주의를 말하자면 오직 예만 문제 삼을 수는 없다. 왜냐하면 순자의 '예 중심적 통치원리'에는 법치의 형법정신도 내재하고 있기 때문이다.『예기』에서는 "예의는 밑으로 서인에 까지 미치지 않고 형벌은 위로 대부에 까지 미치지 않는다."(「曲禮上」)라고 하여 예치禮治와 법치法治의 영역이 같지 않음을 밝힌 바 있다. 순자에서도 그와 같은 성격의 발언을 볼 수 있으니 "선비 이상은 반드시 예악으로 조절해 가고 서민백성은 반드시 법제로서 통제해 간다."(「富國篇」)고 말한 경우이다. 이러한 발언만 보면 순자 역시 예치와 법치의 대상을 달리하는 것으로 단정하기 쉽다.

그러나 그는 또 "윗사람은 법에 따라 취하고, 아래 사람은 예에 따라 절용케 한다."(「富國篇」)라고 하여, '법'과 '예'의 용어를 전자와 상반된 위치로 사용키도 하였다. 따라서 순자에 있어서의 예치와 법치는 인민 모두를 대상으로 한 행정상의 양대 형식이 되고 있었던 것임을 알 수 있다. 이러한 사실은 "선으로 이르는 자에게는 예로 대하고 불선으로 이르는 자에게는 형벌로 대한다."(「王制篇」)라는 말로서 더욱 분명해 진다.

순자는 형법정치의 중요성을 다음과 같이 명시하고 있었다.

무릇 사람을 벌주는 본의는 난폭함을 금하고 악함을 미워하며 미래를 밝혀가자는 것이다. 살인한 자가 죽지 않고 사람을 해친 자가 벌 받지 않는 것은, 난폭함을 은혜로 대하고 해침을 관대하게 하는 것으로서 악함을 미워하는 것이 아니다.(「正論篇」)

여기서 형법정치가 정당성을 갖게 되는 이유를 확인케 된다. 그것은 바로 권선징악勸善懲惡의 인도주의와 내일의 범행을 예방하는 데에 근거를 두고 있었다.

그러나 순자는 그러한 형법정치를 옹호하면서도 강압적 법치주의를 이상으로 여긴 것은 아니다. 이것이 그의 문제자들과 같지 않는 부분이다. 순자에서의 형·법 병존적 예치주의는 『예기』의 이른바 '예악과 형정은 그 극치에 있어 하나인 것이며 민심을 같게 하고 치도를 드러내게 하는 것'(「樂記」)이라는 기본정신에 상통하는 것이었으며, 그의 법치와 형벌론은 유가전통에서와 같은 보치적 의미를 갖는 것으로 평가된다.

이와 더불어 순자에서는 '악樂'의 정치 사회적 기능도 중시되었다. 즉 공자로부터 거론되어온 '예악禮樂' 정치론의 흐름을 견지하는 모습을 보이기도 했으니, 그 실제는 『순자』 「악론편」에 자세하다.

그와 같은 예악 중심의 유가 덕치론은 유교 이념의 조선왕조가 개창되면서 매우 심층적으로 지향되었다. 신유학의 사서四書체제로 말미암아 『순자』의 내용은 뚜렷이 거론되지는 못했던 것으로 보이지만, 『예기』의 구성요소나 예치주의의 맥락에서 그의 지론은 끊임없이 이어져왔던 것이다.

제4장 유교의 공직관

1. 선비와 공직

불교의 키워드가 '불佛'이듯이, 유교의 기본은 '선비'로 해석되는 '유儒'에 있다. 그것은 공자시대에도 뚜렷한 모습을 보이고 있었다. 공자는 노魯나라 임금 애공哀公의 '선비는 어떠한 사람인가?'라는 질문에 대하여 자세히 응답했다.

> "선비는 사리 위에 보배로운 것을 가시고 있어서 임금의 부름을 기다리고, 밤낮으로 학문에 힘써서 묻기를 기다리며, 충성과 신의를 품고 있어서 천거되기를 고대하며, 힘써 행하여 취해지기를 기대한다. … "(『예기』「儒行」)

이것은 그 긴 설명중의 첫부분에 불과하다. 그러나 이것만 보아도 선비(儒)들 즉 유자儒者 유사儒士 유림儒林 등의 이름으로 불리는 그들의 특성이 무엇인지를 알 수 있다. 위 구절에서의 '보배로운 것'이란 어떤 물질적인 것보다도 더 값진 것으로서의 '인간다움의 보배' '인격의 높은 것'을 의미한다. 그러한 정신적 역량을 확장해 가기 위하여 부단히 학문에 힘쓰고 인간의 덕성 구현에 올곧은 모습을 보이는 것이 바로 선비의 단면이라는 것이다. 따라서 공부를 하지 않아서 지식이 없거나 도덕을 찾지 않아서 충성과 신의의 가치를 지킬 수 없다면 처음부터 선비일 수가 없다.

동시에 그들은 또 항상 무언가를 기다리는 존재로 묘사되고 있다. 그 '기다림'이란 위 구절에서 보이듯이 '임금의 부름과 사람들의 물음'에 대한 기다림이요, '정계에의 천거와 등용'을 기대함이다. 여기에는 그 선비가 연마한 학식과 덕망의 정치 사회적 구현이 사람들 모두에게 유익하다는 보편적 가치를 전제하고 있다. 이처럼 유자儒者로서의 선비 세계에서는 학덕의 연마와 정계의 진출을 당연시한다. 이를테면 '벼슬'이라는 '공직의 길'은 선비 자신들의 것으로 인식한다는 점이다.

그러나 공직의 자리는 선비들만으로 채워지거나 또 그들의 수만큼 많을 수는 없었다. 그러므로 공직을 향한 선비의 세계에서는 각각의 학문과 덕행에 대한 평가 과정이 작동한다. 비록 무시험 천거에 의한 경우라 하더라도 선비 사회의 속성상 그 전문성의 포괄적 평가는 부단히 견지되어 왔다. 그러므로 유교사회에서 학덕이 높게 평가되는 인물은 품계를 넘어 등용되는 경우가 있었고, 그 반대의 경우는 비록 품계가 높지 않더라도 항상 비판의 대상이 되기도 했다.

또한 유교사회에서 선비란 벼슬에 나가는 것을 당연시하지만 그렇지 못한 처지라 하여 경시하지는 않는다. 인간의 도리를 탐구하고 그 올바름을 궁행하는 지성적 태도 그 자체로서 큰 의미를 갖는 것이었기 때문이다. 그리고 그 재야의 선비들은 나름대로의 지역별 또는 주제별 학풍을 일으킬 뿐만 아니라 정치 현상에 대한 비판 능력을 발휘함으로써 유교문화 창달의 한 저변을 이루고 있다는 점에서 큰 의미가 있었다.

그러나 대부분의 선비들이 각종의 등용 시험을 선호하고 있는 데서 보이듯이 공직으로서의 벼슬에 나가는 것을 최상으로 여겼다. 과거 전통사회는 현대와 같이 사회기구가 다양화되지 못한 상황이었기 때문에 지식인으로서의 사회참여는 오직 정계의 관직에 나아가는 것뿐이었다.

그런데 언제나 관직을 가진 신하는 조정에서 국정의 실무자로 그 바름을 향한 소임이 막중했고, 때로 지방의 관리가 되어서는 임금을 대신하여 행정권과 사법권까지도 발휘하였다. 따라서 선비로서 관직에 임한다는 것은, 스스로가 공부한 이치와 원리를 현실 사회에 구현한다는 '행도行道'로서의 의미를 가지는 것이었다. 동시에 관직생활은 사회적 명예와 가문을 빛내는 영광 그리고 녹봉에 의한 경제력 확보 등의 계기로서 그 의의는 실로 지대했다.

그러나 녹봉의 이익문제를 앞세우지 않는 것이 또한 참된 선비의 모습이었다. 그러므로 공자는 녹祿에 대한 제자의 물음에 대하여 답하기를 "말함에 허물을 적게 하고 행실에 후회를 적게 하면 녹은 그 속에 있는 것"(『논어』「爲政」)이라 하고, 또 이르기를 "군자는 도道를 도모하나 먹는 것을 도모하지는 않는다. 김매는 그 속에 주림이 있지만, 공부하는 것 그 속에 녹이 있다. 군자는 도를 걱정할지언정 가난을 걱정하지 않는다."(『논어』「衛靈公」)라고 말했다.

이로써 유교에서의 녹봉 개념은 항상 학문과 덕행의 과정에서 말해지는 것이었음을 알 수 있다. 즉 공부하는 자가 정계에 진출하는 것은 당연한 것인데 다만 그 봉록의 급여 문제는 벼슬의 선행 요건이 아닌 부수적인 것으로 본다는 점이다. 이것은 도덕적 가치가 물질적 욕구에 좌우될 수 없다는 유교 본래의 정신문화에서 비롯된 양상이기도 하다.

유교가 사회 안정을 위한 도덕성 추구에 그 특징이 있듯이 관직에 나가는 공직자의 기본 태도에서부터 바로 그러한 관점이 중시되고 있었던 것이다. 그 키워드가 바로 '도道'라는 이름에 집약되고 있었다. 각 직위별 전문성 즉 행정능력의 문제는 이를 전제한 이후의 일이다.

이처럼 공직사회에서 도덕성이 강조되는 것은 바로 공공성 확보의

기반이 된다는 측면에서 그 의의가 크다. 그러므로 공직자 그 한 몸에
는 덕성으로서의 현명함과 전문성으로서의 유능함이 반드시 겸비되어
야 할 것으로 본다. 이러한 여건이 성숙될 때에 비로소 지극히 공평한
사회를 기대할 수 있다. 그러므로 대동사회大同社會의 처음은 이렇게
묘사된다.

> 대도大道가 실행됨에 온 천하 사람들이 공평하도다. 어질면서 유능
> 한 자를 선택하여 신의를 익히게 하고 화목함을 닦게 하니 오직 자기
> 부모만을 부모로 여기지 않고 자기 자식만을 자식으로 여기지 않는다.
> (『예기』「禮運」)

큰 진리 구현의 공평한 사회란, 바로 '어질면서 유능한 자' 즉 도덕
적이면서 능력 있는 사람에 달려 있다는 사실을 밝혀주고 있다. 그 양
면성을 겸비한 사람이 앞장서도록 해서 백성을 이끌고 가르치는 역할
을 다할 수 있을 때에 비로소 남의 부모도 나의 부모와 다름없이 존경
하고 남의 자식도 나의 자식과 같이 사랑하는 최상의 공존사회가 기대
된다고 보는 것이다.

공직사회에서 그와 같이 덕성 문제를 가장 먼저 제기하는 것은 진
정한 '공公'의 태도를 기약함이다. 인간의 도덕성에서는 자기만을 생
각하는 사사로움이 애초부터 절제되기 때문이다. 이와 같이 사사로움
을 극복하는 것이 곧 공직의 기본 요건으로 본다. 그러므로 고전에서
는 "공공정신으로 사사로움을 없애면 백성들이 그에 믿고 따른다.(以
公滅私 民其允懷)"(『서경』「周官」)라고 확인한다. 이른바 '멸사봉공滅私
奉公'의 분위기를 전하고 있는 것이다. 따라서 공직자의 세계에서는
무엇보다도 그 사사로움을 이길 수 있는 자기 관리능력이 중시되지 않
을 수 없었다.

이처럼 본능적인 사욕까지 극복하여 자기보다 먼저 국가를 생각하

고 자기들보다 먼저 백성을 생각하는 공공정신이 견지될 때에, 비로소 임금은 임금답고 신하는 신하다운 공직자의 진면목이 기대될 수 있다고 보는 것이 유교의 입장이다. 그런데 그러한 능력의 배양은 그저 되는 것이 아니므로 항상 학자적인 태도로 부단히 공부하는 과정이 요구되었다.

그러므로 공자의 제자 자하子夏는 "벼슬해서 높아지면 공부해야 하고, 공부하여 높아지면 벼슬해야 한다."(『논어』「子張」)라는 말로써 공직자의 학구적 태도를 주문했고, 맹자는 항산이 없어도 항심을 잃지 않는 선비정신을 지목했던 것이다.

2. 진퇴의 기준

유교 공직생활에서 또 하나 중시되고 있었던 것은 벼슬에 나가고 물러서는 기준이 엄정했다는 점이다. 공직 임면권은 물론 군주에 속한 것이지민 그렇다고 군주의 자의恣意를 원칙으로 보는 것은 아니었다. 또한 임금답지 못한 상태에서의 관직생활은 선비 자신들에게도 용인될 수 없었다. 그 공직의 기반에는 항상 국가와 백성 그리고 정의의 가치가 공유되고 있었기 때문이다.

그러므로 맹자는 다음과 같은 공직 임면의 원칙을 천명하고 있었다.

좌우에서 모두 어질다 해도 믿지 말고, 여러 대부들이 모두 어질다 해도 믿지 말며, 나라사람들이 모두 어질다 하면, 그 연후에 그를 살펴보고 실제 어진 것을 발견한 연후에 그를 등용하고, 좌우에서 모두 불가하다 해도 듣지 말고, 여러 대부들이 모두 불가하다 해도 듣지 말며, 나라사람들이 모두 불가하다 하면, 그 연후에 살펴보고 실제 불가함을 발견한 연후에 그를 물리치는 것이다. (『맹자』「梁惠王下」)

여기서 우리는 공직자 그 한 사람의 임면 문제에 있어서 그 발령권
자는 얼마나 신중해야 할 것인가 하는 점을 알게 된다. 실제 이처럼
좌우의 측근들로부터 저 아래의 백성들에 이르기까지의 모든 여론을
들으면서 군주 스스로가 자세히 파악한 결과에 근거하여 인사가 단행
된다면, 공직사회에서의 어떠한 부정이나 파벌은 발생될 수 없을 것이
요 이른바 공복公僕으로서의 공공의식이 심화될 것임은 물론이다.

그리하여 유교에서는 공존을 담보하는 구도求道의 차원에서 공부한
그대로를 실천해 가는 것을 공직 생활의 한 준칙으로 여긴다. 관직을
유지하기 위하여 정치권력에 아부하거나 무도한 현실에 야합하는 것
을 금기하는 것도 이와 성격을 같이 한다.

그러므로 공자는 "올곧도다. 사어史魚여! 나라에 도道 있음에 화살
같고 도 없어도 화살 같구려. 군자로다. 거백옥遽伯玉이여! 나라에 도
있음에 벼슬하고 도 없음에 거둬들이는구나."(『논어』「衛靈公」)라고 하
여 한결같은 '행도行道'의 태도를 중시했으며, 또 맹자는 "왕실 친척
의 관료로서 임금이 큰 과실이 있어서 간하기를 거듭해도 듣지 않으면
그 왕을 바꾸도록 하는 것이고, 성을 달리하는 관료의 경우는 그렇게
간해도 듣지 않으면 물러나는 것이다."(『맹자』「萬章下」)라고 이르며
군주 폐위와 신료 진퇴의 두 원칙을 밝히기도 하였다. 군왕을 포함한
모든 공직자들에 있어서 스스로가 공공정신을 상실하거나 이른바 '도'
의 실천 능력이 약화된 경우에는 그 공직에서 물러날 것을 이상으로
여겼던 것이다.

그리하여 세상이 혼란하다는 이유로 그저 물러서는 것만을 좋은 것
으로 보았던 것은 아니다. 그러한 어려운 상황이라 하더라도 그와 같
은 공공정신과 '행도'의 능력을 발휘할 수 있다면 그 또한 높이 평가
되어 마땅한 것이기 때문이다. 이러한 경우의 대표적인 인물이 이윤伊
尹이다. 그는 천하국가 전환기의 무도한 상황에서 하夏나라의 폭군 걸
桀을 다섯 번이나 찾아가고 상商의 탕湯을 다섯 번 찾아가면서도 그

'행도'의 임무감에 의연함을 잃지 않고 있었던 것이다. 그러므로 맹자는 그를 '성지임자聖之任者'라고 평가하며 그 책임의식의 성스러움을 칭송하기도 했다.

여기 이윤의 경우에는 물론 그 누구도 무시할 수 없는 당시의 권세를 소유한 상황이었기 때문에 그러한 태도가 가능한 것이었다. 즉 정치 현실에 있어서 그 어떠한 힘을 가지지 못한 경우에서는 그와 같은 혼란기를 자신의 의도대로 조정할 수 없는 일이다. 따라서 백이伯夷·숙제叔齊처럼 물러나는 수밖에 없다. 이는 자기 한 몸에서만이 '행도'의 깨끗함을 견지할 뿐이다. 이를 맹자는 '성지청자聖之淸者'로 평가했다. 이러한 모습은, 충신은 두 나라 임금을 섬기지 않는다는 '충신불사이군忠臣不事二君'(『사기』「열전」, '田單')의 정신과 상통하는 것인 바, 조선 초기의 길재吉再에서도 그 진면목을 볼 수 있다.

뿐만 아니라 직위의 변화와 관련해서도 공직자로서의 공공정신과 '행도'의 실천 능력 문제를 생각해 볼 수 있다. 흔히 관직은 경력에 따라 높은 지위로 보임되지만 그렇지 않은 경우도 있는 것이기 때문이다. 지금보다 더 낮은 지위로 발령을 받는다 하더라도 기꺼이 나가면서 임무수행의 바름을 보였던 인물로서 맹자는 노魯나라의 유하혜柳下惠를 지목했다. 그는 언제 누가 어떠한 자리로 부르더라도 적극 나가고 또 물리쳐도 섭섭하게 생각하지 않았을 뿐만 아니라 바로 그 '행도'의 태도에 흐트러짐이 없었던 것이다. 맹자는 그를 '성지화자聖之和者'로 평가했다.

그러면서 맹자는 또 '나갈만하면 나가고 물러설만하면 물러선다.'는 시중時中의 진퇴론을 펴기도 했는데, 이를 대표하는 경우가 바로 공자로서 그것을 '성지시자聖之時者'로 칭송했다.

이처럼 여러 형태가 있지만 그 칭송의 말들이 모두 '성지聖之'로 통용되는 점에서 알 수 있듯이, 비록 그 각각의 상황에 따라 외형은 같지 않았다 하더라도 그 내면에 흐르는 '행도'의 가치는 모두 견지되고 있었던 것이다. 여기에서 우리는 백성을 향한 공공정신과 진리를 향한 실천적 가치가 모두에게 중시되고 있었음을 거듭 확인하게 된다.

그와 같이 '도의 실천성'을 진퇴의 기준으로 삼았던 것은 일찍이 공자에서도 "이른바 대신이란 도로써 임금을 섬기는 것이니 불가능하면 그만둔다."(『논어』「先進」)라는 발언으로 천명된 바 있다. 따라서 정계를 향한 유자儒者의 진퇴 기준은 일반적으로 평소 공부한 도리의 실천성 여부에 있었던 것이었음을 알 수 있다. 그것은 지위의 고하를 넘어서는 척도로서 이른바 '참된 유자(眞儒)'의 평가 기준으로 작용한 것이기도 하다.

주지하다시피 공직자란 언제나 국가의 안정과 백성의 생존을 보장하는 각종의 업무에 종사하는 사람들이다. 이 점을 주목하여 유교에서는 정신적 측면으로는 충성의 모습을, 그리고 물질적 측면으로는 청렴의 태도를 중시하고 있다. 『춘추좌전春秋左傳』에서의 "사사로움이 없는 것이 충성이다."(성공成公 9년) "위에서 백성을 이롭게 해가는 것이 충성이다.(소공昭公 원년)"라는 말에서 알 수 있듯이, 충성의 정신이 없으면 국가와 백성에 반하는 사적 이익에 치우치기 쉽다는 점을 주목하고 있는 것이다. 신라의 최치원崔致遠이 우리나라의 '현묘지도玄妙之道'에 내포된 유교정신을 지목하여 "들어와서는 가정에 효성을 다하고 나가서는 국가에 충성을 다하는 것"(『삼국사기』 신라본기 진흥왕37년조)이라고 말했던 것도 그러한 의미를 포함하고 있다.

그런데 과거 전통사회는 왕조국가의 형태였으므로 국가에 대한 충성은 곧 임금에 대한 충성과 다를 바 없었다. 그리하여 공자는 "임금은 신하에게 예의로 시키고 신하는 임금을 충성으로 섬겨야 한다."(『논어』「八佾」)라고 말했다. 물론 이러한 쌍무적 군신 관계는 맹자에서 '군신유의君臣有義'로 정리되는 것이었지만, '신하다움'의 중심에는 항상 충성의 덕목이 중시되었던 것이다.

그러나 그 충성이 군주에 대한 무조건의 복종을 의미하는 것은 아니었다는 점에 유의하지 않을 수 없다. 즉 군주가 옳지 못한 모습을 보일 때에도 그저 따르는 것이 '충신忠臣'으로 간주되는 것은 아니었다는 점이다. 그것은 군주 그 자신을 위해서도 또 온 백성과 국가를 위해서도 결코 바람직한 것이 아니었기 때문이다. 만일 그러한 경우를 직면한다면 보좌하는 사람으로서는 반드시 그러한 불의나 비리에 빠지지 않도록 도와야 한다. 여기에 바로 간쟁의 의의가 있는 것이다.

그러므로 부모 공경론의 『효경』에서도 그러한 태도를 천명하고 있었으니 "불의를 당하면 자식으로서는 부모께 간쟁하지 않을 수 없고 신하로서는 임금께 간쟁하지 않을 수 없다."(전傳13「간쟁장」)라고 이른 것이다. 인생의 그 모든 곳에서 대의大義를 잃는 것은 그 어떠한 이유로도 용인될 수 없었던 것이다.

따라서 유교의 정치사회에서는 학덕이 높은 공직자일수록 간쟁 상소로서 애국충성의 면모를 보이는 것을 당연시 했다. 그리하여 고위직에 있으면서 그러한 모습을 나타내지 못한 경우에는 선비사회에서 비판되기도 했다.

그와 같은 충성의 태도는 물질적 측면에서 부패를 낳을 수 없다. 즉 청렴 정신이 견지된다는 점이다. 이것은 공자의 이른바 "선비가 도에 뜻을 두고 있으면서 헐은 옷이나 거친 음식을 부끄럽게 여긴다면 함께 말할 수 없다."(『논어』「里仁」) "군자는 이득을 보면 옳음을 생각한다."(「季氏」)라는 가치관의 반영으로서 유자의 당연하고 떳떳한 모습이다.

나아가 유교 정치문화에서는 관자管子의 '사유론四維論' 즉 예禮 의義 염廉 치恥 문제를 수용하면서 공직을 이용한 부정부패 행위를 척결하는 데에 힘을 더하고 있었다. 즉 물질을 보면 욕심이 생긴다고 하는 '견물생심見物生心'의 태도는 유교의 공직관에서 철저히 경계되었다. 그 중심에서는 유교에서 지향하는 특유의 도덕 제일주의의 인생관과 공公 사私 의義 리利 분별의 가치관이 작용하여 그 실천의 강도를 높여 온 것이다.

제2부 조선 초기 군주의 정치사상

제1장 여말선초 신유학파의 정치의식

1. 여말 신유학파와 정세변화

12세기를 전후하여 중국에서 홍기한 신유학新儒學을 가리키는 말로 '송학宋學' '성리학性理學' '이학理學' '도학道學' '정주학程朱學' '주자학朱子學' 등의 용어가 있다. 이들은 넓은 의미에서 큰 차이 없이 사용되어 왔다.

그러나 각각의 자의字意가 다르듯이 그 용어상의 구체적인 내용이 같을 수만은 없다. 예컨대 '송학'이라 한다면 송나라 때에 나타난 그 어떠한 사상을 포함하여 무리가 없지만, '성리학'이라고 할 때에는 인간해석에서 '성즉리性卽理'의 논리를 따른 심성론을 중심으로 하는 철학적 성격의 의미로 쓰여야만 된다는 것이다.

이러한 점에 유의한다면 '주자학'이란 오직 주자朱子 그 자신의 학구적 작위과정을 전제한 연후에야 일컬어지게 되는 것이다. 따라서 그러한 과정을 거치지 않은 경우라면 굳이 '주자학'이라고 이름할 필요는 없다. 하지만 그가 남긴 논저만 보아도 사서四書를 비롯한 경전의 주석에서부터 철학적인 논변 및 예서禮書와 역사서의 편찬에 이르기까지 그 폭이 매우 방대하다. 이 글에서 쓰는 '신유학'이라는 용어는 바로 이와 같은 '주자학' '성리학'을 포괄하여 경학적으로는 사서가 우선 중시되는 입장의 유학사상을 뜻하는 것이다.

주지하다시피 신유학으로서의 주자학이 전래된 것은 고려 충렬왕 16년(1290), 즉 조선 건국 약 백 년 전에 안향安珦(1243~1306)이 주자서朱子書를 베껴오는 일로부터 시작한다.

한편 그 무렵 백이정白頤正(1260~1340)은 원元나라에 약 10년 동안 머물면서 주자학을 연구하고 돌아왔으니, 그 연구의 깊이가 남달랐을 것이다. 그런데 그 백이정의 문인 가운데 이제현李齊賢(1287~1367)이 있었다. 그는 주자의 『사서집주四書集註』발간을 건의하고 『효행록孝行錄』을 찬술한 권부權溥의 사위로서 경학과 문학 및 성리학에 밝은 식견을 보일 정도였다.[1] 이 학맥은 이곡李穀(1298~1351)을 거쳐 고려 말의 큰 유학자 이색李穡(호는 牧隱, 1328~1396)에 이른다. 이 두 분은 부자 관계이었으므로 그 학행의 심도가 더욱 깊었을 것이다.

이색은 일찍이 원나라에 가서 수년간 연구하다가 공민왕 원년(1352) 부친상으로 귀국해서는 긴 상소문을 올리기도 했다. 거기서는 전제개혁 문제로부터 불교 퇴락 비판과 유교 진흥 문제에 이르기까지의 여러 가지를 제기하고 있었다. 그 일부를 보면 다음과 같다.

> 부처는 큰 성인이므로 좋아하고 미워함을 반드시 사람들과 같이할 것이다. 이미 간 영혼인들 어찌 이 같음을 부끄러워하지 않으리오. … 부처는 지극히 성스럽고 지극히 공평하니, 받드는 것이 아주 아름답다고 해서 기쁘게 대하지는 않을 것이요, 대함이 심히 박하다 하여 노여워하지도 않을 것이다. 하물며 경전 중에 '공덕으로 보시하는 것은 경전을 간직하는 것만 못하다.'라는 말씀이 분명히 있음에랴.[2]

이처럼 그는 불교를 비판하더라고 그 진리의 세계 그 자체를 부정

---

1 김충렬, 『高麗儒學史』(고대출판부, 1985.) 167~171쪽 참조.
2 『高麗史』「列傳」 28 '李穡'

하려는 것이기보다는 승려나 불자들의 비행이나 타락됨을 지적하고자
했다. 그런데 시대는 점차 불교 배격의 분위기로 전환되자, 이색의 그
완만한 표현은 오히려 불법을 높이는 태도로 평가되기도 했다.

그러나 그에게는 그러한 모습으로 불교의식이 잔존하고 있었다 하
더라도 신유학으로서의 주자학에 밝아 고려말기 유학의 종장이 되었
다. 즉 공민왕 16년(1367) 성균관을 증수하며 그 규모를 확장하고 있
을 때에 그는 최고 수장인 대사성大司成이 되어 주자학 흥기의 선봉이
되었던 것이다. 당시 교수요원으로는 박상충朴尙衷(1332~1375) 박의
중朴宜中(?~?) 정몽주鄭夢周(1337~1392) 김구용金九容(1338~1384)
이숭인李崇仁(1349~1392) 등이 임명되었고, 이들은 이색을 중심으로
활발한 학구활동을 전개하니 많은 학생들이 운집했다고 전한다.[3] 그
무렵 정몽주는 특히 강설에서 뛰어나고 이숭인은 문장이 탁월하다는
이색으로부터의 칭송을 낳기도 했다.

뿐만 아니라 그 때 정도전鄭道傳(?~1398)도 성균관에 나아가 주자
학을 익히고 있었으며, 길재吉再(1353~1419) 역시 그러한 학습에 참
여했다. 그리하여 당시의 신진 유학자들은 거의 모두 성균관에 모였으
니, 권근權近(1352~1409)을 포함한 고려말 신유학파는 이색을 정점으
로 형성되고 있었던 것이다.

그러나 그와 같은 학계의 흥기된 모습과는 대조적으로 정치상황은
악화되어 갔다. 공민왕 피살 후 11세의 어린 나이로 왕위에 오른 우왕
禑王(초명은 牟尼奴, 辛旽의 비첩 般若의 소생이라 하나 불분명함. 1364~
1388)에 이르자 그 형국은 더욱 심했다. 즉 권신 이인임李仁任(?~1388)
의 전횡으로 명나라 사신의 조난사건을 기하여 외교정책상의 갈등이
야기되었을 뿐만 아니라, 1388년 이성계李成桂(전주이씨 子春의 둘째 아

---

3 『陶隱集)』 권4 「贈李生序」

들, 1335~1408)의 위화도회군威化島回軍 사건이 일어나면서 정세는 급
변했던 것이다.

그 당시 백성을 향한 보민정신保民精神과 명나라를 향한 사대외교
事大外交를 명분으로 내세운 이성계는 마침내 우왕을 폐하고 9세의
창昌(우왕의 아들, 1381~1389)을 옹립할 정도로 실권을 장악하기 시작
했다. 이색을 중심으로 하는 구족 사이에, 그리고 정몽주를 중심으로
하는 보수파 사이에 파생하는 알력을 극복하면서, 이성계 일파는 또
즉위 1년만의 창왕 폐위와 공양왕恭讓王(이름은 瑤, 20대왕 신종의 7대
손, 1345~1392) 영립의 과정을 거쳐 회군 4년 만에 이른바 역성혁명易
姓革命에 성공했던 것이다.

그러한 세력 확장의 중심에는 전제개혁론과 우왕·창왕 비왕씨설非
王氏說의 두 요인이 작용하고 있었다. 먼저 전제개혁의 경우를 보면,
이성계 계파의 조준趙浚(?~1405)이 그 상세한 내용을 창왕에 상소하
는 형식으로 가시화 된다. 그에 앞서 이색도 전제의 개선을 제기할 정
도로 그 개혁의 필요성은 점차 고양되는 분위기였다. 조준은 그 상소
에서 조세를 공전이나 사전을 불문하고 1결에 20말로 정해야 한다는
세목까지 제시했다.[4]

그러나 그것은 기존의 훈구 문족들에게 충격적인 것이었다. 또한 여
러 번의 논란에서 이색은 반대하고 정몽주는 중립적인 입장을 취했지
만, 공양왕 3년에는 그 개혁론의 우세로 과전법을 채택하는 데에까지
이르렀다. 이성계 일파의 세력이 이렇게 점증하고 있었던 것이다.

다음으로 우왕·창왕 비왕씨설을 보면, 이것은 상대의 정치세력을
약화시키고 이성계가 추구하는 역성혁명의 핵심 요인으로 작용했다는
점에서 그 의미가 지대하다. 비왕씨의 진위는 오늘날까지도 정확히 밝

---

4 『高麗史』「列傳」31 '趙浚'

혀지지 못한 역사의 비밀로 남은 상태이지만, 그 당시에는 왕을 교체시킬 정도의 큰 명분으로 이어졌기 때문이다. 이성계 일파는 그러한 점을 기정 사실화 하며 이른바 가짜를 없애고 진짜를 세운다는 '폐가입진론廢假立眞論'을 내세우며 창왕을 폐위시키고 신종의 7대손 왕요王瑤를 고려의 마지막 왕으로 영립하게 되는 것이었다.

그러나 그러한 논리도 점증되는 혁명의 분위기에서는 지속될 수 없었다. 그리하여 공양왕은 신민들에게 용렬한 군주로 평가되는 것이었을 뿐만 아니라, 고려의 왕씨 임금은 비왕씨非王氏인 우왕 즉위와 동시에 이미 끝난 것이고 뒤의 공양왕은 일시적으로 가탁하여 있을 뿐이라는 역사해석이 나타났다. 여기에는 10세를 일생으로 마감하는 창왕의 비극이 함께하고 있었으니, 고려왕조는 이성계 중심의 신흥 정치세력에 의하여 그렇게 종말을 고하게 되었던 것이다.

2. 서로 다른 국가의식과 진퇴의식

1) 정몽주의 유교정신과 구국의지

포은圃隱 정몽주鄭夢周(자는 達可)는 공민왕 9년(1360) 24세로 과거시험 수석으로 합격하였다. 그 2년 후에는 예문관 검열에 보임됨으로써 마침내 정계에 진출하게 된다. 즉 수문하시중守門下侍中의 반열로 고려의 국운과 운명을 같이할 때까지 그의 정치생활은 계속되고 있었던 것이다. 일찍이 국방에의 종사관을 지내기도 했지만 특히 학식과 외교 역량이 뛰어나 새로이 떠오르는 명明나라를 왕래하면서 양국 사이의 난제를 풀어 선린관계를 유지하게 하였을 뿐만 아니라 일본을 향해서는 승려들의 추앙 속에 예대를 받으며 잡혀있던 윤명·안우세 등 수백 명을 풀려나게 하는 성과를 올리기도 하였다.

그러나 국내 정치관계에서는 순탄치만은 않았으니, 우왕 1년(1375)

에는 이인임의 원나라 친교정책에 대한 비판 상소문제로 언양에 유배
되기도 했으며, 공양왕 즉위 후에는 이성계 일파를 감당치 못하는 한
계에 이르러 결국은 피살당했다.

그 순국의 과정에 이르기까지 그는 당대 최고의 이학자理學者로 평
가되었다. 즉, 그의 탁월한 강설은 주변의 유자들로 하여금 감탄을 낳
게 할 정도였으니, 설명에 의문이 들 정도의 특이했던 부분은 뒤에 입
수되는 원나라 호병문胡炳文의 『사서통四書通』이 증명해주었을 뿐만
아니라, 유교의 종장인 이색으로부터는 "몽주의 논리는 횡설수설이
이치에 합당하지 않음이 없으니 동방 이학理學의 시조로 추대한다."
라는 평가를 낳게 하였다.[5] 그리고 또 그는 『주자가례朱子家禮』에 따
라 3년상을 치르는 모습을 보이면서 당시의 예의풍속 정화에 힘쓰기
도 하였다.

그렇다고 포은이 불교에 무관심했던 것은 아니다. 당시의 지식인에
게도 불교의 흐름은 지속되고 있었던 것처럼 그 역시 불교에 관심이
있었다. 그리하여 『능엄경楞嚴經』을 탐독할 때에는 정도전으로부터
그만두기를 요청하는 편지를 받기도 했다.[6] 그러나 "간괘육획艮卦六畫
을 자세히 보는 것이 화엄華嚴 일부의 경문을 읽는 것보다 낫다."고하
는 「독역讀易」시 구절[7]에서 보이는 것처럼 그의 학문 중심에는 유교
의 원리가 자리하고 있었다.

그와 같은 학문 경향은 경연에서 다음과 같은 비교론으로 나타나기
도 했다.

유자의 도는 모두 일상생활의 일로서 음식과 남녀관계는 사람들이

---

5 『高麗史』「列傳」30 '鄭夢周'
6 『三峰集』권3 「上鄭達可書」
7 『圃隱集』권2 「讀易 寄子安大臨兩先生有感世道故云 其二」

같이하는 바이며 지극한 이치가 있습니다. 요순堯舜의 도道도 또한 이
것을 벗어나지 않습니다. 움직이거나 정지함, 말하거나 말하지 않음의
모든 곳에서 그 올바름을 얻는 것이 요순의 도이니 처음부터 높아서 행
하기 어려운 것이 아닙니다. 저 불교는 그렇지 않아서 친척을 떠나고
남녀관계를 끊으며 홀로 바위구멍에 앉아 풀을 옷 삼고 나무를 먹으며
공空을 보고 고요히 없는 경지를 숭상하니 그 어찌 평상의 도라고 하겠
습니까?[8]

일상생활의 현실 속에서 인륜 도덕적인 삶을 중시하면서 그 속에
바로 유교의 이상인 요순의 도가 있는 것임을 강조한다. 그러면서 불
교는 일상적 인륜성을 넘어서고 현실적 삶의 태도에 벗어난다고 비판
하였다. 이것은 그 당시 승려 찬영粲英을 왕사王師로 삼으려는 데에
대한 반대의 소견을 피력하는 성격의 발언이었다는 점을 주목할 때,
숭유억불崇儒抑佛의 시대적 분위기를 나타내기에 충분한 것이었음을
알 수 있다.

그러한 포은의 유교정신은 정치사회에서 특히 '믿음(信)'과 '의리
(義)'의 가치를 중시하는 모습으로 나타났다. 그는 '믿음'이란 군주의
큰 보배이니 나라는 백성에게서 보전되고 백성은 그 믿음에서 보전된
다고 역설하였다. 이것은 유교 경전에서 강조한 백성에의 신뢰성[9] 그
대로를 반영하고 있다는 점에서 다분히 유교적이다. 이러한 입장에서
그는 국가적으로 신뢰성을 바탕으로 구언상소求言上疏의 기회를 제공
한 이상, 비록 그 내용이 지나친 측면이 있다고 하더라도 결코 논죄할

---

8 『高麗史』「列傳」30 '鄭夢周'
9 孔子와 子貢 사이의 정치문답에서 '足食' '足兵' '民信'의 세 문제가 지목되면서 그
  중에서도 '백성에게 신뢰가 없으면 함께할 수 없음'을 직시하여 '信'이 가장 중시되
  었고(論語 顔淵), 『春秋左傳』(僖公 25년)에서는 '信, 國之寶也, 民之所庇也'라고 확인
  되었다.

수는 없는 것임을 분명히 하고 있었다.

또한 포은은 '의리'의 가치를 중히 여기고 있었으니, 이는 결국 순국의 길로 이어지고 있었다. 그가 평소 함양한 의기義氣는, 일찍이 자신의 시험관이었던 김득배金得培가 모함에 연루되어 효수되는 사건이 발생하자 그는 위험성을 무릅쓰고 떳떳이 그를 추존하는 모습으로 나타났었다. 이와 같은 중의정신重義精神은 '의로운 임금이기 때문에 섬긴다'고 하는 외교상의 명분을 낳기도 했다.[10] 이로 말미암아 명나라를 멀리하고 원나라를 가까이 하는 외교노선에 대한 비판론을 전개할 수 있었다.

그러한 포은의 모습은 이성계 일파의 집권의도가 드러날수록 더욱 분명했다. 당시 그들은 수구 정치세력을 약화시키고자 우왕·창왕 비왕씨설에 의거 소위 '오죄五罪'론을 들고 나섰다. 그 다섯 가지는 ① 왕씨를 세우려는 의도를 막고 창씨를 옹립했다는 것, ② 우왕을 복위시키려 했다는 것, ③ 윤이와 이초를 명나라에 보내 이성계 일파를 내치기 위해 출명을 요청했다는 것, ④ 이 사건에 연루된 김종연의 모의에 내응했다는 것, ⑤ 선왕의 서자후손(충선왕의 증손 왕익부)을 몰래 길러 모반을 꾀했다는 것 등이다.

그런데 이 사건 처리에 대하여 포은은 그대로 동의하지 않는 입장에서 먼저 그 진위를 밝힌 연후에 논죄하는 것이 당연한 것임을 강조하며 이렇게 주청했다.

상벌은 나라의 큰 법입니다. 한 사람을 상주어 천만 명이 권장되고 한 사람을 벌하여 천만 명이 두려워하는 것입니다. 지극히 공평하고 지극히 밝지 않으면, 그 중정中正함을 얻어서 나라의 인심을 따르게 할 수 없습니다. … 상소가 계속되므로 임금님 생각을 깊게 하였으나 아직 명백함을 보지 못했습니다. 그간에 죄 있는 자가 곡해되어 용서받고 죄 없는 자가 누명을 벗을 수 없어서 '공도公道'로는 둘 다 잃은 것 같습니다.

이처럼 포은은 사건 확인의 측면에서부터 그 처리 과정에 이르기까지의 공정함을 주문하고 있었다. 그리하여 공양왕은 이를 수용하여 그것을 다시 거론한다면 무고죄로 다스리겠다는 입장을 천명했다.

그러나 이성계 일파는 그것이 자신들의 세력 확장에 저해되는 것이므로 그러한 왕명을 따르지 않았다. 그리하여 양자 사이에 큰 간격이 생기고 있었을 뿐만 아니라, 포은은 오히려 형조의 이성계파로부터 탄핵을 받기도 하였다.

그러한 상황에서도 포은은 고려의 국운을 잃지 않게 하고자 두 모습을 보이고 있었다. 그 하나는 국법을 정비하여 쇄신해 보려는 것이었고, 또 하나는 이성계 추종세력을 물리치고자 하는 것이었다. 전자와 관련한 경우로 공양왕 4년 2월 명나라의 『대명률大明律』과 원나라의 『지정조격至正條格』 그리고 본국의 법령을 잠작하여 신률을 편찬하여 임금께 올리는 일을 볼 수 있다. 이는 임금으로부터 감탄을 낳게 할 정도로 호평을 받았지만 망국 5개월 전의 쇄락한 상황에서는 더 이상의 힘을 가질 수가 없었다.

또한 후자의 경우를 보면, 그것은 정치인으로서 생명을 거는 직접적 최후의 방법으로서, 이성계가 왕세자 석奭의 귀로를 영접하러가던 중 낙마한 때를 호기로 삼아 김진양 등과 더불어 그 일파를 탄핵하며 유배시키기 시작했다. 그러나 이성계의 5남 이방원李芳遠(1367~1422)의 계략으로 상황은 역전되어 포은은 결국 그의 사주를 받은 조영규에 의해 선죽교에서 피살당하고 만다. 이 사건 3개월 뒤에는 무혈 역성혁명의 형식으로 이성계의 새로운 왕조가 열리는 것이었으니 정포은의 존재가 고려조의 마지막 보루였던 셈이다.

이러한 과정에서 드러난 구국의지의 충절정신은, "이 몸이 죽고 죽어 일백 번 고쳐 죽어 백골이 진토 되어 넋이라도 있고 없고 임 향한 일편단심이야 가실 줄이 있으랴(此身死了死了 一百番更死了 白骨爲塵土 魂魄有也無 向主一片丹心 寧有改理也歟)"라는 '단심가丹心歌'를 낳게 했다. 또한 그 애국충정의 보편 가치는 오히려 조선왕조 유지를 위해서도 긴요한 것이었기에, 이방원이 태종이 되어서는 오히려 과거의 정적관계를 넘어서 복권 추증하는 방식으로 그의 모습을 높이 평가하는 것이었고, 세종대의 『삼강행실도』에서는 그의 충성을 길이 칭송하였던 것이다.

2) 정도전의 현실비판과 혁명정신

삼봉三峯 정도전鄭道傳(자는 宗之)은 고려말 주자학자로서 그 학적 태도는 정몽주를 비롯한 당시 유학자들과 다를 바 없었다. 그러나 정치노선은 같지 않았다. 그가 주자학 탐구에 열중하고 불교를 이단시하여 숭유억불의 사상적 경향을 지향하던 바는, 그 누구에 비견될 수 없을 정도였지만 진퇴거취와 정치행위의 측면에서는 고려혁명의 중심세력을 이루고 있었던 것이다. 따라서 그에게는 그 어떠한 강상론이나 절의 문제는 애초부터 제기될 수 없었다.

삼봉은 그 외조모가 우현보의 족인인 승려 김전이 사노私奴 수이의 처와 간음하여 낳았다는 혈통상의 약점을 가지고 있었는데, 이것이 뒤에 김진양 등으로부터 비난받는 배후 요인이 되기도 했다. 그는 그 발단이 우현보 일가로부터 일어나 자신에 대한 서경署經에서 확장되는 것으로 여기게 되었는데, 그 반감이 혁명적 정치의식과 병행되어 결국 그들을 극형에 처하게 하는 요인으로 작용하기도 하였다.[11]

---

11 『태조실록』 원년 8월 壬申.

삼봉은 19세(공민왕 9년)에 성균시를 거쳐 21세에 진사시험에 합격하고, 그 다음 해 충주사록忠州司錄에 보임됨으로써 관직생활을 시작한다. 29세에는 성균박사에 임명되면서 당시의 큰 유학자 이색을 비롯한 교관 정몽주 김구용 이숭인 박상충 박의중 등과 근 5년간 주자학을 탐론하기에 이른다. 그러한 분위기를 자랑스럽게 생각하면서 넓힌 신유학적 식견은 차후 벽불론 전개의 기반이 되기도 했다.

당시 목은 이색은 그에 대하여 정몽주 같은 학문에 이숭인 같은 문장을 갖추어 감히 경쟁할 수 없다는 평가를 낳을 정도[12]였으니 그의 실력이 뛰어났음을 알 수 있다. 더욱이 삼봉의 부친 정운경이 목은의 부친 이곡과 일찍이 친교관계에 있었으므로 이색과 정도전은 남다른 사제의식을 공유하고 있었을 것이다.

그러나 삼봉의 혁명주의 정치노선으로 말미암아 그러한 인간관계는 결국 적대적 양상으로 전락되고 말았다. 삼봉이 목은을 비난하던 내용은, 비왕씨인 창을 우왕에 이어 즉위케 했다는 점과 조준 등이 추구한 전제개혁을 반대했다는 점의 두 가지로 요약될 수 있는데, 이는 곧 혁명파 위주의 양대 정치문제였다. 이로써 학문적 동질성과는 전혀 다른 모습을 보이는 것이었다.

삼봉은 정치의 원론에서 공자의 이른바 "정치란 바로잡아 가는 것이다.(政者 正也)"라는 정의를 따라 위정자의 덕성 함양에 의한 통치를 적극 강조하고 있었다.[13] 유교의 덕치주의에 따라 공양왕의 정치능력을 문제 삼기도 했다. 동시에 그는 정치행정의 실무를 맡은 관료들에게는 강인한 실천문제를 중시하였다. 즉 군주의 과실이 있으면 밝게 간하여 바로잡아 드리고 사람들에 잘못이 있으면 꺾어서 독립해 가되 타인들의 의론을 두려워하지 않는 자를 '올곧은 선비(正士)'라 하면서

---

12 『三峰集』 권8 부록 「鄭宗之詩文錄跋」
13 『三峰集』 권3 「上恭讓王疏」

이러한 비판적 태도를 관료의 이상으로 삼았다.

　그러한 '올곧은 선비'를 향한 삼봉 스스로의 기개는 혁명의지가 깊어지기 이전부터 충만한 모습이었다. 34세 때에는 성균사예·지제교로 있으면서 이인임의 배명친원背明親元 외교변화를 강력히 비난하다가 유배의 길을 걷게 되기도 했다. 당시 원나라 사신의 입국을 반대하던 그에게 오히려 영접사의 명을 내리니 그는 더욱 단호한 모습을 보였다. 즉 훈구대신 경복흥慶復興을 찾아가 내가 사신의 머리를 베어오든지 아니면 명나라에 보내겠다고 항의했을 뿐만 아니라 태후의 면전에 나가서 그 불가함을 적극 주창하였다.[14] 이로 인하여 이인임 경복흥의 분노를 사면서 결국 전라도 회진으로 유배되었지만, 이러한 모습으로 그의 '올곧은 선비(正士)'다운 기백이 더해지고 있었던 것이다.

　그 1년간의 유배생활 이후에도 그는 약 8년 동안 자리를 전전하면서 여러 서적을 살펴보는 데에 열중하였다. 이때에 연마한 실력은 그의 새로운 유교국가 건설을 향한 기초가 되었음은 물론이다. 이러한 야인생활에서 태동한 정치적 지략은 마침내 동북면도지휘사 이성계의 막하를 찾는 모습으로 나타났다. 그 자리에서 정도전은 이성계의 위엄과 병사들의 위용을 보고 "아름답습니다. 이런 군대로써 어떤 일인들 할 수 없겠습니까?"라고 은밀히 말하며 혁명의지를 드러내 보였다.[15] 그리고 그 다음 해에 또 그를 찾아갔다.

　이로부터 그 두 사람은 삶을 다할 때까지 정치적 동반자 관계를 지속하였다. 이성계의 비호를 받은 정도전은 성균관 대사성, 좌군총제사 등의 요직에 있으면서 역성혁명의 정치노선을 구축하여 마침내 이성계 왕조창업의 기반을 다지고 있었던 것이다. 이러한 사실은 취중의 이른바 "한나라 고조高祖가 장자방張子房을 쓴 것이 아니라 장자방이

---

14 『高麗史』「列傳」32 '鄭道傳'
15 『三峰集』권8 부록 「事實」 癸亥年條.

곧 한 고조를 쓴 것이다."라는 말로 나타나기도 했다.[16]

삼봉의 혁명적 정치노선에서 견지된 요소는 여러 가지가 있겠으나 크게는 다음 네 가지를 말할 수 있다. 첫째는 우선 오왕·창왕 신씨설 辛氏說을 사실화 하여 혁명파의 힘을 넓혀가고 있었다는 점이다. 그는 이를 위하여 윤소종과 함께 "우왕을 신씨라 하는 사람은 충신이요, 왕씨라 하는 사람은 역적이다."라는 말을 하는 것도 서슴지 않았다.[17] 창昌을 왕으로 옹립한 반대 세력을 약화시키면서 동시에 고려 왕씨의 세습은 이미 끝난 것으로 간주하려는 의도에서 그 진위를 확인하려기보다는 신씨설을 기정사실화 하는 것이었다.

둘째는 전제개혁의 발의에 적극 동조함으로써 기존 세력의 경제적 기반을 약화시키려 했다는 점이다. 당시 조준의 전제개혁론이 제기되자 이목은이나 정포은 등은 그것을 반대하거나 중립적 입장을 취했음에 비하여 그는 적극 동의하는 태도를 보였다. 이로 말미암아 신유학 흥기의 동료의식 속에 정파적 대립각은 깊어지는 것이었다.

셋째는 정치 전개의 사상적 기저에서 배불숭유의 변혁을 꾀하고 있었다는 점이다. 이것은 고려말기 주자학자들의 공통적인 성향이기도 하지만 그는 더욱 급진적이어서 공양왕의 불공을 비난하기도 하였나. 이러한 배불정신으로 그는 유교국가에로의 혁명과 더불어 신유학적 유교사상을 드높이는 『심기리편心氣理篇』『불씨잡변佛氏雜辨』 등의 저작을 낳고 있었다.

넷째는 맹자의 이른바 "한 필부인 주紂를 베었다는 말은 들었어도 임금을 죽였다는 소리는 듣지 못했다."[18]라는 혁명 긍정의 발언이 크

---

16 『태조실록』 7년 8월 己巳 '鄭道傳行狀'
17 『三峰集』 권8 부록 「事實」 戊辰年 六月條
18 周나라의 武王이 殷나라의 紂王을 징벌한 사건에 대하여 맹자는 '임금이 仁義를 해쳐서 임금답지 못하면 하나의 필부일 뿐'이라는 판단에서 그렇게 말했다.『孟子』「梁惠王 下」

게 작용했을 것이라는 점이다. 삼봉은 25세 때 포은으로부터 『맹자』를 전해 받고 매일 열심히 읽어 보았다고 한다. 그런데 거기에서는 '백성이 귀하고 그 다음은 사직이며 임금은 가벼운 것'이라는 백성 제일의 평가론이 전개되고 있을 뿐만 아니라, 위에서 보이듯이 왕이 왕답지 못하면 바꿔도 된다고 하는 혁명 긍정의 내용을 담고 있었다. 삼봉이 공양왕의 종말을 재촉하면서 인심과 천명의 일탈을 내세웠던 것은 바로 그러한 논리와 성격을 같이 한다.

그리하여 이성계가 새로운 왕조의 태조로 등극할 때에 삼봉은 그 첫 시정교서를 자기가 작성할 정도의 저력을 발휘하였다. 뿐만 아니라 『조선경국전朝鮮經國典』『경제문감經濟文鑑』을 지어 법제의 완비를 꾀하였고, '몽금척夢金尺' '수보록受寶錄' '문덕곡文德曲' 등의 악장을 지어 태조의 공덕을 영구히 찬양케 하는 남다른 능력을 발휘했다. 그러나 그는 이태조의 계비 강康씨 소생인 방석芳碩의 세자 옹립의 길을 걷다가 결국 이방원으로부터 격살되어 생을 마감했다.

3) 권근의 두 나라 벼슬과 현실주의

양촌陽村 권근權近은 고려말 유학계의 명문가에서 태어났다. 그의 증조 권부權溥는 고관으로 있으며 『사서집주』 발간을 건의하고 『효행록』을 편찬했으며, 부친 희僖는 검교정승의 반열에 있었다. 이러한 배경에서 공부한 양촌은 어려서부터 재능과 학식이 뛰어나 일찍부터 주위의 이목을 받았다. 그의 나이 17세 때에는 성균시에 합격하고 그 다음 해에는 이색이 주관하는 전시殿試에 합격하였는데, 그 직후 춘추관 검열에 보임되었다. 이처럼 일찍이 정치행정에 입문한 그는 승진 과정을 거치면서 34세(우왕11년, 1385) 때에는 성균관 대사성에 오른다.

그러나 그 4년 뒤 창왕말에는 이림李琳(창왕의 外祖) 일파로 몰려 예기치 못한 감옥생활과 유배를 당한다. 익주에서의 유배생활 1년 만에 그는 당시의 성리학을 대변할 만한 논저 즉 『입학도설入學圖說』을 완성했다. 그것은 자신의 서문에서 밝혔듯이 처음으로 학문을 시작하는 자들을 위하여 송대 주렴계周濂溪의 「태극도太極圖」와 주자朱子의 「중용장구中庸章句」를 비롯한 선현의 여러 학설을 바탕으로 작성한 교재용 도설로서 제자들과의 문답까지 싣고 있다.

그 가운데서 특히 「천인심성합일지도天人心性合一之圖」와 「천인심성분석지도天人心性分析之圖」는 유교 천인합일의 원론을 따라 정주程朱의 성리설을 참작하고 자신의 견해를 나타낸 우수작이었다. 조선조 성리학계에서는 자연히 그러한 도설의 내용에 관심이 높아졌던 바, 정지운鄭之雲(호는 秋巒, 1509~1561)과 이황李滉(호는 退溪, 1501~1570) 사이의 「천명도설天命圖說」에 있는 '사단칠정분리기론四端七情分理氣論'의 근원적 의미를 가지는 것이었다.[19] 또한 양촌은 경학에도 밝았으니 목은의 발의로 『예기』의 고정考定 작업을 펼치고 있었을 뿐만 아니라, 오경의 이해를 돕는 『오경천견록五經淺見錄』까지 저술할 정도였다.

그러나 당시의 정세는 급변하여 마침내 고려가 멸망하는 일대 전환기를 맞이한다. 그 무렵 양촌은 퇴출된 상태였지만 비혁명파의 계열에 속했던 그로서는 망국의 슬픔을 느낄 수밖에 없는 입장이었다. 그럼에도 불구하고 그는 이성계의 새왕조가 개창된 지 수개월 만에 그에 동참하는 현실주의의 모습을 보였다. 그 전후 상황은 이러했다.

양촌이 유배의 배척을 당하는 직접적인 원인은, 우왕 14년(1388) 9월 명나라에서 돌아올 때 소지했던 '예부자문禮部咨文'을 왕의 장인이며 좌상左相인 이림李琳에게 넘겨준 일로부터 비롯한다. 그가 윤승순과 함께 명나라에 봉사奉使의 임무를 띠고 갔던 것은 시중 이색의 외교방책과 성격을 같이하는 것으로서 혁명파의 관심이 고조되는 부분

---

19 李丙燾, 『韓國儒學史』(아세아문화사, 1989.) 112쪽 참조.

이었다. 그런데 그 자문을 이림에게만 고함으로써 우상右相인 이성계에게는 "예부의 자문은 성이 다른 자가 왕이 된 것을 꾸짖은 것인데 권근이 홀로 이림과 함께 뜯어보았다."라는 밀고가 작용함으로써 문제가 커지고 있었던 것이다.[20]

한편 그 무렵 이숭인이 명나라에 갔을 때 재물을 모았다 하여 폄출되었는데 그것이 무고임을 확인한 양촌은 무죄의 상소문을 올리기도 하였다. 하지만 그로 인하여 또 대간의 비난을 사게 되었다. 공양왕 즉위를 기해서는 그 탄핵의 정도가 더욱 심하여 죽을 지경에 몰리고 있었다. 다행히 이성계의 배려로 '매 맞고 유배되는 벌'에 그쳐서 죽음은 면할 수 있게 되었다. 이러한 사고를 거친 양촌은 후에 이성계를 생명의 은인으로 칭송하기도 했다.

양촌이 비록 그러한 배려를 입었다 하더라도 유교 국가관에 밝은 그로서는 망국의 심경은 깊어질 수밖에 없었다. 그리하여 이성계의 새로운 왕조가 열렸어도 바로 나서지 않았다.

그러나 태조 이성계는 그의 자질을 익히 알고 있었던 터이므로 그를 방치하지 않았다. 즉 태조는 그를 등용하고자 일찍이 친분을 나누었던 양촌의 부친 희偁에게 혼사문제를 제기하는 등의 정략적 방식으로 양촌과의 재회의 길을 찾고 있었다. 그로 인하여 양촌은 태조를 면대했지만 다시 충주로 내려갔다. 그런데 태조의 계룡산 행차를 계기로 해서는 결국 그에 동참하는 모습을 보이고 있었으니, 그 때가 이성계 즉위 8개월째의 일이었다.[21]

새로운 수도 자리를 찾아보고자 계룡산을 왕래하던 태조 이성계는 행재소에서 양촌을 불러놓고 정총鄭摠과 함께 자기의 생부 환왕桓王의 정릉묘비문을 짓게 하고 바로 예문관 제학에 임명했다. 이에 양촌은

20 『태종실록』 9년 2월 丁亥 '權近行狀'
21 李肯翊, 『燃藜室記述』 권2 「太祖朝文衡」 '權近'

그 행렬을 따라 서울로 돌아오는 것이었으니, 이제는 더 이상 고려의 남은 신하가 아닌 조선의 충신일 뿐이었다. 그리하여 그 첫 작품 '환왕 정릉신도비명桓王定陵神道碑銘' 서문에서는 이성계 중심의 고려관高麗觀을 취하며 정몽주의 정치행위도 비판하는 모습을 보였다.[22]

그 후 그러한 충성의 심기는 태조 5년 명나라 외교상에서 발생한 '표전문사건表箋文事件'의 해결에 적극적으로 나서는 양상으로 나타난다. 양촌 자신이 명나라에 들어갈 것을 주청한 것은 이태조의 만류와 정도전의 시기가 작용하기도 했지만, 태조에의 보은적 충정을 내세워 명나라 행렬에 앞장서고 있었던 것이다. 그 과정에서 그는 국가간 오해의 난제를 슬기롭게 해결하고 있었을 뿐만 아니라 명나라 황제로부터 '노인이 실로 수재로다'라는 칭송을 받기도 했다.[23]

그럼에도 불구하고 그는 정도전 등으로부터 여전히 비판을 면치 못하자, 그는 일종의 정치적 자위책을 강구하기에 이른다. 즉 그는 새왕조에 대한 자신의 충성 사업을 확인시키면서 스스로를 '개국원종공신'에 붙여줄 것을 청원하는 것이었다.[24] 이에 이태조가 그것을 받아들이니, 이로 인한 그의 정치적 위상은 원하는 바와 같이 견고하게 될 것이다. 여기서 양촌의 현실주의적 정치의식을 재확인할 수 있다.

그러나 정도전 남은 등이 제거되는 무인년(1398)의 혼란이 있기 이전까지는 그 위세가 강하지 못했다. 왜냐하면 집권 혁명파에는 이르기 어려운 과거의 정치적 행적이 내적으로 작용하고 있었기 때문이다. 하지만 그 사건을 계기로 해서는 상황이 급변하여 양촌이 곧바로 좌명공신에 책록되는 등 정치의 실세로 부상하였고, 태종 때에는 문화사상을 총괄하는 '문형文衡'의 직위에 올라 문치文治 부분을 총괄하

---

22 『陽村集』권36「有明朝鮮國桓王定陵神道碑銘 幷序」
23 『태종실록』9년 2월 丁亥「權近行狀」
24 『태조실록』8년 12월 庚子.

게 된다.

결국, 정도전의 종말과 함께 그의 위상이 드높아진 것이다. 그렇다고 과거 정치관계에 있어서 양촌이 삼봉을 비판적으로 대했던 것은 아니다. 물론 당시의 정세가 그럴 상황은 아니었지만, 삼봉이 양촌에게 정치적 관계와 학문적 관계를 달리하고 있었음에도, 양촌은 그에 개의치 않고 정치와 학문의 선배로서 정중히 대했다.

만일 그와 같은 온건한 현실 지향성이 견지되지 않았다면 삼봉과 양촌 사이에는 적지않은 갈등상이 나타났을 것이다. 그러나 학문적 측면에서 특히 이단비판의 이념문제에 있어서는 유교국가 건설에의 사명감 속에 두 사람은 심층적으로 화응하는 모습이었다. 즉 삼봉의 「심문천답心問天答」에는 양촌이 장문의 주해를 붙여 그 의미를 자세히 밝혀주고, 「심기리편心氣理篇」을 보자 곧바로 서문과 주해를 붙여 그 완벽을 기하였으며, 무인년 변란 직전에 지은 「불씨잡변佛氏雜辨」은 삼봉으로부터 직접 받아 그 서문을 더하여 완성시킬 정도이었다. 이로 보면 그 두 사람 사이는 그 누구보다도 학문적 돈독함을 공유하고 있었던 것임을 알 수 있다.

그런데 양촌이 처음부터 삼봉과 같은 도道·불佛의 이념비판에 철저했던 것은 아니었다. 그는 일찍이 각종의 도교적 초제문醮祭文을 지었을 뿐만 아니라, 표전문사건으로 억류된 사신들의 환국을 기원하는 이 태조의 불사에서 발원문을 작성한 일도 있었다. 그의 전기 사상은 불교적 경향이 농후했고 조선왕조에 이르러서도 각종의 제문에서는 도불과 신도의식이 혼재하는 모습을 보였던 것이다. 그러면서도 그는 불교 의례를 금하라는 유언을 남길 정도로 유교를 잊지 않았다.

요컨대, 양촌의 사상적 경향은 불교국가에서 유교국가로 전환되는 시대적 변화 그대로의 흐름을 보이는 것이었다. 정치사회에의 진퇴 또한 그러한 현실 중시의 틀을 반영하는 모습이었다. 그러면서도 생각으로는 유교에서 중시하는 충절과 의리의 가치를 경시하지는 않았

으니, 그것은 자신의 행동이 아닌 정몽주·길재 등 제3의 인물 평가로
나타났다.

4) 길재의 조선 벼슬 거부와 수절의식

고려가 남긴 신하들 가운데 새왕조의 부름을 받고 단호히 거절하며
이른바 '불사이군不事二君'[25]적 신도臣道로 수절하던 상징적 인물이
바로 야은冶隱 길재吉再(1353~1419)이다. 그는 위에서 본 권근과 사
제관계에 있었다는 점[26]에서 더욱 특이하다.

야은은 22세 때 생원시에 합격하고 31세에 사마시를 거쳐 34세 때
에는 진사에 올라 청주목 사록司錄에 보임되었으나 부임하지 않았다.
그 다음 해 성균학정成均學正에 나아가 비로소 관직생활을 시작한다.
그 후 36세에는 순유박사諄諭博士에서 성균박사로 승급하고, 그 다음
해에는 종사랑문하주서(7품)로 보임되었는데, 이듬해 봄 노모 봉양을
이유로 관직을 떠났다. 또 그 다음 해 계림교수, 안변교수로 임명되
었지만 부임하지 않았다. 이상이 고려와 인연한 야은의 공직 상황 모
두이다. 봉직의 실제 기간은 약 3년 정도로서 그의 67세 생애에 비하
면 너무 짧은 편이다.

그런데 조선왕조가 개창된 지 8년(1400)이 되어서는 그에게 예기치
못한 일이 벌어진다. 당시 실권을 장악한 방원이 세제世弟로 있으면서
그를 정종에게 천거하는 것이었다. 즉 방원이 성균관에서 길재와 함께

---

25 그 어원은 齊나라 사람 王蠋이 말한 "忠臣 不事二君 貞女 不更二夫"에 보인다.
『史記』 권82 列傳 「田單」
26 권근과 길재는 비록 한 살 차이지만 수학의 여건과 진출의 시기가 달라서 사제관계
를 이루고 있었으니, 그런 관계의 논거로는 다음 세 가지를 들 수 있다. 첫째 양촌이
자기 문하에서 야은을 가장 독보적 인물로 칭송한 점, 둘째 고려 망국 후 양촌은
야은이 절의를 높이 어기며 정종에게 수전의 길을 열게 해주고, 그에 대한 찬송의
시와 '詩卷後序'를 지어준 점, 셋째 양촌의 부음을 접한 야은은 통곡하고 3년의
心喪을 올리고 있었던 점 등이다.

공부한 경우가 있어서 그를 잘 알고 있던 터에 근황을 확인하고 삼군부에 령을 내려 상경토록 하였는데, 그가 당도하자 정종에 아뢰어 봉상박사奉常博士로 추천한 것이다. 이로 인하여 야은은 조선왕조의 임금으로부터 태상박사太常博士의 직을 제수 받게 된다.

그러나 그는 정중히 아래와 같은 사직의 글을 올렸다.

　고려의 거짓된 조종이 망할 때는 화읍畵邑의 왕촉王蠋처럼 몸을 버리지 못했고 새로운 주인이 일어난 뒤에는 또한 곡식 먹기 사양하고 수양산에 오른 자들처럼 하지도 못했습니다. … 저의 옮기지 못할 충성을 어여삐 여기시고 저의 빼앗기지 않으려는 뜻을 헤아리시어 다시 고향에 돌아가 여생을 보존케 해 주소서. 그리하면 위로는 절의 장려의 이름을 얻으시고 아래로는 임금 섬김의 의리를 얻게 될 것입니다.[27]

고려왕조에 벼슬했던 선비로서 간직하고 있는 자신의 의리정신을 재확인시키면서 그것은 곧 이 새로운 왕조에도 필요한 보편 가치가 되는 것임을 밝히고 있는 것이다. 이러한 짧은 글은 자기를 부른 방원에 올렸고 또 같은 내용으로 임금께도 올렸다. 이것은 자칫 항명으로 비춰질 수 있는 것이기에 작지 않은 위험성을 수반하는 것이었지만 야은에게는 주저함이 없었다.

이러한 거절을 접하는 정종은 쉽게 결정할 수 없어 논의의 과정을 거치게 한다. 그 때 야은의 스승격인 권양촌이 대사헌에 있으면서 그 자문을 받고 이렇게 진언했다.

　이와 같은 사람은 여기에 머물기를 청하고 작록을 더해서 후인들에게 장려될 수 있게 함이 당연하겠습니다만, 청해도 굳이 가고자 한다면 스스로 그 마음을 다하도록 하는 것이 나을 것 같습니다. 광무光武는 한나라의 어진 군주이지만 엄광嚴光은 그에 벼슬하지 않았습니다. 선비에게 굳은 뜻이 있으면 빼앗을 수가 없습니다.[28]

양촌 그 자신은 그러한 항절抗節을 보이지는 못했지만 야은의 스승으로서 진유眞儒다운 태도를 높이 여기고 후한後漢에 동참하지 않은 중국의 엄광을 하나의 선례로 들면서 그렇게 조언하였다. 이에 따라 정종은 고향에 돌아갈 것을 허락함으로써 그 문제는 일단락된다. 그러나 그러한 과정을 통하여 야은의 수절의식은 모든 사람들에게 뚜렷이 각인되었다.

야은의 그와 같은 의리적인 태도는 그 이전에도 나타나고 있었음을 그의 행장은 전하고 있다. 즉 그가 벼슬한지 1년째 될 때에 이성계의 위화도회군이라는 큰 사건을 맞았는데, 이 무렵에 벌써 백이伯夷·숙제叔齊에 의탁하는 심기를 표명하고 있었을 뿐만 아니라, 그 후 2년 사이에 임금이 두 번이나 바뀌는 난세를 접하니 결국 작은 신하로서의 바른 길을 찾아 퇴행길에 오르는 것이었다. 그 놀아오는 길에 스승 이목은을 찾았을 때 그는 '날으는 기러기 한 마리 아득히 떠있다.(飛鴻一箇 在冥冥)'이라는 시문을 듣기도 했다고 한다.

그와 같은 의리에의 수절의식守節意識은 평생 변함이 없었다. 그것은 별세 1년전 조정의 부름을 받아 나서는 아들 사순師舜에게 당부하는 말에서도 나타났다. 즉 세종은 즉위하면서 부왕의 뜻을 따라 야은의 절의를 높이는 맥락에서 그 자손중 서용할 자를 불렀다. 이에 사순이 나가게 되는데 그 아들을 보내면서 야은은 이렇게 당부했다.

---

28 『정종실록』 2년 7월 己丑.

임금이 신하를 먼저 부르는 것은 삼대三代(夏·殷·周) 이후 드문 일이다. 네가 초야에 있는데 임금이 먼저 부르셨으니 비록 작록을 얻지는 못했다 하더라도 그 은의恩義는 보통 신하된 사람들과 비교될 바 아니다. 너는 내가 고려를 향하는 마음을 마땅히 본받아 너의 조선 임금을 섬겨야 할 것이다. 네 아비의 마음은 이 외에 바랄 것이 없다.[29]

여기서 우리는 벼슬의 유무에 따라 보모의 나라와 자식의 나라가 다르다 하더라도 우국애군에의 보편정신은 공유되는 것임을 실감하게 된다. 야은과 그 아들 사순은 왕조의 변화로 말미암아 공직의 출처는 달리할 수밖에 없었던 것이므로, 부친의 고려는 바로 아들의 조선과 대비된다는 높은 차원에서 의리의 보편성을 확인시키고 있었던 것이다. 따라서 그러한 가치관 정립의 내면적 측면에서는 야은이야말로 조선을 향한 또 하나의 충신임을 발견하게 된다.

그러한 야은의 의리적 수절의식은 다음과 같은 「몽중시夢中詩」를 낳기도 하였다.

고금의 벗들은 새모습으로 변하였네〈夢中僧詩〉 천지강산 이것만이 옛 친구일세〈夢中答詩〉 태극진군太極眞君은 응당 나를 허여하리니, 인심仁心은 늙지 않아 스스로 청춘일세.[30]

이러한 유시遺詩를 통하여 야은의 절의 지킴에는 얼마나 많은 유혹과 어려움이 작용하고 있었던가 하는 점을 알 수 있다. 세상의 변함에 부응하지 않는 그의 항절을 꿈속의 승려가 흔들고 있음에도 그는 조금

---

29 『冶隱集』卷上 '行狀'
30 『冶隱集』卷上 「遺詩」 '足夢中聯句' : "古今僚友身新變 天地江山是故人 太極眞君應許我 仁心不老自靑春."

도 변함없음을 보이고 있었던 것이다. 꿈속의 미완성 시문을 깨어나서 마무리하는 그 일련의 모습에서 우리는 내외를 관통하는 구도자적 수절의식을 읽을 수 있다. 그의 이른바 '태극진군太極眞君' '인심仁心'이란 바로 그러한 구도속의 진리와 자신을 포괄하는 의미를 담고 있었던 것이다.

이상과 같은 야은의 학행은 자기 한 몸의 영역을 넘어 당시는 물론 후기에 이르기까지 영향을 끼쳤다. 가까이는 승려였던 아우 구久를 비롯한 여러 불자들을 깨우쳐 유도儒道의 길을 걷게 하였고, 멀리는 조선조 정신사의 중추가 되는 의리학맥의 형성을 가능케 하는 것이었다.

3. 변혁기 정치의식의 역사적 평가

1) 변신실절의 부정과 강상수절의 추존

이제는 위에서 살핀 바와 같이 여말선초의 격변기에 있어서는 그 시기의 격정만큼이나 여러 모습들이 나타났다. 비록 신유학 연찬에는 다를 바 없었다 하더라고 정치적 행동거지를 낳는 의식적 측면에서는 같을 수만은 없는 것이었기 때문이다. 이제는 역사적 측면에서 그러한 것들은 어떻게 평가되고 정리되었던가 하는 부분을 살펴보기로 한다.

먼저 정도전의 경우를 보면, 앞서 살핀 바와 같이 그는 이성계의 위세를 타고 왕조교체에 필요한 제반 과제들을 다방면에서 심층적으로 해결해가고 있었다. 불교에서 유교에로의 국가적 사상전환 역할에서부터 외교와 천도 및 국가운영의 제도와 정책 입안 등 실무분야에 이르기까지 그의 손이 닿지 않은 곳이 거의 없을 정도였다. 태조 7년 그가 이방원으로부터 참살되기 이전까지의 행적은 실로 다대했다.

그림에도 불구하고 그는 태조가 부여한 '원훈元勳'으로서 그내로 추존되지 못하고 급기야는 서인으로 적몰되기도 했으니[31] 그 이유는 어디에 있었던 것일까? 물론 그것은 무인정사의 과정을 거치며 태종에 오르는 방원의 형세에 유의해야 할 것이나, 우선은 정도전 그 자신의 정치의식에서 기인한 부분을 간과할 수 없는 바, 안팎의 두 측면을 본다면 지나친 권력욕과 협소한 성격 문제를 들 수 있다. 전자로 인해서는 결국 적장자嫡長子 세습의 명분을 뒤로한 채 어린 서자에게 왕통을 계승케 하려는 위험을 낳게 하여 결국 참살을 당하게 되었던 것이요, 후자로 인해서는 정치현장에서 파생한 갈등관계를 원한으로 삼아 보복의 형태로 풀어가 형벌 남용의 평가를 낳게 하였다. 그리하여 자기 변신에 의한 혁명기적 위세와 창업기의 실적은 주로 왕조교체의 시대적 상황에서만 의미를 가질 수밖에 없는 입장이 되었다.

다음은 고려와 조선의 두 나라에 벼슬하던 대표적 인물인 권근의 경우이다. 그의 관련 내용은 앞서 살핀 바와 같거니와, 그에 대한 평가는 대체로 두 가지 관점으로 전개된다. 하나는 조선조 유교문화의 기반을 견고히 했다는 긍정론적 시각이요, 또 하나는 두 나라에 벼슬하여 절의를 지키지 못했다는 비판론적 시각이다. 전자의 입장에서 양촌은 문묘에 배향되어야 한다는 건의가 특히 세종 때에 여러 차례 계속되었다.[32] 그러나 후자의 관점이 작용하는 한, 그것은 이 왕조 영속의 차원에 반하는 의미를 가질 수 있는 것이므로 수용되기는 어려웠다.

양촌에게는 오히려 그러한 점에서 실절인失節人으로 평가된다. 상촌象村 신흠申欽(1566~1628)은 이렇게 말한다.

권근은 고려말의 이름난 대부이다. 그 죄를 당함에 하나는 목은 때문

31 『태종실록』 11년 7월 丙戌, 8월 庚子.
32 權陽村의 문묘배향 건의는 司諫院左司議大夫 鄭守弘에서 처음 발의된 후(세종 원년 8월), 양촌문인 金泮과(세종 15년 2월) 성균생원 金日孜 등에 의하여 진행되었으나(세종 18년 5월) 끝내 허락받지 못했다.

이요, 또 하나는 도은 때문이다. 만일 당시 유배생활에 편안했더라면 그 문장과 명론이 어찌 두 분만 못했겠으랴. 계룡일송鷄龍一頌으로 갑자기 개국총신이 되었으니 슬프다. … 당시 그를 희롱하는 시에 이르기를 '대낮에 양촌이 의리를 말하고 있으니 세간 어느 대인들 현인이 없으리오.' 하였으니 어찌 부끄럽지 않겠으랴.[33]

학식의 높음에 비하여 두 나라 벼슬의 문제가 더 심각한 것임을 지적하고 있는 것이다. 그의 행적에는 언제나 이러한 평가를 수반할 수밖에 없었다.

이상과 같은 두 관점은, 그의 초상화 앞에서 절하는 사람과 절하지 않는 사람의 두 유형으로 나타나기도 했다. 어쨌든 그에게서는 유교국가 건설에의 기반 조성에 기여한 공로가 지대했다는 점이 간과될 수 없는 것이요, 동시에 현실중시의 태도로 인한 실절의 모습 또한 지나칠 수 없는 측면이다.

그러나 양촌은 논설로서는 격변기에 드러난 의리인을 높이 평가하면서 그에 내재한 강상수절綱常守節의 보편 가치를 남달리 중시하였다. 이것은 그의 행적과 대조적인 모습이기에 더욱 주목된다. 그는 야은 길재에 대하여 이렇게 평가한다.

아! 절의는 사람 마음에 고유한 것이니 만세에도 소멸될 수 없는 것이요, 도학은 천지의 변함없는 원리이니 만세에 폐할 수 없는 것이다. 무릇 선비 된 자 누군들 강명하여 그 말을 모르겠는가. 그러나 공리에 이끌리지 않고 사설에 현혹되지 않으며 큰 마디에 임해 변하지 않는 자는 여러 대를 걸쳐도 듣기 드물다. 공리에의 사사로움과 사설에의 유혹은 인심을 해침이 심히 참혹하니, 탁월한 소견과 확고한 지킴이 없다면 어찌 그 배운 바를 온전히 하여 변하지 않게 할 수 있으리오.[34]

사제관계를 유지하던 한 살 밑의 길야은에게 양촌은 이렇게 그 절의행을 높이 칭송하고 있었던 것이다. 따라서 그의 내면에는 스스로가 두 나라 벼슬 한 것에 대한 갈등의식 또한 심층적으로 작용하고 있었다는 사실을 추측할 수 있다. 그것은 자기를 스승으로 여기는 야은에게 '길재선생'이라는 표현으로 나타나기도 했다.

뿐만 아니라 양촌은 고려말의 충신에 대해서도 정신사적 평가작업을 계속하였다. 이태조의 선친 정릉定陵에 대한 비문을 지을 때는 정포은도 비판할 수밖에 없었지만, 이제 태종조의 수성기에 들어서는 그에게서 나타난 강상의리정신을 높이는 모습을 보이고 있었던 것이다.

그와 같은 절의 존중의 평가의식은 세종대에도 계속되었다. 즉 그 즉위초에는 야은의 아들을 등용하고 야은 별세 때에는 부의를 내렸으며 세종 3년에는 그 처에게 호역을 면제하는 조치로써 표창을 이어갔고, 그 8년에는 야은을 '통정대부通政大夫'에 추증하여 그의 강상정신을 드높였다. 또 세종은 인륜규범서 『삼강행실도』를 편찬할 때 포은과 야은의 행실을 그 속의 「충신도」에 넣도록 하면서 이르기를 "시중侍中 정몽주는 죽기까지 절개를 지켜 변절하지 않았고, 주서注書 길재는 절개를 굳게 지켜 마음을 변하지 않고 물러설 것을 상소했다."라고 칭송하였다.[35] 여말선초의 여러 인사들 가운데에서도 오직 그 둘을 지목하며 충신의 모델로 간주하고 있었던 것이다.

이상과 같은 강상수절의 추존은 정계에서뿐만 아니라 학계 일반에서도 널리 견지되었다. 그것은 그 분들의 문집만 보아도 알 수 있으니,

---

34 『陽村集』 권20 「題吉再先生詩卷後序」
35 『세종실록』 13년 11월 壬申.

현존 문집은 유명 학인들의 칭송문사稱頌文辭로 가득할 정도이다. 또한 여말선초의 유현들 가운데 문묘에 오른 경우는 오직 정포은 한 분으로서 왕조를 넘어서는 의리의 정신사에 우뚝 서는 것이었다.

2) 조선전기의 의리 중심적 학맥설정

학생에게서 스승이 중시되듯이 학자들에게서는 그 선하의 맥락을 찾는다. 과거로부터 이어지는 진리의 흐름을 정확히 찾으며 지금의 자신을 정화해 가려는 역사의식의 반영인 셈이다.

조선조에서도 이러한 경향이 뚜렷했으니, 그 실제는 기묘명현 정암靜庵 조광조趙光祖(1482~1519)의 학덕을 기리는 과정에서 나타난다. 그 첫 모습은 중종 39년(1544) 성균관 생원 신백령辛百齡 등이 올린 조정암 신원소伸冤疏에서 볼 수 있다.

조광조는 평소 지행에 높음이 있고 학업이 대성했으니 저희들은 진실로 그 연원이 있음을 알고 있습니다. 나라에 군자가 없으면 그가 어떻게 그렇게 되었겠습니까. 우리의 도가 동쪽으로 온지 오래되었고 또한 반드시 그 진함이 있습니다. 대개 소광조는 김굉필에게서 받았고 김굉필은 김종직에게서 받았으며, 김종직은 고려의 신하 길재에게서 받았고 길재는 정몽주에게서 받았습니다.[36]

이러한 내용은 그 다음 해 인종 원년 3월 성균관 진사 박근朴謹 등이 올린 상소문에서도 나타났는데, 다만 길재와 김종직 사이에 김종직의 부친 김숙자金叔滋를 넣어 그 완결을 기하였다. 즉 조정암까지의 학맥을 '정몽주→길재→김숙자→김종직→김굉필→조광조'의 계보

---

36 『중종실록』 39년 5월 丙寅.

로 확인시키고 있는 것이다. 이러한 관점은 그 이후 학계의 정설로 일
반화 되었다.

그런데 실은 이에 앞서서 조정암 자신이 경연에서 김굉필의 학덕을
칭송하면서 이미 김종직과 그 선친 김숙자 그리고 길재로 연계되는 학
통을 밝힌 바 있다.[37] 다만 그 때는 길재까지만 말하고 그 이전에 대해
서는 언급함이 없었다. 그러나 후학들은 그렇게 정몽주를 길재의 학문
정맥으로 공표한 것이다. 이는 매우 주목되는 부분이다. 왜냐하면 길
재와의 사제관계는 정몽주뿐만 아니라 이색, 그리고 권근을 들 수 있
기 때문이다. 특히 권근과는 매우 돈독한 관계를 유지하고 있었으니
그 실제는 앞서 확인한 바와 같다.

그럼에도 불구하고 위와 같이 성균관 유생을 비롯한 학계에서는 권
근이 아닌 정몽주를 그 정맥으로 보고 있었던 것이다. 이로써 그 관점
의 내면에서는 유교의 의리정신과 그들이 드러낸 정치의식이 깊이 작
용하고 있었음을 알 수 있다. 즉 강상의리의 실천궁행 문제가 여말선
초 학맥설정에서 매우 중시되고 있었다는 점이다. 그리하여 길재의 학
통으로 권근이 아닌 정몽주를 정맥으로 간주하게 되었던 것이다.

그와 같은 학맥론은 선조 2년(1569)의 경연에서 기대승奇大升(1527~
1572)의 재확인과정을 거침으로써 완전히 일반화 된다. 결국 이색이 정
몽주를 동방 이학理學의 비조로 평가한 점과 고려와 운명을 함께하면
서 드러낸 춘추대의의 의리정신을 높이 여기는 바로 그 곳에 조선조
학맥의 연원으로 삼는 데에는 이의가 없었던 것이다. 그러한 가치지향
이 길재에게로 이어지면서 왕조교차의 한계를 넘어 고려의 유학이 조
선에 이어지는 연계성이 가능했던 셈이다.

한편 정몽주에서 조광조에 이르는 학맥을 성리학파라고 부르기도

---

37 『靜庵集』 권3 「參贊官時啓十五」

하지만, 거기에는 자칫 그 계보상의 기본정신이 와해될 우려가 있다. 왜냐하면 그러한 학통 설정에는 순수철학으로서의 성리학적 관점보다는 의리 중심의 가치 지향이 핵심으로 작용하고 있기 때문이다. 이러한 점이 중시되는 것은 성균관 문묘의 배향 기준에서도 다르지 않다. 비록 성리학적 연찬의 업적이 탁월했다 하더라도 그 실천이 미진하거나 변절의 행태를 보인 경우에는 이른바 '진유眞儒'로 평가될 수 없었던 것이다.

그러나 그와 같은 가치 지향을 유보할 수 있다면 문제는 달라진다. 즉 성리학의 발달과정을 유교의 선비정신과 관계없이 사실적으로만 파악하려 한다면, 종래와 같은 의리학적 계보설정에 얽매일 필요는 없다는 점이다. 이러한 시각은 근래에 대두되고 있는 바, 예컨대 정도전의 학문적 위상을 의리성의 문제와 별도로 재평가할 수 있다는 입장이다.[38] 실제로 정도전과 권근이 추구한 여말선초의 사상전환과 성리학 탐구 및 그 논저들은 당시의 그 누구와도 비교될 수 없을 정도였다. 따라서 시각을 달리하여 학술적 담론을 다양화해보는 것은 나름대로의 의미를 가질 수 있을 것이다.

하지만 그러한 학적 대도로 인하여 학술론의 대비적 차원을 넘어서 추존되어온 조선전기 학맥설정의 정신사적 가치가 왜곡되거나 과소평가되는 결과를 초래해서는 안 될 것이다. 주지하다시피 학문의 궁극적 효능은 바로 그 의리 중심의 인간정신이 상실되어서는 기대될 수 없는 것이기 때문이다.

이상에서 알 수 있는 바와 같이 망국과 건국이라고 하는 일대 변혁기를 맞이하여 고려말 신유학파가 보인 정치의식은 다양한 것이었지만, 결국 그 평가는 각자가 쌓아온 정치업적이나 학술논저의 크고 작

---

38 尹絲淳, 「鄭道傳 性理學의 特性과 그 評價問題」, 『震檀學報』 제50호, 160쪽 참조.

음보다는 인간적 평상심의 척도에 따라 전개되는 것이었음을 확인케 된다. 한 사람에 있어서 정치와 학문 그리고 인간성의 문제가 유기적으로 작용하여 드러나는 정치의식은, 결국 그 자신의 역사적 평가를 낳는 핵심 요인이 되고 있었던 것이다.

〈이 제2부 제1장의 내용은, 논문 「麗末鮮初 朱子學派의 政治意識에 관한 硏究」(영남 철학회 『哲學論叢』 5집 1~41쪽, 1989.)를 가감 보필한 것임.〉

제2장 조선 초기 왕실의 유불의식

1. 왕조 교체기의 사상적 동향

1) 척불과 호불의 갈등

삼국시대로부터 우리나라의 사상계는 유교와 불교 그리고 도교 및 무속의식 등으로 지속되어 왔다. 이들 상호간에는 사상체계의 성격상 비록 갈등의 가능성을 내재하고 있었다 하더라도, 고려시대 까지는 뚜렷한 대립상을 보이지는 않았다. 통일신라에서 고려로 이어지는 왕조 교체기에는 오히려 공존적 양상을 보이고 있었으니, 그러한 요소는 태조 왕건王建의 「훈요십조訓要十條」를 통해서도 일 수 있다.[1] 고려에서는 다만 유·불 사이의 선후론이 제기될 정도였다. 그 대표적 사례는 성종 때의 최승로崔承老가 올린 '시무책時務策'에서 나타난다.[2]

그러나 신유학이 흥기하는 고려후기에 이르러서는 마침내 불교배척

---

1 『高麗史』「太祖條」에 전하는 「訓要十條」를 분석해 보면, 제1·6조는 불교적 성격의 것이고, 제3·7·10조는 유교적 성격의 것이고, 제2·5·8조는 풍수도참적 성격의 것이며, 제4·9조는 풍속과 행정에 관한 내용으로 분류된다.

2 『高麗史』「列傳」6 '崔承老' : "불교를 하는 것은 修身의 기본이요 유교를 하는 것은 治國의 근원이다. 수신은 내생의 바탕이요 치국은 금일의 힘 쓸 바이다. 금일은 아주 가깝고 내생은 아주 먼 것인데, 가까운 것을 버리고 먼 것을 구함은 또한 그릇됨이 아니겠는가?"

의 양상이 나타났다. 점차 유교가 더 이상 불교와 함께 있을 수 없다는 듯한 모습이었다. 즉 고려 충렬왕 때 주자학이 수용된 이후 고려 후기의 사상계는 국가의 지도이념이 불교에서 유교로 전환되어야 할 상황까지 전개된 것이다. 그것은 고려 말기에 등장한 정도전 중심의 혁명파나 정몽주 중심의 비혁명파나 차이가 없었다. 따라서 그들 양대 입장에서는 어떠한 사상적 갈등을 겪지는 않는다. 앞서 살핀 바와 같이 다만 서로 달랐던 것은 정치개혁과 왕조유지의 문제를 둘러싼 정치의식의 측면에 있었다.

　　그러나 그 당시엔 여전히 불교의식이 팽배해 있었고 또한 불교세력들이 존재하였으므로, 신흥 유자들의 척불斥佛에 대해서는 당연히 반론이 등장하기 마련이었다. 그 반론에 또 다른 반격이 거듭되고 있었으니, 그러한 모습은 고려왕조가 끝날 무렵 더욱 뚜렷하였다. 이제 그 실제 상황을 보기로 한다.

　　공양왕 3년(1391) 문하성의 낭사 허응許應 등은 임금의 구언求言을 계기로 하여 상소문을 올렸다. 네 가지 내용으로 구성된 그 글의 세 번째에서는 다음과 같이 말하고 있었다.

　　전하가 연복사演福寺(옛 이름은 普濟寺)의 무너진 탑을 만드는 것을 보고 일반 신민들은 크게 실망하였습니다. 불교란 아비를 없이 여기고 임금도 없이 여기는 서쪽 오랑캐의 교敎로서 삼대의 성세에는 없었던 것입니다. 그런데 전하는 삼대와 같은 정치를 지향하면서도 도리어 오랑캐의 교에 이르겠습니까? … 그러므로 전하께서 그만둬도 괜찮은 공사는 중지시켜 백성의 생활을 돌보아주며 그들이 좋아하는 바를 택하여 신민의 희망에 부응하시기 바랍니다.[3]

---

3 『高麗史』 공양왕 3년 5월 戊戌.

수도 개성에 있는 큰 사찰 연복사는 당시 고려 왕실의 정신적 지주 역할을 다하였던 터이므로, 사탑의 재건 사업은 당연한 것이었다. 그런데도 허응 등은 그 불사를 계기로 하여 하夏·은殷·주周 삼대의 유교정치를 이상으로 확인하면서 전에는 제기하기 어려웠던 불교비판과 함께 수축공사의 중지를 요구하고 있는 것이다. 그 불사중지의 이유로는 경비 과용의 경제 문제를 들기도 하였다.

그 일이 있었던 12일 후에는 이조판서 정총鄭摠이 그러한 발언에 거듭 동조하며 또 상소문을 올렸다. 그 요지는 다음과 같다.

불교의 가르침은 윤리에 어긋나고 도리가 없는 것이니 임금으로서 높일 것이 못됩니다. … 전하는 불교를 높여 믿음이 너무 지나쳐 보제사의 탑을 조성하고 불사를 많이 차려서 거의 빠지는 달이 없습니다. 어찌하여 이 무익한 비용을 들이며 식자들의 비방을 사고 있습니까?[4]

이러한 요청이 있었던 5일 후 공양왕은 결국 진행중이던 연복사의 탑 수축공사를 중지하게 하였다. 척불 성격의 주청을 가납하고 있었던 것이다.

그러나 호불好佛의 입장에서는 그처럼 쉽사리 고려 전통의 불교의식이 약화될 수는 없다고 본 것이다. 그러므로 그 공사 중지의 다음날 전전의부정前典醫副正 김전金琠은 임금께 아래와 같은 글을 올렸다.

태조가 창업하여 산수의 순역을 보고 지맥의 계속됨과 끊어짐을 살펴서 절을 짓고 부처를 만들며 사람과 땅을 주어서 복을 빌고 화를 물리쳤습니다. 이것은 우리나라 왕업의 근본입니다. 그런데 근년에 와서 무

---

4 상동, 5월 庚戌.

식한 중들이 창업의 뜻을 돌아보지 않고 그 백성 땅의 생산물을 수탈하여 자기의 것으로 삼아버렸습니다. 그리하여 위로는 부처를 공양하지 않고 밑으로는 중들을 부양하지 않았으니, 이는 승려로서 자신의 불법을 망치는 것입니다. 그리고 지금 식견이 천박한 미친 유생들이 이 나라의 대체를 돌보지 않고 절을 부수고 중을 배척하는 것을 주장하고 있습니다. 아아! 태조가 창업한 때의 깊은 지혜가 못난 유생의 계책만 못하겠습니까? 전하께서는 위로 태조의 원대한 염원을 받들어 절을 다시 수축하고 땅과 사람을 주어 불교를 일으키소서.[5]

고려 건국의 근본정신을 확인하면서, 저속한 승려들에 의한 불교의 퇴행적 모습과 광기 어린 유생儒生들에 의한 불교 박해를 극복하여야 한다는 것이다. 이와 같은 주장은 태조 왕건의 「훈요십조」에서 강조한 바에 따라 고려의 전통성이 지향되는 한, 당연히 수용되어야 할 입장이다. 이에 전호조판서 정사척鄭士倜도 글을 올려 불교가 국가에 복리를 주는 것이므로 마땅히 숭상되어야 할 것임을 주청하니, 공양왕 또한 옳게 여겼다 한다.

그럼에도 불구하고 그 9일 후에는 예문춘추관에서 김전에 대하여 탄핵하는 일이 전개되었는가 하면, 그 탄핵사건 15일 후에는 다시 연복사의 탑 수축공사를 계속하게 하는 기록이 보인다.

이상에서 알 수 있는 바와 같이 하나의 불사佛事를 계기로 하여 나타난 유교세력과 불교세력 사이의 대립은 매우 첨예하였다. 마치 그 두 사상은 함께 있을 수 없는 빙탄의 관계로 간주될 정도였다. 당시 성균생원 박초朴礎 등이 올린 상소문에는 다음과 같은 말도 있었다.

---

5 상동, 6월 丙辰.

부처라는 자는 어떠한 사람입니까? 대代를 이을 자식으로서 부모를 배반하여 부자지친父子之親을 끊었고, 한 필부로서 천자에 반하여 군신지의君臣之義를 없애버렸으며, 남녀의 부부생활을 그르다고 여겼습니다. … 전하는 정도전의 불교 배격의 방책을 가지고 선왕들에 대한 죄로 생각하십니까, 김전의 불교 숭상론을 가지고 전하의 충신으로 여깁니까? 이에 대하여 저희들이 감히 간여할 바 아닙니다. 그러나 전하가 정도전의 올바른 학문을 의심하고 김전의 허황한 말을 믿는다면, 어찌 천하의 웃음거리가 되지 않겠으며 만대의 나무람을 받지 않겠습니까.[6]

석가모니불의 삶이 유교의 인륜적 시각에서 현실성을 벗어난 것으로 비판하면서 정도전의 척불론이 수용되어야 함을 강력히 주청하고 있는 것이다. 이러한 내용을 접한 공양왕은 크게 노여워할 수밖에 없었다. 그러한 주장은 근 5백년 고려 정신을 단절시키는 성격의 것이기 때문이다. 그러나 그처럼 심각한 상황에서도 왕조 말기의 유약한 군주로서는 어찌할 수 없었다.

이와 병행하여 유교적 제사의례기 온 백성을 향해 공포되고 있었다는 점 또한 주목되는 부분이다. 공양왕 2년 2월 공포한 제사 원칙을 보면 "대부 이상 관리들은 3대를 제사하고 6품 이상은 2대를 제사하며, 7품 이하 평민들은 부모만을 제사한다. 모두 가묘家廟를 설치하여 초하루와 보름에는 반드시 전奠을 드린다."[7]라고 되어있다. 척불의 흐름은 이러한 양상으로 구체화되고 있었던 것이다. 그리하여 불교의 고려에서 유교의 새왕조로 전환되는 기세가 더 큰 힘을 얻어갔다.

---

6 『高麗史』「列傳」 33 '金子粹'
7 『高麗史』 권63(志17) 「吉禮 小祀」

2) 조선조 정치전개의 기본정신

이성계가 왕위에 오른 지 3일 후 대사헌 민개閔開 등이 올린 조선조
최초의 상소문에는 군주의 마음 바로하기부터 시작하였다. 즉 그 서두
에서는 중국 역대의 치란과 흥망의 근본원인은 오로지 '경敬'의 태도
에 달려있는 것임을 강조하면서, 임금으로서는 반드시 매사에 하느님
대하듯이 공경의 마음을 간직하여 천심을 감동케 하는 지극한 정치를
이루어야 할 것임을 밝힌 연후에, 행정의 요목으로 ① 정치 기강을 바
로 세울 것, ② 상주고 벌주는 일을 분명히 할 것, ③ 군자에 친하고
소인을 멀리할 것, ④ 간쟁을 수용할 것, ⑤ 참언을 근절할 것, ⑥ 안일
과 욕구를 경계할 것, ⑦ 절약함과 검소함을 높일 것, ⑧ 환관을 멀리할
것, ⑨ 승려들을 도태시킬 것, ⑩ 궁중 내전을 엄중히 할 것 등 열 가지
를 말한 뒤, 결론부에서는 정치과정의 중심은 바로 '신뢰'의 문제에 있
다는 고전을 확인하면서 앞서의 열 가지 모든 사항은 그 신뢰의 정신
을 기초로 전개시켜야 한다고 요청하였다.[8]

여기 정치 행정의 기본정신으로 강조되는 공경과 신뢰의 문제는 앞
서 살핀 바와 같이 유교 경전에서는 물론 신유학의 사상체계에서도
가장 중시되는 부분이었다. 그러면서 특히 '경敬'의 정신을 그 서두에
서 강조하고 있음이 주목된다. 16세기 중엽 이퇴계가 선조에게 올렸
던 『성학십도聖學十圖』에서 "이 열 가지 그림 설명은 모두 경敬으로
써 주를 삼은 것이다."[9]라는 말을 상기하여 볼 때, 그것은 그 시원적
의미를 갖는 셈이다.

또한 대사헌 상소 형식으로 나타난 위 행정원칙 열 가지는 명목상
으로는 그와 같이 나뉘는 것이었지만, 그 각각의 설명 내용을 보면 유
교 전통의 정치론이 그대로 요약된 느낌을 갖게 한다. 뿐만 아니라 위

---

8 『태조실록』 원년 7월 己亥.
9 『退溪集』 권7 「進聖學十圖箚」 '大學經' : "今玆十圖 皆以敬爲主焉."

의 제9항으로 알 수 있듯이 이제는 더 이상 불교와 불교 지도자를 인정하지 않는 분위기로 굳어지는 것이었다.

그리고 조선조 정치전개의 기본정신을 파악함에 있어서 또 하나 중요한 자료가 되는 것은 조선조 최초의 교서이다. 이것은 이성계의 시대에서 뿐만 아니라 조선왕조가 계속되는 한, 영원히 신성시되는 지속적인 의미를 갖는다. 왜냐하면 왕조시대의 '태조'란 그 자신이 나라를 세운 장본인이기에 후왕들에게는 신성하고 절대적인 것으로 간주됨과 동시에 유훈遺訓 복종의 효도의식이 깊이 작용하고 있는 것이기 때문이다.

그러면 이태조의 최초 교서에는 어떠한 내용들이 담겨있는 것이었을까? 정도전이 작성하여 태조의 이름으로 온 백성들에게 포고하는 그 교서에서 이성계는 우선 천명과 인심에 부응하여 자신이 왕위에 올라 새로운 왕조를 개창하였음을 확인시킨다. 그러면서 '고려高麗'라는 국호와 정치제도를 그대로 유지하는 가운데 16개 항목의 행정요목을 공시하였다.[10]

그 가운데에서 특히 사상적 성향과 관련되는 내용을 보면 다음과 같다. 즉 ① 종묘宗廟와 사직社稷의 설치는 중국 옛 제도에 따르도록 할 것, ② 사서·오경·통감에 밝은 인재들을 문관으로 탁용할 것, ③ 관혼상제의 규범을 정비하여 인륜과 풍속을 바로잡을 것, ④ 충신忠臣·효자孝子·의부義夫·절부節婦 등을 조사하여 중앙에 보고하도록 하고 그들을 우대하여 발탁 등용하고 문려門閭를 세워 표창할 것 등이다. 이들은 모두 유교 전통의 국가체제와 인륜사회를 추구하는 핵심 사업들이다.

그러나 그 첫 시정교서에는 그처럼 유교정신을 천명하면서도 불교

10 『태조실록』 원년 7월 丁未.

에 대해서는 직접적인 언급이 없었다. 즉 불교를 배척한다는 입장을 직접 밝히지 않았다는 점이다. 이는 앞으로 태조 이성계의 의식세계를 고찰함에 있어서 간과될 수 없는 부분이다.

하지만 신하들의 입장에서는 그렇지 않았다. 그들의 정치론에는 불교 배척의 주장을 담고 있었던 것이다. 이러한 태도는 그 후에도 계속되는 것이었으니 새로 대사헌에 오른 남재南在 등의 상소문을 보면 뚜렷하다.

> 불교의 인과응보설은 분명 믿을 것이 못됩니다. 바라건대 전하께서는 불교의 '맑은 마음과 욕심 적음(淸淨寡欲)'을 흠모하려 한다면 선왕의 '공경스레 묵묵하고 작위 없음(恭默無爲)'으로써 법도를 삼을 것이요, 불교의 '자비롭고 죽이지 않음(慈悲不殺)'을 본받으려 한다면 선왕의 '아주 관대하고 어질어 살리기 좋아하는 덕성(克寬克仁 好生之德)'을 생각할 것입니다. 불교의 인과응보설을 걱정한다면, 착함에 상주고 악함에 벌주며, 죄 가운데 의심되는 것은 오직 가볍게 벌하고, 공功 가운데 의심되는 것은 오직 중하게 하는 것 등을 규범으로 삼을 것입니다. 이렇게 하면 백성들이 그 은택을 입을 뿐만 아니라 천지신명도 또한 속으로 도울 것입니다.[11]

중국과 우리나라의 정치사를 배불적 시각에서 회고하고 오랜 관습으로 쉽게 버리기 어려운 불교의 기틀을 거론하면서, 그 극복은 유교 선왕들을 모방함으로써 가능하다고 보는 것이다. 그리고 유교로는 이해하기 어려운 인과응보설에 대해서는 상벌에의 신중론으로 대처하고 있다. 이러한 조심스런 발언은 마치 이성계의 불교의식을 헤아린 상태

---

11 『태조실록』 원년 9월 己亥.

에서 전개되는 듯하다.

뿐만 아니라 그와 같은 신하들의 임금을 향한 불교 배척의 의도는, 행정의 현장에서 불교계 자체의 활동을 억제하는 규제책 제안으로도 나타났다. 그 한 예로는 도평의사사都評議使司의 배극렴裵克廉·조준趙浚 등이 올린 22조목의 상소문을 들 수 있다. 거기에서는 유교 의례를 권장하는 반면 불교 습성을 제약하는 내용이 구체적으로 명시되어 있었다.

즉 그 요지를 보면, ① 각도에서 경전의 뜻에 밝고 행실이 높아 도덕을 겸비한 자를 등용하고, 백성 가운데 효성과 우애가 깊으며 농사에 힘쓰는 자에게는 조세의 반을 감면할 것, ② 공자의 석전釋奠 제의를 풍성히 하고 모든 관리들은 가묘를 갖추며 서민은 거처하는 방에서 제사지내게 하고, 기타의 부정한 음사淫祀는 금지시킬 것, ③ 빈소를 모신 상주는 조석으로 울며 제사하고 밖에 나가지 않도록 할 것, ④ 승려가 되려는 자는 양반의 자제인 경우 오승포五升布 100필을, 서민이면 150필을, 천민이면 200필을 바치게 하고 도첩度牒을 주어, 함부로 승려가 되지 못하게 할 것, ⑤ 승려들이 여러 관리와 결탁하여 전을 건축하고 불교서석을 인쇄하며 관·민의 불자를 소비하는 일체의 행위를 금지시킬 것 등이다.[12]

이들은 모두 유교의 풍속을 진작시키는 반면에 불교의 유습을 혁파해 가고자 하는 의지의 반영인 셈이다. 이와 같은 제안에 대하여 태조 이성계가 동의하였다. 그것은 그도 결국은 인민에 대한 정치전개의 기본에서는 신하들의 이른바 '숭유억불'의 태도와 궤를 같이 하지 않을 수 없다는 입장을 보여주는 경우이다.

그렇다면 그러한 정치 일반과 다른 측면, 즉 인민들과 직접적인 관

---

12 상동, 9월 壬寅.

계가 없는 상황에서는 과연 어떠한 정신적 모습을 보이고 있었던 것일까? 이제는 이태조 자신의 생활 내면에 접근하여 그 실상을 살펴보기로 한다.

2. 이태조의 유불의식

1) 이태조의 유교정신

고려 혁명 이전 이성계의 나이 54세 때(1388) 기록에는 그의 유학儒學 공부에 대하여 다음과 같이 나타나 있다.

> 그는 본래부터 유술儒術을 존중하여, 비록 군대에 있더라도 무기를 놓는 틈이 있는 동안에는 유학자 유경劉敬 등을 인접하여 경서와 역사서를 살펴보았다. 더욱이 진덕수眞德秀의 『대학연의大學衍義』 보기를 좋아하여 혹은 밤이 깊어도 자지 않았으며, 개연히 세상에 도의를 만회할 뜻을 가졌었다.[13]

이것은 유교국가 건설을 위한 지식 축적의 실상을 보여주는 한 예이다. 이때가 그의 나이 50이 넘은 상황이므로 새삼스레 어떤 순수 학문을 위한 학자적 태도로서의 의미를 갖는 것이라고 보기는 어렵다. 이미 사상계에 풍미해 있는 신유학의 흐름을 따라 곧 필요한 새나라 통치자로서의 정치철학을 그렇게 연마해온 셈이다.

그런데 그의 유학 공부에서는 오직 진덕수眞德秀의 『대학연의大學衍義』만을 애독하고 있었다는 점이 특이하다. 이러한 태도는 혁명 후

---

13 『태조실록』 권1 「總書」 辛禑 14년 2월조.

왕이 되어서도 부단히 견지되고 있었는데 그처럼 그것만을 중시했던 데에는 나름대로 이유가 있었을 것이다. 이 점에 유의하면 우선 그 책의 구조적 성격을 주목해보지 않을 수 없다. 그 총론은 이태조 즉위초 사간원 상소의 형식으로 나타났다.

선대의 유학자 진덕수는 『대학연의』를 지어 경연에 올렸습니다. 그 책머리는 제왕의 다스리는 순서로 구성하고 그 다음은 제왕이 공부하는 근본으로 하여, 몸과 마음으로부터 시작하지 않음이 없으니 이것이 이른바 '강綱'입니다. 먼저 도술道術을 밝히고 인재를 변별하며 다스림의 대체를 찾고 백성의 정서를 살피는 것으로 엮은 것은 '격물치지格物致知의 요령'이요, 다음으로 경외를 숭앙하고 나태함과 욕심을 경계하는 것으로 엮은 것은 '성의정심誠意正心의 요령'이며, 다음으로 언행을 삼가고 위엄스런 모습을 바르게 하는 것으로 엮은 것은 '수신修身의 요령'이며, 다음으로 배필을 소중히 하고 내치를 엄정히 하며 세자를 정하고 친척들을 가르치는 것으로 엮은 것은 '제가齊家의 요령'이니, 이상의 것이 이른바 '목目'입니다. 맨 먼저 성현의 가르치는 말씀으로 시작하고 다음으로 고금의 사실로써 편찬하였으니, 군주로서 마땅히 알아야 할 이치와 마땅히 해야 될 일들이 여기에 나타나 있습니다.[14]

이는 『대학연의』의 서문에 따라 그 내용 체계를 다시 태조께 밝히고 있는 것이다. 이로써 유교국가 건설을 위한 제일의 학습 교재는 바로 『대학연의』라는 사실을 거듭 확인해 준다. 이러한 주청에 이태조 또한 생각을 같이하면서 유교정치문화의 기반을 다져갔다.

유교사상이 실로 방대한 것이지만, 송대에 사서四書 체제가 정립될

---

14 『태조실록』 1년 11월 辛卯.

즈음 주자朱子가『대학大學』을 경연교재로 활용한 이후 그 기본내용
인 '삼강령三綱領 팔조목八條目'[15]은 유교 정치사상의 요체로서 더욱
중시되었다. 이러한 배경에서 제2의 주자라고 칭송되는 진덕수가 그
『대학』의 이론체계에 역사적 사실을 연계하여 총6편으로 각기의 실천
요령을 밝혀 새로 편찬한 것이 곧『대학연의』이다.

그러므로 이 책을 보면 이론의 관념세계에 머무는 것이 아니라 그
이론을 현실에 구현해가는 실천 능력까지 얻을 수 있게 되는 것이었
다. 이처럼 그 효용성이 높았던 것이므로 이성계도 일찍부터 그렇게
선호하였던 것이다. 따라서『대학연의』에 대한 그러한 태도는 조선조
의 역대 군주들은 물론 모든 신하들에게서 공통적으로 중시되었다. 즉
유교정치 구현을 위한 최우선 필독서로 간주되었던 것이다.

한편, 이태조의 유교정신은 조상숭배의 측면으로도 나타났다. 그는
왕위에 오른 지 약 20일이 되었을 때 아들 방원으로 하여금 고향인
함경도 동북면에 가서 4대 선조들에게 자신이 왕위에 오른 사실을 고
하도록 함과 동시에 그 4대 선조들 각 묘소 여덟 곳에 능호陵號를 올
려 선왕으로 추존하는 예를 올리게 하였다. 또 그는 종묘 건설문제를
계속 추구하다가 즉위 3개월째에는 태묘조성도감太廟造成都監을 설치
하여 고려의 종묘를 헐고 그곳에 새 종묘를 짓도록 명령하고 또 그 4
대 선조의 제향을 위하여 임시로 효사관孝思觀에 신주神主를 봉안하
였다.

그런데 태조 3년 4월에는 그곳의 종묘 조성공사를 그치게 하였다.
이는 새로운 도읍지가 한양漢陽으로 정해지는 과정에서 조정되는 것이
었던 바, 그 1년 5개월 뒤에는 마침내 서울에 종묘 건설을 완성하고
10월에는 이태조 자신이 첫 제례를 올렸다. 거기에 모신 4대의 신주는

---

15 『大學』의 三綱領이란 '明明德·親民·止於至善'이고, 八條目이란 '格物·致知·誠
意·正心·修身·齊家·治國·平天下'이다.

'황고조고목왕皇高祖考穆王과 황고조비효비皇高祖妣孝妃, 황증조고익
왕皇曾祖考翼王과 황증조비정비皇曾祖妣貞妃, 황조고탁왕皇祖考度王과
황조비경비皇祖妣敬妃, 황고환왕皇考桓王과 황비의비皇妣懿妃'로 되어
있다. 이로써 왕조시대 국가 통치권의 성지적 의미를 갖는 종묘의 존치
를 완성한 것이다.

　이러한 과정에서 나타나는 특이한 점은 오로지 '4대의 선조'만을 추
존하고 있다는 사실이다. 그 이유는 어디에 있는 것이었을까? 이러한
의문은 『예기禮記』에 있는 다음과 같은 내용으로 풀어질 수 있다.

　　천자는 칠묘七廟이니, 삼소三昭('昭'란, 중앙에서 앞을 향한 왼쪽에 신주
　를 위치시키는 것) 삼목三穆('穆'이란 그 오른쪽에 위치시키는 것)과 태조의
　묘로 일곱[七]이다. 제후는 오묘五廟이니, 이소二昭 이목二穆과 태조의
　묘로 다섯[五]이다. 대부는 삼묘三廟이니, 일소一昭 일목一穆과 태조의
　묘로 셋[三]이다. 士는 일묘一廟이며 서인은 잠자는 방에서 제사한다.[16]

　이는 유교사회에서의 신분적 서열에 따른 조상숭배의 제례형식에
대한 원칙론이다. 이러한 기준에 따라서 이태조는 처음부터 제후국으
로 자임하며 '오묘제五廟制'를 택한 것이다. 즉 4대조 봉행의 형식은
시조의 묘를 합하여 오묘이다. 중국 명나라를 상국으로 대하는 이태조
의 입장에서는 자신의 4대조 봉안 존치는, 유교적 예제에 의거 조상숭
배에의 신성한 의미를 갖는 것이었다.

　한편 그와 같은 왕실에서의 숭조의식은 그대로 일반인에게까지 확
장시키는 정책을 낳고 있었다. 이를 대표하는 것이 곧 '가묘제家廟制'
의 시행이다. 이는 과거 그 어느 때에도 강조되지 않았던 일반인의 제

---

16 『禮記』「王制」

례양식인데, 이태조는 개국 2개월 후부터 상소 형식으로 나타나는 가묘의 존치 운영문제를 중시하고 있었다. 이러한 가묘 중심적 제례의식은 종래 도불의 관습에서 유교 의식儀式으로 전환시키는 혁신적 의미를 갖는다. 그러나 의례의 변화란 그렇게 쉽사리 이루어지는 것이 아니었으니, 그 가묘 조성의 문제는 차후 세종조까지 계속되고 있었다.[17]

그리고 이태조의 유교정신은 공자를 비롯한 옛 선현을 추모하는 모습으로도 나타났다. 그가 혁명한 후 20일이 되어서는 예문춘추관 대학사 민제閔霽로 하여금 성균관 문묘文廟에서 석전제釋奠祭를 올리게 하였던 점은[18] 바로 그러한 사례의 하나이다. 또 그는 한양으로 천도한 이후에도 문묘의 존치를 위하여 공사에 착수하고 감독을 강화하며 때로는 직접 공사 현장을 찾아 독려하기도 하였다.[19]

나아가 그의 유교정신은 일반의 인민들에 대한 생활의례 정립의 방향으로도 나타났다. 이는 이미 정도전이 작성했던 최초의 시정교서에서도 천명되었던 바이지만, 태조는 직접 권근에게 관·혼·상·제 각각에 관한 의례를 자세히 정하여 보고하도록 명한 바 있고[20], 또 아직 유교식 장례와 상기가 완전히 지켜지지 않는 상황의 개선 건의에 대하여 재론해서 보고하게 하였을 뿐만 아니라 이미 조사된 전국의 효자孝子·손순順孫·의부義夫·절부節婦들을 사실에 따라 포상하고 정표하게 하였다.[21] 이러한 일련의 적극적 조치는 특히 한양으로 천도한 이후에 나타나고 있었다는 점 또한 주목되는 바이다.

---

17 세종 9년 2월 戊辰의 기록에 따르면, 전국의 신료들에게 일정한 시한을 정해놓고(2품 이상은 1년 이내, 6품 이상은 3년 이내, 7품 이하는 6년 이내) 家廟 건설을 독려하고 있을 뿐만 아니라 司憲府와 監司로 하여금 수시로 규찰케 하고 있다.

18 『태조실록』 원년 8월 丁巳.

19 『태조실록』 4년 10월 乙卯, 12월 丁卯, 6년 10월 乙酉.

20 『태조실록』 4년 6월 戊辰.

21 『태조실록』 4년 6월 庚寅, 4년 9월 丁未.

이상에서 확인되는 바와 같이 태조 이성계는 과거 불교국가로서의 고려 왕실과는 달리 하나의 새로운 유교정신에 따라 그 국가적 미래를 추구하고 있었다. 그것은 도읍지를 서울로 옮겨 궁궐의 오른쪽에는 사직단社稷壇을, 그 왼쪽에는 종묘宗廟를 존치하여 왕조국가의 기틀을 다지는 일에서부터 백성들의 도덕적 삶을 향한 가치관과 생활의례의 정립에 이르기까지 다양하게 나타났다. 이것은 이태조의 생시뿐만 아니라 그 후의 왕실조정에서 소위 '왕조시대의 태조'가 갖는 절대적 신성성의 계승 요인으로 부단히 지속되어 왔다는 점에서 더 큰 의의를 갖는 것이었다.

2) 이태조의 불교의식

앞에서 보았듯이 사상적 차원에서 조선조의 시작은 순수 유교적인 성격이었고 태조 이성계 역시 그러한 변화의 주역으로서 군주의 역할을 다하고 있었다. 그럼에도 불구하고 그의 정신세계에는 오직 유교만이 있었던 것은 아니다. 즉 그는 당시 유신儒臣들의 입장과는 판이할 만큼 불교의식을 지향하고 있었으니, 이제는 이와 관련한 내용들을 살펴보기로 한다.

『태조실록』 서두에는 이성계 조부 탁조度祖의 탄생기록이 있는데, 이것으로 우리는 그의 가계에서 지향되었던 의식 성향을 엿볼 수 있다.

거주한지 수년이 되었어도 아들이 없어서 부인 최씨와 함께 낙산의 관음굴에 가서 기도하였는데, 밤의 꿈에 한 승복을 입은 스님이 와서 아뢰기를 '반드시 귀한 아들을 낳을 것이니 마땅히 이름을 선래善來라 하시오'라고 하였다. 얼마 지나 임신하여 과연 의주에서 아들을 낳으니 마침내 이름을 선래라 하였다. 이 분이 탁조이다.[22]

강원도 양양襄陽에 있는 관음굴觀音窟에 기도하여 이성계 조부와 그 이름을 얻었다는 내용이다. 그 관음굴은 일명 관음사觀音寺라고도 하는데, 그 절은 고려 광종 19년(968)에 창건된 이후 그와 같은 기도의 인연으로 인하여 1383년에는 이성계에 의해서 중건되기도 했다. 뿐만 아니라 혁명이후 한양 천도 직전에는 그가 임금으로서 그곳을 직접 찾아가 기도했던 사실이 있으며, 정종定宗 때에는 상왕으로 있으면서도 그곳을 찾아 법회를 열고 돌아온 일도 있었다.[23]

'조선왕조실록'도 유신儒臣들에 의하여 정리된 것임에도 불구하고 이와 같은 내용까지 수록되었던 점을 볼 때에 당시의 불교의식이 얼마나 풍미해 있었던가 하는 점을 알 수 있겠다. 또한 그러한 기록은 태조 이성계가 오랜 전통의 불교의식을 선조로부터 이미 받아온 것이고 또 스스로 그 연속적 의식을 견지하고 있음을 보여주는 예이다.

이제 그러한 성격의 사료에 따라 좀더 상세히 살펴보기로 한다. 이성계는 새나라의 왕위에 오른 지 3일만에 "승려는 도태시켜야 한다"라는 사헌부의 상소로써 자신의 불교의식에 대한 재고를 요구받는다. 이때에 그는 이르기를 "승려를 도태시키는 일은 개국의 초기에 급히 시행함은 옳지 않다."[24]고 하여 따르지 않았다. 이러한 모습은 결국 유신들의 요구대로 불교를 배척하거나 승려들을 천대할 수 없다는 의지를 나타낸 것이다. 그는 이 점에 있어서만은 신하들의 일반 의견과는 다른 것이었다.

오히려 이태조는 고려 불교시대와 같은 왕사王師와 국사國師의 제도를 운용하고 있었다. 고려 공양왕이 왕사로 삼으려 하였으나 끝내 응하지 않았던 무학대사無學大師(성은 朴, 이름은 自超, 당호는 溪月軒, 1327~1405)를 태조 이성계는 즉위 3개월 만에 왕사로 삼았고, 또 3년

---

22 『태조실록』 권1 「叢書」
23 『태조실록』 3년 10월 乙酉. 『정종실록』 원년 3월 甲辰.
24 『태조실록』 원년 7월 己亥.

9월에는 천태종의 조구祖丘(?~1395)를 국사로 삼았다. 조구를 국사로 삼은 지 7일째에는 궁중에서 그로 하여금 법화경法華經 강의를 열게 하여 왕비와 함께 수강하였고, 다음 달에는 국사봉숭례國師封崇禮를 행하며 그에게 말안장을 하사하였고, 또 다음해 1월에는 담양현潭陽縣이 그의 고향이라는 이유로 담양군潭陽郡으로 승격시키기도 하였다. 그러나 그는 태조 4년 11월 국사로 추대된지 1년여 만에 사망하였으니 그 역할이 컸던 것은 아니다.

한편 왕사로서의 무학은 그와 달랐다. 그는 조선왕조의 개창과 더불어 태조 이성계에게는 없어서는 안될 하나의 정신적 지주 역할을 다하고 있었다. 무학은 태조 초 최대의 국가적 과제인 새 도읍지의 선정과정에서부터 왕후의 치병기도에 이르기까지 두루 관계하였다. 그러한 일련의 모습은 무학의 요구에 의해서 비롯하는 것이기보다는 오히려 이태조의 적극적 의지로 전개되는 것이었다는 점에서 더욱 주목된다. 이태조는 필요할 때면 언제나 그를 불러서 자문하고 그가 있던 회암사檜巖寺에는 수시로 곡물을 내려서 불사를 도왔고 또 때로는 왕 스스로 기 그 곳을 찾아 그를 만나며 기도했을 뿐만 아니라, 무학이 그 절을 떠나 용문사龍門寺에 가려해도 허락하지 않았다. 그야말로 이태조의 무학에 대한 태도는 고려시대의 독실한 왕사 모습 그대로를 보는 느낌을 갖게 한다.

그리고 그 태조 때에는 일반의 승려들을 동원하는 불교행사도 빈번하였다. 그 수는 적게는 몇 십명에서 크게는 800명에 까지 이르렀다.[25] 그 가운데 108명의 참여 기록을 흔히 보게 되는데, 이는 불교에서의 백팔번뇌百八煩惱를 상징하는 것으로 해석된다. 『태조실록』에 나타난 불교행사에 관한 한우근韓㳓劤의 조사에 따르면, 재앙이 없어지고 복

---

25 태조 5년 4월 丙辰日의 實錄에 의하면, 승려 800명을 勤政殿에 모아놓고 「金剛經」을 외우게 하였다고 한다.

이 있기를 기원하는 법회가 19회, 제사의 기재忌齋와 영혼에 대한 천도
재가 9회, 병의 치유를 위한 법회가 5회, 절의 탑을 조성하고 불경을
인쇄하며 불경을 강론하던 행사가 18회, 승려들에게 식사를 접대하던
행사가 11회 등이다.[26] 이들은 모두 이태조의 주도적 결심으로 이루어
진 것이므로 태조 스스로가 그러한 행사에 종종 참여하기도 하였던 것이
다.

그와 같은 불심의 지향의식은 특히 심정적 충격이 클 때에 더욱 뚜
렷이 나타났다. 그가 사랑하던 계비 강씨康氏가 병을 얻고 마침내 사
망하게 되었던 전후 상황은 물론이요, 그 처절한 '왕자의 난'을 겪으면
서 그러한 모습은 더욱 분명하였다. 그러므로 그는 계비의 묘인 정릉
貞陵 동쪽에 흥천사興天寺를 세워 영혼을 위로하였고, 정난으로 희생
된 자들에 대해서는 모두 불심으로 대하였다. 그리고 그 '왕자의 난'으
로 졸지에 남편을 잃은 사랑하는 딸 경순공주敬順公主에게는 승려의
길을 걷도록 하였으니[27] 그의 애절한 심경과 불심의 정도는 그렇게 나
타나고 있었던 것이다.

이태조는 정종 초기의 환도로 개성開城에 있었으면서도 한양에 있
는 흥천사를 찾아 상왕으로서 위로와 해원의 '재齋'를 올리기도 하였
다. 이에 관한 실록의 내용을 보면 다음과 같다.

> 태상왕이 신도新都에 행차하였다. 흥천사의 사리전舍利殿이 낙성되
> 고, 또 수륙재를 베풀었으니, 선왕先王 선비先妣와 현비顯妣 그리고 여
> 러 죽은 아들과 사위 및 고려의 왕씨를 제사하기 위함이었다.[28]

---

26 韓㳓劤, 『儒教政治와 佛教-麗末鮮初 對佛教施策-』(일조각, 1995.) 50~52쪽 참조.
27 정종 원년 9월 丁丑日의 기록에 의하면, 李濟의 아내 敬順宮主가 아버지 태상왕에
　 의해 여승이 되고자 삭발할 적에 눈물을 흘렸다 한다.
28 『정종실록』 원년 10월 乙卯.

일찍이 흥천사에 사리전을 짓도록 명했던 일이 마무리됨을 계기로 하여, 그곳을 찾아 이성계 자신의 일생에서 밀접한 관계에 있었던 모든 사람들의 넋을 위안했다는 기록이다. 여기에는 고려의 왕실까지 포함되고 있었으니, 영혼의 세계에서는 구원舊怨까지 해소될 수 있다고 믿었기 때문이다.

이 당시는 이성계 스스로가 파란만장한 인생을 관조해보는 시점이었음을 유의해 볼 때, 그와 같은 기도행사는 그동안 부단히 추구되어 온 그의 신앙적 정신세계를 그대로 반영하는 것임과 동시에 자기 자신의 심리적 불안감을 해소하는 의미를 갖는 것으로 풀이된다.

태조 이성계는 그처럼 불교를 숭앙하였지만 당시의 불교 지도자 즉 승려들의 모습을 그대로 인정하지는 않았다. 그도 유신들처럼 승려 되는 것을 핑계로 부역을 회피하려 하거나 그 행실이 타락되었거나 백성들에 피해를 끼치는 경우에는 문제시하였다. 궁궐의 조성사업에 장정들을 보내고 승려 가운데 하등에 속하는 자들을 동원하자는 데에 동의했던 것도[29] 그것의 한 예이다.

이제 당시의 불교계에 내한 이태조의 직접적인 발언을 주목해 본다.

  불교의 도는 마땅히 맑은 마음과 욕심 줄이기로써 기본이 되는 것인데, 지금 각 절의 주지들은 힘써 산업을 경영하고 여색을 범하는 데에까지 이르러도 뻔뻔히 부끄러운 줄을 알지 못하고, 죽은 뒤에는 그 제자라는 자들이 절과 노비들을 법손法孫인 자신이 받는 것이라 하여 서로 소

---

29 태조 4년 2월 癸未의 실록에 따르면, 궁궐의 조성사업을 위해 각도에서 차출했던 丁夫들을 돌려보내고 그것을 僧徒들로 대신하였는데, 그것은 모든 승려들을 上(부유함을 구하지 않고 항상 거처하는 곳 없이 절에서 불심을 닦는 자), 中(법문을 강설하고 말을 타고 돌아다니는 자), 下(齋 올리는 데에 영합하고 초상집에 달려가서 衣食을 엿보는 자)의 셋으로 구분하여 그 下等에 해당하는 자들을 동원하자는 대사헌 朴經 등의 상소에 따른 것이라 하였다.

송하기까지 한다. 내가 왕위에 오르기 전부터 이 폐습을 고치기를 생각해 왔다.[30]

과거부터 지속된 승려사회의 퇴행적 측면을 비판하고 있는 것이다. 이것은 그 당시 장경사長慶寺의 승려 정의定宜가 스스로 법손이라 하고 경상도의 자화사慈化寺를 청구하는 일이 제기됨에서 비롯한 말인데, 이를 계기로 하여 이태조는 전국의 절을 대상으로 인적 물적 현황을 조사하여 보고하도록 하였다. 자신이 보는 불교정신 즉 '맑은 마음과 욕심 줄이기(淸淨寡欲)'에 비추어 승려들의 행위가 너무나 실추된 상태로 판단되었기 때문이다.

그러나 이러한 태도는 불교를 탄압하려는 의지 때문이었던 것으로 보기는 어렵다. 그가 남달리 불교 숭앙의식이 돈독했음에 유의해 보면 그러한 조치는 오히려 진정으로 불교를 아끼는 마음에서 나타나는 것이었음을 알 수 있겠다.

3. 정종과 태종의 유불의식

1) 정종의 유불의식

태조 7년(1398) 8월에는 제1차 왕자의 난이 일어남으로써 태조 이성계는 그동안 가장 아끼고 사랑하던 사람들을 대부분 잃게 된다. 이러한 충격은 마침내 왕위에서 물러나는 모습으로 나타났으니, 그것은 사건이 있은 지 8일만의 일이었다. 이러한 격변속에서 이성계의 차남 방과芳果는 42세의 나이로 졸지에 왕위에 올라 정종定宗이 된다.

---

30 『태조실록』 6년 7월 甲寅.

그것은 적장자嫡長子의 명분에 의한 것이었지만 실제 그에게는 통치의 기반인 권력이 장악되지 못한 상태이었다. 권력의 흐름은 그 왕자난의 결과로 그의 둘째 아우인 방원芳遠에게 있었던 것이다. 더욱이 정종 2년 1월에는 제2차 왕자의 난이 또한 방원의 승리로 끝남으로써 그 흐름은 더욱 뚜렷하였다. 그리하여 정종도 왕위에 오래 있지 못하고 만 2년 2개월 만에 물러나게 된다. 그 후에도 그는 20년을 더 살아 63세를 일기로 생을 마친다.

이처럼 비교적 긴 인생에 비하여 짧은 기간에, 그것도 타의에 의하여 왕위에 올랐던 정종이기에 그에게서는 어떠한 혁신적 면모를 드러내기는 어려운 상황이었다. 그러나 그의 재임시에 고려시대의 정부형태인 도평의사사都評議使司 체제를 의정부議政府 체제로 개편하고, 정치적 인사청탁의 방문행위를 금지하는 '분경금지법奔競禁止法'을 시행했을 뿐만 아니라, 수도를 다시 개성으로 옮기는 환도사업 등의 큰일이 있었다.

그리고 그의 사상적 정신세계에 있어서도 나름대로 왕실을 대변할 만한 모습을 보이고 있었나. 그것은 대체로 부왕의 유형에 크게 벗어나는 것은 아니었지만, 경연에서 토론을 벌릴 만큼 성숙된 것이었다.

정종이 즉위한 후의 첫 교서를 보면, 그 사상적 경향은 이태조의 경우와 같이 불교는 언급되지 않은 채 다만 유교적 요소만 천명되고 있다. 그 가운데 대표적인 예는 "공자는 백대 제왕의 스승이니, 석채釋采의 제례에는 마땅히 정결하게 하여 혹 경건함이 없어서는 안될 것이다."[31]라는 발언이다. 이러한 기본정신에 따라 정종은 곧바로 사서四書를 자세히 보고자, 그 원문에 방점하여 올리라는 지시를 내린다. 이러한 명을 받은 지경연사 하륜河崙과 대사헌 조박趙璞은 만 3개월 후

---

31 『태조실록』 7년 9월 甲辰.

좌정승 조준趙浚, 중추원학사 이첨李詹, 좌간의대부 조용趙庸, 봉상소
경 정이오鄭以吾 등과 이름을 함께하여 『사서절요四書節要』를 찬술해
올렸다. 그 전문箋文의 말미는 다음과 같다.

> 담론하는 연회 사이에도 때때로 보아서 심학을 바르게 하고 간략한
> 데로부터 해박한 데로 들어가서 사서의 큰 뜻을 다 알아내어, 옛것을 익
> 히고 새것을 알아서, 학문이 날마다 성취되고 달마다 나아간다면, 장차
> 항상 흡족하고 덕업이 높아져서 성현의 도가 다시 밝아지고 화평의 정
> 치가 이루어짐을 볼 수 있게 될 것입니다.[32]

사서의 내용을 부단히 탐구하고 응용하면 유교의 이상인 성군정치
에 가까워질 수 있다고 보는 것이다. 이 점에 있어서는 군주와 신하가
의견이 다를 수 없었다. 그러므로 간혹 '격구擊毬'의 습성 때문에 문제
가 되기도 하였지만, 정종은 그 사서를 교재로 하여 비교적 성실히 경
연에 임하고 있었다. 그는 또 그 학습 내용의 실천에도 적극적인 편이
었으니, 『논어』에서의 '극기복례克己復禮'에 대한 성리학자 정자程子
의 「사잠四箴」을 좌우에 써두고 보아야 한다는 경연관 이첨의 요청에
기꺼이 응하기도 하였다.[33]

부왕 태조의 기록에서는 그와 같은 경전 탐론의 기록을 쉽게 찾을
수 없는 점과 비교할 때, 그것은 신유학적 정치철학 정립에의 보다 깊
은 의미를 갖게 되는 경우라고 할 것이다. 이와 아울러 주목되는 또
하나는 당唐나라 태종의 정치론으로 유명한 『정관정요貞觀政要』를 비

---

32 『태조실록』 7년 12월 己未.
33 그 사실은 정종 원년 1월 庚辰의 실록에서 볼 수 있는데, 그 程子(伊川)의 「四箴」이
란, 序文과 視箴·聽箴·言箴·動箴으로 구성된 것으로서(『二程全書』 권43), 이는
『論語』顔淵篇에서의 '顔淵問仁 子曰 克己復禮爲仁 … 顔淵曰 請問其目 子曰 非禮
勿視 非禮勿聽 非禮勿言 非禮勿動'에서 비롯한 것이다.

롯한 중국의 명저들이 폭넓게 다루어지고 있었다는 사실이다. 또한 정종은 유교의 최고 덕목인 '효孝'를 궁행하고 있었으니, 생전의 부왕 태조에게는 극히 순종하는 태도를 보였고 사망한 생모 한씨에게는 즉위년 11월에 신의왕후神懿王后로 추존하며 인소전仁昭殿을 설치하여 지극한 정성을 다하였다.

그러나 그의 사상적 관심은 오직 유교로 제한되는 것은 아니었다. 그도 역시 불교를 쉽게 떨칠 수는 없었다. 그리하여 경연에서는 활발한 토론을 전개하기도 하였다. 즉 『통감촬요通鑑撮要』를 강독하다가 "서역에 신이 있으니 그 이름은 부처이다."라는 대목에 이르러서, 그는 "부처를 신이라고 하는 것은 잘못이다."라고 비판하였는데, 이에 대하여 지경연사 하륜은 "그 도는 적멸寂滅을 종지로 삼아서 귀신과 다를 것이 없다."고 말하자, 정종은 또 "귀신의 도는 허虛라고 말할 수 없다."고 하며 자신의 경험담을 소개한 뒤에 이르기를 "불교는 자비불살慈悲不殺로 도를 삼으나 유자의 도에도 '살리기를 좋아하고 죽이기를 싫어하는 이치(好生惡殺之理)'가 있으니, 이는 비슷하다."고 하였다.[34] 이러한 일련의 과정에서 그는 유사가 불교를 경시하거나 왜곡하려는 태도와는 달리, 유교와 불교를 함께 보아 그 공통의 입장을 견지하는 것이었음을 알 수 있겠다.

또한 그는 불교에서의 '지옥地獄'과 '화복禍福' 그리고 '사리舍利' 등에 대해서도 질문을 던졌다. 이에 대하여 하륜은 유교의 관점에서 대응하고 있었으니, 지옥설에 대해서는 음양오행과 혼백의 사생관으로, 화복설에 대해서는 석가모니 당시에도 화란을 면하지 못했다는 사실론으로, 그리고 사리에 대해서는 조개나 뱀에서도 볼 수 있는 정기精氣가 뭉친 것으로 설명하였다. 이러한 말에 대하여 정종은 수긍하는

---

34 『정종실록』 2년 1월 乙亥.

면을 보이면서도 "과인이 부처를 좋아하는 것은 다른 사람이 미혹되는 것과는 같지 않다."고 이르면서, 사리의 말에 대해서는 '웃음'을 보였다 한다.[35] 과연 그의 이 '웃음'에 포함된 뜻은 무엇이었을까? 그의 불교에 대한 기본입장을 전제해 볼 때에 그 신비적 현상에 대하여 생물학적으로 증명하려는 하륜의 태도에 대하여 조소하는 의미를 담고 있었던 것임을 부정하기 어렵다.

뿐만 아니라 정종은 도가사상과 신선사상에 대해서도 관심을 표명했다. 그는 경연에서 "노자와 신선의 도를 들을 수 있겠는가?" "일찍이 듣건대 유도에서는 사람이 음양 두 기운을 받아서 생긴다고 하였는데, 그렇다면 신선·노자·불교의 설과 유가는 어느 것이 옳은가?"라는 등의 질문을 던지면서 경연관 이첨으로부터 설명을 들은 뒤에, 또 이르기를 "그렇다면 귀신의 이치란 곧 천지의 이치로다. 사람이 죽으면 정신이 있는가? 또 속담에서는 '귀신이 화복을 내리고 책하고 취한다.' 라는 말이 있는데, 그러한가?" 라고 말하자, 이첨은 "사람이 죽어서 정기가 흩어지지 않는다면 책하고 취하는 이치가 있겠으나 이것은 천지 귀신의 바른 기운이 아니고 부정한 기운입니다."라고 응답하니, 정종은 '그렇게 여겼다'고 하였다.[36]

이상의 토론 기록을 통하여 알 수 있듯이 그는 사상계의 중심인 유·불·도 및 선교 그 모두를 거론하면서 현재의 정치이념과는 별도로 최상의 정신세계를 파악해 보고자 노력하였다. 그처럼 질문을 던지면서도 자신의 의견을 피력하고 있는 점을 볼 때에, 그 각각에 대하여 나름대로의 견해가 있었음은 물론이요 어느 한 쪽만을 추구하고자 하는 교조주의적 태도를 갖는 것은 아니었음을 확인하게 된다.

정종에 있어서는 그처럼 어떠한 의식적 갈등을 보이는 상태는 아니

---

35 『정종실록』 2년 1월 乙亥.
36 『정종실록』 2년 10월 甲午.

었으므로 그의 재위 기간에도 왕실의 불교행사는 여전히 계속되었다. 정종의 재위 약 2년간을 대상으로 한 한우근의 조사에 의하면, 각종 불사기록은 모두 15회에 이르며, 이와는 별도로 이태조가 주관한 경우는 총 13회에 이른다.[37] 그러나 다만 부왕의 경우처럼 왕사나 국사의 제도를 운영하지 않은 것으로 상징되듯이 그 호불好佛의 정도는 이태조와 비교될 수는 없는 것이었다. 점차 군주의 차원에서도 유교의 흐름을 타는 모습이다.

2) 태종의 유불의식

조선조 초기 왕실의 위상을 지엄하게 정립했던 태종 방원芳遠은 이성계의 제5남으로서 여러 왕자들 가운데 가장 돋보이는 인물이었다. 즉 그는 부친이 꾀하는 고려 혁명의 과정에서부터 태조 때의 제1차 왕자의 난과 정종 때의 제2차 왕자의 난에 이르기까지 가장 성공적인 핵심 인물로 드러났다. 그리하여 그의 둘째 형 방과芳果가 왕위에 있으면서도 제대로 힘을 쓸 수가 없었다. 정종 2년 1월 방원이 형 방간芳幹을 물리치는 2차 왕자의 난이 발생하면서 부터는 그 현상이 더욱 뚜렷하였다. 그로 인하여 곧 방원이 세자世子(정종에 대해서는 世弟)가 되고 9개월 후에는 당당히 조선조의 제3대 임금으로서 태종의 자리에 오른다.

그는 즉위 초에 환관들이 궁중에 모시고 기도 발원하는 인왕불仁王佛을 바치고자 하였으나 그것을 받아들이지 않고 내원당에 두게 하였다. 그리고 정부에 대해서는 귀신과 부처의 일을 없앨 것을 의논케 하는 명을 내렸는데 그 내용은 다음과 같다.

---

37 韓㳓劤, 앞의 책, 55~58쪽 참조.

귀신과 부처의 일은 내가 감히 알지 못한다. 그러나 징험이 없는 것
이 또한 심히 명백하니, 무슨 소용이 있겠는가? 하지만 생각하건대 우
리 태상왕과 상왕께서 모두 높이고 믿으시니, 비록 다 혁파하지는 못한
다 하더라도 참작하여 없앨만한 것을 보고토록 하라.[38]

관습적으로 오랫동안 종교적 기능을 다했던 귀신과 부처에 대한 일
을 문제시하고 있다. 즉 기도행위의 결과로서 어떠한 현실적 징험이
없다는 이유로 그 혁파를 꾀하고 있는 것이다. 그러나 다만 그것은 선
왕들이 추구해온 것이므로 모두 다 없앨 수는 없다고 거듭 말했다.[39]
여기 이러한 발언과정에서는 유교에서 중시하는 '부자간의 효성'과
'형제간의 우애'의 덕목이 깊이 작용하고 있음을 볼 수 있다. 말하자
면, 배불에 대한 전체적 입장이나 그 한계적 발언에서 공통적으로 유
교정신이 추구되고 있었다는 점이다.
　그리고 태종은 유교 고전 가운데에서 선왕들처럼 『대학연의』를 탐
독하면서 사서四書를 다루고 있었을 뿐만 아니라, 『주역』과 『춘추』도
강독했다고 한다.[40] 이를 주목해 볼 때 그에게서 경전상의 기본 지식
은 갖춰진 것으로 여겨진다.
　태종은 개성으로 환도한지 근 6년 7개월 만에 다시 한양으로 돌아
와서 국가적 위상을 높여갔다. 그 정신적 방향으로는 또한 유교가 강
조되고 있었으니, 그것은 그 1년 뒤 태종 스스로가 임금으로서의 예
복을 모두 갖추고 성균관에 나아가 공자 신위 앞에 전奠을 올리는 형
식으로 나타났다.[41] 이러한 모습은 태조나 정종의 그 누구에게서도 쉽

---

38 『정종실록』 2년 11월 癸酉.
39 그와 같은 한계적 발언은, 경연에서도 "나도 역시 그 불가함을 알고 필히 혁파하려
　하나, 태상왕께서 불사를 좋아하시기 때문에 차마 갑자기 혁파하지 못한다."라는
　말로 나타났다. (태종 원년 윤3월 壬子.)
40 『태종실록』 7년 5월 辛酉.

게 볼 수 없는 것으로서 태종에서 강화된 유교 지향적 태도로 해석된
다. 이와 아울러 그 다음해(1407) 3월에는 문묘의 공사를 완성시키고
그 5월에는 공자를 비롯한 '사성四聖과 십철十哲'[42] 및 역대 선현들
의 신위를 모두 봉안케 하였다. 그리고 태종 17년 2월에는 왕세자로
하여금 문묘에 나아가 석전제를 봉행케 함으로써 유교의식을 이어가
게 하였다.

또한 태종의 유교정신은 상례의 측면으로도 나타났다. 그는 왕 8년
(1408) 부왕 이태조가 승하했을 때에는 그의 불교적 성향에도 불구하
고 오로지 「주자가례朱子家禮」에 따라 치상할 것을 명하였다.[43] 당시
는 그 「주자가례」가 완전히 이해되어 실천되는 상태에 이르지는 못했
다 하더라도,[44] 그것은 조선의 왕실에서 처음으로 공표되는 새로운 형
태의 유교식 상례이었다는 점에서 태조가 위치한 상징성만큼이나 그
의미는 깊은 것이었다. 그리고 태종 자신의 4남 성녕대군誠寧大君이
일찍 죽을 때에도 그 장례 절차를 「주자가례」에 따르도록 하였다.

이처럼 태종이 유교 의례를 적극 추구하고 있었던 것은, 사실 그보
다 훨씬 이전의 일이다. 그는 사당 가묘제를 비롯한 관혼상제의 의미
와 절차를 밝힌 「주자가례」를 숙지시켜 유교 의례를 정립해 가고자 하
였다. 그리하여 즉위초부터 각 기관을 통하여 가묘의 설치를 부단히

---

41 『태종실록』 6년 11월 己巳.
42 四聖은 顔淵・曾子・子思・孟子 등을 이름이요, 十哲은 閔損・冉耕・冉雍・宰予・端
    木賜・冉求・仲由・言偃・卜商・顓孫師 등 공자 당시의 대표적 제자 열 사람을 이름
    이다.
43 『태종실록』 8년 5월 壬申.
44 池斗煥은 논문 「朝鮮初期 朱子家禮의 理解過程」(서울대한국사학회 『韓國史論 8』
    63~92쪽)에서 이태조 때의 「朱子家禮」 이해단계는 三年喪의 기준에 고려의 百日
    服喪 유습이 겸용되었음을 확인하면서, 태조 상례에서의 「주자가례」 원칙도 복식이
    나 성복 이전의 문제에 그치고 그 기본적인 성격이나 골격은 그에 완전히 따르지
    못한 상태로 파악하였다.

독려하였을 뿐만 아니라, 왕 3년 6월을 기해서는 7품 이하의 관료와 처음으로 벼슬하는 자들에게 그 「주자가례」를 시험과목으로 택하게 하였다.

그와 같이 신유학적 기풍을 중시하던 태종은, 과연 불교에는 어떠한 태도를 취하는 것이었을까? 이러한 의문은 다음의 발언으로 풀어갈 수 있다.

불교의 도는 그 내력이 오래되니 내가 탓하지도 않고 칭찬하지도 않으려 하나, 그 도를 다하는 사람이면 나는 마땅히 존경하여 섬기겠다. 지난날에 승려 자초自超(곧 무학)가 있어 사람들은 모두 그를 숭앙하였으나 마침내 그는 득도한 징험이 없었다. 이와 같은 무리를 나는 거리의 사람처럼 본다. 그러나 만약 지공指空[45]과 같은 승려가 있다면 존경하여 섬기지 않을 수 있겠는가.[46]

여기서 우리는 태종이 불교 자체의 원리를 비난하려는 것이기 보다는 실증적으로 그 깊은 경지에 이르지 못한 승려들을 문제 삼고 있는 것임을 알 수 있겠다. 그리하여 그는 이러한 발언이 있기 이전에 벌써 기존의 사찰운영에 대한 인적 물적 축소정책을 취하기도 하였다.[47] 그러한 일련의 개혁조치에는 국가운영에 대한 그의 공리적 경제의식이 동시에 작용하기도 했다.

---

45 指空은 고려 충렬왕 2년(1276)에 印度의 摩竭陀國에서 온 승려로서, 중국을 거쳐 고려에 와서 佛法을 펴 왕사가 되었다고 한다.

46 『태종실록』 14년 6월 辛酉.

47 安啓賢의 고찰(『韓國佛敎史 硏究』 동화출판공사, 1982. 279쪽)에 의하면, 태종 5년 12월에는 절이나 노비를 제자나 족인들에게 사사로이 증여함을 금지시켰으며, 그 6년 3월과 4월에는 전국의 사찰 가운데서 242寺만 공인된 것으로 남기면서 승려 1인당 田地 2결과 노비 1명만 배정하였으니, 그 결과 8600명의 노비를 정부의 各司에 배속시킬 정도이었다.

그러나 태종에게 전혀 호불의 모습이 없었던 것은 아니다. 그 대표적 사례는 왕 13년 5월에 중전의 병환을 이유로 본궁에 '약사정근藥師精勤'을 위하여 경사經師 21명과 승려 100명을 동원하여 기도법회를 거행했던 일, 그리고 그 효험의 있음을 계기로 회암사檜巖寺에 토지와 곡물을 하사한 일, 왕이 직접 개경사開慶寺의 관음전 법회에 참석하려는 일 등이다. 이러한 모습과 태종의 불교에 대한 발언을 심층적으로 파악하여, 이상백李相伯은 태종의 척불을 인정하면서도 '호불왕好佛王 태종太宗'이라고 평한 바 있다.[48]

실제로 그에게 이러한 양면성이 있었던 점은 부인하기 어렵다. 태종은 중전의 치병을 위한 기도법회를 가질 때에 신하에게는 "내가 진실로 불교가 허탄하다는 것을 알고 있지만, 그러나 부인이 믿고 있는 까닭에 이 기도를 갖는 것이다."라고 말하는가 하면, 또 승려들에게는 "이처럼 위급한 지경에서 신묘한 효험이 있음을 본다면 내가 당연히 높이고 믿을 것이다. 만일 보응이 없으면 반드시 너의 법을 모두 없앨 것이다."라고 하였다.[49] 그 법회를 갖는 점에 있어서, 부인 중전의 신앙을 이유로 삼으면서도 실제 효험이 있다면 불교를 믿겠다는 뜻이다. 그 때에 그는 스스로 그 의식 절차에 따라서 연비燃臂의 예를 올렸고, 당시 세자와 여러 왕자들도 그렇게 하였다 한다. 그 결과로 병환에 약간의 차도가 있음을 확인하고 기도 의식을 주관했던 회암사에 토지와 곡물을 하사하기도 하였다. 이것은 성녕대군의 치병을 위한 무당의 굿이 무효했던 경우와는 대조적인 모습이다.

그러나 배불을 이상으로 여겼던 유신들은 그와 같은 일련의 변화된 모습에 이의를 달지 않을 수 없게 된다. 당시 사간원의 상소문 일부를 보면 다음과 같다.

---

48 李相伯, 『韓國文化史 研究 論考』 을유문화사, 1984. 147쪽.
49 『태종실록』 13년 5월 甲申.

지금 전하께서 지극한 정성으로 감동케 하였는데 그 공을 부처에게 돌려서 쌀과 베로 상을 주고 토지로 더해주며, 또 건원릉 재궁 가까이에 절을 세우고 이어서 법회를 베풀어 전하가 가서 보고자 하시니, 신등은 유감으로 여깁니다. … 전하의 영명하고 과단한 자질로써 오히려 이단에 빠진 것을 만민에게 보여주어, 후세의 의혹을 열게 한다면 어찌 매우 애석한 일이 아니겠습니까?[50]

이러한 비판에 대하여 태종은 말하기를 "이미 제사 때를 택했으니 그대들은 다시 교묘한 말을 하지 말라. 혹 비를 만나든가 다른 연고가 있으면 가지 않겠지만, 어찌 그대들의 말 때문에 가지 않겠는가?"[51] 라고 응수했다. 결국 비 때문에 가지는 못했다고 하지만, 여기서 우리는 태종 자신의 심경이 과거의 배불적 입장 때문에 그 무엇으로도 변명하기 어려웠던 상황이었음을 엿볼 수 있다. 즉 그는 애초부터 쉽게 저버리지 못했던 불교의 신비적 세계에 대한 관심을 그러한 형식적 반박에 따라 쉽게 포기될 수는 없었던 것이다.

오히려 그는 유교와 불교를 비교하며 그 소통적 측면을 확인하는 모습을 보이기도 하였다. 당시의 큰 유학자 변계량卞季良(1369~1430)에게 귀신의 이치에 대해서 "귀신은 본래 저세상에 있었던 것은 아니지만 제사지내면 와서 흠향하는 것입니다. 그 정성이 있으면 그 신이 있고, 그 정성이 없으면 그 신이 없는 것입니다. 내가 정성과 공경을 다하면 귀신은 나의 정성과 공경에 이루어져 와서 감응하는 것입니다."라는 말을 듣고서는, "이 말은 불교의 사리舍利 분신分身의 설과 서로 비슷하다"[52]라고 말할 정도였다.

---

50 『태종실록』 13년 5월 丁酉.
51 위와 같음.
52 『태종실록』 18년 3월 甲寅.

이상으로 알 수 있는 바와 같이, 태종의 경우 비록 유교적 정치사회에의 지향성이 강했다 하더라도, 한편으로는 불교의 세계를 완전히 부인하지 못한 '유불공존儒佛共存'의 의식구조가 작용하고 있었던 것이다.

4. 왕실 유불의식의 특징

고려말기에 나타난 유교와 불교의 대립상을 보면, 이제 사상계에서는 더 이상 양자의 공존이 불가능할 것처럼 느껴진다. 실제로 왕조 교체의 격변기를 맞아 일반의 학계에서는 그러한 태도가 견지되어 숭유억불의 정책을 낳게 하였던 것이다. 그러므로 당시의 학자들은 과거의 불교적 관습에서 속히 벗어나는 것을 기본과제로 인식되었다. 예속禮俗의 새로운 정립을 추구했던 것도 바로 그러한 이유와 병존하는 것이었다.

그러나 앞서 살펴본 바와 같이 왕조시대 국가의 중심인 왕실에 있어서는 그와 같은 전환기적 요청을 부단히 접하면서도 그에 편승하지 않았다. 정치 행정상으로는 신료들의 주장에 따라서 소위 숭유억불의 시책을 보이면서도 왕실 자체에서는 오히려 각종의 불교의식을 시행하고 있었던 것이다. 그렇다고 유교적 양식이 배제되는 것 또한 아니었다. 이러한 유불 공유의식으로 말미암아 이태조의 계비 신덕왕후의 대상제大祥祭를 봉행할 때에는 3년상(즉 만 2년)이라고 하는 유교적 시간개념을 활용하면서도 실제 그 의식은 흥천사興天寺에서 불교식으로 거행하는 모습을 낳고 있었던 것이다.[53]

---

[53] 『태조실록』 7년 8월 丙辰.

정종은 유교와 불교를 상호 비교하는 토론을 전개할 정도로 깊은 관심을 나타내어 결국 유신들의 견해에 동의하는 태도를 보이면서도 내심 불교의식을 쉽사리 버릴 수 없는 모습이었고, 태종 또한 유교정신에 적극적이었지만 그 불교의 진리성과 신비성을 간과하지는 않았다. 그러므로 필요시엔 각종의 불교행사를 거행하고 있었고 또한 그 반대 주장을 설득할 경우에는 '그 유래가 오래된 것' 또는 '상왕께서 숭앙하는 일'이라는 이유를 들고 있었다.

그리하여 의식의 세계에서는 유교와 불교가 상호 모순되거나 상충되는 것으로 여기지는 않는 상태였으니, 이것이 곧 그 왕실 유불의식의 특징으로 말해질 수 있는 부분이다. 즉 유신들이 말하듯이 오직 유교만의 방법으로 모든 심상의 문제를 해결할 수 있다고 보는 것은 아니었다. 비록 정치 행정상의 측면에서는 불교계의 현실에 대하여 개혁의 필요성이 인정된다 하더라도, 불교 그 자체는 오히려 관습적으로 지향되어온 바의 신앙적 차원에서 더욱 깊게 느껴지는 것이었기 때문이다.[54]

그리고 또 하나의 특징으로서는, 조선 초기 왕실의 유불의식은 하나의 시대적 과도기의 현상으로 이해될 수 있다는 점이다. 그 과도기란 불교시대에서 유교시대로의 전환과정을 의미한다. 그런데 인간의 의식구조는 정치변화처럼 어느 한 순간에 전환될 수 있는 성격의 것은 아니기 때문에, 그 과도기적 현상은 양자 모두를 겸비하는 양식으로 나타나기 마련이다. 이러한 점을 주목해 볼 때에 조선초기 왕실의 의

---

54 불교가 갖는 그러한 종교적 기능을 주목하여 韓沽劤은 "이조초기 억불책하에서도 일면으로는 불교신앙이 공적으로 전승되어온 계기는 불교 자체가 가지는 종교적인 요소, 성격에 연유되어 있었다는 점이다. 즉 그것은 다름 아닌 祈禳 息災, 冥福祈願이라는, 유교적인 정치와 관념으로서는 충족시킬 수 없는 현실적인 간격을 채워주는 객관적인 신앙의 문제로서 이해되어야 할 것이다."라고 말했다. 한우근, 앞의 책, 85쪽.

식세계에서는 유교와 불교 그 어느 하나를 버릴 수 없었던 것 또한 당연한 것이었다고 할 것이다. 그들은 비록 새 왕조의 인물들이라 하지만 사고의 형성과 행위의 습성은 이미 불교시대인 고려 때에 이루어진 것이었다.

따라서 당시의 사람들 중에는 외형적으로는 비록 유교를 표방한다 하더라도 내면적으로는 전래의 불교의식을 버리지 못하는 경우가 많았다. 이를 대표하는 인물이 곧 고려말의 큰 유학자 이색李穡이다. 그는 석가모니를 '성인聖人'으로 칭송하였을 뿐만 아니라 불교에 호의적인 행적을 보이기도 하였다.[55] 이러한 사실은 태조 이성계가 배불론자들을 상대하는 데에 중요한 방어 수단으로 활용되고 있었다.

즉 이태조는 그러한 시대적 인물 이색의 정신적 양상을 자신의 형태인 것처럼 높이 여기고 있었다. 그리하여 지나친 배불론에 대응해서는 "이색은 세상에서 큰 유학자이면서 또한 부처를 숭상하였는데, 이 사람들은 무슨 글을 읽었기에 부처를 좋아하지 않는 것이 이와 같은가?"[56]라고 반격하였고, 또 불교를 믿지 말라는 요청에 대해서는 "이색은 유학의 종사宗師인데도 불교를 믿었으니, 만일 족히 믿을 것이 못된다면 어찌 그가 믿었겠는가?"[57]라고 응수하였다. 유교와 불교는

---

55 『高麗史』「列傳」(제28)에 있는 '李穡'條에는 "부처는 大聖人으로서 좋고 나쁜 것을 반드시 사람들과 같이 하였을 것이다."라는 발언뿐만 아니라, 부친 穀의 뜻을 이어 『大藏經』을 인출한 바 있으며, 西普通塔에 쓴 塔記에는 고려 태조의 불법숭상을 극히 칭송한 내용들이 있어서 식자들의 비난을 사기도 했다는 기록이 있다. 그리고 『태조실록』에 의하면, 이태조가 이색에게 곡식과 고기를 내려주면서 이르기를 "경은 이미 늙었으니 다시 술과 고기를 먹고 건강을 유지하라."고 하였는데, 이 말은 그가 불교를 신봉하여 술과 고기를 끊었기 때문이라 하며(태조 4년 12월 丁酉), 여주 神勒寺에서 73세를 일기로 생을 마감했을 때의 행장에서는 王旨에 따라 고려의 王師인 指空大師와 懶翁大師의 탑에 그가 銘文을 지어 호불인으로 비평되었다는 사실도 있다. (태조 5년 7월 癸亥.)

56 楊廣道 按廉使 趙璞과 경상도 안렴사 沈孝生이, 인민들에게 상복을 입고 절에 가서 공양함을 금지한다는 말을 듣고 그렇게 반문하였다. (태조 원년 12월 壬子.)

서로 어울릴 수 없다고 보는 경직된 태도에 대하여, 그는 유신들도 추앙했던 인물 이색의 선례를 들면서 의식적으로 그 상호 공존이 가능한 것임을 천명하고 있는 것이다. 사상적 구조나 어떠한 비교론으로 그 우열을 가려보기 이전에 이미 그렇게 의식화된 상태를 견지하고 있었던 것이다. 그렇다고 이태조가 유교를 경시하는 태도를 보인 것은 아니다. 따라서 그 역시 형식적으로는 그 시대가 낳은 과도기적 의식구조의 틀에서 유교와 불교를 함께 보았다는 평가가 가능하게 된다.

그와 같이 유불 공존의 과도기적 양상이 지속될 수 있었던 데에는 시대적 변화성과 함께 왕실이 갖는 지엄성이 함께 작용하고 있었다. 만일 정치적으로 절대 권력이 존재하는 왕실이 아니었다면, 고려말기부터 시작된 불교 배척의 흐름에 저항하기가 어려웠을 것이며, 또한 그렇게 오래 지속할 수도 없었을 것이기 때문이다. 여기서 우리는 한동안 '왕조시대의 왕권'이란, 학계가 드러내는 '사상적 힘'보다도 더욱 강한 것이었음을 실감하게 된다.

〈이 제2부 제2장의 내용은, 논문 「조선조 초기 王室의 儒·佛意識 연구」(부산대 한국민족문화연구소 『韓國民族文化』 9집 311~349쪽, 1997.)를 가감 보필한 것임.〉

---

57 이태조가 鄭摠에게 명하여 『大藏經』 인출을 위한 원문을 지어 올리라고 하였을 때, 정총이 불교를 믿지 말라고 요청하니 그와 같이 응수하였다. (태조 원년 윤12월 庚申.)

제3장 조선조 태종의 통치이념

1. 유교적 통치이념

　태종 방원은 일찍부터 고려혁명과 왕자의 난에서 주도권을 확보해 온 무인으로서 사상적으로는 시대적인 유불 공유의 흐름을 경험하면서 통치의 기본으로는 유교 중심적인 모습을 보였다. 그가 유교를 중시하는 태도는 성균관과 문묘를 중심으로 뚜렷이 나타났다. 즉 그 즉위 3개월째에는 스스로가 문묘의 공자 신위 앞에서 알현의 예를 올림으로써 종전의 군수와 나른 면을 보였고, 3년 4월에는 다음해 세자가 될 양녕대군讓寧大君을 성균관에 입학시켰으며, 9년 3월에는 우리나라의 유현 설총薛聰, 최치원崔致遠, 안향安珦 등을 문묘에 봉안케 하였으며, 10년 10월에는 문묘에 비석(비문은 변계량이 씀)을 세웠을 뿐만 아니라, 17년 2월에는 세자로 하여금 석전 의례를 봉행케 하였던 것이다.

　태종의 학문관계 내용은, 20세 전에 과거에 급제하였다는 사실과 함께 이성계의 아들 가운데 경서와 의례에 가장 밝았다는 점, 그리고 34세 때 세자로 책봉되면서 시작되는 제도권의 학습활동 즉 서연의 참여 등으로 나타난다. 그 서연에서의 교재는 유교 경서와 중국의 역사서 및 진덕수의 『대학연의』를 활용하였다. 서연 참여의 기록을 보면 다음과 같다.

세자가 빈객 정탁鄭擢과 충효의 도를 논하였다. 세자가 정탁과 더불어 음양의 이치와 성학의 요지를 논하고, 또 황왕이 선위한 일과 한·당 임금들의 행사 자취를 논하다가 손바닥을 치면서 찬탄하였다. '충성하여 갈리지 않음(忠誠不二)'이라는 말을 강론할 때는 '신하가 임금을 위하여 두 마음을 갖지 않는 것은 표창되어야 한다.'고 말했다.[1]

이러한 사실로 미루어 볼 때, 그 당시 공맹사상을 비롯한 송대 신유학을 전적으로 익히면서 제왕의 정치철학을 연마해 왔던 것임을 알 수 있겠다.

태종이 유교정신에 투철했던 사실은 정종의 그에 대한 양위의 교지에서도 나타난다. 정종은 그에 대하여 "인의仁義는 나면서부터 가졌고 효제孝悌는 지극한 정성에서 비롯하였으며, 학문은 의리에 정밀하고 영명한 꾀는 변통에 합하였다."[2]라고 평가하였다. 임금으로서 갖추어야 될 바람직한 면모에 대해서는 유교사상의 중심용어로 표현되고 있었던 것이다.

뿐만 아니라 그러한 내면세계는 그 자신의 말로서 밝혀지기도 했으니, 그 하나의 예로서 그의 즉위 교서가 주목된다. 그 말미의 내용은 이러하다.

천지의 덕은 만물을 '낳는 것(生)'보다 큰 것이 없고 군왕의 덕은 백성에 '은혜롭게 하는 것(惠)'보다 큰 것이 없다. 하늘과 인민의 사이에 자리하여 굽어보고 우러러 보아 부끄러움이 없고자 하면 이를진대 '공경(敬)'이며 '어짐(仁)'이니, 하늘을 경외하고 백성에 부지런히 하는 것이다. 이 도리를 따라 힘써 부여된 임무를 다하겠다.[3]

---

1 『정종실록』 2년 6월 乙未.
2 『정종실록』 2년 11월 辛未.

여기에는 유교적 천・지・인의 세계관이 전제되어 있으며 그 공통의
이치를 따라 정사에 임하겠다는 통치자의 다짐이 분명하다. 위에서 보
이듯이 천지의 덕으로서의 '생生'과 왕자의 덕으로서의 '혜惠' 그것은
마침내 소위 '공경과 사랑(曰敬 曰仁)'이란 명제로 이어지고 있으니,
그 사상적 근거는 다분히 유교적인 것이다. 그것은 『주역』에서의 이른
바 "천지의 큰 덕을 일러 '생生'이라 하고, 성인의 큰 보배는 일러 '지
위(位)'이니 어떻게 지위를 지킬까 하면 이르건대 '인仁'이다."[4]라는
말을 반영한 경우다.

그리고 또 태종은 유교에서 말하는 '호생지덕好生之德'[5]을 통치이
념으로 천명하였다. 이것은 태종 13년(1413) 11월에 있었던 고려 왕씨
의 후손 왕거을오미王巨乙吾未 사건을 처리하는 과정에서 잘 나타났
다. 즉 이태조 3년(1394) 4월 고려의 왕씨들을 주살한 일이 있던 이후
에 이미 나머지 왕씨들은 숨기지 못하도록 되어 있었는데, 그 후 호패
법의 시행으로 공주에서 왕휴王庥의 서자 왕거을오미가 발각되어 그
처단이 강력히 주청되자, 태종은 다음과 같이 말했다.

내가 역사를 살펴보니 역대 제왕이 역성혁명을 할 때, 혹 그 후손을
봉하여 제사를 끊어지지 않게 하거나 벼슬을 더해서 그 어질었음을 선
양했을 지언정, 완전히 멸망시켜 그 후손을 남기지 않는 경우는 없었다.
비록 말세에는 간혹 있었으나 그것은 인군의 호생지덕好生之德이 아니
며 진실로 취할만한 것도 아니다. 내가 마땅히 왕씨의 후예를 보전하겠
다. … 예로부터 제왕은 한 성姓이 아니었고 천지와 함께 시종이 상응하

---

3 『정종실록』 2년 11월 癸酉.
4 『周易』「繫辭下」: "天地之大德曰生 聖人之大寶曰位 何以守位 曰仁."
5 '好生之德'이란 죽이지 않고 살려주는 것을 좋아하는 덕성, 즉 仁心이 있어서 살상을
  싫어하는 마음을 뜻하는 것으로, 그 어원은 『書經』 大禹謨篇의 '好生之德 洽于民心'
  에서 찾을 수 있다.

였다. 모두 조부가 덕을 쌓았으니 흥하는 것이요, 그 자손에 이르러 덕
이 없어지면 망하는 것이다. 만일 이씨에 도가 있으면 왕씨 백인이 있다
한들 걱정할 것이 무엇이겠는가? 또 그렇지 않으면 비록 왕씨가 아니더
라도 천명을 받아 흥기하는 자가 없겠는가?[6]

혁명의 과정에서 앞 왕조의 후예들을 완전히 말살하지만은 않았던
역사적 사례를 확인하면서, 그에 내재한 생명과 삶의 가치를 '호생好
生'이라는 이름으로 견지하는 모습이다. 물론 여기에는 혁명 직후 권
력 불안의 요인이 완전히 해소된 상황이 전제되어 있다. 사실 태종 13
년은 변혁기가 지난 정권의 안정기였기 때문에 그러한 여유로운 발언
이 가능했던 것으로 보인다. 비록 그 왕씨의 후손이 살아있다 한들 이
제는 아무런 장애가 될 수는 없었다. 그러므로 태종은 그 사건을 계기
로 하여, 호생지덕好生之德의 정신으로 덕치주의의 실현을 다짐하고
있는 것이었다. 만일 도덕적 태도를 잃는다면 왕씨가 아닌 또 다른 성
씨의 사람들이 등장하게 될 것이라는 경고성 발언에서 그 정수를 보게
된다.

그리고 태종의 통치에서는 '어짊(賢)을 높이 여긴다.'는 이른바 '택
현擇賢'의 가치가 심층적으로 작용하였다. 이로 말미암아 그는 적장자
嫡長子 계승이라는 왕권세습의 선행적 기틀마저도 뒤로 하였다. 그리
하여 14년간 세자로 있었던 양녕대군을 하루아침에 3남 충녕대군忠寧
大君으로 교체시키며 곧 이어 왕위에 오르게 하는 모습을 보였다.

이러한 과정에서 중시된 명분이 바로 택현론擇賢論이다. 왕조시대
왕자를 대상으로 하는 '택현론'이란, 가장 어진 자를 선택하여 왕위를
물려준다는 의미이다. 태종 18년 6월 세자 교체가 감행되는 상황에서

---

6 『태종실록』 13년 11월 壬寅.

는 여러 신하들의 반대론 즉 적장자嫡長子에게 왕위가 이양되어야 한다는 주장이 강하게 대두되었다. 그러나 태종은 그 결심을 버리지 않고, 오히려 과거 중국 주周나라의 성군 문왕文王은 그의 맏아들 백읍고伯邑考가 있었음에도 불구하고 둘째 아들 무왕武王에게 왕위를 전했던 사실을 상기시키면서, 왕자 가운데 가장 어진 자를 선택하여 후왕으로 세운다는 명분을 확보하여 그 반대론에 대응하고 있었던 것이다.[7]

한편 그러한 '택현'의 정신은 고려 태조 왕건王建의 '훈요십조訓要十條' 제3조에서도 천명되고 있는 바, 그는 요堯·순舜은 친자가 있었음에도 불구하고 순舜과 우禹에게 양위하여 공심公心에 따른 '택현'의 모범이 되었음을 상기시키면서, 적장자가 불초하면 차남에게, 또 차남이 불초하면 형제들 가운데 여러 사람들이 추존하는 자를 택하여 대통을 이어가라고 하였다. 그런데 태종이 그 요순의 경우를 거론하지 못한 것은, 바로 택현론의 범위가 성씨가 다른 경우에까지는 적용될 수는 없다는 왕조시대의 한계성 때문이었을 것이다.

태종의 그와 같은 예기치 못한 세자 교체의 결행으로 인하여 물러나야만 되는 호방한 성품의 양녕대군은 어떠한 심경이었을까? 그 허탄한 심기는 연금 상태의 집안을 몰래 일탈하는 사건으로 나타나기도 했다. 이에 대하여 태종은 애절한 부모의 사랑으로 회유하고,[8] 세종 또한 형님 공경의 정성으로 일관하면서 일을 악화시키지 않았으니, 그러한 일련의 태도에서는 유교에서 중시하는 부자자효父慈子孝의 실

---

7 『태종실록』 18년 6월 壬午, 丙申.

8 세종 1년 2월 丙子에는 밤에 양녕대군이 아차산으로 도망간 사건이 발생하였다. 그 때 상왕 태종은 양녕의 동생들과 내시를 보내 의복을 입혀 데려오게 하고 그에게 말하기를 "네가 도망하여 그 소식을 들은 임금은 음식을 먹지도 않고 슬피 울기를 그치지 않았다. 너는 어찌 이와 같으냐! 너의 소행은 심히 어긋나지만 나는 특히 父子의 情으로 가련하게 여기는 것이다."라고 이르면서 자식에 대한 애절한 심정으로 교유하고 있었다.

상을 읽을 수 있다. 일찍이 왕자의 난을 기하여 부자 형제 사이의 참상을 경험했던 태종으로서 그러한 도덕심은 더욱 크게 요구되었던 것이다.

나아가 태종 말기에서도 떨칠 수 없었던 불교의식과 관련해서도 유교적 사고방식이 견지되고 있었다는 사실을 확인하게 된다. 그 실상은 왕비 능에 대한 불사 과정에서 볼 수 있다. 세종 2년 7월 왕비가 사망하자 그 다음날 상왕인 태종은 그의 무덤에 절집(佛宇) 건립의 여부를 세종에게 논의하도록 하였다. 이에 세종은 자신의 생각을 다음과 같이 피력하였다.

> 불교의 허위됨은 내가 알지 못하는 것 아니다. 다만 능을 모신 뒤에 빈 골짜기가 고요하고 적막하니, 그 곁에 집을 짓고 정결한 승려들을 불러 있도록 하면 고요히 어두운 가운데서도 위로하는 도리가 있지 않을까 한다. 이는 내가 참지 못할 바이다.[9]

선영先塋에 대한 불교 전통의 기도의식을 쉽게 버리지 못하고 있는 모습이다. 이에 여러 신하들은 그 건립의 형식은 달리 말할지언정 세종과 뜻을 같이하였는데, 오직 유정현柳廷顯만은 기불하여도 그 효험성이 없다는 점을 자신과 왕실의 예로써 밝히면서 절 세우기를 반대하였다. 이 말을 들은 태종은 이러한 발언으로 매듭지었다.

> 내가 주상의 '빈 골짜기가 고요하고 적막하다'는 말을 들으니, 그 말이 깊이 옳겠다. 그러나 산릉은 내가 백세 뒤에 갈 땅이다. 지금 비록 깨끗한 승려를 불러 모은다 하나, 뒤에 늘 그러할 수는 없을 것이다.

---

9 『세종실록』 세종 2년 7월 丁丑.

더러운 중들이 나의 곁에 가까이 있으면 내 마음이 편하겠는가? 건원
릉과 제릉에 절을 세운 것은 태조의 뜻에 따른 것이다. 그러므로 근일
에 또 종을 만들어 개경사에 달았으나, 역시 내 마음에 맞지는 않는다.
이제 산릉의 일은 내가 마땅히 법을 세워서 후손에게 보일 것이니, 따
르는 여부는 그들에게 있다. 유정현의 말이 심히 옳다. 절을 두지 말지
어다.[10]

여기서 일반의 정치행정 부분뿐만 아니라 내면의 정신세계에서도
불교를 떠나는 그의 모습을 보게 된다. 태종 자신의 부모에 대해서는
좀 맘에 수긍되지 않더라도 그렇게 완강히 거부할 수는 없었던 것이지
만, 이제 자신의 사후와 미래의 후왕을 위해서는 왕릉에 절을 지어 기
도하는 형식은 벗어나야 한다고 이른 것이다. 이러한 분위기로 순수
유교의 정치문화는 서서히 그 심도를 더해가는 것이었다.

2. 왕권주의의 강화

1) 1·2차 왕자의 난과 왕권의식

고려 혁명에 앞장선 태종 방원은 조선 초기 왕자시절 또 다른 역경
을 맞이하니, 그것이 이른바 '왕자의 난'이다. 이 때 역시 피할 수 없
는 생명의 위험성 속에서도 그는 두 차례 모두를 승리로 이끌면서 왕
권의 정통성을 확인시키고 자신의 세력을 넓혀가고 있었다.
태조 7년(1398) 8월에 일어난 제1차 왕자의 난을 역사에서는 '정도

---

10 위와 같음.

전의 난', '방원의 난', '방석의 난', 또는 '무인정사戊寅靖社'라고도 한
다. 주지하다시피 그 변난은, 이태조의 총애를 받으며 정무를 총괄하
던 정도전 일파가 태조의 계비 강씨 소생의 방석芳碩이 세자로 되었음
을 옹위하며 전왕비 한씨 소생의 여러 왕자들을 물리치려 하자, 방원
일파가 선수를 쳐서 그들을 제거했던 사건이다. 이에 관한 정안군靖安
君 방원芳遠의 입장은 그 사건을 매듭지으면서 부왕 태조에게 여러 백
관들과 함께 올린 상소문에 잘 나타나 있다. 그 내용은 다음과 같다.

> 적자嫡子를 세자로 세우되 큰 아들로 하는 것은 만세의 법도인데 전
> 하께서는 큰 아들을 버리고 어린 아들을 세웠습니다. 정도전 등이 세자
> 를 감싸고 여러 왕자들을 해치고자 하여 그 화가 예측하기 어려웠으나,
> 다행히 천지와 종사의 신령에 힘입어 난을 일으킨 신하들이 참형되었습
> 니다. 원하건대 전하께서는 적장자인 영안군永安君[11]을 세워 세자로 삼
> 으소서.[12]

사건의 가장 큰 원인은 바로 어린 이복동생에게 세자를 책봉함으로
써 왕권승계가 정도를 잃게 되었음을 지적하면서 그 바름을 향한 대안
을 건의하고 있는 것이다. 사실 이미 세자를 중심으로 한 왕권의 승계
문제는 계비 강씨가 생존해 있을 때에도 왕실의 가장 예민한 사항이었
다. 그것이 정도전의 집권의식과 함께 전면으로 부각되자 방원은 동복
형제들을 규합하여 생명을 걸고 싸운 것이다.

그리하여 결국 조정의 실권이 방원에게로 돌아가자 태조는 어쩔 수
없이 그 요구대로 영안군 방과芳果를 세자로 봉하고, 태조 자신은 그

---

11 이성계의 둘째 아들로 이름은 芳果. 태조의 장남 芳雨는 은거하던 중 이미 사망하였
　으므로 그 둘째가 적장자가 됨.
12 『태조실록』 7년 8월 己巳.

변란이 있은 지 8일만에 왕위에서 물러나 버렸다. 이러한 과정에서 태조 이성계의 충격을 가히 짐작할 만 하다. 즉 그는 자신의 아들들로부터 사랑하는 계비 강씨의 소생들을 잃은 서러움에 더 이상 견딜 수 없어서 정권을 놓게 되었던 것이다. 또한 거기에는 계비의 어린 자식을 세자로 책립했던 후회보다는 오히려 그 사건의 주동자 방원에 대한 노여움이 더욱 크게 작용하기도 하였다. 그러므로 변함없는 방원의 효성은 부왕 태조의 심금을 울릴 수 없었고 오히려 소위 '함흥차사咸興差使'의 일화만 남기게 되었다.

그러나 그러한 역경을 통하여 방원은 왕위는 반드시 적장자에게 세습되어야 한다는 왕조시대의 보편적 왕권의식을 분명히 보여주고 있었다. 하지만 그도 역시 인간애의 심경을 쉽게 저버릴 수 없는 것이었기에, 그 살육 사건이 꿈속에서도 나타나 괴롭힘을 당하기도 하였다.[13] 이러한 사실을 주목해볼 때에 태종이야말로 '권력과 인정' 사이에서 인간적 고뇌감을 깊이 맛보게 되었던 것임을 알 수 있다. 또한 태종이 세자시절 서연에서 "임금된 자가 범법자를 다스림에는 비록 종친이라 하더라도 용서해서는 안된다."라는 말을 듣고 이르기를 "인정을 끊기는 심히 어렵다."라고[14] 발언했던 것도, 그와 성격을 같이한다.

그러나 불행히도 정종 2년(1400) 1월에는 소위 제2차 왕자의 난이 일어났다. 그것은 이성계의 4남 회안대군懷安大君 방간芳幹에 의해 발생하는 것이었으므로 '방간의 난'이라고도 한다. 역사에서는 제1차 왕자의 난 때에 적극 참여했던 박포朴苞가 그 공신의 반열에 불만을 가졌고 또 유배까지 당함으로써 특히 정안공 방원에게 반감을 갖게 되

---

13 태종은 6년 8월 재변이 자꾸 나타남을 이유로 13세의 어린 세자에게 양위하려 하였으나, 그 후 7년 9월의 발언을 보면 실제 이유로는 芳碩 등을 죽인 것이 꿈에 나타나는 심거저 괴로움에서 벗어나려는 점이 크게 작용했던 것임을 알 수 있다.
14 『정종실록』 2년 5월 辛巳.

어, 마침내 방간에게 접근하여 집권의 토대를 마련하기 위해 일으킨 사건으로 말하고 있다. 당시 방원의 부하에 의해 생포된 방간의 말은 이러했다.

> 박포가 말하기를 '정안공이 公(공)을 보는 눈초리가 이상하니 반드시 장차 변을 일으킬 것이다. 공은 마땅히 선수를 써야 한다.'라고 하였다. 내가 그 말을 듣고 생각하기를 '공연히 타인의 손에 죽을 수는 없다.'고 해서, 이에 먼저 일으킨 것이다.[15]

그러나 실로 그에게 정치적 권력욕보다 동복의 형제애가 앞섰더라면 그러한 변난을 꾀하지는 않았을 것이다. 그 사건의 발단에 있어서는 물론 박포의 말이 무시될 수 없겠지만, 방간도 자인했듯이 '그저 죽을 수는 없다'고 하는 불안감과 더불어, 형 정종의 회유를 거부할 정도의 집권욕이 작용했음을 부인할 수 없다.

결국 그 사건은 방원으로 하여금 권력의 힘이 더 집중해지는 상황을 맞게 하여, 곧 '세자'[16]의 자리를 거쳐 조선의 제3대 임금으로 즉위케 하는 주요 동인으로 작용하였다. 즉 그것은 방원에게도 내심 계속되던 집정에의 왕권의식을 성취시키는 데에 시간을 줄여주는 의미를 가졌던 셈이다.

그런데 그와 같은 변난에 임하는 과정에서 태종은 특히 형제간의 살생만은 피하고자 노력하였음이 주목된다. 그러한 심정은 제1차 왕자의 난 때의 이복 아우들에 대한 발언에서도 확인할 수 있다.[17] 그러

---

15 『정종실록』 2년 1월 甲午.

16 定宗이 芳遠의 兄이므로 실제 명칭은 '世弟'라고 이름이 옳다. 그러므로 '王太弟'로 책봉하자는 의견이 개진된 바 있으나, 정종은 완강히 "지금 나는 직접 이 아우로 아들을 삼겠다."고 말하며 결국 '世子'라고 칭하게 된 것이다. 여기서도 정종의 방원에 대한 특별한 경계의식을 엿볼 수 있다. (정종 2년 2월 己亥.)

나 그때는 그의 격앙된 수하들에 의하여 뜻대로 될 수는 없었지만, 제 2차 왕자의 난을 기해서는 그 의지가 더욱 강하게 나타났다. 물론 여기에는 동복형이라는 사실이 전제되어 그 전과는 다르다. 그는 형 방간에 대한 출전을 고심했던 처음에서부터 그를 생포하여 그가 원하는 곳 즉 토산兎山에 격리시키는 사건 처리과정, 그리고 그의 죽음에 슬퍼했던 태도 등에서 그 심경은 뚜렷이 나타나고 있었다.

그 방간은 세종 3년(1421) 3월 홍주에서 병으로 죽었다. 이 소식을 들은 상왕 태종은 중사 정원룡鄭元龍을 그곳에 보내서 조문하며 제사하게 하였고 또 그에 대한 슬픔으로 고기반찬을 들지 못했다는 사실이 실록에 나타난다. 그 후 태종은 그를 회고하며 말하기를 "방간이 몸소 대역을 범하였으므로 여러 신하들이 법에 조치하기를 청하였으나, 나는 골육의 지극한 정분으로써, 또한 태조의 명령이 있었으므로 그를 차마 법에 조치하지 않았다."[18]고 하였다.

한편 정종은 세종 1년 9월 63세를 일기로 인덕궁에서 사망하였다. 왕위에 있은 지 3년 그리고 그 후 20년을 살았다. 왕자의 난을 겪으면서도 생명을 온전히 보전하며 장수할 수 있었던 것은, 그가 스스로 왕위를 내놓을 정도로 통치력이 부족했던 반면, 정치의 중심은 바로 권력이 향배에 있다는 사실을 잘 알고 있었기 때문이라고 할 것이다.

이상에서 살핀 두 차례의 왕자난은 근본적으로 집권의 경쟁의식에서 비롯하는 것이었지만, 가병제家兵制의 위험 속에서 그 모두를 승리로 이끈 정안군 방원은, 결국 자신이 추구했던 왕권의식을 유감없이 영위하는 데에까지 이르렀다. 거기에는 그의 정신적 지혜 못지않

---

17 당시의 實錄을 보면, 정안군 芳遠이 '芳碩과 芳蕃이 죽었다'는 말을 듣고 은밀히 李叔蕃에게 말하기를 "柳曼殊도 내가 오히려 생명을 보전하고자 했는데, 하물며 형제이겠는가? 李居易 父子가 나에게 알리지도 않고 都堂에만 의논하여 ᅵ의 同氣를 살해했다."라고 하면서 불만을 표하고 있었다. (太祖 7년 8월 己巳.)

18 『세종실록』 4년 2월 8일 乙亥.

는 육체적 기백이 함께하고 있었다는 사실 또한 간과할 수 없다. 태종은 세종 4년(1422, 56세) 5월 병으로 별세한다. 그런데 그 직전의 실록에서는 약 일주일에 걸쳐서 보장산 금장산 불록산 등을 다니면서 거의 매일같이 야생 동물을 잡았다는 사실을 알리고 있다. 여기서도 그가 인생의 말기에 이르도록 변함없이 유지했던 왕성한 심신의 기개를 볼 수 있다.

이러한 용기는 그간의 제반 정치행위에서도 하나의 근원적 에너지로 작용하고 있었으니, 생사가 엇갈릴 여러 위난의 상황에서는 뛰어난 위용을 보이게 했던가 하면 조정의 중론에 반하는 결단을 내리게 하는 저력이 되기도 했던 것이다. 그러한 저력은 결국 임금으로서의 권위의식, 즉 왕권의식에 그 엄정성을 더해주었다. 이러한 모습은 그의 둘째 형 정종과 매우 비교되는 부분이기도 하다.

2) 외척 배격과 군주의 자존의식

일반적으로 '외척外戚'이라 하면 왕실과 성姓을 달리하는 친척을 말하므로 그것은 왕실과의 결혼 과정에서 형성된다. 따라서 왕조국가에 있어서 왕실 다음의 위치 즉 소위 '준왕족準王族'의 성격을 띠면서 자연스레 정치에 참여하여 권세를 잡을 수 있는 가장 좋은 조건이다.

그러나 그 반대로 왕실의 권력 유지 측면에서는 그들이 오히려 경계의 대상이 된다. 왕조시대의 역사가 증명하듯이 왕실의 권위가 약화되었거나 군주가 어린 나이로서 아직 임금으로서의 능력을 완전히 갖추지 못한 경우는 더욱 그러하다. 그러한 경우가 기회만 있으면 득세하려는 외척들에게는 절호의 찬스로 간주되는 것이기 때문이다.

그런데 태종은 그렇게 심각한 상태가 아니었는데도 외척을 과감히 배격하였다. 그 대표적인 예가 민무구閔無咎와 무질無疾 및 그들의 아우 무휼無恤과 무회無悔 등 네 처남들을 모두 자진케 했던 사건이다. 특히 무구·무질의 형제는 태종이 왕위에 오르기 전에 겪었던 제1·2

차 왕자의 난 때에 그를 적극 도와서 각각 정사定社·좌명佐命의 공신 반열에 올랐던 인물들이었음에도 불구하고 그렇게 제거되는 것이었으니, 이제 그 관련 내용을 보기로 한다.

태종 방원은 26세 때에 여흥민씨驪興閔氏 가문 민제閔霽의 딸과 결혼하였다.[19] 그러나 임금이 된 태종과 왕비 민씨의 관계는 원만하지 못했던 것으로 보인다. 그 불화는 민씨의 심경을 알아주지 않는 태종의 여인관계로 심화되기도 하였다.[20] 실로 태종의 굳센 의지와 중전 정비靜妃의 직설적인 성품으로 보아 그러한 문제는 부부간의 갈등요인으로 깊이 작용하는 것이었음은 분명하다. 기록으로 나타나는 경우만 보더라도 후궁이 9명에 그 자식이 22명(8남 14녀)에 이르렀으니, 중전으로 하여금 갈등의 불씨를 낳게 하기에 충분하다.

한편 태종 7년(1407)에는 정비의 남동생 민무구·무질에 대한 옥사獄事가 일어난다.[21] 이때는 자연 그 동생들의 구명을 위한 정비의 노력

19 그 부인 閔氏는, 태조 7년에 제1차 왕자의 난이 전개될 무렵 鄭道傳 등의 陰謀를 예견하여 태조이 병환으로 불려산 남편 芳遠을 급히 불러내어 위기를 모면하게 하였을 뿐만 아니라, 사변 당일에는 그동안 전개된 사병혁파의 과정에서 숨겨둔 병기들을 군사들에게 내주며 선수를 치도록 종용할 정도로 내조에 적극적이었다. 그후 민씨는 정종 2년 1월 제2차 왕자의 난이 있던 직후 방원이 王世子로 책봉되자 세자빈이 되어 貞嬪으로 봉해졌으며, 같은 해 11월 방원이 즉위할 때는 왕비에 올라 靜妃로 봉해졌다.

20 태종 2년 3월 庚寅 權氏를 嬪御로 맞이할 때는 이미 宮嬪이 많은데도 또 다시 새로운 여인을 맞이하려는 태종의 입장과 그것을 억제하려는 중전 靜妃의 심기가 매우 불편한 모습이었다. 정비는 과거를 회상하며 자기를 잊지 말라고 옷자락을 끌고 애원하다가 마침내 心病을 얻는가 하면, 태종은 그로 인해 수일동안 정사를 살피지 않았다 한다.

21 태종 7년 6월 世子 定婚問題(이미 세자를 金漢老의 딸과 혼인하기로 정한 상황이었는데, 중국의 사신 黃儼이 다시 오자 趙璞, 鄭矩, 李玄, 趙希閔 등 여러 신하들은 그 전에 논의한 바 있는 명나라 공주와의 혼인 의론을 확대해갔으나, 이를 알게 된 태종은 크게 노하여 그 연루자들을 가려서 투옥게 하였음.)를 계기로 정부와 대간에 인사개편이 단행되는데, 그 직후 領議政府事 李和 등이 상소하여 그들을 請罪함으로써 그 獄事가 발단하였다. 그 죄목은 태종 6년 8월 양위론이 제기되었을

이 있었지만, 태종은 그것을 더욱 미워하여 마침내 그를 폐출하려는 마음까지 가졌었다고 회고했다.[22] 군주의 자존의식은 그 누구로부터도 저해될 수 없다고 여겼다.

그러나 태종은 다만 그의 장인 민제에 대해서만은 유연하게 대하였다. 민제의 자녀 즉 태종 자신의 부인과 처남들에 대해서는 그렇게 박대하면서도 그에 대해서는 부드러운 모습이었다. 그 원인은 무엇이었을까? 여기서 우리는 그 민제의 성품론, 즉 "온순하고 인자하며 맑고 간결하였다."[23]라는 말을 주목하지 않을 수 없다. 왜냐하면 바로 그러한 자질로 인하여 그는 직분 밖의 일은 탐내지 않게 되었던 것이고, 이는 마침내 태종이 가장 경계하는 자존적 권력 유지에의 장애요인으로 근접되지 않았기 때문이다.

정치적 권력 추구의 문제에 있어서는 민제와 그 자녀들 사이가 서로 판이하게 달랐다. 민제는 그 자식들의 술수적 행위를 걱정하며 항상 이르기를 "너희들은 방자함이 지나치니 고치지 않으면 반드시 패할 것이다."라는 말로 주위를 환기시켰다 한다.[24] 이러한 말을 증명이나 하듯이 그의 아들 무구·무질·무휼·무회 등 4형제는 왕실문제에 연루되어 모두 매형인 태종으로부터 쫓겨난다. 그 일대 사건이 이른바 '민무구·무질 형제의 옥'이다. 이로 인하여 정사·좌명공신이었던 태종의 처남 무구 형제는 곧바로 연안과 장단에 각각 유배되고, 이어서

때 그들은 은근히 왕의 퇴위를 기대하며 9세의 어린 세자를 끼고 집권을 도모하려 했다는 점과, 종친 支派의 제거를 꾀했다는 점, 그리고 李茂의 집에 가서 왕에 대한 불평을 토로했다는 점 등이었다. 이로 말미암아 사실의 확인을 위해 대질하며 심문하는 과정이 있었으나, 오히려 무구형제에게는 불리한 형국이 되었고, 마침내 정부와 대간 그리고 공신들의 탄핵이 더욱 강성하여 사건이 악화되었다.

22 『태종실록』 11년 9월 壬戌.
23 『高麗史』「列傳」 21 '閔宗儒(附) 閔霽'
24 『태종실록』 8년 9월 庚申 「閔霽行狀」

공신녹권과 직첩까지 빼앗겨 마침내 서인으로 강등되었다.

  그럼에도 불구하고 여러 신하들의 그들에 대한 비판 상소는 계속되어 태종 8년 10월에는 열 가지의 죄목을 담은 교서가 반포되기에 이른다. 그 교서에서 태종은 다음과 같이 말했다.

  진실로 부귀를 오래 지키며 '가득 차도 넘치지 않는 도리'를 생각한다면, 마땅히 늠름하게 스스로 두려워하고 송구하게 스스로 검속하며, 또한 몸과 마음을 경계하기에 여가가 없을 터인데, 어찌 다른 뜻을 가질 것인가. 생각이 이에서 시작하지 않고 도리어 지나치게 교만하여 오히려 생사여탈권이 자기의 손에서 나오지 않으면 마음이 흔쾌하지 않아 심히 화를 내었고 임금을 없이 여기는 마음에까지 이르러 그것이 속으로 쌓여서 밖으로 나타났다. … 직위를 폐하여 서인으로 삼아 종신토록 상종하지 않으며, 여러 신하들이 죄를 청하는 의논을 막고 그 목숨을 보전하여 수명을 다하게 하여서, 나의 '차마 하지 못하는 심정(不忍之情)'을 펴서 사은私恩과 공의公義가 병행하게 하려 한다.[25]

  민무구 형제가 정치권력에이 지지력을 잃고 군주의 위상을 지엄하게 보지 못했다는 사실과, 그 처벌에의 한계적 심경을 밝히고 있는 것이다. 처남·매부 관계를 '사은私恩'으로, 그리고 임금과 신하 관계를 '공의公義'로 표현하면서 그 균형적 태도를 '어짐(仁)'이라는 포용적 심정으로 정립하려는 것이었다. 사실 이렇게 되면 그들은 생명만은 부지할 수 있었을 것 같다.

  그러나 권력의 속성은 혹독한 것이어서 그들을 그저 묵인하고 지나가는 것은 아니었다. 즉 그 뒤에 일어난 '이무李茂의 옥옥'[26]과 '조호

25 『태종실록』 8년 10월 乙亥.
26 좌정승 李茂는 태종 7년 9월 尹穆(이무의 族姪), 李之誠과 함께 세자의 朝見隨行員

趙瑚의 난언사건亂言事件'[27]이 그들의 명을 재촉한 꼴이 되었으니, 이들 사건에 기인한 성석린成石璘 등의 상소에 따라 태종은 결국 무구·무질을 유배지 제주도에서 자진케 하였다.

한편 그 후 중전 정비靜妃가 병환으로 눕게 되고, 무구의 아우 무휼과 무회는 누님을 문병하고자 입궐하면서 세자 양녕대군에게 두 형의 사사賜死가 억울한 것임을 호소한 일이 있었다. 그런데 그것이 정가에 퍼져 또 크게 문제되었다. 이로 인하여 무휼·무회 형제도 멀리 유배되었다가 1415년 소위 '비秠의 참고사건慘苦事件'[28]에 불려와 공초를 받을 때에도 그들은 형 무구·무질의 무죄를 항변하였다가 오히려 곧 자진 당하고 말았다. 이로써 중전의 아우이며 태종의 처남인 4형제들은 모두 사형을 받아 정계에서 완전히 제거되었다.

이와 같은 일련의 사건은 여러 신하들의 상소문을 처리하는 형식으로 정리된다. 그리하여 태종은 "대간臺諫의 직임은 진실로 옳다. 외척과 대신을 탄핵하여 기강을 진작시키려는 것은 과인이 즐겨 듣는다."[29]라고 일렀다. 정치 기강을 확립해가기 위해서는 외척이나 대신 그 누구도 비판론에서 제외될 수 없다고 보는 것이다. 이는 곧 신료들이 맡은 바 직무에 충실하게 하는 역할을 하는 것일 뿐만 아니라, 특히 군주의 통치 권력에 자존성과 신성성이 확보될 수 있게 하는 의미를 갖는다.

으로 明나라에 가게 되었는데, 그 때에 윤목과 이지성이 無咎 형제의 無罪를 말한 것이 그 1년 후에 발각되어 옥사가 일어나서, 이무는 유배도중 청주에서 교살되었던 사건이다.

27 태종 9년 6월 女僧 妙音이 趙瑚의 집에 있을 때에 조호가 그의 아내에게 말하기를 "李茂 정승은 신체가 매우 아름다우니 임금이 될 만하다."고 하였던 사실이, 다음해 3월 庚辰에 발로되어 조호가 처형되었던 사건이다.

28 1402년 12월 秠가 출생할 때에 중전 靜妃가 시기하여 그 母子를 죽이려고 추운 곳에 방치한 사건이다.

29 『태종실록』 7년 6월 乙未.

이러한 자존의식의 차원에서 태종은 유교의 기본 덕목을 거듭 확인한다. 그것은 또 다른 외척 관계를 맺게 되는 세자빈의 부친 김한로金漢老에게 이르는 말로 나타났다.

사람의 행실에는 효도·공경·충성·신의보다 더 큰 것이 없다. 경은 멀리는 심효생을 본받지 말고 가까이는 마땅히 민씨들을 경계하여서 삼가하고 삼가야 할 것이다. 내가 어려서부터 경은 근후하여 부귀를 지킬 수 있다고 깊이 알아서 경의 딸을 택하여 세자의 배필로 삼았으니, 경은 나의 말을 의당 경건히 지켜야 한다.[30]

태종의 이복동생 방석芳碩의 장인 심효생沈孝生의 사례와 자신의 처족 민씨의 경우를 확인시키면서 왕권을 향한 외척으로서의 근신을 강조하고 있는 것이다. 그것을 정립해갈 수 있는 토대로서 유교의 제일 덕목인 '효제충신孝悌忠信'이 거론되고 있음은 더욱 주목되는 부분이다.

이러한 기본 정신이 견지될 때에 비로소 외척으로부터 구애받지 않는 왕실의 모습과 군주 자존의 정치질서가 확립될 수 있다고 보았던 것이다. 세종 초기 강상인姜尙仁의 옥옥에 연루된 세종의 장인 심온沈溫도 자진케 했던 사건 역시 그러한 태종의 일관된 통치이념에서 비롯했던 일이었다.

요컨대 효제충신의 질서의식이 정립되지 않고서는 왕실의 신성함과 군주의 자존성이 위협받게 되어 결국 죽임으로 대응할 수밖에 없다는 것이 태종의 입장이었다. 따라서 정치의 현장에서 살육사건을 예방하기 위해서도 유교의 덕목은 요구되지 않을 수 없다고 보는 것이다.

30『태종실록』7년 7월 丙寅.

3. 문무의 겸전의식

1) 안정적 병권 운용

역사에 나타나듯이 왕조시대의 정치발전을 이루기 위해서는 왕권의 안정과 군주의 자질, 그리고 신료의 질서의식 등은 가장 중요한 문제들이다. 이들 세 가지는 태종에게도 부단히 중시되던 과제였다. 그리하여 그는 정권안정의 차원에서 병권을 다루었고, 군주의 자질 문제로 '택현론擇賢論'을 따라 세자를 교체하였으며, 신료의 질서의식을 정립하는 차원에서는 '충절忠節'의 가치를 강조하였다.

태종은 일찍부터 정치안정의 기본인 왕권문제는 바로 병권에 있다는 사실을 경험하고 있었다. 그리하여 세자시절 서연에서 『대학연의』를 읽다가 병권문제에 대하여 다음과 같이 말했다.

> 우리집으로 말하면, 태상왕께서 병권을 잡았기 때문에 고려말에 '가문이 나라 되도록(化家爲國)'할 수 있었다. 무인년의 남은·정도전의 난에 있어서도 우리 형제가 만일 병사를 가지지 않았더라면 어떻게 그에 응하여 변을 제압할 수 있었겠는가? 박포가 회안군에 말한 것도 병권을 가지고 있었기 때문이다.[31]

조선의 개국에서부터 정권향배의 대사건에 이르기까지 그 모든 것의 인과관계는 바로 군대 운용의 병권문제에서 찾을 수 있다는 발언이다. 그러한 사실은 이론을 넘어 자기 스스로의 경험에서 증명되는 것이었으므로 하등의 의심이 없었다. 그리하여 그는 왕권 소유의 차원에서 그 병권문제는 안정적으로 해결되어야 한다는 생각을 가지게 되었

---

31 『정종실록』 2년 6월 癸丑.

고, 그로 말미암아 마침내 사병혁파를 강력하게 추구하였을 뿐만 아니라, 세종에게 왕위를 넘기면서도 군권만은 넘기지 않는 신중성을 보였던 것이다.

태종은 재위기간동안 여러 차례 왕위를 세자에게 물려주려 하였다. 세자 양녕대군에게는 세 차례나 시도하였고[32] 세자를 충녕대군으로 교체한 직후 강한 반대에도 불구하고 그 2개월만에 양위하였다. 이에 세종시대가 열리면서 그는 상왕으로 물러나는 것이었다. 그 때 태종은 이렇게 말했다.

새 주상이 장년에 이르기 전에는 군대의 일은 내가 친히 듣고 결단할 것이다. 또한 국가에 결정하기 어려운 일이 있을 때마다 정부와 육조로 하여금 의논케 할 것이며, 나도 또한 함께 의논할 것이다.[33]

왕위를 이양하더라도 정국을 안정적으로 유지하기 위한 기본노선을 밝혀주고 있는 것이다. 그 가운데 특히 군정軍政 부분은 젊은 세종으로서 경륜이 부족하다는 데에도 그 원인을 둘 수 있겠지만, 무엇보다도 왕권 유지에 가장 긴요한 과제로 보는 데에는 변함이 없었으므로 일단 자신이 계속 관장한다고 천명한 상황이다.

그런데 병조兵曹에서는 '저 하늘에 태양이 하나요, 이 땅위에 임금도 하나다.'라는 입장에서 오히려 세종에게만 군무를 보고하는 모습을 보였다. 이를 알아차린 상왕 태종은 병조참판 강상인姜尙仁에게 장수를 부르는 상아패象牙牌와 오매패烏梅牌를 사용해서 그가 명을 거역하고 있음을 확인하게 된다. 곧바로 그 병조의 관리들을 투옥시키니 이를 역사에서는 '강상인의 옥'이라 하는데, 그 시작은 세종이 즉위한

---

32 그 세 번의 내용은 태종 6년 8월, 9년 8월, 10년 10월에서 볼 수 있다.
33 『세종실록』 권1, 「總書」

지 불과 15일만의 일이였다.

그것은 태종이 왕권 확보의 차원에서 가장 중시여긴 부분에 대한 신권臣權의 도전으로 해석되기 마련이다. 따라서 이는 결코 용인될 수 없는 사건으로 간주된다. 그리하여 사건 발생 만 3개월 뒤에는 그 관련자들을 모두 제거하였다. 그 제거의 현장에서도 태종은 왕권의 준엄함을 확인시키고 있었으니, 조정의 모든 신하들을 모아놓고 그 앞에서 병조참판 강상인은 거열형車裂刑에 처단하고 병조판서 박습朴習 등은 참수형斬首刑에 처하였다.[34] 그리고 당시 명나라에 사신으로 갔던 세종의 장인 심온沈溫도 이 사건으로 인해 처참한 국문을 당하고 결국 그들에 뒤이어 '자진自盡'의 형을 받고 죽게 된다. 군권 운영을 저해한 자들에 대한 처단에는 지위의 고하가 없었던 것이다.

이상의 사실에서 우리는 태종이 군정 안정을 위한 병권의 문제를 얼마나 중시하였는가 하는 점을 알 수 있다. 그토록 살벌한 형벌의 감행은, 곧 국가적 정치안정의 최대 관건은 병권 운용에 달려있다는 과제의식의 결과로 나타난 것이다. 이처럼 그는 그 '강상인의 옥' 사건의 처리 과정을 통하여 병권에의 안정성을 꾀함과 동시에 왕권의 지엄함을 온 신료들에게 재확인시키고 있었다.

2) 충절의 가치관 정립

그런데 왕조시대의 정치 역시 권력 확보의 문제만으로 해결되는 것은 아니다. 정치발전의 현장에는 유능한 인재들의 적극적인 참여와 다양한 의견의 개진이 필요하기 때문이다. 그러므로 태종은 즉위초에 여러 신민들의 의견을 폭넓게 수용하기 위한 '구언상소求言上疏'의 장을 마련했다.

---

34 『세종실록』 즉위년 11월 壬申.

이를 계기로 하여 양촌 권근權近은 6개항에 걸친 긴 상소문을 올렸다. 그 다섯 번째 내용은 다음과 같다.

예로부터 나라를 가진 자는 반드시 절의의 인사를 표창하는 것이니 만세에 강상을 곧게 하기 위함입니다. 왕으로 의義를 내세워 창업할 때에는 자신에 붙는 자에게는 상을 주고 붙지 않는 자엔 벌을 주는 것은 실로 의당합니다. 그러나 대업이 이미 정해지고 수성守成할 때에는 반드시 절의를 다한 전대의 신하들을 포상하여 죽은 자에게는 벼슬을 더해주고 살아있는 자는 불러 쓰며 또 정표와 상을 더함으로써 후세 신하들의 절의를 장려하도록 하는 것이니, 이는 고금에 통하는 정의입니다.[35]

혁명과 창업의 과정에서는 비록 적대관계에 있는 경우라 하더라도 나라사랑을 향한 의리의 가치를 드러내고 있었다면, 그 후 안정기에 접어들면서는 그것을 올바로 평가하여 미래의 정신적 지주로 삼을 수 있어야한다는 건의이다. 이것은 과거의 정적관계를 넘어서는 보편적 가치관 정립의 일환으로서 바로 현 왕조체제의 영속화를 위헤시도 절실히 필요한 조치라고 보는 것이다. 당시 양촌이 지목한 의리수절자 세 사람은 정몽주, 길재, 그리고 태조 때 표전문사건으로 명나라에 들어갔던 김약항金若恒 등이었는데, 이들에 대한 의리 표창의 이유를 그렇게 제의했다.

이러한 상소를 접한 태종은 혁명 전야의 대립관계였던 정몽주에게는 영의정부사領議政府事로 벼슬을 더해주며 '문충文忠'이라는 시호를 올려 그 충절을 높이 찬양하였고, 김약항에게는 의정부찬성사를 증직하였다.

---

35 『태종실록』 원년 1월 甲戌.

그리고 야은 길재에 대해서는 이렇게 말했다.

길재는 벼슬로 불러도 오지 않고 불사이군不事二君의 지조를 고수하니 신하의 절의는 실로 이와 같아야 할 것이다.[36]

성균관의 동문으로 이미 잘 알고 있던 길재를 정종에게 천거하는 과정을 통하여 그의 신도관臣道觀을 거듭 확인하던 태종이 그것을 하나의 모델로 삼고 있었던 것이다. 즉 그는 어떠한 역경 속에서도 굴함이 없는 강인한 의리정신, 그것을 '충忠'의 덕목으로서 매우 중시하였다. 그것은 이 왕조 영속의 절대적 과제에서 제일의 가치를 가질 수 있는 것이기 때문이다.

그리하여 그는 과거 혁명기에 있어서의 '정적政敵'에 대해서도 그렇게 증직의 조치를 취했던 것이며, 또 제2차 왕자의 난 때에 방간을 사생결단으로 호위했던 그 부하들에 대해서도 "그들은 죄인이 아니고 충신이다"[37]라고 말할 수 있었던 것이다. 개별적 영역을 넘어서는 그와 같은 태종의 가치 지향은, 마침내 사림士林이 말하는 조선조 의리학의 연원과 맥을 같이하는 점에서 더욱 주목되는 바이다. 이러한 측면에서 현재까지 문묘文廟에 봉안되어 온 정몽주의 위상은 더욱 큰 의미를 갖는다.

태종의 그와 같은 충절의 통치이념이 문무의 겸전 양상으로 전개되는 데에는 그 어떤 것보다도 앞서 언급한 진덕수眞德秀의 『대학연의大學衍義』 강독이 크게 작용했던 것으로 보인다. 일찍이 그것을 접했던 그는 임금이 되어서도 다시 강독하였는데, 그 종강에 즈음하여 강관 김과金科를 불러 말하기를 "이 글을 다 읽으니 비로소 학문의 공功을

---

36 『세종실록』 즉위년 11월 戊申.
37 『정종실록』 2년 6월 乙未.

알 만하다."[38]라는 소회를 밝히기도 했다. 그리고 여러 신하들에게는 그 실천 의지를 다지는 모습을 보이고 있었다.

　처음에는 정탁鄭擢에게서 그것을 수강했다고 회고하던 태종은 강독의 결과를 이렇게 자평했다.

　　『대학연의』는 서산진씨西山眞氏가 고금의 격언을 모아서 만든 것이다. 내가 매번 읽어 보면 그 사이에서 덕德·형형刑과 선先·후後를 제대로 분별하게 되고 민간의 평안함과 걱정됨의 문제가 더욱 중요한 것으로 여기게 된다.[39]

　이 발언에서의 '덕德'·'형형刑'은 '문文'과 '무武'로 또 '덕치'와 '법치'로 대비될 수 있는 것이고 '선先'·'후後'는 정책 시행의 차서를 의미하는 것이라고 볼 때에, 태종정치가 문무겸전의 성격으로 전개될 수 있는 것은 『대학연의』의 교과서적 기능에서 심화되었음을 알 수 있다.

　또 그는 신하로부터 "참소하는 말의 두려움이 비단 임금과 신하 사이에서 뿐만 아니라 부모 자식이나 친구 사이에서도 그렇습니다."라는 말을 듣자, "참수의 말을 변정히기가 가장 어렵나. 신서산의 『대학연의』에서는 여희驪姬[40]를 참언하는 것의 으뜸으로 삼았으니 나는 매우 절실한 말로 생각한다."[41]라고 응수하는 모습을 보이고 있었으며, 신선의 도를 논함과 관련해서는 "진서산의 『대학연의』를 보면 그것 배척하기를 극진히 했다."[42]고 이르는 등, 예민한 통치행위의 판단척도

---

38 『태종실록』 1년 12월 丙子.
39 『태종실록』 11년 12월 辛丑.
40 驪姬는 周代 驪戎의 딸인데 전승한 晉나라 獻公의 嬖妃가 되어 아들 奚齊 卓子를 낳자 태자 申生을 모략하여 죽이고 자신의 소생을 왕위에 오르게 했다. 그 관련 내용은 『大學衍義』 권33, 「誠意正心之要二」 '戒逸欲'에 전한다.
41 『태종실록』 12년 10월 壬申.

를 바로 그 곳에서 찾고 있었던 것이다.

나아가 태종은 그 『대학연의』의 활용을 임금으로서의 자신에게만 국한시키지 않았다는 점에서 그 다른 측면을 볼 수 있다. 즉 그는 세자를 향해서는 무예에 앞서 우선 반드시 공부해야 할 텍스트로 시험하면서 그 내용 가운데에서 세자 학습에 긴요한 것만을 간추리는 특별한 교재 작성을 명하고 또 그것을 직접 감수하는 모습을 보였고[43], 조정의 신하들을 향해서는 그의 내용 중에서 신도臣道에 긴요한 부분을 크게 써서 그들로 하여금 항상 보고 실천하도록 하였으며[44], 또 왕실의 부인들[45]과 환관들을 향해서도 그에서 간추린 별도의 교재[46]를 작성하여 공부

---

42 『태종실록』 15년 7월 癸卯.

43 태종 9년 9월 癸酉의 실록에는 다음과 같은 내용이 있다. 임금이 金科에게 말하기를 "세자가 『대학연의』를 공부할 때 그 분량이 많아서 두루 보기가 쉽지 않기에 내가 자네를 시켜 가장 거울이 되고 경계가 될 만한 부분을 뽑아 분류 편찬하게 하여, 세자로 하여금 그것을 항상 마음과 눈에 두게 하려고 했는데, 자네는 친척들에 대한 것을 가르치는 편은 빼버렸다. 무릇 친척들에 대하여 겸손하고 공경하며 삼가는 것이 福이 되고, 교만하고 방종하며 안일하게 하는 것이 禍가 되는 것은 세자가 마땅히 강습해야 할 바인데, 자네가 이것을 뺀 것은 필시 외척을 두려워한 것이다. 옛 사람이 지은 글을 읽는 것도 또한 두려우냐?"고 하였다. 또 말하기를 "자네가 세자가 읽을 『대학연의』를 편찬함에 있어서 '세자를 정하고 嫡子와 庶子를 분별하지 않을 수 없는 것'을 실으며 桓公 襄公 漢成帝 吳孫權 唐太宗 등 다섯 임금의 일을 기록하였다. 이는 모두 부자형제간에 착하게 처신한 경우가 아니다. 세자가 일찍이 배우지 못한 상황에서 이것을 먼저 보게 되면 앞으로 생각하기를 '부자형제도 또한 두렵다'고 여기며 부모에 효도하지 않고 형제간에 우애하지 않는 마음을 열어주는 것이 아니겠는가."라고 하여, 그 잘못됨을 지적하고 있었다.

44 그 명령은 右副代言 韓尙德에게 내렸음. (태종 11년 12월 辛丑.)

45 태종 9년 9월 丙戌의 실록에 의하면 임금은 『大學衍義』에서 齊家에 필요한 것을 초록해 올리라고 명하며 또 그 속에서 后夫人이 본받고 경계할만한 일들을 뽑아 중궁과 세자숙빈 이하 사람들로 하여금 모두 외우고 익히게 할 책을 작성하라고 명하였다.

46 文宗 때 경연관 李思哲이 "옛 환관들의 충성스럽고 근실한 일들을 적은 책을 만들어 내시들에게 읽게 하소서."라고 건의하니, 임금은 말하기를 "태종 때에 이미 이 책이 있어서 「內臣傳」 한 질을 내어 집현전의 成三問에게 교정하게 했던 바, 그것이 곧 『대학연의』중에 있는 환관의 충근한 조목들이었다."고 하였다. (문종 1년 6월 壬午.)

하도록 하였다. 이처럼 태종의 유교정치 지향은 오직『대학연의』를 모두에게 공통 교재화 함으로써 그 심도를 더해가고 있었던 것이다.

　이상에서 살핀 바와 같이 이방원 태종은 고려 혁명과 조선조의 창업 및 수성기에 이르는 정치권력의 중심부에 있으면서 새로운 왕조의 안전과 번영을 위하여 진력했던 인물이다. 그러한 정치적 상황에서 수많은 사람들을 격살하고 여러 외척까지도 제거하는 모습을 보였다. 이는 하나의 권력이론으로 설명될 수도 있겠지만, 여기서는 태종이 처했던 특수상황을 중심으로 풀이되어야 더욱 그 실상에 가까울 수 있을 것이다.

　태종은 특히 왕조국가의 근본은 왕실에 있다고 보면서 그 영속적인 기틀을 견고히 하는 데에 사명감이 강했다. 그에게는 출중한 무인적 기개와 의리의 문인적 가치관이 겸전되면서 여러 역경 속에서도 성공을 거둘 수 있었다. 그 동안 그가 견지했던 정치사상적 측면을 정리하면 다음과 같이 말할 수 있겠다.

　첫째, 그의 세계관과 국가관은 유교적 성격의 것이었다는 점이다. 그 구체적인 내용은 유교의 경전과 중국의 역사서를 공부함으로써 습득되었다. 그것은 천지인의 삼재관을 따라 인간의 위상을 정립하게 하는 것이었으며, 밖으로는 명나라에 대한 사대의식을, 그리고 안으로는 '화가위국化家爲國'의 국가의식을 낳게 하였다. 이는 당시의 유신들과 이념적으로 상응될 수 있는 요소였다.

　둘째, 합리적 실증주의의 태도를 견지했다는 점이다. 태종은 당시에 풍미했던 불교와 무속을 허탄한 것으로 간주하면서 인습적 의례행위에 소극적이었다. 그러면서도 혹 신비적 효험이 있을 경우에는 배격하지 못했으니, 그 또한 그가 중시하는 실증성 때문이었다. 그는 비합리적이면서 실제로 확인될 수 없는 부분에 대해서는 절대 용인하려 하시 않았다. 그리하여 부왕 칭송의 '몽금척夢金尺' '수보록受寶錄' 등의 신성한 악장도 허구의 것으로 보며 거부하였던 것이다.

셋째, 정명正名의 태도로 정치인들의 질서가 확립되어야 한다고 보았던 점이다. 그는 왕실이란 그 어떠한 신료도 넘볼 수 없는 신성한 영역인 만큼, 왕실다움이 견지되어야 한다고 여겼다. 이로 말미암아 각종의 변에 적극적으로 대응하는 것이기도 하였지만, 만일 신하로서 신하답지 못한 행위가 있으면 그것은 친소관계를 막론하고 엄정히 대했던 것이다. 신료의 가치관 정립에 있어서 충절忠節을 가장 높이 여긴 것도 이와 성격을 같이 한다.

넷째, 모든 정치현상의 기본은 권력의 향배와 군주의 자질에 달려있다고 본 점이다. 그는 이 점을 잃지 않으려고 생명을 걸기도 하였고, 또 과감히 세자 교체를 결행하는 모습을 보였을 뿐만 아니라, 군주로 하여금 권력 불안에서 벗어나도록 주변 정리에 온갖 노력을 다했다. 특히 이 권력의 향방은 곧 병권운용과 직결되는 것임을 확인한 태종으로서는 그 문제 해결을 정치안정의 제일 과제로 간주하였다. 유교의 도덕적 가치도 그러한 왕권유지의 차원에서 확인되고 있었다.

이상과 같은 태종의 사고방식은 그의 정치행위를 결정하는 기본요인으로 작용했다. 그러나 다만 그에게도 내적 갈등 현상이 없지 않았던 바, 그 가장 큰 것은 수많은 인명을 살상한 부분이다. 그의 꿈속에서도 원혼冤魂들이 나타나 그를 괴롭혔다고 하는 사실은 그러한 심상의 반영임과 동시에, 이상과 현실의 한계적 상황에서 빚어진 결과로 보인다. 죽임 없이 혁명을 이루거나 통치의 안정을 확보하기란 언제나 그렇게 어려운 과제로 남는다.

〈이 제2부 제3장의 내용은, 논문 「조선조 太宗의 政治哲學 연구」(단국대 동양학연구소 『東洋學』 27집 155~176쪽, 1997.)를 가감 보필한 것임.〉

제4장 세종대왕의 유교 정치이념

1. 유교 정치이념의 형성

　태종은 자신이 중시한 적장자嫡長子 왕위 승계 원칙에 따라 일찍이 맏아들 양녕대군을 세자로 책봉했다. 그러나 그 14년 뒤에는 돌연히 신하들의 반대에도 불구하고 그를 폐위하고 3남 충녕대군忠寧大君(이름은 裪, 자는 元正, 1397~1450)을 세우며 또 그로부터 2개월 만에 왕위까지 넘겨주었다. 그렇게 용단을 내리며 속전속결했던 이유는 어디에 있는 것이었을까?

　실록에는 이미 그 전부터 태종이 여러 왕자들을 대하면서 맏아들 세자의 부족함과 3남 충녕의 뛰어남을 발견하고 또 세자에게 그 분발을 당부하던 사실들이 종종 발견된다.[1] 그것은 마음의 내면에서부터 학행의 외면에 이르기까지 다방면으로 나타난다. 이러한 과정에서 태종은 왕위 승계 부분에서 남모르는 고민이 깊어갔고 또 미래의 정치문화 발전을 위해서는 어진 군주가 필수적이라는 판단에 따라 남들이 보기에는 그렇게 돌발적인 결단을 내리게 되었던 것이다.

　그러면 충녕대군이 부왕 태종에게 그처럼 탁월한 왕자로 보이는 데

1　趙南旭,『세종대왕의 정치철학』(부산대출판부, 2001.) 51~60쪽 참조.

에는 어떠한 요인이 작용하고 있었던 것일까? 실록의 전하는 바에 의하면 그것은 크게 사고의 총명성과 공부의 호학열 두 측면을 볼 수 있다. 전자는 천부적인 것이요 후자는 후천적인 것으로 서로 다른 지적이지만 실제적으로는 상보적 작용 속에 지혜의 탁월함을 낳게 하는 것이다. 이러한 모습을 태종은 예의 주시하고 있었다. 그리하여 세자 교체를 결행하던 그 자리에서 태종은 이렇게 말하고 있었다.

> 비록 추위가 매서울 때도 밤새워 책을 읽으니 내가 병에 들까 걱정해서 항상 밤에 책 보는 것을 금지시켰다. 그런데도 나에게서 대부분의 책을 다 요청해 가져갔다.[2]

충녕대군이 새로운 세자로 발탁될 만큼의 출중함을 보일 수 있었던 것은, 바로 그 호학적 태도에 기인하였다는 점을 알리는 발언이다. 물론 여기에는 천부적인 총명성이 전제되고 있었다.[3]

그 양면이 유기적으로 승화하고 있다는 사실은 즉위 5년 뒤 자신의 말을 담은 사신의 기록이 증명해주고 있다.

> 즉위해서도 손에서 책을 놓지 않고 비록 식사에서도 반드시 좌우에 책을 열었으며 밤중에도 열심히 보아 싫어함이 없었다. … 또 가까운 신하에게 이르기를 "내가 서적을 본 뒤에는 잊어버림이 없었다."고 했다. 그 총명함과 학문 좋아함이 천성이었다.[4]

---

2 『태종실록』 18년 6월 壬午.
3 충녕대군의 총명성이 임금과 신하들의 감탄을 낳을 정도였다는 사실은, 父王의 敍情性 발언에 대한 『詩經』 구절을 인용하는 화답(태종 16년 2월 壬申)과, 경회루 연회장에서의 『書經』 구절을 인용한 화응(태종 16년 7월 丁未) 등에서 볼 수 있다.
4 『세종실록』 5년 12월 庚午.

국정을 총괄하는 바쁜 상황에서 잠시도 손에서 책을 놓지 않는 이른바 '수불석권手不釋卷'의 태도를 견지하고 있음에 대하여 사관은 그 남다름을 '천성'이라는 표현으로 정리하고 있다. 여기에다 그가 즉위 초에 경연제도를 활성화 하고 그 2년부터는 집현전集賢殿을 확대 운영하며 그 학사들로 하여금 경연관을 겸하게 했다는 사실을 주목하면 그의 독서량은 실로 방대한 것이었음에 의심의 여지가 없다. 세종 21년 2월까지 계속된 경연의 회수는 총 1,898회로 조사되고 있으며 경연 교재로서는 사서오경을 비롯한 역사서 및 성리학 관련 도서 20여 종으로 확인된다.[5]

그러면 세종은 왜 그처럼 책을 보는 데에 열중하였을까? 이에 대한 답은 다음의 발언에서 찾을 수 있다.

내가 경전과 역사서를 두루 보지 않음이 없고 또한 지금 늙어서 기억할 수 없으니 반드시 독서할 필요는 없으나 지금도 그만둘 수 없는 것은 다만 책을 읽는 중에 그로 말미암아 생각이 떠올라서 정사에 시행되는 것이 많기 때문이다.[6]

이렇게 말한 세종 20년은 그 동안 힘차게 전개해 왔던 경연의 횟수도 서서히 줄어드는 시기이다. 수많은 여러 책들을 거의 다 보았기 때문이다. 그럼에도 불구하고 책 보기를 그만 둘 수 없는 이유는, 위의 말로써 분명히 확인시키고 있다. 즉 그것이 정치 전개의 새로운 생각을 낳게 하고 또 그로 인하여 계속 새로운 정책이 수립될 수 있다는

---

5 세종 21년 2월까지의 경연 회수는 南智大의 논문 「朝鮮初期의 經筵制度」(서울대학 국사학회 『韓國史論 6』 164쪽, 1980.)에서 밝혀지고 있으며, 경연 교재에 대해서는 權延雄의 논문 「世宗朝의 經筵과 儒學」(한국정신문화연구원 『世宗朝文化硏究 Ⅰ』 78쪽, 1982.)에서 볼 수 있다.

6 『세종실록』 20년 3월 癸卯.

사실이다.

이러한 세종의 발언으로 미루어 보면, 그 정치전개의 기본정신 즉 정치이념은 바로 그 독서의 과정에서 형성되는 것이었음을 알 수 있다. 그저 가만히 앉아서 상상하는 관념의 세계로 정치이념을 찾았던 것이 아니라 성현의 논저와 역사의 기록을 통하여 그 최상의 정치이념을 확보하고 있었다는 점이다.

그러므로 세종은 마음으로 체득하는 경전 공부와 더불어서 그 실천력을 높이기 위한 역사 공부를 중시한다. 실천이 없는 이치는 공허하고, 이치가 없는 실천은 허술하고 성공할 수 없는 것이기 때문이다. 순수 학자의 차원이 아닌 정치행정가 세종에게는 모든 것이 생각으로만 끝날 수는 없다고 본다. 그리하여 그는 경전을 체體로 역사를 용用으로 보는 소위 '경사체용經史體用'의 관점을 강조한다.

경학과 사학은 체와 용으로 서로 필수적인 것이므로 그 어느 하나에 치우쳐서 하나를 폐함은 옳지 않다. 그런데 지금의 학자들은 경전 연구에 이끌려서 사학을 읽지 않는다.[7]

치세를 이루고자 하면 반드시 앞 시대의 치治·난亂의 자취를 잘 보아야 하고, 그 자취를 보고자 하면 오직 역사서인 것이다.[8]

경학 위주의 학풍에 대한 경고성 발언이다. 비록 그것이 일차적으로 긴요한 것이지만 구체적인 실천의 단계에까지 이르지 못한다면 현실적으로 의미를 가질 수 없다고 보는 것이다. 또한 현실의 정치행정에서 바로 그 실천력을 성공적인 수준으로 높이기 위해서는 역사상의 여

7 『세종실록』 20년 12월 乙丑.
8 『세종실록』 23년 6월 癸巳.

러 선례를 보면서 응용할 수 있어야 된다는 입장이다.

그처럼 경학과 사학 모두를 필수적인 것으로 보는 세종이었으므로 『대학연의』에 대해서는 선왕들 못지않게 큰 관심을 보였다. 즉위초부터 그것을 경연교재로 택하고 또 강독을 마칠 때에는 "거듭 보고 싶다."고 말하면서 신하들과 더불어 그 유익함을 확인하고 있었다.[9]

그런데 세종은 선왕들처럼 그것에만 의존하는 것은 아니었다. 그 5년차 경연에서의 이른바 "나는 제자백가의 글은 보고싶지 않으니 오직 사서오경四書五經과 강목통감綱目通鑑을 순환 강독하겠다."[10]라는 말은, 선대의 그 어떠한 군주에서도 볼 수 없는 발언이다. 여기서 우리는 『대학연의』의 차원을 넘어서는 세종의 경經·사史 총람의 모습을 보게 된다. 그는 당시 새로이 접하는 『성리대전性理大全』까지 정독하는 수준에 이르렀으니[11], 정치이념의 발원처가 선진유학先秦儒學은 물론 신유학新儒學까지 포괄되는 것이었음을 알 수 있다.

그러나 정책수립의 실제에서는 그처럼 경사체용의 시각으로 많은 사적을 보았다 하더라도 그 응용은 쉽지 않은 일이다. 이 점을 경험한 세종은 이렇게 실토하고 있었다.

무릇 경전과 역사서를 읽으며 치도治道를 두루 살펴봄에 있어서 그 나라 위하는 것을 보는 것은 손 뒤집는 것같이 쉬우나, 실제 그 일에 임해서는 어떻게 해야 할지 알지 못하는 수가 있다. 내가 비록 경서와

---

9 『세종실록』 원년 3월 戊戌.

10 『세종실록』 5년 9월 乙酉.

11 『性理大全』은 明나라 成祖의 명으로 1415년 胡廣 등이 宋代 성리학자 120명의 학설을 채록하여 70권 분량으로 편찬한 것인데, 조선에는 세종 원년(1419) 사은사로 중국에 간 이복동생 敬寧君 일행이 하사품으로 소지하고 그 해 12월 귀국함으로써 전래된다. 그 9년 후 그것의 인쇄를 마칠 무렵 세종은 일별하고 이해가 쉽지 않음을 확인하면서 집현전의 金墩에게 상세히 파악한 연후에 자신과 함께 볼 것을 지시하였다. (세종 10년 3월 甲申.)

역사서를 섭렵했으나 아직 능숙하지 못하다.[12]

여기서 스스로가 '아직 능숙하지 못하다'라고 하는 의미는, 경사의 서적 내용을 이해하기 어렵다는 것이 아니라 그것의 현실적 응용이 쉽지 않다는 뜻이다. 특히 군주와 신하 그리고 여건의 조화 속에서 정책의 성공을 꾀하던 세종에게는 군주의 경륜 7년째에서도 그렇게 말하는 것이었다.

그는 언제나 최상의 정책 수립을 위해 언제나 경사채용의 실용적 학문관을 견지하면서 수불석권의 부지런함으로 지혜를 창출하고, 여러 신하들과 토론의 장을 넓히며 발전적인 정책 수립에 진력하고 있었던 것이다. 그와 같은 모습은 재위 32년간을 정리하는 사관의 기록으로도 다음과 같이 전해지고 있다.

왕은 매일 새벽에 일어나 날이 밝아지면 여러 신하들의 아침 참례를 받고 그 뒤에 정사를 보며 여러 정무를 처결하였다. 그 뒤에는 윤대輪對로 치도를 자문하고, 수령으로 부임하는 자들을 인견하여 형벌에 불쌍히 여길 것과 백성 사랑의 뜻을 당부했다. 그 뒤 경연에 임하여 성군의 학문에 잠기며 과거와 현재를 강론하고, 그 후에 내전에 들어가 편안히 앉아 독서하며 손에 책을 놓지 않다가 밤중에 침소에 들었다.[13]

성군聖君의 경지를 향해 부단히 능력을 함양하고 행정을 펼치는 군주의 하루 생활은 그렇게 묘사되었다. 이것은 바로 세종 자신이 왕위에 오를 때의 약속을 적극적으로 실천해 가는 것으로서의 의미를 가진다는 점에서 더욱 주목된다.

---

12 『세종실록』 7년 12월 癸酉.
13 『세종실록』 32년 2월 丁酉.

그는 22세 청년의 나이로 부왕 태종의 비호를 받으며 조선조 4대 임금의 자리에 오를 때에는 이렇게 약속하였다.

> 아! 왕위를 바르게 하고 시작에 삼가하여 종묘의 소중함을 받들고 '어짐으로 정사를 펼쳐서(施仁發政)' 바야흐로 땀 흘려 이루신 은택을 이어 가리라.[14]

이처럼 세종은 애초부터 유교의 이른바 '인정仁政'을 정치의 이상으로 확인하면서 그 적극적인 실천을 자신의 임무로 다짐하였다. 이로 말미암아 그는 부왕이 닦아 놓은 왕권의 안정 속에서 타고난 총명함과 남다른 호학열로 성군의 경지를 넘나들며 유교정치문화의 황금기를 열어가고 있었던 것이다. 그리하여 결국은 그의 행장에서 '해동요순海東堯舜'이라는 칭송을 낳게 하였다.

그 정치전개의 이념적 기반은 바로 '인仁'을 키워드로 하여 나타나고 있었던 것이다. 그것을 표현하는 '시인발정施仁發政'이라는 즉위교서상의 용어가 유교 경선에서 유래하고 있다는 점[15]에서 그 유교적 명확성이 더해진다. 그렇다면 그가 천명한 '인정仁政'의 구체적인 모습은 어떠한 이념에서 전개되는 것이었을까? 이 점은 다음 장에서 살피기로 한다.

---

14 『세종실록』 즉위년 8월 戊子.
15 '施仁發政'의 어원은 『孟子』「梁惠王上」에서의 "今王 發政施仁 使天下仕者 皆欲立 於王之朝"에서 볼 수 있다. 이와 관련해서는 이 책의 제1부 제2장에서 고찰하였다.

2. 정치이념의 전개

1) 하늘을 대신해 만물을 다스린다는 신념

일반적으로 정치현상은 그 권력의 소재를 따라 모습을 달리한다. 현대의 민주사회는 정치권력이 국민으로부터 나온다는 입장이므로 선거과정을 거치며 그 권력의 행사를 결정하게 되지만, 과거의 왕조시대에는 그 모든 것이 왕실 즉 군주에게 집중되는 형태였다.

이러한 점을 주목하여 『중용中庸』에서는 "그 사람이 있으면 그러한 정치가 드러나고 그 사람이 없으면 그러한 정치가 그친다."고 말한다.[16] 여기서의 이른바 '그 사람'이란 위정자 즉 군주를 의미하는 것이니, 그 군주의 역량은 그 무엇보다도 중시되지 않을 수 없었다.

그런데 정치권력의 소재가 그러하다 하더라도, 정치행정의 실무를 총괄하는 바에 따라 두 형태를 말하기도 한다. 즉 그 실무의 총괄은 총재冢宰가 담당해야 한다는 입장과, 그것까지 모두를 군주가 맡아야 한다는 입장의 두 가지이다. 전자를 일컬어 '선왕지제先王之制'라 하고, 후자를 일컬어 '시왕지제時王之制'라 하는데, 이 문제와 관련하여 세종은 즉위 5개월째에는 그 체제 선택에 직면하게 된다. 의정부 참찬 김점金漸과 예조판서 허주許稠가 임금 앞에서 그것을 논란하였는데, 세종은 허주의 주장에 따라 '시왕지제'를 택하였다.

그리하여 세종 역시 부왕 태종이 추구했던 것처럼 제반의 정무를 직접 총괄하는 절대 권력의 군주로서 견고한 입지를 확립하게 된다. 따라서 세종이 천명한 인정仁政을 향한 정치이념은 각종의 정책에 곧바로 반영될 수 있었다.

그러면 그 정치이념은 구체적으로 어떻게 나타나는 것이었던가? 이

---

16 『中庸』 20장: "其人存 則其政擧 其人亡 則其政息.."

것을 서술함에 있어서는 우선 세종이 상정하는 군주의 위상 부분부터
주목해 보기로 한다. 이것은 여러 정치행위의 정당성을 확보하기 위한
자기 스스로에 대한 위치 확인의 의미를 가지는 것일 뿐만 아니라 실
천적 의무감을 낳게 하는 본질적 측면이다.

그와 관련한 포괄적 발언은 이렇게 나타났다.

> 천지의 마음은 오로지 만물을 생육하는 데에 있고, 제왕의 도리는 이
> 백성들을 편안히 양육하는 데에 있다. 하늘과 사람이 비록 다르나 그 극
> 치는 하나이다.[17]

제왕의 기본 입장은 바로 인민의 삶을 편안케 하는 데에 있는 것임
을 확인하면서, 그것은 곧 저 하늘과 땅이 만물을 생육하는 것과 이치
적으로 다르지 않은 것으로 보았다. 그런데 여기 논법의 특징은 정치
라는 인간세계를 말하면서도 그것을 하늘의 세계에 연계시키고 있다
는 점에 있다. 이것은 분명 유교사상의 기본이 '천天 중심적 사고체계'
에 있는 것임을 반영하는 경우이다. 그러면서 그는 '천天·군君 일치'
의 논리를 펼치고 있는 것이다. 이로 말미암아 군주 자신에 있어서는
하늘앞에 부끄럽지 않을 성실성과 책임성의 의무감을 더하게 되는 것
이요, 인민들에게서는 군주를 향한 신성성과 순응성을 낳게 할 수 있
는 것이었다.

그러므로 세종은 인민을 다스리는 군주의 위상을 확인시킬 때면 항
상 하늘을 말한다. 즉 세종 통치이념의 원론적 발언에는 항상 하늘이
전제되고 있었던 것이다.

---

17 『세종실록』 6년 10월 丙辰.

인군은 '하늘을 대신하여 만물을 다스리는 것(代天理物)'이니, 이 백성들을 편안케 하고 양육하는 것으로 마음 먹어야 한다.[18]

인군은 하늘을 대신하여 만물을 다스리는 것이니, 마땅히 천도天道를 따라야 한다.[19]

여기서 우리는 세종의 정치론에 있어서 하나의 신념으로 작용하는 명제가 '하늘을 대신하여 만물을 다스린다.'라고 하는 '대천이물代天理物'의 정신에 있음을 알 수 있다. 군주가 다스리는 것이기 이전에 '하늘이 다스리는 것(天治)'이라는 의미가 전제되어 있다. 모든 정치행위는 군주를 중심으로 전개되는 것이지만, 그 근원적 당위성은 오직 하늘에 연계되어서만이 확보된다고 보는 것이다.

그런데 여기서 제기되는 한 가지 의문은, '사람을 다스린다.'는 뜻으로서의 '이인理人' 또는 '치인治人'이라 하지 않고 '만물을 다스린다.'는 뜻으로서의 '이물理物'이라 하였는가 하는 점이다. 이와 관련하여 다음의 발언이 주목된다.

인군의 직무는 하늘을 대신하여 만물을 다스리는 것이니, 만물이 각기의 처소를 얻지 못함에도 마음 아픈데 하물며 사람이랴![20]

이 말에서는 '만물'과 '사람'이 비교되니 서로 나뉜 것처럼 보인다. 그러나 그 양자가 구별되는 것은 위 발언 후반부의 경우요, 그 앞의 경우는 그 모든 것이 포괄되는 의미로 '만물(物)'이라는 단어가 쓰인

---

18 『세종실록』 6년 6월 己未.
19 『세종실록』 12년 3월 壬寅.
20 『세종실록』 9년 8월 甲申.

것이다. 즉 '대천이물代天理物'에서의 '물物'이 뜻하는 바는 인민을 포함한 제반 사건·사물을 총칭하고 있다는 점이다. 이것은 군주가 주관해야 할 통치의 영역은 오직 인민들만이 아니라 그들의 환경적인 요소 모두를 관장하는 데에까지 미치지 않을 수 없다는 실제 상황의 반영인 셈이다.

그러면 그와 같은 '하늘의 대행자'로서의 정치이념에는 현실적으로 어떠한 의의가 내재될 수 있는 것일까?

이와 관련하여 생각되는 것은 우선 정치적 중심기능으로서의 '권력강화'의 문제이다. '대천代天'이라는 말에서 보이듯이 군주에게는 하늘만큼의 높고 강한 절대 권력의 소유가 당연시되므로, 그로 인한 인민에의 구속정치도 정당화되지 않을까 하는 의문이다. 그러나 세종에서는 이 점이 그렇게 문제될 바 아니다. 당시에는 이미 정치권력의 안정기가 지속되는 상황이었고 또한 세종은 무단적 강권정치보다 숭문적 교화정치를 더 중시하고 있었기 때문이다. 사실 유교 경전에서 천명하는 '하늘과 백성 소통의 논리'[21]에서는 그러한 의문 자체가 성립될 수 없다.

또 다음으로 생각되는 현실적 의의는, 진실로 하늘을 대행할 만큼의 능력을 함양할 수 있는가에 대한 과제의식이다. 이는 세종에 있어서 실로 중요하게 의식되었던 내용이다. 이러한 사실은 다음의 발언으로 확인된다.

아아! 하늘은 친함이 없고 오직 덕德 있음에 돕는다. 사랑으로 성장

---

21 경전에서 하늘과 백성의 관계가 하나로 소통되는 논리는 "백성이 바라는 바는 하늘이 반드시 좇는다. … 하늘이 보는 것은 우리 백성이 보는 것으로부터 하고, 하늘이 듣는 것은 우리 백성이 듣는 것으로부터 한다. (民之所欲 天必從之 … 天視自我民視 天聽自我民聽.)" (『書經』「周書」'泰誓')로 나타난다.

하여서 백성 보살필 권한을 받았으니 검소함과 관대함을 다하여 나라의
경사스러움을 더해갈 것이다.[22]

위의 기록은 세종이 세자를 책봉하면서 당부한 말이다. 세종은 하늘
에 감응할 정도의 지도능력 즉 '덕德'을 갖추지 못하면 그 위치를 잃
게 될 수밖에 없다고 하는 경각심에서, 『서경』에서의 이른바 "하늘은
친함이 없고 오직 덕德 있음에 돕는다."[23]라는 구절을 그대로 원용하
고 있었다. 군주의 위상을 견지해 가려면 하늘에 닿는 이치를 깊이 알
아서 그것을 적극 실천해가는 정치능력, 즉 '행도行道로서의 군덕君
德'을 부단히 함양해가지 않으면 안된다고 보는 것이다. 이렇게 세자
에 당부할 수 있는 데에는 이미 세종 그 자신에 있어서 그렇게 노력해
왔다는 의미가 담겨져 있다. 그것은 그의 총명성과 학구열 속에서 더
욱 심층적으로 지향되고 있었음에 틀림없다.

그리고 세종에게 하늘은 하나의 감시자로 여겨지고 있었다는 사실
을 볼 수 있다. 그는 말하기를 "내가 듣기에 임금이 부덕하여 정치가
균등하게 되지 못하면, 하늘이 재앙을 보임으로써 잘 다스리지 못함을
경계한다."[24]고 하였고, 또 말하기를 "하늘이 이미 나를 재변으로 꾸짖
었는데 어떻게 백성들을 번거롭게 하며 성찬을 올리게 하겠는가?"[25]
라고도 하였다. 이처럼 세종은 자연현상을 통하여 하늘이 군주인 자신
을 감시하는 것으로 여겼다. 종교적 계시나 신앙의 방법이 아닌 주변의
구체적 현상과 직결시키고 있다는 데에 그 실감이 높아진다.

그러면 그렇게 경계되는 하늘에 대해서 어떻게 응해야 할 것인가?

---

22 『세종실록』 3년 10월 丙辰.
23 『書經』「周書」'蔡仲之命' : "皇天無親 惟德是輔."
24 『세종실록』 5년 4월 乙亥.
25 『세종실록』 7년 윤7월 丙午.

이 대응논리로 세종은 '민심의 화락'을 강조하였다. 즉 그는 이르기를 "힘써 민심을 기쁘게 하는 것으로써 하늘의 견책에 답한다."[26]고 하였고, 또 말하기를 "민심이 화순하면 하늘의 뜻 또한 순조롭게 된다."[27]고 하여, 하늘과 백성 소통논리에 의한 천인화응天人和應의 사고를 견지하였다. 따라서 결국은 백성의 마음을 잘 살펴서 그 길을 따라 정사를 펼치는 일이 부단한 과제로 남는다. 이에 대한 적극적 방책으로 세종은 언제나 '백성 고통(民瘼)'의 소재를 찾기에 주저함이 없었고 또 그 해결을 위해 남다른 지혜를 모아갔던 것이다.

이상에서 알 수 있듯이 세종에서 지향되었던 '하늘을 대신해 만물을 다스린다(代天理物)'는 정치이념은, 결국 군주의 정치능력을 하늘의 이치에까지 닿을 정도로 극대화시킴과 동시에 백성을 하늘같이 사랑하는 선정善政의 요인으로 작용하는 것이었다는 점에서 그 의의가 큰 것이었다고 하겠다.

2) 민본정신과 애민주의

이제까지는 주로 군주의 위상을 중심으로 하는 그 배경직 측면에서 정치이념의 단면을 살펴보았다. 이제는 그 시각을 전환하여 인민을 향한 직접적인 정치행위의 측면을 주목해 보기로 한다. 이에서 나타나는 첫 부분은 '민본民本'과 '애민愛民'의 정신이다.

왕조시대의 정치체제는 '군주정치'의 형태이었기 때문에 현대사회에서의 '민주정치'와는 거리가 멀다. 그러면 정치체제의 구조상 피치자로서의 '인민'은 어떠한 위치로 간주되는 것이었을까? 이에 대한 유교의 입장은 곧 '민본民本'으로 천명되었다. 이에 대한 내용은 앞의 제1부에서 이미 살핀 바 있다.

---

26 『세종실록』 26년 7월 己未.
27 『세종실록』 7년 12월 甲戌.

그러한 유교정치에서의 대민관對民觀은 세종에서도 그대로 수용된
다. 그는 종종 이 점을 정치 행정의 기본정신으로 거듭 확인하였다. 즉
기근 극복의 정책을 밝힐 때는 "백성은 나라의 근본이요, 먹는 것은
백성의 하늘이다."[28]라고 하였고, 또 탐관오리에 대한 감찰 정책을 다
룰 때에는 "백성은 나라의 근본이니 백성이 견고하여야 나라가 평안
하다."[29]라는 말로 시작하였다. 이러한 사실을 볼 때에『서경』에서의
민본론民本論은 세종에 있어서 그대로 하나의 절대 명제와 같이 쓰이
고 있었음을 알 수 있겠다.

나아가 그 말은 인민에 대한 정치관계의 해석적 차원으로 머무는
것은 아니었음이 발견된다. 즉 그것은 통치행위의 중심 과제를 제기하
는 요인으로 작용되고 있었으니, 이러한 점은 세종이 전국의 각도에
내린 아래 교서의 서두에서 잘 나타나고 있다.

> 백성은 나라의 근본이니 정치는 백성을 보양하는 데에 있다. 민생을
> 돈독히 하여 나라의 근본을 견고히 하는 것이 국정에서 우선 힘 쓸 바
> 이다.[30]

민본 이념의 실천적 관건은 바로 '민생民生'의 문제를 해결하는 데
에 있다고 보는 것이다. 그러면 또 그 민생문제의 구체적 해결책은 무
엇인가?
이에 대한 답은 다음의 발언에서 찾아 볼 수 있다.

> 마을에서 영원히 탄식하는 소리를 끊고 각각 '살아가는 즐거움'을 누

---

28 『세종실록』 원년 2월 丁亥.
29 『세종실록』 5년 7월 辛巳.
30 『세종실록』 12년 윤12월 乙巳.

리도록 할 것이니 오로지 너희 이조吏曹는 이러한 지극한 마음을 살펴 내외에 밝히라.[31]

국가는 백성으로 근본을 삼고 백성은 먹는 것으로 하늘을 삼는다. 농사란 의식의 원천으로 왕정王政에서 먼저해야 할 일이다. 오로지 인민의 큰 생명에 관계되는 것이기에 천하의 지극한 노고에 복무케 하는 것이다. 위에 있는 사람이 성심으로 이끌어가지 않는다면 어찌 백성으로 하여금 부지런히 힘써 그 근본에 종사하여 '살아가는 즐거움'을 누릴 수 있게 하리오.[32]

민본정치란 결국 인민의 생활문제를 해결하여 그들로 하여금 '살아가는 즐거움(生生之樂)'을 누릴 수 있게 하는 것임을 말하고 있다. 따라서 위정자는 그 안정된 삶을 위한 지도자적 역할을 다해야 된다고 본다. 이것의 구체적 모습은 곧 농경문화의 향상으로 나타났다.

나아가 세종의 민본이념은 마침내 정책결정을 위한 여론조사輿論調査를 실시하는 차원에까지 이르렀다. 당시의 정치형태로 보아 일반의 평민에게까지 정책수립의 의견을 묻는다는 것은 생각하기 어려운 일이었다. 그럼에도 불구하고 세종은 그 12년(1430) 개량농법(조세법)의 시행 여부를 민의에 따라 결정하기 위하여 역사상 초유의 여론조사의 방법을 창안하고 있었던 것이다. 당시 보고된 조사자의 총인원은 17만 1천여명으로 나타났다.[33] 이와 관련하여 또 주목되는 것은 그 찬성과

---

31 『세종실록』 5년 7월 辛巳.
32 『세종실록』 26년 윤7월 壬寅.
33 세종 12년 8월 戊寅의 기록에는 찬성 98,657명 반대 74,149명으로 되어있는데, 柳永博은 합산과정에서의 잘못을 발견하고 그 정확한 집계는 찬성 97,636명 반대 73,949명 총171,585명이라고 밝혔다. 柳永博 「世宗朝의 財政政策」 대한민국학술원 『學術院論文集─인문사회과학편─』 18집, 113~135쪽 참조.

반대의 차이가 2만여명 정도로 나타나자 다수결 원칙에 따라 그대로
시행하지는 않고 있다는 점이다. 세종에게서는 그 반대자 7만여명의
입장도 크게 생각하고 있었기 때문이다. 그리하여 그 농법개정의 문제
는 그 이후로도 부단히 다루어지게 되었다.

그와 같은 '민본'의 정치이념은 세종에 있어서 '애민정신愛民精神'
으로 심화되었다. 그는 한결같이 백성을 보호와 사랑의 대상으로 보았
다. 그리하여 그 적극적 방책을 강구하고 있었으니, 그중의 하나가 곧
'백성을 가까이 하는 관리(近民之官)'를 직접 면대하여 당부하는 모습
으로 나타났다. 이러한 모습은 세종초기에서 시작되어 그 7년 12월부
터는 2품 이하의 모든 수령까지 확대시켰다. 그 이유는 그것이 바로
각 지방의 수령들을 통하여 모든 백성들에게 자신의 어진 정치를 펼쳐
갈 수 있는 최적의 방식으로 인식되었기 때문이다. 즉 그 본의는 세종
자신의 마음을 받아 백성을 사랑으로 대하여야 한다는 일깨움을 주는
데에 있었다. 그 면대의 실제에서 교유했던 한 예를 보면 다음과 같다.

> 당연히 백성을 사랑하는 것으로 마음을 먹어야 할 것이니, 백성의 부모
> 가 되어서 백성을 사랑하지 않는다면 누가 감히 자네를 사랑하겠는가?[34]

백성을 다스리는 행정관의 마음가짐은 오직 '백성 사랑(愛民)'에 있
는 것임을 각인시키면서 그 능동적인 실현을 당부하고 있는 것이다.
이러한 면담을 거치는 지방관들은 그렇지 않은 경우에 비하여 행정에
임하는 태도가 같지 않았을 것임은 분명하다. 그들의 마음속에는 항상
그 임금과의 만남을 잊을 수 없었을 것이기 때문이다.

그처럼 세종은 군주로서의 상투적인 발언을 지양하고 백성들로 하

---

34 『세종실록』 8년 4월 己卯.

여금 그 절대 사랑의 모습을 직접 접할 수 있게 하였다. 즉 자식에 대한 부모의 마음처럼 먼저 백성들을 어여삐 대하게 함으로써 치자와 피치자 사이의 인간적 화합성을 고양해 가도록 하는 것이다. 이러한 태도는 결국 소위 탐관오리의 악정을 극복할 수 있는 것임은 물론이요, 백성들의 육체적 고통과 경제적 역경을 예방해갈 수 있다는 차원에서 그 본질적 의의가 있는 것이라 하겠다.

그리고 세종의 애민정신은 훈민정음訓民正音의 창제로 나타났던 일 또한 유명하다. 세종은 그 위대한 사업을 완성하면서 이르기를 "어리석은 백성들이 말하고자 하는 바 있어도 마침내 그 뜻을 펴지 못함이 많으니, 내가 이를 민망히 여겨서 새로 28자를 만들어 사람들마다 쉽게 익혀서 날로 씀에 편리하게 하고자 하였다."[35]고 말했다. 이것은 군주로서 정책을 입안하고 시행하며 인사관리를 철저히 하는 것만으로 그의 애민정신이 끝나는 것이 아니었음을 증명하는 부분이다. 세종 스스로가 문자생활을 제대로 하지 못하는 백성들에 대하여 민망히 여겼다는 그 사랑의 애절한 심정은, 곧 일부 반대세력에 맞서면서 새로운 문자의 창제사업을 가능하게 하였던 것이다.

거기에는 그저 권력만으로 통치하겠다는 지배적 차원을 넘어서는 교화적 문화정치에의 창발의지가 전제되지 않았다면, 그것은 전혀 불가능한 것이었음은 물론이다. 여기서 우리는 세종의 정치행위에는 다스림의 통치자적 영역을 넘어서 스승으로서의 교육자적 영역까지 포함되고 있었음을 알 수 있겠다.

또한 그와 같은 애민정신은 한결같이 덕치주의의 모습으로 일관하였음을 간과할 수 없다. 세종에 있어서의 '덕치德治'란, 유교정치로서의 형식적인 구호에 그치는 것이 아니었다는 점에 그 특성이 있다. 즉

---

35 『세종실록』 28년 9월 甲午.

그에 있어서 인륜·도덕성을 지향하는 정치행위는 자신으로부터 온 백성에 이르기까지 소위 입체적인 모습으로 부단히 추구되는 것이었다.

이러한 사실은, 그 스스로가 솔선하여 왕실의 도덕행위에 모범을 보이며 종종 노인공경의 경로행사敬老行事를 거국적으로 시행하고 있었던 점과, 전국에서 도덕적 행실이 탁월한 자를 엄선하여 국가적 표창 사업을 부단히 추구했던 일, 그리고 왕실의 의례 정립을 위해서는『국조오례의國朝五禮儀』를 찬수케 하고 인민의 도덕심을 감발케 하기 위해서는『삼강행실도三綱行實圖』를 낳게 하였던 점 등이 그것을 증명한다. 물론 당시에도 유교 경전을 비롯하여『주자가례朱子家禮』와『소학小學』및『효행록孝行錄』등의 인륜규범서가 널리 보급되어 있는 상황이었지만, 세종은 그에 만족하지 않고 집현전 요원들을 비롯한 여러 학자들을 동원하여 그와 같은 새로운 인륜서 발간 사업 등에 선구자적 역량을 발휘할 정도로 자신의 덕치이념 구현에 적극적이었다.

3) 형평정신과 신형愼刑주의

정치 전개의 실제에 있어서 인륜 도덕성의 천명은 보편적 의미를 갖는다. 인간사회에 있어서는 언제나 '인간다움'의 구현을 최상의 과제로 간주되지 않을 수 없는 것이기 때문이다. 그러나 그것을 지향하는 데에는 특히 도덕적 교화의 방법이 절실한 것이지만, 그러나 그것만으로 모든 일탈행위를 막을 수 없는 것이 또한 현실적 한계상황이다.

그러므로 '덕치德治'의 현장에서도 그 보완장치로 '법치法治'를 용인하지 않을 수 없다. 이 점은 유교 전통의 정치 현실에서 잘 나타나 있는 바이다. 그러나 이 법치의 궁극적 의의 또한 인륜·도덕성을 벗어나서 찾아질 수 없다고 보는 점에 유의할 필요가 있다. 이제는 이러한 법치적 측면과 관련한 세종의 정치이념을 살펴보기로 한다.

앞에서 본 세종의 애민정신은 사회적 형평성衡平性의 추구와 병존되고 있었다. 인민을 사랑함에는 편애나 차별을 둘 수가 없다는 것이다. 이러한 정신은 절대적 의미를 갖는 것이었기에 세종은 하늘의 이치를 전제하며 그것을 확인하고 있었다.

> 하늘이 만물을 화육함에는 크고 작음을 가리지 않고, 임금이 백성을 사랑함에는 이것과 저것의 간격이 없다.[36]

> 노비가 비록 천하나 '하늘의 백성(天民)' 아님이 없다.[37]

그의 이른바 '하늘을 대신하여 만물을 다스린다(代天理物)'는 큰 정치이념에 따라, 그리고 백성은 곧 '군주의 백성'이기 이전에 '하늘의 백성(天民)'이라는 천민의식天民意識에 따라서 노비에 이르기까지 그 형평성이 천명되고 있는 것이다. 인간 사회에서 하늘의 원리란 신성하고 공평하게 작용하는 것으로 간주되듯이, 정치 사회에 있어서의 인간 역시 차별이 없도록 공평하게 대해져야 한다는 말이다. 그러면 그 구체적인 보장은 어떻게 가능한 것이었을까?

그러한 인간 존엄의 형평성 문제는 결국 '법치法治'의 방법으로 지향되고 있었다. 따라서 이른바 '법 앞의 평등'이라는 성격을 갖는 셈이다. 세종이 추구한 형평정신은 법의 집행과정에서만 중시되는 것은 아니었다. 그것은 ① 입법의 필요성을 제기하는 기본입장에서부터, ② 입법의 과정, 그리고 ③ 그 집행 등의 모든 경우에 작용하고 있었다. ①을 대표하는 예로서는 중앙관료와 지방관리의 승진기간이 같지 않음을 문제시하여 법제화해 가는 점이 주목되는 것이요, ②의 예로서는 앞서 확인한 공법의 개정 시행을 위한 전국적인 여론조사를 볼 수 있으며, ③의 경우로서는 공직자라 하여 위법違法에 예외를 두지 않았던

---

36 『세종실록』 21년 5월 辛酉.
37 『세종실록』 26년 윤7월 辛丑.

엄정성에서 그 실상을 볼 수 있다.

　세종은 "법을 세우기가 어려운 것이 아니라 법을 행하기가 어려운 것"[38]이라고 이르면서 그 실천의 과정에서는 어떠한 특권의식도 일체 용납하지 않았다. 그리하여 관리가 일반의 법을 어겼을 경우는 그 예외를 두지 않았으니, 성균직학 김숙자金叔滋에게는 처자 관계를 엄정하게 대하지 못했다는 이유로 장형杖刑이 가해지고, 집현전 응교 권채權採가 비첩婢妾 학대문제로 논죄되는가 하면, 대신 황희黃喜도 사위 서달徐達이나 감목관 태석균太石均의 논죄를 비호하는 발언문제로 두 번이나 파면된 바 있다.[39] 나아가 세종은 '금주령禁酒令'과 관련하여 "나는 술을 마시면서 다른 사람들에게는 술 쓰는 것을 금하는 것이 옳겠는가?"[40]라는 말로써 '임금님은 제외'라는 신하들의 의식을 반성케 하기도 하였다. 국법의 운용에 있어서 지위의 고하가 문제될 수 없다는 기조를 견지하고 있었던 것이다.

　이처럼 법제의 형평정신을 추구함에 있어서는 흔히 위법자에 대한 처리문제가 야기된다. 그렇다면 세종은 법치의 결과로서 오직 처벌만을 능사로 여겼던 것일까? 이에 대한 그의 입장을 확인하기 위해서는 그의 형옥관刑獄觀을 살필 필요가 있다.

　세종은 정치에서 형벌의 방법을 쓰면서도 그 목적을 분명히 인식하고 있었다. 그는 말하기를 "형벌이란 다스림을 돕기 위해 갖추어진 것"[41]이라 하였고, 또 "감옥이란 죄 있음을 징계하는 것이지 본래 사람을 죽이게 하는 것은 아니다."[42]라고 하였다. 형옥이란 오직 법적

---

38 『세종실록』 22년 8월 庚辰.
39 趙南旭, 『世宗의 政治哲學에 관한 硏究』 성균관대학교 박사학위논문(1988) 48쪽.
40 『세종실록』 8년 5월 甲辰.
41 『세종실록』 13년 6월 甲午.
42 『세종실록』 7년 5월 庚午.

일탈자들을 향해 다시 동참할 수 있도록 하는 보치적輔治的 역할을 하는 데에 그 의의가 있다는 것이다. 따라서 그는 모든 범법행위를 처리함에 있어서 매우 신중한 모습을 보였다. 그 대표적인 예로서는 즉위 초기부터 시행한 사형수에 대한 삼심제三審制 즉 '삼복법三覆法'을 들 수 있다.

그와 같은 판결의 신중성은 사형의 경우에서만 제기되었던 것은 물론 아니다. 그는 언제나 형벌의 남용을 염려하면서 가급적 벌을 가볍게 하는 경벌주의輕罰主義와 사실에 근거하는 실증주의의 판결을 강조하였다. 뿐만 아니라 세종은 법관들의 선입견적 치죄행위를 심히 못마땅하게 여기고 있었다. 그리하여 그는 직접 조사한 결과로 마침내 3천8백여 자에 달하는 장문의 교서를 작성하였다. 일반적으로 교서나 교지 등이 임금의 구술에 의해 작성되는 것과 비교해 보면 그것은 매우 특별한 모습이다.

그 글에서 세종은 관리들이 오판한 사례 4건의 진상을 밝히고 있는데, 그 말미를 보면 다음과 같다.

아아! 죽은 자는 다시 살아날 수 없고 형벌로 나진 사는 다시 이어놓을 수 없으니, 만약 한번이라도 실수하면 후회한들 어찌 미칠 수 있으랴. 이것이 내가 밤낮으로 불쌍히 여겨 잠시도 마음속에서 잊지 못하는 바이다. … 죽을 자로 하여금 저승에서 원한을 품지 않도록 하고 살아있는 자로 하여금 마음에 한恨을 품지 않도록 하고, 모두의 정이 서로 기뻐하여서 감옥이 하나같이 비어있도록 하며, 화락한 기운이 널리 퍼져 비내리고 맑음이 순조롭게 되는 데에까지 이르도록 하여야 할 것이다.[43]

---

43 『세종실록』 13년 6월 甲午.

『서경』에서의 이른바 "벌주는 것은 벌 없음을 기약한다."[44]라는 법치의 이상경을 확인하며 세종은 그 어떠한 논죄에도 유감이 없으며 자연의 조화에 소통의 기운이 함께 할 수 있을 정도의 신중함을 당부하고 있다. 이러한 내용의 글은 그에게 내재한 인간 존엄성의 발로인 것이다. 그 인간의 가치는 절대적인 것이어서 그 누구에게 단 한 번의 실수도 용인될 수 없다고 여겼다. 여기서 형벌에의 신중성 즉 '신형주의愼刑主義'의 실상을 보게 된다.

법관들에게 법 적용에의 신중성이 더욱 요구되는 이유는, 그들에게는 자칫 그 인간 존엄성을 훼손시킬 위험성이 상존하고 있기 때문이다. 그러므로 그는 "죄가 사형에 처하는 것이 마땅하다 하여도 사정에 따라 용서할 수 있다면 모두 그렇게 하고 싶은 것이 나의 본심이다."[45]라고 자신의 애절한 심기를 나타내면서 재판관들로 하여금 가급적 벌을 적게 주고 또 본의 아닌 오판의 위험성으로부터 벗어나게 하였다. 그것은 온 백성들을 대상으로 하는 것이었으므로 세종은 그러한 장문의 교서를 직접 작성하여 모든 신료들에게 보이고 있었던 것이다.

또한 세종은 그와 같은 신형주의로 말미암아, 재판으로 감옥살이가 지연되는 것을 방지하고 신문제도를 개선하며 죄수의 보호 조치를 강구하는 등 여러 모습을 보였다. 그리하여 때로는 감옥살이로 자칫 죽을 수도 있는 열악한 옥사獄舍를 수리시킴으로써 '형옥 정치의 확대'라는 오해의 구설수를 낳기도 하였다. 그러나 죄수에까지 뻗쳐간 그의 인간애는 그로 인하여 위축될 수 없었다.[46] 형옥에 대한 세종의 입장

---

44 『書經』「虞書」'大禹謨': "刑期于無刑." 이러한 구절을 직접 인용하며 형벌에의 신중성을 강조한 발언은, 세종 6년 8월 癸亥의 기록에서도 볼 수 있다.

45 『세종실록』 6년 6월 丁未.

46 감옥을 수리하면 그 禍가 임금에게까지 미칠 수 있다는 항간의 소문에 대하여 세종은 "감옥을 수리하는 것은 죄수들로 하여금 침식을 편안케 하고자 하는 것이요, 애당초 형벌 주기를 좋아해서 그런 것이 아니거늘 어찌 禍가 미칠 수 있겠는가? 이는

은 "형벌이 중대한 것이지만 삼가하지 않을 수 없다."[47]라는 말이 그
에 있어서 하나의 좌우명으로 작용하였던 셈이다.

　나아가 세종의 신형주의는 사면의 당위성 인정론으로까지 이어졌
다. 그는 이르기를 "죄에는 가볍고 무거운 것이 있으나 사람에게는
'스스로 새롭게 해가는 이치(自新之理)'가 있다."[48]고 하여 개과천선의
여지를 그에 연계시키고 있었던 것이다. 즉 재판과정에서 중시한 형벌
에의 신중성은 수형자의 반성의지와 더불어 벌을 줄여주는 경벌주의
輕罰主義를 낳는 것을 당연시 하였다는 점이다. 그리하여 세종은 종종
사면을 단행하고 있었는데, 그때마다 그는 그러한 기본정신을 거듭 확
인시키면서 그의 이른바 '스스로 새롭게 해가는 길(自新之路)'을 넓혀
주는 데에 적극적인 모습을 보였다.

　요컨대 정치의 현장에서 형벌의 방식은 덕치주의의 한계상황에서
비롯되는 것이었지만, 바로 그 신형주의로써 도덕화의 애정이 형률의
적용에서도 부단히 지향되고 있었다는 점에서 그 특성을 보게 되는 것
이라 하겠다.

3. 세종 정치의 이상경

　세종이 추구한 정치적 이상세계를 확인해 보는 일은 그의 정치이념
을 거론하는 궁극적 의미를 갖는다. 모든 정치행위는 그러한 이상적
지향점이 없다면 그 목적과 가치를 말하기 어려운 것이기 때문이다.

세속의 말로서 심히 이치에 맞지 않는다."(세종 14년 7월 甲戌.)라는 말로 그 부당성
을 지적하고 있었다.
47 『세종실록』 14년 1월 乙亥.
48 『세종실록』 4년 2월 壬子.

그러면 그가 추구한 정치 사회적 이상사회는 무엇이었을까?

이에 먼저 지목되는 것은 인륜사회의 구현이다. 인간존중의 인륜사회를 구현하는 것이 유교정치의 이상이었던 것처럼 세종에서도 이 점은 높이 추구되고 있었다.

그러므로 그는 그 인륜 도덕성을 고양하기 위하여 즉위년부터 전국에 걸쳐 덕행이 뛰어난 자들, 즉 효자孝子·효손孝孫·의부義夫·절부節婦들을 찾아 국가적인 표창사업을 전개하였던 것이다. 이러한 태도는 그의 이른바 "정치하는 데에는 효도를 세우는 것보다 더할 것이 없다."[49]라는 발언의 구체적 모습이기도 하다. 세종은 이와 같은 도덕 사회로서의 이상향을 적극 구현하기 위하여 스스로는 모범을 보이면서 각종의 교화사업을 전개함과 동시에 선행자에겐 상을 내리고 악행자에겐 벌을 가하는 입체적 방법을 강구하였다. 이러한 것들은 어느 한 때의 일회성에 그치지 않고 그의 재임기간에 부단히 지속되었다는 점에서 더욱 주목되는 것이다.

다음으로 말할 수 있는 세종정치의 이상향은 '평천하平天下'에서의 '평平'자가 뜻하는 바로서의 화평한 경지에 있었다는 점이다.

왕조국가의 정치적 과제는 주로 왕실의 영속과 민생의 안정, 그리고 국제교린의 외교문제 등에 있었다. 이와 같은 현실적 당면 과제들을 적극 해결해가고자 하는 것이 또한 세종 정치의 주된 입장이기도 하다. 그러면 그 모든 것들이 원만히 해결되어지는 화평의 이상사회는 그에 있어서 어떻게 표현되는 것이었을까? 이에 다음의 말이 주목된다.

> 내가 부덕한데도 신민의 위에 있으니 밤낮으로 다스림을 꾀하여 융평隆平에 이르기를 기약한 지 무릇 8년이 되었다.[50]

---

49 『세종실록』 6년 7월 乙酉.
50 『세종실록』 7년 6월 辛酉.

여기서 그의 정치이상이 '융평隆平'이란 말로 함축되어 나타나고 있음을 볼 수 있다. 정치의 당면과제가 무난히 해결되어 내우외환이 없고 국태민안이 영속되는 '드높은 평화의 경지'를 '융평'의 사회로 보았다. 그렇게 넓고 큰 화평의 경지를 세종은 절실히 희구해가고 있었던 것이다.

그런데 그가 추구하는 정치 사회적 이상경은 그러한 용어로 나타나는 것만은 아니었다. 그 다른 예를 보면 다음과 같다.

아아! 천심을 받들어 왕도를 행하고 두루 넓고 큰 어짐을 베풀고 제왕의 가르침을 펴 민생을 애휼히 여김으로써 영구히 '풍평(豐平)의 정치'에 이르려 한다.[51]

여기에서는 그 정치의 이상경이 소위 '풍평지치豐平之治'로 표현되고 있음이 특이하다. 여기 '풍평豐平'이란 절대 화평의 경지를 가리키는 측면에서는 '융평隆平'과 성격을 같이 하는 것이지만, 그 첫 글자의 다름에서 느껴지듯이 각기의 힘의가 완전히 동일하다고 보기는 어렵다. 즉 '풍평'이란 말에서는 경제적 풍요로움까지 나타내고 있다는 점이다. 그러나 '융평'도 궁극적으로는 경제적 번영의 기초를 소홀히 하고서는 불가능한 것임을 주목해 볼 때, 그 두 표현이 근본적으로는 동질성을 갖는다 하겠다. 따라서 그 두 용어에서는 각기의 글자 하나씩을 떼어서 보는 입장, 즉 '융평隆平'이란 '융성과 화평'으로, 그리고 '풍평豐平'이란 '풍성과 화평'으로 해석하여도 좋을 것으로 보인다.

나아가 세종이 추구했던 이상사회는 다음과 같은 민생론에서 좀더 구체적으로 확인해 볼 수 있다.

---

51 『세종실록』 6년 10월 丙辰.

전답에서 힘써 농사지으며 우러러 섬기고 굽어 양육케 하여서 우리
백성의 생명을 길게 하고 우리나라의 바탕을 견고히 하며, 가정과 사람
마다 넉넉하며 예양禮讓의 풍속을 크게 일으켜 때로 화평하고 해마다
풍년 되어 다함께 '화락하는 즐거움(熙皡之樂)'을 누려갈 것이다.[52]

이는 과거 전통사회에서의 농본주의에 근거한 경제의식과 유교 전
통의 민본주의에 따르는 국가의식 그리고 인륜정신이 흥기되어, 삶의
풍요로움을 누릴 수 있는 안정된 경지를 말하고 있는 경우이다. 그 참
된 모습을 세종은 모두가 다 함께 환히 즐거워하는 상태, 즉 '희호지락
熙皡之樂'이라 하였다. 인민들이 정신적으로나 물질적으로 어떠한 근
심걱정이 없는 상황에서 삶 그 자체를 즐기는 경지인 것이다.

세종에 있어서 그와 같은 이상경을 지향하는 정치형태는 당연히 처
음부터 나타나고 있었다. 곧 즉위 3개월 후에 있었던 인민에 대한 종
합적 시정책이 바로 그것이다.[53] 이는 또한 즉위교서에서 천명한 바의
'어짐으로 정사를 펼쳐간다(施仁發政)'는 성왕정치로서의 기본정신을
구현하는 의미를 갖는 것이기도 하였다.

그리고 세종의 정치전개에서는 연구와 실천의 두 축이 통합적으로
운용되고 있었다는 점이 주목된다. 경연과 집현전은 '연구의 축'이요,
육조 중심의 정무기관들은 '실천의 축'이었는데, 이를 통합하는 상위

---

52 『세종실록』 26년 윤7월 壬寅.
53 그 시정책의 조목별 요점은 다음과 같다. ① 농사와 누에치는 일은 衣食의 근본이
니 흉년에 노역을 삼가며 失農이 없도록 할 것, ② 학교는 풍속과 교화의 근원이니
儒學敎育을 높일 것, ③ 수령은 近民之職으로 그 선임이 중하니 각 道와 기관에서
는 30년간의 치적을 조사 보고할 것, ④ 늙어 홀로되거나 외로운 자 병든 자들에게
賑恤方策을 펼 것, ⑤ 탐관오리의 폐습을 일소하고 민생을 사랑으로 보살필 것, ⑥
각 수령은 欽恤精神으로 刑獄에 임하고 각 소임에 충실할 것, ⑦ 孝子·順孫·義
夫·節婦를 널리 찾아 표창할 것, ⑧ 전사자의 후손을 보호하고 서용할 것, ⑨ 초야
에 은거한 사람들 가운데 재주와 道가 높은 자를 찾아 보고할 것.

직은 정승들이 겸임토록 함으로써 임금인 세종 자신에게는 그 양자가 자연히 높은 단계로 합일 지향되도록 하는 형식을 취하고 있었다. 이 것이 곧 당시 정치문화의 발전상을 낳게 하는 기반으로서 하나의 큰 틀이었던 것이다.

　세종은 부왕 태종의 정치 시대와는 다른 권력의 안정기에서 유교의 성군과 같은 선정의 정치력을 발휘하였다. 왕조시대의 성격상 '왕실이 곧 국가'라는 정치 행정의 태도를 취할 수도 있었지만 세종은 오히려 나라의 기본은 곧 민생에 달려있다는 '민본'의 사실성을 직시하면서 애민주의의 정치이념을 구현하여 왔다. 이로 말미암아 세종은 항상 '백성을 위한 임금으로서 무엇을 어떻게 하여야 할 것인가?' 하는 과 제의식을 가졌으며 그 결과로 정치문화의 발전된 모습을 보일 수 있었 던 것이다. 이와 관련하여 그 현대적 의의를 도출하면 다음과 같이 말 할 수 있겠다.

　첫째는 세종 정치이념에 전제된 '하늘(天)'의 논리는 정치행정의 순 수성을 보장하고 인간의 존엄성을 확보하는 직극직 의미를 가지고 있 었다는 점이다.

　동서의 정치발전사에서 볼 수 있듯이 정치 이상이 '인간다운 삶'을 지향하는 데에 있는 한, 인간 지존의 인권문제는 부단히 강조되어 왔 다. 이러한 태도는 영·불의 혁명정신이나 미국의 독립선언서 그리고 유엔의 세계인권선언문 등에서 뚜렷이 밝혀져 있다. 그리고 우리나라 의 헌법 제10조에서도 "모든 국민은 인간으로서의 존엄과 가치를 가 지며 행복을 추구할 권리를 가진다. 국가는 개인이 가지는 불가침의 기본적 인권을 확인하고 이를 보장할 의무를 진다."라고 하여 그 기본 정신을 천명하고 있다. 따라서 인간의 존엄성이 얼마만큼 폭넓게 그리 고 적극적으로 보장되어 지느냐 하는 정치적 과제는 계속 남아 있는 것이다.

　　이러한 문제와 관련하여 볼 때 세종 정치이념에서 전제되는 '하늘
(天)'의 논리는 높이 평가될 수 있다고 본다. 앞서 살펴보았듯이 그는
군주의 입장은 '하늘을 대신하는 것(代天)'이라 하면서 '하늘이 견책한
다(天譴)'는 의식을 보이는가 하면, 노비들에 대해서도 '하늘의 백성
(天民)'이라 하여 모든 문제를 풀어가는 기본 원칙에 있어서는 항상
'하늘'을 말하고 있었던 것이다. 이는 군주 자신에게는 천도와 천의에
따라야 한다는 정치적 순수성에 대한 의무감을 더해주는 것이요, 인민
들에게는 통치자의 자의적 태도로 침해받을 수 없다는 천부적 인권의
확보를 가능하게 하는 기초가 된다. 즉 세종에 있어서 자기 스스로가
항상 통치의 기본입장에서 '天'을 상정하고 있었던 것은, 군주로서의
권세를 확장하려는 의지의 반영이었던 것이 아니라, 오히려 천인합일
적 진리구현의 사명감을 진작시켜 권력의 남용을 예방하고 백성의 위
상을 절대시하는 의미를 가지고 있었다는 것이다.

　　둘째는 국민에 대한 통치자로서의 도덕적 일체감을 고양하고 있었
다는 점이다.

　　이는 정치인으로서의 자질 함양과 관련된 문제이기도 하다. 이 부분
에 관해서는 앞서 확인한 세종 자신의 호학성과 근면성으로 그 정도를
짐작할 수 있는 것이지만, 그는 언제나 "마음이 바르면 백성 다스림에
어려움이 없다."[54], "마음이 바르면 일을 처리함에 어려움이 없다."[55]
고 하면서 '마음 바로하기(心正)'를 강조한 점, 그리고 "일대의 정치가
흥기함에는 반드시 일대의 영재가 있었기 때문이다."[56]라고 하여 '정
치능력'의 함양을 중시한 점 등이 더욱 주목된다. 이러한 발언은 곧
『중용』에서의 이른바 '위정재인爲政在人'의 논리를 반영한 것이기도

54 『세종실록』 8년 1월 丁未.
55 『세종실록』 8년 1월 壬子.
56 『세종실록』 6년 7월 甲申.

하다. 그런데 이러한 정치인의 자질 문제는 오늘날에도 간과될 수 없다는 점에 그 현대적 의의가 제고된다.

신명순申命淳은 40년 한국정치사에서 민주적인 정치제도를 여러 형태로 수용해 왔음에도 불구하고 민주정치를 확립하지 못한 원인은 바로 정치엘리트들에 있다고 진단했다.[57] 그런가하면 근래 우리나라 대통령들이 임기를 마치면 본인이나 그 주변인들은 법의 심판을 받기에 바쁜 모습을 보이기도 했다. 이와 더불어 공직사회는 부패되어 국민들로부터 도덕성 부분 최하위권의 평가를 받고 있는 실정이다. 심지어는 법조계의 부조리도 심심찮게 거론되는 상황에 있다. 1981년에 제정된 「공직자윤리법」이나 1991년에 채택한 「국회의원윤리강령」이 있어도 그 규정이 지향하는 바의 진정한 변화는 기대하기 어려운 실정인 것이다. 이러한 모습은 선악시비보다 이해득실을 더 높은 가치로 인식하는 물질주의적 사고방식으로 말미암아 불신감을 증폭시키기도 한다. 자본주의 문화가 낳은 이기주의적 행태는 결국 각종의 대립과 갈등을 심화시켜 우리 모두의 공존공영을 위협하는 부정적 요인으로 작용하고 있는 것이다.

이와 같이 어려운 상황에서 우리는 어떠한 정치적 변화로 이 난국을 극복해갈 수 있겠는가? 이에 우선 대통령을 비롯한 모든 정치인들이 인간 보편의 도덕성을 회복하여 정치적 신뢰성을 정립할 수 있어야 하며, 정치인이란 정치인 자신만을 위해서 있는 것이 아니라 온 국민을 위해서 있는 것이라는 의식의 변화와 함께 행동의 변화를 보일 줄 알아야 할 것이다. 이때에 비로소 '국가발전의 가장 낙후된 부분이 정치'라는 오명을 벗을 수 있을 것이요, 더 이상 윤리·도덕교육의 방해자로서 남지 않게 될 것이다. 이러한 오늘의 과제를 생각해 볼 때에

---

57 신명순, 「한국의 민주주의와 정치문화」 현대사회연구소 『한국 정치발전의 현실과 과제』(1986) 39〜47쪽 참조.

세종이 보여준 인륜정신과 위민정신, 그리고 덕치와 법치의 조화적 태도 등은 그 보편적 가치를 갖는 것임에 틀림없다고 하겠다.

셋째, 세종의 정치에서는 언제나 교화적 태도를 보임으로써 인민에 대한 일체감을 증진시키고 있었다는 사실이다.

『삼강행실도』 발간과정과 훈민정음 창제과정에서 볼 수 있듯이 세종은 어진 선생님과 같이 최대한 가르치면서 이끌어 가고자 하였다. 그것은 도덕이나 어문의 영역에서뿐만 아니라 법조의 경우에서도 같은 모습이었다. 그리하여 세종은 법조문의 내용을 쉽게 널리 가르치고 잘 알려주면서 지키도록 하려 하였다. 그러나 당시의 정계에서는 현실적으로 법치를 추구하면서도, 일반 백성들에게는 법을 농간하는 무리가 생길 우려가 있다고 하여 법조문 가르치기에 반대한 일이 있었다. 그 대표적 인물이 이조판서 허주許稠였는데 세종은 그에 대하여 말하기를 "그렇다면 백성으로 하여금 알지 못하고 죄를 범하게 하는 것이 옳겠는가? 백성들이 법을 알지 못하는데 그 범하는 것을 별로 다스리는 것은 '조사모삼朝四暮三'의 술책에 가까운 것이 아니겠는가?"[58]라고 비판하였다. 우리는 이러한 하나의 사례에서도 정치에 대한 세종의 교화주의적 진면목을 엿볼 수가 있는 것이다.

특히 세종은 실효성을 극대화하는 정책 결정에 있어서는 반대론까지도 수렴하는 포괄적 리더십을 발휘하고 있었다. 그러한 실례는 "김종서金宗瑞가 육진을 개척할 때에 세종대왕은 비난하는 글을 보이면서 위임하였으니, 이와 같이 한 연후에야 비로소 큰 일을 할 수 있는 것이었다."[59]라는 효종의 발언에서도 볼 수 있다. 그러므로 그는 부단히 토론문화를 매우 중시하고 있었다. 그리하여 세종은 중요한 정책수립의 기조에서는 일부러 논란에 붙이는 모습을 보이기도 하였으니, 그

58 『세종실록』 14년 11월 壬戌.
59 『효종실록』 7년 8월 庚辰.

러한 사실은 실록이 증명하는 바이다.

성공적인 정책을 향한 세종의 고민은 이러한 말로 표출되기도 하였다. "법을 세우고 새로 만드는 일은 자고로 어려운 것이다. 임금이 하고싶어 하면 신하가 간혹 반대하고, 신하가 하고싶어 하면 임금이 간혹 들어주지 않으며, 비록 상하가 모두 하고자 하나 시운이 불리한 경우가 있기 때문이다."[60] 그의 탁월한 정치 리더십은 이러한 복잡한 상황 속에서 그 성공적 요인으로 작용하고 있었던 것이다.

요컨대, 세종은 위로는 품위로 왕실의 격을 높이고 아래로는 사랑으로 약 4백만 명의 백성을 다스리면서, 그들로 하여금 그 어떠한 삶의 고통 이른바 '민막民瘼'으로부터 해방된 아주 평화로운 상태에서 '살아가는 즐거움(生生之樂)'을 영위하도록 하는 데에 남다른 능력을 발휘하고 있었던 것이다. 그리하여 그는 인민들로부터 '해동요순海東堯舜'이라는 칭송을 받기도 하였다.

〈이 제2부 제4장의 내용은, 논문 「세종대왕의 통치이념」(實軒李東英박사정년기념논총 『韓國詩歌의 思想的 摸索』 613~632쪽, 1998.)을 저서 『세종대왕의 정치철학』(부산대출판부, 2001.)에 참고하여 가감 보필한 것임.〉

---

60 『세종실록』 15년 1월 己卯.

제3부 조선조 유학자의 정치론

제1장 조선조 전기 사림파의 정치의식

1. 사림파 형성과 점필재

1) 사림파 형성

앞의 제2부 1장 말미에서는 정몽주로부터 조광조에 이르는 학맥이 중종 때의 학계에서 공론화되고 있었다는 사실을 확인했다. 즉 '정몽주→길재→김숙자→김종직→김굉필→조광조'의 계보이다. 그 학맥의 내면에는 신유학은 물론 의리의 가치관이 견지되고 있었다. 그리하여 그 모습은 신유로 칭송되기에 충분하므로 그 학맥을 따라 문묘 배향의 역사가 나타나기도 했다. 뿐만 아니라 성종 때 신진사림新進士林의 영수 점필재佔畢齋 김종직金宗直(1431~1492)이 또한 그 중심에 있으므로 그 학맥은 자연히 사림파의 계보로 해석되기도 한다.

이와 같은 조선 전기 유학사의 흐름을 따라 이 3부에서는 주요 인물별 정치론을 살펴볼 것이다. 앞의 제2부는 조선조 창업기와 수성기의 정치에서 주로 군주의 측면을 고찰한 것이라면, 이 경우는 그 뒤의 역사를 따라 유학자이면서 공직자 즉 신하들의 모습을 살핀다는 입장에서 그 다름이 있다. 이와 같은 두 관점은 조선시대의 정치문화를 포괄적으로 조명해 볼 수 있다는 차원에서 그 의의를 가진다.

그런데 유학자이면서 벼슬길을 걷는 신하들의 경우에서는 적지 않은 불안감을 가지고 있었다. 왜냐하면 15세기 중엽 수양대군의 왕위찬

탄 사건(단종1년, 1453)으로 세종시대부터 활약하던 여러 유현들이 희생되고 또 그 이후 연산군 때에는 무오사화(연산군4년, 1498)를 시작으로 반세기 동안 갑자사화(연산군10년, 1504) 기묘사화(중종14년, 1519) 을사사화(명종즉위년, 1545) 등 이른바 4대사화가 연이어 계속되는 정국이었기 때문이다. 따라서 유교 정치문화의 중심인물로 사림들이 중앙의 정계에 진출하여 힘을 얻을 만하면 바로 꺾이고 또 꺾이는 것이었다.

그러한 정세를 체험하고 있던 정암靜庵 조광조趙光祖(1482~1519)는 마침내 "우리 조선이 개국한 이래 '사림의 화'가 끊이지 않았다. 군자가 나랏일에 힘써서 거의 이룰 만하면 패하지 않은 때가 없었으니 심히 두려운 바이다. 본인이 연산조의 참화를 보고서는 문득 벼슬하픈 생각이 없었다."[1]고 말하기도 했다. 유학을 공부하며 그 바른 길로서의 정계 진출은 곧 생명을 담보해야 한다는 불안감을 드러내고 있는 것이다. 사실 그 자신도 결국은 기묘사화의 희생으로 일생을 마치게 되었으니 그런 염려는 허언이 아니었음을 알 수 있다.

또한 그들에게는 특히 의리 중심적 가치관이 깊이 작용함으로써 기존의 사공파나 훈구파와는 다른 유교문화의 정수를 보이고 있었다는 사실이 간과될 수 없다.

이제는 위에서 재확인한 학맥을 따라 그 실상을 살펴보기로 한다.

고려 망국의 설움을 한 몸에 간직하며 수절 의리의 길을 걷던 길재吉再는 그 문인에 밀양 출신의 김숙자金叔滋(1389~1456)를 두었다. 김숙자는 불교의 유습을 배척하며 유교의 의례를 고양하는 데에 앞장서면서 벼슬은 성균관 사예司藝(정4품)의 직위에까지 올랐다. 그러나 세조의 출현을 보고서는 일체의 관직을 버리고 고향에 내려와 강학에

---

1 『靜庵集』 권4 「復拜大司憲時啓五」

힘썼다. 단종을 격퇴시킨 세조의 행적에 대한 무언의 저항을 보이고 있었던 셈이다. 바로 그 분이 곧 김종직의 부친이다. 이 상황이 또한 조선조 의리학맥을 이루고 있었다. 그러면 그 김종직 자신은 어떠한 인물이었던가?

2) 김점필재의 역사의식

점필재 김종직은 그러한 의리학적 정맥에 위치하고 있었을 뿐만 아니라 그에게서는 많은 신진사림들이 배출되었다. 그러므로 '사림파'를 말하거나 '영남사림파'를 말할 때에는 점필재를 빼놓을 수 가 없다. 그는 단종 1년(1453) 23세로 진사가 되었고 문과에 오른 것은 세조 5년(1459) 때였으며 성종조에서는 벼슬이 형조판서에 이르렀다.

그는 어려서부터 특히 문장이 뛰어나 성종이 문사文士를 뽑을 때는 그가 제일이었다고 한다. 그리하여 당시 학계의 영수가 된 그에게 많은 학자들이 모여들었는데, 그로부터 한번 칭찬을 들으면 갑자기 유명해질 정도이었다는 것이다.[2] 그의 문인으로서 정여창鄭汝昌·김굉필金宏弼·김일손金馹孫·유호인兪好仁·남효온南孝溫·홍유손洪裕孫 등은 유명하다. 이들은 기존의 훈구세력에 대응할 정도의 저력을 보였던 이른바 신진사림의 중심인물이다. 그러나 조선조 최초의 사화인 무오사화 때에는 그러한 사제관계로 말미암아 그들은 대부분 처참한 화를 입게 되었다.

잘 알려진 바와 같이 무오사화의 직접적인 원인은 소위 '사초史草 문제'에 있었다. 그러므로 그 '사화'를 지칭함에는 '士'자가 아닌 '史'자를 쓰기고 한다. 이 사화의 전말을 보면, 김종직이 함양군수로 있을 때에 유자광柳子光이 지었던 현판시懸板詩를 철거했던 일로 감정이

---

2 李肯翊, 『燃藜室記述』 권6 「戊午黨籍」 '金宗直'

좋지 않던 차에, 유자광은 김일손과 불편한 관계에 있던 이극돈李克墩
과 의기투합하여 그 신진사림들을 제압하고자 하였는데, 춘추관 사관
이었던 김일손이 김종직의 「조의제문弔義帝文」을 성종실록의 초안에
삽입한 사실을 그의 상관이었던 이극돈이 발견하고, 그 글은 세조의
즉위를 비방한 것이라고 연산군에게 알림으로써 발생한 사건이다.

이로 인하여 그 당시 이미 사망한 김종직에게는 부관참시剖棺斬屍
의 형벌이 내리고 김일손에게는 사형이 가해졌으며, 정여창·김굉필
등은 김종직의 제자라는 이유로 곤장형을 거쳐 유배를 당했다. 이로써
성종 때에 점필재를 중심으로 하는 사림들의 모습은 정치무대에서 사
라지게 된다.

당시 사건의 직접적 발단은 「조의제문」에 있었다. 그것은, 김점필재
가 자신의 꿈에 나타난 일을 발의하여 작성한 것으로서, 수양대군 세
조가 단종을 죽인 사건을 항우項羽가 초楚나라 회왕懷王을 죽인 고사
에 비유하여 단종을 의제義帝로 보면서, 그에게 삼가 조의를 표하는
반면에 세조에 대해서는 속으로 꾸짖었다는 내용이다. 이러한 사실은
『연산군일기』에 그대로 전한다. 거기서는 그 각각의 문구에 대하여 앞
의 시각으로써 하나하나 분석 비판하는 발언까지 모두 싣고 있다. 당
시 점필재의 글은 모두 태워버리도록 조치하였으므로 이것 이외에 또
문제될만한 작문이 있었는지는 분명치 않다.

실록에 있는 「조의제문」의 서두를 보면 다음과 같다.

정축년 10월 어느날 나는 밀성에서 경산으로 향하여 답계역에서 자
는데, 꿈에 신이 7장의 옷을 입고 훤칠한 모양으로 와서 하는 말이 '나
는 초나라 회왕 손심孫心인데 서초패왕(項羽)의 죽임으로 침강에 잠겨졌
다.'고 하고서 갑자기 보이지 않았다. 나는 꿈을 깨어 놀라며 생각하였
다. 회왕은 남초南楚 사람이요 나는 동이 사람으로 거리가 만여리나 될
뿐만 아니라 시대의 선후도 천년이 넘는데 꿈속에 와서 감응하니 이 무

슨 상서로움일까? … 하늘이 법칙을 지어 사람에 주었으니, 어느 누가 사대四大와 오상五常이 높은 줄 모르리오. 중화中華라 하여 풍부하고 동이東夷라 하여 인색한 바 아닐 터이요, 어찌 옛날에만 있고 지금은 없을 것이랴. 이에 나는 동이 사람이고 또 천년이 뒤졌어도 삼가 초의 회왕을 조문하노라.[3]

여기 서두의 '정축년 10월 어느날'이란 곧 단종이 영월에서 죽던 날이다. 이 사실만 보아도 이 글은 숙부 수양대군의 전횡으로 인한 조카 단종의 비통함을 위로하는 마음에서 비롯하는 것이었음을 알 수 있다. 점필재는 그 역사적 사건을 천리와 인륜정신에 비추어 불의不義로 평가하면서 조문의 당연함을 천명하고 있는 것이다. 이것은 공자가 어린 조카 성왕成王의 왕위를 넘보지 않고 훌륭히 보필해 가는 주공周公을 꿈에서도 잊지 않고 기리던 입장[4]과 의미를 같이한다.

따라서 이는 직필直筆을 추구하는 조선왕조실록에 인용될만한 성격을 갖는 것임에 충분하였다. 이러한 사실은 당시 공초를 받던 김일손의 말에서도 분명히 나타나고 있다. 그는 '사관이란 사실을 올곧게 기록해야 하는 것'임을 옛 역사에 비추어 확인하면서, 김종직이 과거시험에 응하기 전의 「조의제문」은 '그 자신의 충성된 울분을 붙인 것'이라고 평가했다.[5] 이러한 의연한 태도를 통하여 우리는 그 사제간에 흐르는 남다른 역사의식을 읽을 수 있다.

그러나 한편 그 글을 지은 이후 점필재 자신의 출처와 관련해서는

---

3 『燕山君日記』 4년 7월 辛亥.
4 『논어』 「述而」에 전하는 "심하구나, 내가 쇠약해짐이. 오래되었구나, 내가 꿈에서 주공을 뵙지 못함이.(甚矣吾衰也 久矣吾不復夢見周公)"라는 이 말은, 주공이 왕권 嫡子世襲의 원칙을 존중하고 조카 成王의 지위를 엄정히 여기며 禮制를 정립해 갔던 주공의 모습을 공자가 평소 기리고 있었음을 나타낸 것이다.
5 『연산군일기』 4년 7월 丁未.

의문됨이 제기될 수 있다. 왜냐하면 그 내용처럼 그가 단종에 대한 충성의 울분을 가지고 있었다면, 그 2년 후의 과거 응시행위는 세조를 따른다는 의미를 갖는 것이니 당연히 신중해야 했을 것이기 때문이다. 이러한 면은 김시습金時習이나 남효온南孝溫과 비교되는 부분으로서 후인의 논란이 되어왔다. 뿐만 아니라 제자 김굉필로부터는 관직생활의 현장에서 어떠한 비판적 상소행위를 볼 수 없다는 의문을 받기도 했다. 이러한 점으로 미루어 본다면, 점필재에 있어서는 그 문인들이나 그 후의 사림들에서 볼 수 있는 것과 같은 혁신주의적 정치 행위는 자제되었던 것임을 알 수 있다.

그러나 그의 「조의제문」에 내재한 진의를 반영하는 듯 단종이 노산군에서 다시 임금으로 복위되는 과정을 거치고, 또 그의 부관참시라는 극형은 없었던 일로 다시 평가되는 일련의 역사적 과정에서 점필재가 남긴 의리 중시의 역사의식은 높이 평가되고 있었다. 성종 때에 왕성했던 유교문화도 특히 사서四書와 『소학小學』을 강조하던 점필재의 역할에 힘입은 바 적지 않았다.

2. 사화기의 유교 실천

1) 정일두의 유교 실천

점필재 김종직의 문인에는 여러 사람들이 있었지만 특히 일두一蠹 정여창鄭汝昌(1450~1504)과 한훤당寒暄堂 김굉필金宏弼(1454~1504) 그리고 탁영濯纓 김일손金馹孫(1464~1498)이 으뜸이었다. 이들은 서로 교분이 두터웠으니 경남 북부지역을 연고지로 하는 것도 그것의 한 요인이었다. 즉 스승 김점필재는 밀양 출신이요, 정여창은 함양이 고향이요, 김굉필은 한양에서 태어났지만 증조 때부터 현풍에 살아왔던 연고로 내려왔으며, 김일손은 청도 출신이었던 것이다.

이처럼 지역적으로 가까워서 그들의 만남은 이들 지역을 중심으로 종종 이루어졌으며, 거창·안음·지리산 등에서도 서로 만나 학문을 논했던 것으로 보인다. 특히 점필재가 1471년(성종 2년) 함양군수로 부임한 다음해에는 20대 초반의 청년 정여창이 김굉필과 함께 그곳까지 찾아가 베움을 청했었다.[6] 그 때 점필재로부터 특히 『소학』 위주의 학행을 주문받은 일은 그들에 있어서 유교 실천을 향한 평생의 과제로 각인되었다.

정여창은 18세 때(세조13년, 1467) 병마우후로 있던 부친 육을六乙이 이시애의 난에 나갔다가 함경도 길주에서 전사했다는 비보를 접했다. 그래서 그는 전황의 위험을 무릅쓰고 그 먼 곳까지 가서 시신을 찾아 고향인 함양에 정성으로 모셔와 장례를 올렸다. 이로 인하여 그의 효행은 널리 칭송되기 시작했다.

또한 그는 모친에게도 효성이 지극하여 음주 습성을 끊어 마음을 편안케 해 드리는 결단을 보였다. 모친께서 전염병으로 신음할 때에는 전염의 위험에 개의치 않으며 간호함으로써 주위의 이목을 샀고, 또 상을 당해서는 3년간 여막생활을 하었다. 이러한 님다른 효행은 유교 실천의 차원에서 높이 평가되는 것이었다.

그리하여 그 사실이 윤긍尹兢과 조효동趙孝仝 등의 상소문으로 성종 임금께 보고되자 조정에서는 소격서 참봉의 벼슬을 내렸다. 그 전에 이미 부친 전사의 공훈으로 내린 군직도 사양한 바 있던 정여창은 이제 직접 임금께 사양의 글을 올린다. 자신의 행실이 과대평가되어 조정의 상벌정책에 자칫 오류가 있을 수 있으므로 이를 거두어주시라는 요지였다. 이 글을 본 성종은 "자네 행실을 듣고 눈물 흐르는 줄도 몰랐다. 행실은 가릴 수가 없는 것인데 지금 오히려 이 같으니, 이는

---

6 『佔畢齋集』「年譜」42세조.

자네의 착함이로다."라는 말로써 칭송을 더했다.[7] 이러한 과정에서 우리는 효행으로 유교사회의 분위기를 높이고자 하는 안팎의 분위기를 읽을 수 있다.

이에 앞서 정여창은 22세 때부터 약 2년간 성종의 부름으로 유학을 강론할 정도로 학식이 높았던 이천의 이관의李寬義에게서 공부했다. 그 후 그가 좋아하던 지리산 기슭 악양岳陽에 들어가 신유학을 연구하다가, 27세 때에는 5년간의 함양군수 복무를 마치고 상경한 점필재를 찾아가 4년 전 함양에서 시작된 사제관계를 더욱 심화해 간다. 그의 나이 34세에는 모친의 권유로 진사시험에 응하고 41세에는 문과에 올랐다. 곧이어 홍문관 검열檢閱이 되었는데, 그것은 14세 연하의 동문이지만 이미 공직에 있었던 김일손의 추천에 의한 것이었다. 아주 늦은 나이로 벼슬길에 오르면서 점필재 문인으로서의 학연을 더욱 깊이 공유하는 계기였다.[8]

그 후 약 3년 동안 당시 연산군을 교육하던 세자시강원 설서說書의 직임을 맡는다. 그 과정에서 정여창은 사서四書 중심의 원론 학습이 선행되어야할 것임을 강조하면서 세자 교육에 힘썼지만 그러나 연산은 그러한 강론을 싫어했고 또 미워했다는 기록이 실록에 전한다.[9]

그러던 중 45세 때에는 지방관을 자원하여 고향 인근의 안음현감으로 부임한다. 그 5년 차에는 무오사화가 발발하니 그의 공직생활은 약 8년 정도의 기간뿐이었다. 안음현감 시절의 행정에 대하여 함양 출신 강익姜翼은 이렇게 평가했다.

---

7 『성종실록』 21년 9월 乙卯.
8 필자는 一蠹 鄭汝昌의 생애와 학문에 대하여 『정여창-조선조 실천유학의 선구자』 (성균관대 출판부, 2003.)라는 이름으로 출간한 바 있다.
9 『성종실록』 24년 8월 戊辰. 『연산군일기』 5년 1월 辛未, 8년 11월 戊戌.

정여창은 안음현감으로 자청하여 행정에는 '어짐과 용서(仁恕)'의 마음을 우선하며 신명으로 교화했다. 업무에 정밀하여 속이는 폐습을 없애고 규정을 상세히 정하여 민생을 이롭게 하였으니, 지금도 백성들이 그 은혜를 입고 있다. 더욱이 학문을 권장하고 풍속을 아름답게 하는 데에 힘썼고 봄가을에는 노인 봉양의 예를 거행하였으며, 재능에 따라 사람들을 가르쳤으니 성공한 인재가 많았다.[10]

유교에서 지향하는 도덕 애민정치의 실상을 보는 듯하다. 당시의 지방 행정에서 실천 유교의 한 모델로서 자신의 역량을 유감없이 발휘한 것으로 보인다. 이로 말미암아 그는 지역 인사들로부터 유현으로 칭송되어 조선조 유학자로서는 처음으로 서원에 사액을 받는 남다름을 보이게 되기도 했다. 그 이름이 지금 함양에 있는 남계서원灆溪書院이다.

그렇게 선정善政을 펼치던 정여창이 1498년(연산군 4년)에는 마침내 무오사화를 만난다. 이 때 그는 김종직의 문인으로서, 또 김일손과의 친분관계로서 화를 면할 수 없었다. 그리하여 그는 곧장 일백대에 함경도 종성鍾城 땅으로 9년간의 유배에 처해진다. 그 유배생활 중에서도 그는 배움을 청하는 젊은이들에게 가르치기를 게을리 하지 않다가 1504년(연산군 10년) 갑자사화가 일어나기 직전 그곳에서 사망하였지만, 또 부관참시의 형벌을 당했다. 그러나 역사는 정의를 간과하지 않기에 신원과 증직의 과정을 거쳐서 광해군 2년(1610)에는 김굉필과 더불어 마침내 유교의 성지인 문묘文廟에 배향되기에 이르렀다. 15세기 후반 그가 보였던 유교의 실천적 측면이 조선의 유교사회에서 길이 칭송되는 것이었다.

정일두의 논저로는『용학주소庸學註疏』『주객문답主客問答』『진수

10 그 기록은 강익이 명종 때 경상도 관찰사 姜士尙을 통하여 정여창 서원에 사액을 청하는 상소문에 전한다.『명종실록』21년 6월 甲戌.

잡저進修雜著』 등이 있었으나 사화 때에 모두 소실되었다고 한다. 다만 조선조 말기에 현풍에 사는 곽효근郭孝根의 집에 보관되어온 자료가 그의 문집에 소개되고 있으니, 「입지론立志論」 「리기설理氣說」 「선악천리론善惡天理論」 등이 그것이다. 이 가운데에서 특히 「입지론」은 유교문화 정진에의 분위기를 더해주는 내용으로서 그 일단을 보면 다음과 같다.

> 배운다는 것은 성인을 배움이요, 뜻을 둔다는 것은 그 배움을 이루게 하는 것이다. 그러므로 세우지 않을 수 없는 것이 뜻인데, 그 뜻이 세워져도 강하고 굳세지 않으면 물욕으로 흔들려 일탈되거나 사람들의 입김으로 변동되기 쉽다. … 공부하는 이의 뜻 세움이 이와 같으면 반드시 흔들려 일탈될 걱정이 없게 될 것이요, 성인 공부의 결과를 보게 될 것이다.[11]

성인을 목표로 하는 공부의 다짐은 그 어느 경우에도 흐트러질 수 없다는 다짐을 보게 된다. 그러한 굳건함이 선행되지 않으면 공부의 실상을 기대할 수 없다는 입장이다. 이것은 유교 실천의 기반으로서 그 의의가 지대하다.

그리하여 정일두는 특히 마음공부에 남다름을 보이고 있었다. 절친한 학우 김굉필과의 담론에서는 '마음의 존재' 문제를 중심으로 문답이 오갔다는 사실은 유명하거니와[12], 성균관에서 공부에 열중일 때에는 동료들로부터 "참선을 하느라고 자지 않는다."는 조롱을 듣기도 했

---

11 『一蠹集』 續集 권1 「立志論」
12 그의 '行狀'에 전하는 대화록은 다음과 같다. "정여창이 김굉필에게 말하기를 '공부하면서 마음을 알지 못한다면 공부하여 어디에 쓸 것이랴.'고 했다. 김굉필이 말하기를 '마음은 어느 곳에 있는가?'하니, 정여창은 이르기를 '있지 않은 곳이 없으며 또한 고정해 있는 곳도 없다.(無乎不在 亦無有處)'고 하였다."

으며, 또 후학에게는 "학문에는 정성으로 하고 몸가짐에는 공경으로 하는 것이다."[13]라고 이르며 '성誠'과 '경敬'을 학행의 중심에 놓기도 했다.

그리고 일두는 주자학을 높이지만 무조건 따르는 입장을 취하지는 않은 것으로 보인다. 그는 『중용中庸』 1장의 주석 가운데 '기로 형질을 이룸에 리 또한 품부된다.(氣以成形理亦賦焉)'라는 부분에 대해서는 "어찌 기보다 뒤지는 리가 있겠는가?"라는 말로써 비판적인 견해를 보였는데, 이 말을 들은 남효온은 매우 높이 여겼다고 한다.[14] 그에 있어서는 리와 기란 상호 떨어져서 존재하는 것이 아니므로 그 선후를 말할 수 없다는 것이었다. 이러한 입장의 논설은 그의 「리기설理氣說」에 자세하다.

그와 같은 리기理氣 불리不離의 관점 또한 이상과 현실이 괴리될 수 없다는 일관됨의 논리를 낳는다. 그리고 이것은 정여창에 있어서 유교의 실천정신을 드높이는 기본 요인으로 작용하는 것이었다.

2) 김한훤당의 실천의지

한훤당 김굉필은 어릴 때 성격이 호방하였으나 장성하여서는 학문에 뜻을 두고 20대초엔 정여창과 더불어 점필재 김종직의 문하에 들어갔다. 그 때에 점필재는 그에게 『소학小學』의 중요성을 지적하면서 학문공부는 그로부터 시작돼야 할 것을 강조했다.

그 후 김굉필은 그것을 이해하고 실천하는 데에 적극적인 모습을 보였다. 그리하여 사람들이 시사時事를 물으면 '소학동자小學童子가 어찌 대의를 알겠느냐?'고 겸양해 하는가 하면, 『소학』의 글 가운데서 어제의 잘못을 깨달았네!(小學書中 悟昨非)'라는 내용의 시를 지음

---

13 『일두집』 續集 권1 「答朴馨伯」 : "惟以向學以誠 律身以敬."
14 『일두집』 遺集 권3 「讚逑」(見秋江集)

으로써, 스승으로부터 '이는 성인이 되는 기초이다.'라는 칭송을 듣기도 하였다고 한다.[15]

그의 나이 27세 때에는 생원시험에 합격하였다. 당시 원각사의 중이 불상을 몰래 돌려놓고 '불상이 저절로 돌아섰다.'고 선전하여 혼란을 일으킨 사실이 있었는데, 그는 이것을 비판하는 상소문을 올림으로써 주목을 받기도 했다. 유교의 실천의지로 불교의 허탄함을 강하게 배격하고 있었던 것이다.

그 후 41세 때에는 '재야의 큰 선비(遺逸)'를 천거하라는 성종의 명에 의거 경상감사로부터 의리행義理行으로 추천되었다. 그 다음해 참봉으로 임명되었으며, 그의 벼슬은 사헌부 감찰을 거쳐 형조좌랑의 직위에 올랐는데, 45세에는 무오사화를 만났다. 그리하여 평안도 희천熙川에 유배되었다가 순천으로 옮겨진 후 51세 때에는 다시 갑자사화를 만나니, 적소에서 죽음을 당하여 일생을 마감하게 되었다.

따라서 그의 공직생활은 4년 정도밖에 되지 않는다. 그러나 유학의 중심인 선비사회에 있어서 그의 덕망은 출중하였으니 그렇게 혹독한 참화를 당하게 되었다. 그 뒤로는 정여창의 경우와 같이 그에게도 정당한 역사적 심판의 과정을 거치면서 신원과 증직 및 문묘 배향의 추존을 받아 큰 유학자의 위상에 오르게 되었다.

소학동자로 자칭했던 한훤당의 신유학 세계는 다음의 글에서 그 일단을 엿볼 수 있다.

무릇 천하의 만물에는 리理가 있고 나뉨(分)이 있다. 리는 만 가지를 모여 하나가 되는 것이요, 나뉨은 만 가지로 달라도 문란해지지 않는다. 저 구별하기 좋아하는 소지小智는 오직 사물만 보고 이치를 빠뜨린다.

---

15 『景賢續錄』上「行狀」

… 가을 털이 비록 작으나 태극을 갖추고 있으며 태산이 비록 크지만 하늘이 만든 것이다. 그러므로 형이상形而上으로부터 하면 천지 또한 하나의 사물이 되는 것이요, 형이하形而下로부터 하면 사물들이 모두 무극이 되는 것인데, 어찌하여 세상 사람들은 근본을 버리고 말단만 찾으며 천차만별에 현혹하는가.[16]

천하 만물의 보편원리를 리理와 태극太極 및 무극無極으로 보고 그 서로 다른 만물의 현상계를 나눔(分)의 논리로 분석한 경우이다. 이는 성리학에서의 이른바 '리일분수理一分殊'의 이론을 밝힌 것이기도 하다. 여기서 그는 현상적인 사물의 개별자에 집착하는 것을 '소지小智'의 모습 즉 '말단만 찾는 일'이라 하여 문제시하고 있는 것이다. 따라서 참된 앎이란, 가을 털 같은 미물에서도 천하의 보편원리가 존재하고 있음을 볼 수 있어야 한다는 것이니, 이는 형이상과 형이하, 근본과 말단에 회통하는 혜안을 가짐으로써 가능하다고 보았다.

그러면 그와 같은 인식의 문제와 아울러 실천 수양의 문제는 김굉필에 있어서 어떻게 말해지는 것이었는가? 이 물음과 관련해서는 그의 「한빙계寒氷戒」가 주목된다. 이는 문인 반옥계潘玉溪에게 지어 준 심성 수양의 요론이지만, 김굉필 자기 자신도 그것을 기본으로 더욱 진력할 것을 다짐할 정도로 깊은 의미를 담고 있다. 이에 그 18항의 논제를 보면 다음과 같다.

즉 ①움직이고 가만히 있을 때에 불변의 떳떳함을 간직할 것(動靜有常), ②마음을 바로하며 본성을 따를 것(正心率性), ③갓을 바로 쓰고 올바로 꿇어앉을 것(正冠危坐), ④선仙과 불佛을 깊이 배척할 것(深斥仙佛), ⑤나쁜 구습을 철저히 끊을 것(痛絕舊習), ⑥욕심을 막고 분

16 『景賢錄』上「秋毫可竝於泰山賦」

함을 이길 것(窒慾懲忿), ⑦ 천명을 알고 어짊을 도탑게 할 것(知命敦
仁), ⑧ 가난함에 안정하며 분수를 지킬 것(安貧守分), ⑨ 사치를 버리고
검소함을 따를 것(去奢從儉), ⑩ 나날이 새롭게 하는 공부를 할 것(日新
工夫), ⑪ 책을 읽으며 이치를 궁구할 것(讀書窮理), ⑫ 망령된 말을 하
지 말 것(不妄言), ⑬ 정신을 하나로 하여 갈라지지 않게 할 것(主一不
二), ⑭ 잘 생각하고 부지런히 할 것(克念克勤), ⑮ 말의 뜻을 바로 알
것(知言), ⑯ 모든 기미를 잘 살필 것(知幾), ⑰ 마침을 시작과 같이 신
중히 할 것(愼終如始), ⑱ 공경함을 간직하며 성실함을 지닐 것(持敬存
誠) 등이다.

이들은 유자儒者로서의 높은 품격을 갖추는 데에 필요한 다방면의
요소들로 확신했다. 그 각 내용들은 유교 경전과 성리학적 논지로 구
성되는 것이었으니, 그의 심신 수양론은 오직 『소학』에 머무는 것만은
아니었음을 알 수 있다.

특히 위 ⑤항의 조목에서는 당시 공직 사회의 구태를 비판하여 다
음과 같이 말한다.

> 지금의 벼슬공부를 하는 자들은 거의 다 나가서 취하려는 데에 조급
> 하여 의리를 살피지 않고, 구멍을 뚫으며 서로 엿보아 첩과 같은 길을
> 즐기고 있다. 얻을 것을 도모하고 잃을까 염려함이 이르지 않은 곳이 없
> 으니, 어찌 도道에 뜻을 둔 자들이 할 바이겠는가?[17]

세상이 사리사욕으로 뒤덮여 있음을 반성하는 대목이다. 즉 유교의
진리 즉 도道에 뜻을 둔 선비로서 '행도行道'의 바른 길을 걷기 위해
서는 반드시 욕심부터 극복하면서 특히 '의리義理'에 밝아야 한다고

---

17 『景賢附錄』上 遺書 「寒氷戒」 '痛絶舊習'

보는 것이다. 이러한 의리정신은 한훤당 그 자신의 일생에 있어서 진유로서의 실천의지를 일으키는 요인으로서 깊이 작용했다. 이와 같은 의리 중시의 선비정신은 그 후의 사림들에게 하나의 표상으로 간주되어 왔다.

3. 조정암의 지치주의

1) 개혁정신

연산군의 폭정이 1506년 중종반정으로 종말을 고하니 정계는 다시 정상으로 회복되는 기회를 맞이하였다. 그동안 쇠잔했던 사림들의 정치참여 역시 활기를 찾을 수 있게 된 것이다. 이러한 상황에서 가장 주목되는 이가 한양 출신의 정암靜庵 조광조趙光祖이다.

그는 17세 때에 어천찰방魚川察訪으로 부임하는 부친을 따라가다가 무오사화로 희천熙川에 유배되었던 김굉필을 뵙고 사제관계의 인연을 맺는다. 곧 이이 19세에는 부친상을 당하니 『주자가례朱子家禮』에 따라 치상함으로써 유교의례의 모범을 보였고, 23세 때에는 갑자사화가 일어나 스승 김굉필을 잃는 슬픔을 겪었다. 중종반정을 지낸 29세에는 마침내 진사시험에 응하여 장원으로 합격하였다.

그 후 34세가 되어서는 그의 학덕이 탁월함에 기인하여 성균관의 추천으로 조정에 천거되자, 이조판서 안당安瑭은 특별히 그에게 주부직主簿職(종6품)을 제수할 것을 주청하여 마침내 사지司紙의 벼슬을 내리게 하였다. 그러나 조정암은 그 특별한 형식에 응하지 않고 떳떳이 과거를 거치는 길을 택하였으니, 그는 일성시謁聖試에 응하여 을과 장원으로 합격하였다. 그리하여 성균관 전적典籍과 사헌부 감찰監察, 그리고 사간원 정언正言 등을 거치면서 38세 기묘사화로 인생을 마칠 무렵에는 사헌부 대사헌大司憲에까지 올랐다.

조정암은 당시 사림의 중심인물로서 혁신정신으로 일관했다. 그 구체적 과정에서 특히 주목되는 사항들은 ① 중종비 신씨愼氏의 폐출론 비판과 언로 확장의 강조, ② 정몽주·김굉필의 문묘배향과 성삼문·박팽년 등의 유현 표창 발의, ③ 향약의 실시와 소격서昭格署의 폐지 운동, ④ 중종반정시의 거짓 공훈 비판 등이다.

이상의 문제들은 그가 정치에 몸담았던 약 5년간, 중종의 신임과 젊은 사림들의 지지를 얻으면서 적극 추구되었다. 그러나 결국은 그도 정치적 훈구세력에 의하여 그 모든 것들을 이루지는 못한 채 참화를 당하고 말았다. 조정암 그 자신도 항상 염려했었던 정치전개의 가장 큰 장애요인, 즉 '사화士禍'의 정국에 희생되고 있었던 것이다.

수양대군의 왕위찬탈 사건 이외에도 그가 직접 보았던 무오년과 갑자년의 사화 그것은 그에게 충격적 사건이었다. 그리하여 그는 스스로 벼슬길에 뜻이 없다고까지 말했다. 그가 중종반정 이후에야 진사시험에 응하고 또 과거에 나아가는 일도 그렇게 늦었던 것은 바로 그러한 이유에서였다.

그러나 그의 이른바 "다만 선비로서 이 세상에 태어나 걱정 없는 체함이 옳지 않다고 여겨서 부득이 벼슬을 좇아서 조정에 섰다."[18]라는 말에서 볼 수 있듯이, 그저 재야에 있는 것만을 바른 모습으로 만족해 할 수는 없는 것이었다. 이러한 태도는 "무릇 자신의 몸을 돌보지 않고 오직 국시를 생각하며 마땅한 일을 꾀하여 감히 화환을 계산하지 않는 것이 '바른 선비(正士)'의 마음 씀이다."[19]라는 말로써 힘을 더한다. 유교의 도에 밝은 선비라면 그 이치를 현실에 적극 구현해가기 위하여 당연히 정치에 참여하여야 하는 것이요, 또한 자신의 신상 때문에 그 의기가 약화될 수 없다고 본 것이다.

---

18 『靜庵集』 권4 「復拜大司憲時啓五」
19 『정암집』 권3 「參贊官時啓二」

그러나 선비도 사람인 이상 생명에 대한 애착이 없을 수 없고, 또한 추구하는 바 '행도行道'의 실상을 보고자 하는 것은 당연한 모습이다. 이러한 입장에서 요구되는 것이 곧 그러한 사림에 대한 안정성 확보의 문제였다. 그러므로 정암은 다음과 같이 주장하였다.

> 임금과 재상은 항상 사림을 보호하는 것으로써 마음을 삼아서, 선善을 하는 자에게는 믿을 바 있도록 하고, 또 선을 행한 것을 알면 표창하고 기용해서, 어짐과 우둔함이 섞이지 않게 하면 지치至治를 볼 수 있게 된다.[20]

사림 보호의 과제는 착함을 향한 가치추구와 일치되는 것으로 여기면서, 결국 정계의 인물들은 모두 어진 덕성을 갖추어야 한다는 것이다. 이것이 곧 요순의 정치와 같은 이른바 '지치至治'를 구현하는 기본 조건이 된다고 보았다. 그런데 그와 같은 정치인 자체와 관련한 자질론의 문제 제기는 기존의 훈구세력에 부담을 낳게 하는 측면이 없지 않았다.

그러나 정암에 있어서 그러한 본질주의적 태도는 일찍부터 천명되고 있었다. 그의 과거시험 답안인 「알성시책謁聖試策」에서는 "반드시 어떤 기미가 있을 즈음에 한 터럭만큼의 거짓된 싹이 없도록 하여 의리를 펼침에 순수하면, 나라 다스리는 도리는 매우 착하고 아름답게 된다."[21]고 말했다. 그야말로 모든 잡박한 것이 척결된 순수 의리의 이상경을 강조하고 있는 것이다.

그러면 그러한 출발은 어디서부터 시작되어야 할 것인가? 이러한 의문과 관련해서는 다음의 발언이 주목된다.

---

20 『정암집』권3 「檢討官時啓二」
21 『정암집』권2 「謁聖試策」

배우는 자가 성현으로써 기약한다고 하여서 반드시 성현이 되는 것은 아니요, 군주가 당우唐虞 삼대三代로써 기약한다고 하여서 반드시 그 당우삼대의 정치에 이르는 것도 아니다. 그러나 뜻을 이와 같이 세우고 격물格物·치지致知·성의誠意·정심正心에 공들이면 점차 성현의 경지와 요순의 정치에 이르게 되는 것이다.[22]

학문을 하는 자나 정치를 하는 자 모두가 소위 '입지立志'가 분명해야 한다고 보는 것이다. 또한 그 뜻 세움은 인간으로서 이를 수 있는 최상의 경지인 성현의 세계에 설정되어야 한다는 점이다. 그러한 전제에서 정암은 그 구체적 방법으로서 특히 『대학』 팔조목을 들고 있다. 즉 그 가운데의 격물格物·치지致知·성의誠意·정심正心의 과정을 거론함으로써, 당우삼대의 지치주의란 그 어떠한 주관이나 상식적 차원으로 가능한 것이 아니라 만물의 존재원리와 인간 심성이 하나로 지향되는 보편도리의 습득으로써 그 기반이 구축될 수 있다는 사실을 확인시키고 있는 것이다. 이러한 관점은 그 이후의 유현들에서도 발견되는 공통적 요소이다.

조정암은 그러한 입지의 영역에는 반드시 가치관 정립의 문제가 포함되는 것으로 보았다. 그리하여 올바로 공부할 수 있는 기본 태도에 관하여 다음과 같이 주문한다.

배우는 자가 먼저 힘써야 할 것은 의義와 이利를 변별하는 것보다 절실한 것이 없다. 사욕이 싹트는 것은 모두 이에서 비롯하는 것이니, 그 생각의 첫 머리를 따라서 근본을 뽑아 없앤 연후에야 학문함에 편안할 수가 있다.[23]

---

22 『정암집』 권3 「侍讀官時啓六」
23 『정암집』 附錄 권2 「語類」

학자로서 공부하는 데 있어서의 최대 장애요인은 바로 이기심에 있다고 보는 것이다. 그 이기심은 보편적 진리 추구에 방해요인일 뿐만 아니라 군자다운 인격 함양에 내재적 부작용을 낳는 것이므로 애초부터 근절할 수 있어야 된다는 입장이다. 그가 말하는 '이利'란 사회적 공익성을 뜻하는 소위 '공리公利'의 성격이 아니라 그에 반하는 '사리私利'를 가리키는 것이다. 이것은 공자에서 군자와 소인의 구분선으로 이미 천명된 부분이기도 하다.

그러므로 그와 같은 가치관 정립의 문제는 비단 공부하는 학자들에게만 요구되는 것은 아니었다. 그것은 정의사회를 지향하는 입장에서 구성원 모두에게 중시되어야 할 공동의 가치관으로 확신한다. 이에 정암은 중종에게 또 이렇게 전언했다.

　　임금은 의義와 이利, 공公과 사私를 분별함에 있어서 불가불 밝게 살펴야만 한다. 진실로 의와 이, 공과 사를 잘 알아 변별해서 의혹되지 않을 수 있으면, 안과 밖이 잘 닦아지고 마음의 경지가 맑아져서 옳고 그름, 좋아하고 미워함에 그 바름을 얻는다. 이렇게 되면 일을 처리하고 사물을 접함에 있어서 합당하지 않음이 없게 된다.[24]

모든 업무를 공정하게 처리하고 정의사회를 구현하기 위해서는 군주를 비롯한 신하들 모두가 바로 그러한 엄정함 속에서 사리私利를 넘어서는 공의公義 정신에 투철해야 한다고 강조한다. 이러한 입장은 맹자의 이른바 "왜 하필 이利를 말하는가? 또한 인의仁義가 있지 않은가? … 다만 이를 앞세우고 의를 뒤로하면 빼앗지 않고서는 만족하게 여기지 못한다."[25]라는 치도론과 상통한다는 점에서 유교 정치론으로

24 『정암집』 附錄 권5 「年譜」 37세조.
25 『맹자』 「梁惠王上」: "孟子對曰 王何必曰利 亦有仁義而已矣 … 苟爲後義而先利

서의 보편적 의의를 갖는다.

또한 그와 같은 가치지향은 현실 정계에서의 공명성과 청렴성 확보를 위한 정치 정화의 요인으로 작용하고 있었다. 즉 정암은 그러한 공의의 원칙과 "어진 사람은 오직 의리義理를 알 뿐이다."[26]라는 인물관을 따라 정계에서의 부당한 잇속 차림을 척결하고자 하였다. 그리하여 사헌부 대사헌에 오르면서는 그 정도를 더하였으니 대사간 이성동李成童과 함께해서는 이러한 정화론을 제기하기도 했다.

무릇 공신을 중시여기기만 한다면, 공功을 탐하고 이利를 꾀하고 임금을 죽이고 나라를 찬탈하는 일들은 모두 그것에 있다. 임금이 바른 정치를 이루고자 하면 반드시 먼저 잇속차림의 근원을 막는 것이 옳다.[27]

사리사욕에 의한 정계의 혼탁함을 정면으로 문제 삼고 있는 것이다. 이것은 정치의 공명성 제고를 위하여 정당한 의미를 갖는 것이었지만, 그러나 기존의 훈구 세력들에게는 바로 자기들을 비방하는 소행으로 해석되기에 충분했다. 그리하여 결국은 그들의 모략으로 또 하나의 사화 즉 기묘년의 참화가 일어났다. 정암은 결국 38세의 나이로 그에 희생되고 말았다.

그 마지막 순간까지도 그는 공의의 정치사회 구현을 위한 충정을 밝히고 있었다. 이러한 사실은 그가 옥중 공초에서의 이른바 "선비로 이 세상에 태어나서 믿었던 것은 임금 마음뿐이었다. 망녕되이 나라의 병폐는 잇속 챙기는 근원에 있다고 생각하여, 국가의 맥락을 무궁한 곳으로 새롭게 하고자 하였을 뿐 다른 뜻은 없었다."[28]라는 술회, 그

不奪不饜."

26 『정암집』 권4 「三拜副提學時啓」 : "賢者 惟知義理而已."

27 『중종실록』 14년 10월 乙酉.

리고 사약 앞에서 남긴 유언 즉 "임금 사랑하기를 부모님 사랑하듯 하였고 나라 걱정하기를 집안 걱정하듯 하였다. 저 환한 해가 이 땅에 임하였으니 밝고 밝게 이 충심을 비추리라."[29]라는 유언으로도 분명하다.

요컨대 조정암을 비롯한 신진사림들의 정치참여에서는 특히 혼탁한 정계를 정화하는 개혁정신으로 일관하고 있었으니, 그 공통의 신념은 "모든 일은 마땅히 정의正義로써 할 것이니 구차하거나 간략히 함은 옳지 못하다. 다만 일시의 폐단만 계산하여 대의大義의 소재를 살피지 않는다면 그 흐름의 폐해는 마침내 구제할 수 없는 데에 이를 것이다."[30]라는 공의를 낳는 데에 이르렀던 것이다.

2) 도학정치론

조정암이 전개한 정치론의 기본은 34세 가을의 과거시험 답안지 즉 「알성시책謁聖試策」에서부터 잘 나타난다. 거기에서 그는 정치전개의 근본원리를 '도道'라는 용어로 나타내고 있었다. 예컨대 "그 마음을 바르게 하고 그 도道를 드러내는 까닭에 다스림에서 어짊(仁)이 얻어지는 것이요, 사물을 처리함에 옳음(義)을 얻게 되는 것이니, 모든 일과 사물들이 하나라도 도에서 비롯하지 않는 것이 없다."[31]라는 경우이다. 이처럼 그는 정치론의 키워드에 '도道'자를 쓰고 있었다.

그러나 그가 말하는 '도道'란 도가나 불가의 성격이 아닌 오직 '유

28 『정암집』 권2 「獄中供辭」

29 『정암집』 附錄 권5 「年譜」 38세조.

30 『中宗實錄』 12년 7월 甲申: "金淨尹自任趙光祖奇遵安處順等議 凡事當以正義 不可苟簡 徒計一時之弊 不揆大義所在 則其流之害 終至於不能救矣."

31 『정암집』 권2 「謁聖試策」

가의 도'인 것이다. 그러므로 그는 유교의 경학과 성리학적 감각으로 그 '도'를 설명하고 있다.

> 하늘과 사람은 하나에 근본하니, 하늘은 일찍이 사람에게 그 이치를 없이할 수 없고, 임금과 백성도 하나에 근본하기에 임금은 일찍이 백성에게 그 도를 없이할 수 없다. … 비록 그러하나 도는 마음이 아니면 의지해서 설 수가 없고 마음은 정성이 아니면 의뢰하여 실행될 수가 없는 것이다. 임금된 이가 진실로 천리를 잘 살펴서 그 도에 처해가고 정성으로 그 일을 실행해 간다면 어떠한 어려움이 있으리오. 나라를 다스릴 수 있는 것은 도일 뿐이다. 소위 도란 본성을 따르는 것을 이름이다. 무릇 본성이 있지 않은 곳이 없으므로 도가 있지 않은 곳이 없다.[32]

이러한 발언 속에서 우리는 유교 전통의 천天·인人 일체의식과 군君·민民 동질의식, 그리고 '리理'를 따르는 '도道' 인식의 성리학적 태도, 및 『중용』에서의 '본성을 따르는 것이 도이다.(率性之謂道)'라는 명제와 『대학』에서의 '성의·정심론'까지 통섭하는 그의 정치론을 엿볼 수 있다. 그 최상의 경지는 바로 '천리를 살펴서 그 도에 처해간다'고 하는 말로 표현되었다.

이상에서 본 바와 같이 정암은 알성시의 답안에서부터 '도' 중심적 정치이론을 전개함으로써 그는 이미 그 자신의 도학자적 면모를 드러내고 있었다. 이러한 태도는 그 후의 여러 곳에서도 일관되는 것이었지만 특히 경연에서는 더욱 분명했다.

그리하여 정암은 뒤의 이율곡으로 하여금 다음과 같은 평가를 낳게 했다.

---

32 위와 같음.

조광조가 경연의 자리에서 항상 도학을 높이고(崇道學) 인심을 바로 잡고(正人心) 성현을 본받으며(法聖賢) 지극한 정치를 일으키는(興至治) 설명으로 반복하여 말씀드렸다. 그 말의 취지가 근실하고 간절하여 중종 임금이 경청하였다.[33]

이러한 평론에 근거하여 흔히 정암의 학행을 그 네 가지로 말한다. 그 중에서도 '도학을 높였다(崇道學)' 라는 말은 가장 기본적이면서 특징적 의미를 갖는다.

그러면 이 '도학道學'이란 말은 무슨 뜻인가? 그 용어의 처음은『대학』(傳3장)의 '여절여차자如切如磋者 도학야道學也'라는 곳에서 볼 수 있으나, 여기서의 '道'란, '말하다'로 해석되는 것이기 때문에 '도리' '진리'로서의 의미를 갖는 것은 아니었다. 그러나 그것이 하나의 도 즉 '진리 추구의 학문'이라는 학풍으로서의 의미를 갖게 되는 것은『송사宋史』(列傳)의 '도학전道學傳'에서 볼 수 있다.

그 곳에 수록된 인물들은 송대 신유학을 대표하는 소위 송조宋朝 육현六賢[34]과 정자程子 주자朱子의 문인 등이다. ㄱ 이외의 학자들은 별도의 '유림전儒林傳'에 수록되어 있다. 따라서 여기 '도학道學'이란 용어는, 유교 경전의 도론道論에 아주 밝고, 성리학으로서의 신유학적 학풍에 충실하며, 정치적 진퇴와 언행에 있어서 '행도자行道者'로서의 모범성이 갖춘 '진유眞儒'의 의미로 쓰였음을 알 수 있다.

이와 관련하여 '도학이란 이름은 언제부터 시작되었는가?'라는 물음에 대한 이율곡의 다음과 같은 설명이 주목된다.

그것은 송조宋朝에서 시작되었다. 도학道學의 근본은 인륜의 내면에

---

33 『栗谷全書』 권28 「經筵日記一」
34 그 여섯 儒賢이란 周濂溪 邵康節 張横渠 程明道 程伊川 朱晦庵 등을 의미한다.

있는 것이므로, 인륜에 있어서 그 이치를 다하면 그것이 곧 도학인 것이
다. 다만 도를 알지 못하고 암합하는 것은 습성일 뿐 살펴진 것은 아니
다. 무릇 도를 안 연후에야, 신하된 자는 충성을 다할 수 있고 자식된
자는 효성을 다할 수 있는 것이다. 도를 알지 못하면 비록 일단의 충효
가 있다한들 어찌 그 소행이 모두 도에 합치될 수 있겠는가?[35]

이러한 말에서 우리는 '도학'이 뜻하는 바를 좀 더 구체적으로 접할
수 있겠다. 여기 율곡의 논지는 인간존재의 이상형을 '인륜'이라 보면
서 그 모습의 진실태는 먼저 그 이치 즉 '도'를 올바로 인식한 상태에
서만이 가능한 것이라는 뜻이다. 이처럼 앞의 『송사宋史』에 있어서나
또 율곡의 말에서 확인되듯이 '도학'의 세계는, 이치를 안다고 하는 인
식의 차원뿐만이 아니라 그러한 참된 앎이 행위의 단계로까지 나타내
져야 한다고 하는 실천성이 강조되고 있다. 즉 격조 높은 '지행일치知
行一致'의 모습이다.

정암이 추구한 '도학정치'는 시대적 측면으로서 '古'자가 상징어로
쓰이기도 한다. 즉 이른바 '드높은 옛 정치(隆古之治)'라는 표현이 그
것이다. 그런데 이런 표현은 정암만이 사용했던 것은 아니었다. 그가
34세 때 받았던 '알성시 문제의 말미'에는 "지금의 시대를 맞아 '드높
은 옛 정치(隆古之治)'를 이루고자 한다면 어떠한 것을 먼저 힘써야 하
겠는가?"[36]라는 물음이 있었다. 이에 대하여 정암은 그 답의 서두에
서 그에 관한 내용을 진달하는 것이 평소 소원이었음을 밝힌 연후에
자신의 견해를 서술해가고 있었다. 이 하나의 과정만 보아도 우리는
그 당시 유교적 이상사회 구현의 용어로 널리 쓰인 것이 곧 '융고지치
隆古之治'였다는 사실을 알 수 있겠다.

---

35 『율곡전서』 권31 「語類」
36 『정암집』 권2 「謁聖試策」

그런데 여기서 특히 주목해야 할 바는 '古'자가 뜻하는 의미성이다. 왜냐하면 그것은 단순히 '과거'라는 시간적 후퇴성을 뜻하는 것은 아니기 때문이다. 즉 거기에는 공자의 '옛 것을 좋아한다(好古)'라는 말[37]에서의 '古'가 뜻하는 바의 성격은 물론, 시간적으로는 먼 옛날이지만 유교사회의 이상경인 요堯·순舜의 정신을 이어온 옛 성현의 세계를 통칭하는 의미를 내포하고 있는 것이다. 따라서 그 '융고지치隆古之治'라는 말에는 의미상으로는 '유교 이상사회의 구현'이라는 뜻이 포함되어 있음과 동시에 방법적으로는 요순시대를 향한 '복고적復古的 진취주의'의 성격이었다.

그리하여 정암이 그가 추구한 도학정치의 실제에서는 유교의 공맹 정치론이 그러하듯 애민주의愛民主義와 교도주의敎導主義의 태도가 강조되고 있었다. 이에 먼저 애민주의를 이상으로 여기는 단면을 보면 다음과 같다.

> 공손히 생각하건대, 우리 임금님께서 지극히 정성스런 마음으로써 밤낮으로 게으름 없이 '당우唐虞시대의 정치를 어떻게 해서 이룰까?' '당우시대의 풍속을 어떻게 해서 일으킬까?' 하며, 백성들 가운데 한 사람이라도 헐벗은 자가 있으면 이를 따뜻이 덮어줄 것을 생각하고, 한 사람이라도 착하지 못한 자가 있으면 이를 착하게 할 것을 생각하여서 동방의 우리나라를 아주 태평한 경지(泰和之域)로 올리고자 한지가 지금 십년이 되었다.[38]

유교 정치의 이상을 요순시대의 회복으로 보면서 그것은 곧 현실적으로 백성가운데 한 사람이라도 심신의 낙오자가 없는 상황으로 보았

---

37 『논어』「述而」: "子曰 述而不作 信而好古 竊比於我老彭."
38 『정암집』권2 「謁聖試策」

다. 그렇게 삶의 현장이 안정된 경지를 이른바 '태화지역泰和之域'이라고 이름하였다. 그처럼 인민의 삶이 평화로운 것은 곧 왕실의 안정과 직결되는 것이기도 하기에, 애민정치는 군주에게 주어진 하나의 의무로 보았다.

그리고 정암이 추구한 교도주의의 실상은 다음의 말에서 확인된다.

> 백성들 생업이 편안하다면 거의 염려할 것이 없다. 또한 조정의 형세는 형벌을 가지고 붙잡을 수는 없는 것이다. 조정이 바르면 아랫사람들은 자연히 마음으로부터 복종한다. 벌과 법은 비록 폐지할 수는 없는 것이나 다만 정치를 돕는 것일 뿐, 정치의 근본이 되어서는 아니 된다. 옛사람이 이르기를 '어린 아이를 보호하듯 하라(如保赤子)'고 하였으니, 백성 사랑하기를 진실로 어린 아이를 사랑하듯 한다면 백성들이 임금 보기를 부모같이 여길 것이다. 이와 같음이 오래 계속된다면 어찌 다스림의 교화에 걱정이 있겠는가.[39]

이러한 발언에서 우리는 그가 보는 정치란, 단순히 지배하고 통치하는 권력유지의 차원에서 해석되는 것이 아니라, 교육과 감화의 정치 곧 덕치주의의 관점으로 풀이되는 것임을 알 수 있다. 유교의 덕치주의는 이미 공맹의 위정론에서 천명되었던 것으로서 외형적 복종의 피동성보다는 내면적 순응의 능동성을 더 높이 여긴다. 그러므로 형벌보다는 먼저 도덕을 말하는 것이고, 강압적 제재보다는 예의의 모범을 높이는 것이다. 백성들에게 임금을 사랑하라고 요구하기 이전에 먼저 스스로가 그 백성들을 사랑해 보라는 논리이다.

정암은 그 상징적 표어로 '어린 아이를 보호하듯 하라(如保赤子)'는

---

39 『정암집』 권4 「元子輔養官時啓二」

말을 주목하고 있다. 이 말은 원래 『서경』에 있었던 것인데 그 정의의 의미가 깊어서 『대학』에서도 그것을 인용하여 "『서경』「강고康誥」에 이르기를 '어린 아이를 보호하듯 하라'고 하였으니, 마음에 정성으로 구해가면 비록 적중하지 못한다 하더라도 멀리 어긋나지 않는 것이니, 자식 기르기를 배운 연후에야 시집가는 일은 없다."[40]고 하며, 그 참 뜻을 기리고 있다. 이와 같이 위정자에게 마음의 정성을 강조하는 것은, 결국 정치권력의 경직된 상태를 벗어나 백성들과 감응하여 모두 화락하는 소위 도덕사회를 지향하는 성격을 가진다는 점에서 그 의의가 큰 것이다.

그와 같은 애민과 교도의 행정은 곧 '백성을 위하는 마음' 즉 '위민爲民'의 태도에서 기대된다. 그러므로 정암은 또 이렇게 말한다.

임금과 신하는 백성을 위하여 설정된 것이니, 임금과 신하들은 반드시 이 뜻을 알아서 밤낮으로 백성으로써 마음을 삼으면, 정치의 도리는 이루어질 수 있다.[41]

정치전개의 구조적 측면에서 정치인의 본래 위치를 재확인시키고 있는 것이다. 여기 그의 발언 가운데 '임금과 신하는 백성을 위하여 설정된 것(君臣者 爲民而設)'이라고 이른 점이 특히 주목된다. 정치행정의 기본 관점을 지배자에서 피지배자로 전환시키면서 그 진면목을 추구하고 있는 것이다. 흔히 현상적 측면으로 '백성은 나라의 근본'이라는 '민본民本'을 말하면서도 이렇게 관점의 전환을 시도하며 정치인의 각성을 촉구하는 발언은 보기 드물다.

조정암의 도학정치론에서 또한 간과할 수 없는 부분은 '군왕으로서

40 『大學』 傳9장.
41 『정암집』 권4 「檢討官時啓六」

왕다운 리더십'을 올바로 발휘해야 한다고 하는 소위 '왕도王道'가 강조되고 있다는 사실이다. 그 원론은 다음과 같다.

> 아! 왕도王道는 전일專一하지 않을 수 없고 왕정王政은 또한 마땅히 순수하여야 한다. 전일하여 바르면 백성의 뜻이 정해지고, 순수하여 간명하면 백성이 따르기 쉽다. 천지의 도 또한 순일함에 근본하니 사시를 운행하고 모든 변화를 형통함에는 같은 하나의 기운 아님이 없다. 이러므로 성왕은 천도를 공경히 본받아서 전일함에 도를 쌓아가고 순수함에 정치를 이루어, 응접하고 시행하는 것이 하나의 이치에 통일적으로 꿰어지니 이에 '임금다움의 극치(皇極)'를 세울 수가 있다.[42]

이것은 도교적 초제醮祭를 주관하던 소격서昭格署를 혁파해야 한다는 주장의 상소문 일부이다. 그러한 비유교적 의식을 비판하는 과정에서 정암은 자신의 정치 이상을 선현들이 천명한 왕도론의 맥락에서 찾고 있었던 것이다.

그것은 인의仁義의 도덕성을 넘어 천지의 변화 이치와 회통시키고 있음은 그 선현들의 담론과 다른 점이기도 하다. 왕도와 왕정의 기초인 천인합일의 길은 도교적 관점이 아닌 유교의 세계관에서 그 바름을 찾을 수 있다는 입장이다.

이상에서 살펴본 바와 같이 정암이 전개한 정치론의 핵심은 요순堯舜시대 회복의 지치주의에 따라 왕도의 정립을 꾀하는 도학정치로 요약될 수 있다. 따라서 군주를 비롯한 정계의 구성원 모두에게는 유교경전에서 천명한 인의의 가치추구와 더불어 송대 신유학에서 심화한 천인회통의 인륜정신이 강조되었던 것이었다.

---

42 『정암집』 권2 「弘文館請罷昭格署疏」

정암은 그러한 분위기 조성에서만이 정치 사회의 혼탁함을 깨끗이 씻어낼 수 있고 또 백성 평안의 행정을 기대할 수 있다고 보았다. 그의 지치적 혁신주의는 이러한 이유로 나타난 것이다.

〈이 제3부 제1장의 내용은, 논문 「조선초기 사림파의 의리 중심적 가치관」(尙虛安炳周 교수정년기념논문 『東洋哲學의 自然과 人間』 451~477쪽, 1998.)과 「靜庵 趙光祖의 道學政治와 義理思想」(한국유교학회 『儒敎思想硏究』 9집 49~82쪽, 1997.)을 종합 보필한 것임.〉

제2장 이회재의 성현정치론

1. 정치 행적과 논저

1) 정치 행적

유교를 국가 이념으로 삼은 조선왕조는 시간이 흐를수록 그 문화적 안정성이 깊어갔다. 그리하여 학계에서는 자연히 그 신유학에 밝은 인재들이 나타나게 되었다. 즉 군주의 역량과 권력의 향배에 따라서 치란의 변화를 겪으면서도 유교의 사상적 발전은 지속되고 있었다는 것이다.

그러한 현상은 근 1세기가 지나면서 더욱 뚜렷하여 조선조 특유의 모습을 보이기도 했다. 그 선두의 입장에 있었던 인물이 바로 회재晦齋 이언적李彦迪(1491~1553)이다.[1] 그는 조선왕조가 창업된 지 꼭 100년이 되는 1491년(성종22) 11월 경주 양좌촌良佐村에서 명문의 여주이씨와 경주손씨 사이에서 태어났다.

이언적은 23세에 생원시험을 합격하였고, 다음해엔 과거 별시에 급

---

1 그의 처음 이름은 '迪'이었는데 31세 때에 중종으로부터 이름에 '彦'자를 넣는 것이 좋겠다는 말을 듣고 '彦迪'으로 하였다. 자는 復古 호는 晦齋(이 '晦'자는 주자학을 숭앙한다는 입장에서 朱熹의 호 '晦庵'에서 따온 것으로 보임) 또는 紫溪翁이며 시호는 文元이다.

제하였다. 그 때 답안을 본 시험관 김안국金安國은 '임금을 보좌할만한 재질 있는 사람'으로 평가했다. 바로 그 해 그는 교서관校書館의 부정자副正字로 임명되니 24세부터 공직생활을 시작한 것이다. 다음 해에는 고향인 경주의 주학교관州學敎官으로 차출되어 약 2년간 근무하고 다시 중앙 관직으로 돌아왔다.

그가 27세 새해를 맞이해서는 자기 수양의 지침으로 '오잠五箴'[2]을 지었고 또 유명한 「서망재망기당무극태극설후書忘齋忘機堂無極太極說後」라는 논문을 발표했다. 이 글은 회재의 외숙인 망재忘齋 손숙돈孫叔暾과 망기당忘機堂 조한보曺漢輔 사이에, 이미 중국 송나라 주렴계周濂溪의 「태극도설太極圖說」 가운데의 '무극이태극無極而太極' 부분을 중심으로 논란한 내용을 비판하면서 자기 소견을 밝히는 내용이었다.

이를 계기로 하여 회재는 그 다음 해 망기당과 본격적으로 성리학적인 논변을 전개하게 된다. 그 당시 회재가 전한 글은 모두 4편으로 현존하지만 망기당이 전했던 글은 전해지지 않아서 그의 사상적 견해는 오직 회재가 인용한 것을 통해서만 파악될 뿐이다. 거기에서도 망기당은 '무無'자와 '멸滅'자의 의미를 높이 여겼던 사실을 볼 수 있으니, 그는 유가뿐만 아니라 도가와 불가에도 밝았던 것 같다. 그 토론의 과정에서 나타나는 회재의 식견은 조선유학사에서 높이 평가된다. 20대의 청년 회재와 원숙한 경지의 철학자 망기당 사이에 전개된 '무극태극론변無極太極論辯'은 우리나라 성리학 논변사의 맨 처음으로서 그 이후의 학술 담론에 적지 않은 영향을 끼치는 것이었다.

그 후 40세까지 그는 홍문관, 경연, 세자시강원, 성균관, 사헌부, 사간원, 이조, 병조 등의 정부 기관을 두루 거치고 외직으로는 인동현감,

---

2 「元朝五箴」이라는 이름의 그 요목은, '하늘을 경외함(畏天箴)', '마음을 함양함(養心箴)', '몸을 공경히 함(敬身箴)', '과실을 고침(改過箴)', '의지를 돈실하게 함(篤志箴)' 등이다.

밀양부사, 경상도 어사 등을 재냈다. 그런데 41세 사간원 사간司諫으로 있을 때는 소위 '정유삼흉丁酉三凶'으로 불리는 권신 김안로金安老[3]의 정계 복귀를 비판하다가 자신이 물러나는 수난을 겪는다. 즉 그는 일찍이 김안로가 경주부윤으로 있을 때에 그 현장에서 비행을 확인하였기에 그 복귀가 부당함을 극간하였는데, 오히려 그가 성균관 사예로 좌천되고 곧 심언광 등의 모략으로 마침내 파직을 당한 것이다. 그리하여 그는 다음해 고향 근처 자옥산紫玉山 기슭에 집을 지어 '독락당獨樂堂'이라 이름하고 은거하며 성리학 연구에 힘썼다.

그 5년 후 1537년(중종32)에는 김안로가 중종의 외척 윤원로尹元老에 의해 제거되니, 회재는 다시 등용되어 장악원첨정·홍문관교리·응교·경연시강관·춘추관편수관 등의 보임을 맡게 된다. 그리고 48세 때에는 청백리淸白吏로 평가되고 홍문관직제학·지제교, 병조참지가 되었으며, 10월에는 자원에 따라서 전주부윤으로 나아가 선정을 베풀었다. 그 무렵 그는 임금의 구언에 부응하여 글을 올렸으니, 그것이 유명한 「일강십목소一綱十目疏」이다.

그런데 1545년 을사사화로 회재는 또 홍역을 치른다. 즉 당시 인종이 즉위하여서는 그의 외숙 윤임尹任이 실권을 잡는 듯하였으나, 인종의 사망으로 상황은 역전되어 명종의 외숙 윤원형尹元衡이 그의 누님 문정왕후文定王后의 수렴청정에 힘입어 권력을 쉽게 장악하고 마침내 이기李芑 등과 결탁하여 반대세력을 제거하는 참화를 일으킨 사건이다. 그로 인하여 윤임은 물론 이조판서 유인숙柳仁淑과 영의정 유관柳灌 등이 제거되고 많은 사림들이 희생되었다.

---

3 1519년 己卯士禍 후 이조판서로 승진된 김안로는 南袞과 沈貞의 탄핵으로 귀양살이를 하다가 오히려 심정 등의 축출에 성공하여 정계에 복귀하였다. 1531년(중종26)부터는 정권을 장악하여 폭정을 자행하고 마침내 중종의 계비 文定王后까지 폐하려다 오히려 그의 오빠인 尹元老에게 패하여 그 일당 許沆, 蔡無擇 등과 유배되어 사사되니, 그 해가 丁酉年이므로 그들을 '丁酉三凶'이라 한다.

그런데 바로 그러한 일대 혼란의 시기에 회재는 판의금부사判義禁府事의 직위에 있었으므로 안타깝게도 사림을 국문하는 처지가 되었다. 갑작스런 정황으로 회재는 본의와 달리 어찌할 수 없는 형편이었지만, 그로 인하여 후인들의 평가는 '이해'와 '비판'의 두 모습으로 나타나게 되었다.

먼저 '이해'의 방향에 선 퇴계退溪 이황李滉은, 그는 당시 아무도 거슬리지 못했던 긴장된 분위기를 상기시키면서, 그토록 어려운 정황에서도 회재만은 의연히 나아가 이르기를 "신하의 의로움이란 마땅히 그 섬기는 바에 오로지하는 것인데, 그 때에 있어서 인종에 전심한 것이 어찌 의당 깊은 죄가 되겠는가? 또한 거사에는 마땅히 밝음을 드러내야 할 것이니, 그렇지 않으면 사림들이 부당하게 화禍에 걸려들지 않을까 두렵다."라고 말하여, 듣는 이의 목을 움츠리게 할 정도이었다는 실제상황을 주목하였다.[4]

그리고 이러한 '이해의 입장'에 동감했던 서애西厓 유성룡柳成龍은 회재에 대한 비판론을 경계하면서 다음과 같이 말했다.

세상 사람들이 그 때에 권벌權橃은 죄 받는 사람들을 위하여 의논하였고, 회재는 말하지 아니하여 직절함이 모자라는 듯하다 하나, 당시에 회재가 말하지 않은 것은 아니다. 지금에 와서 보면 권발이 한 말은 작고 회재가 한 말은 크다. 회재가 아뢰기를 '일이란 반드시 광명정대하게 하여야 한다. 그렇지 않으면 사림에게 화가 미칠까 염려된다.'고 하였다. … 다만 말이 간단하고 완곡하므로 남들이 잘 알지 못하였을 뿐이었다.[5]

그러나 이와는 반대로 당시 회재의 태도에 대한 '비판'의 발언을 보

---

4 『晦齋集』 附錄 「晦齋李先生行狀(李滉 作)」
5 李肯翊(임창순 역), 『燃藜室記述』 Ⅲ(권10 '乙巳黨籍' 李彦迪), 86쪽.

인 이도 있으니, 이는 율곡栗谷 이이李珥가 그 대표격이다. 그는 이렇게 말했다.

> 을사년의 난亂을 당하여서는 바른 말로 절의를 세우지 못하고 여러 번 문초관이 되었으며, 가짜 공신에 참여한 것으로 보아, 비록 마침내 죄를 받기도 하였지만, 이마에 땀이 흘렀을 것이다. 어찌 도학자로서 그를 받들 수 있겠는가? 그러나 공公만큼 어진 이도 쉽게 얻을 수 없는 터인즉, 공이 시대에 용납되지 못한 것은 애석한 일이 아닐 수 없다.[6]

이상과 같은 두 측면의 발언은 논평의 관점에 따라 충분히 드러날 수 있다. 그러나 결국 궁극적으로 남는 과제는, 그와 같은 돌발적 사태를 직면하였을 경우 어떠한 마음을 가질 때에 과연 희생을 최소화하면서 공명정대하게 일을 처리할 수 있겠느냐 하는 점이다. 이러한 문제는 이회재의 심중에 깊이 작용하지 않을 수 없었을 것이다. 그 학행의 실제에서 보이듯이 그는 스스로 권신을 배격하면서 진유眞儒의 길을 모색하고 있었기 때문이다.

그리하여 그는 그러한 큰 변란을 거치면서 그 어떠한 권세의 길을 걸으려 하기보다는 오히려 스스로는 그것을 멀리하고자 하였다. 그 사화로 내려진 위사공신衛社功臣과 여성군驪城君의 봉록에 대하여 "비단 지금 사람들에게서 비웃음이 될 뿐만 아니라 만년에 웃음거리가 될 것이다."라는 사양의 발언은[7] 그러한 태도를 증명하기에 충분하다. 그러나 그것이 윤원형 일파에게는 거슬리게 보일 것이라는 점 또한 모를 리 없었을 터이다. 그럼에도 불구하고 회재는 그처럼 의연히 거부하고 있었을 뿐만 아니라, 그 다음해에는 사직을 청하면서 임금께 '학문으

---

6 『栗谷全書』 권28 「經筵日記一」 명종22년10월조.
7 盧守愼, 「晦齋年譜」 55세조.

로 도리를 밝혀가고 어진 자를 가까이 하고 사악한 자를 멀리할 것'을 강조하는 상소문을 올리기도 하였다.

이러한 일련의 과정에서 회재의 심기를 간파한 이기李芑 윤원형 등은 소위 양재역벽서사건良才驛壁書事件[8]에 그를 연루시켜 저 멀리 평안북도 강계江界에 유배시키고 말았다. 이러고 보면 을사사화란 회재에게도 결국 해롭게 작용되었던 것임을 알 수 있다. 그는 그 유배지에서 63세를 일기로 병사하였다.

그 후 윤원형이 죽자 관작이 회복되고 영의정에로의 증직과 '문원文元'이라는 시호가 올려졌으며 명종의 묘정廟廷과 공자의 문묘文廟에의 배향되는 등 최고 예대를 받았다. 그리고 1572년(선조5년)에는 회재가 공부했던 자옥산 기슭의 독락당 아래에 고향사람들이 서원을 지어 기려왔으니 지금의 옥산서원玉山書院이 그것이다. 또 그 당시를 중심으로 해서는 김굉필·정여창·조광조 등과 함께 '동방사현東方四賢'으로 칭송되기도 했다.

2) 정치 논저

(1)「일강십목소一綱十目疏」

이것은 회재 49세(중종34년, 1539) 전주부윤으로 있을 때 임금의 구언에 부응하여 올린 최초의 큰 정치 논문이다. 중종은 이것을 보고『대학연의』를 지은 진덕수眞德秀에 뒤지지 않는다고 높이 평가하면서 동궁에서도 볼 수 있도록 했다.[9]

---

8 그것은 명종 2년(1547) 국가를 비방하는 익명의 글 즉 '여자임금이 위에서 정권을 잡고 간신 이기 등이 아래에서 권력을 농간하고 있어서 나라가 장차 망하는 것은 서서 기다려 보게 되었으니, 어찌 한심하지 않으리오.'라는 내용의 방문이 양재역에 붙어있는 것을 부제학 鄭彦慤이 뜯어서 조정에 알리니, 이기 등은 이러한 일은 모두 사류들에게서 비롯한 것이라 여기며 여러 무고한 사람들에게 화를 일으킨 사건이다.

9「晦齋年譜」49세조.

그 내용 구성은 제목으로 나타난 것처럼 1강과 10목이라고 하는 체용의 양면성을 갖춘 것이다. 본론에 앞선 머리말 부분에서는 군주의 정치적 위치와 기본 태도를 확인시키고 있다. 즉 왕도의 근거는 하늘(天)에 있음을 전제하면서 당연히 성취해야 할 덕업은 지극한 정성으로 쉼 없이 진력할 때에 비로소 가능한 것이라 보면서, 천명을 받아 하늘이 내린 자리에 서있는 임금에게 만일 지성至誠의 덕을 갖추지 못한다면 그 어떠한 공효도 결코 이루어질 수 없는 것이라고 밝혔다.[10] 잠시도 단절됨이 없는 순수한 정성의 태도를 특히 강조하는 것이다.

또한 그는 현실의 정치현상에서부터 천지의 자연현상에 이르기까지의 그 모든 것은 바로 임금과 직결되어 있는 것으로 보았다. 자연현상이 순조롭지 못하여 어떠한 재변이 나타나는 것은 군주에게 자기반성의 계기로 삼아야 한다는 이른바 천계의식天戒意識이 흐르고 있었던 것이다. 그러므로 그러한 이변을 당해서는 의식衣食과 처신處身을 더 신중히 경계하면서 구언求言의 방법으로 대처하는 특별한 모습을 당연시 했다.

물론 회재는 그와 같이 어려운 경우가 아니더라도 군주는 항상 어떤 자만이나 자굴에 빠지지 않고 성군의 경지에 나아갈 수 있도록 부단히 노력해야 한다고 본다. 그 기본 입장을 그는 '강綱'이라 표시했으니, 그것은 주로 군주의 마음가짐을 이름이다. 모든 정치현상은 군주의 마음에서 시작된다고 보기 때문이다. 따라서 그 정립을 위하여 군주는 성인의 학문에 성심을 다하지 않을 수 없다고 이르면서 특히 '경敬'의 태도를 강조하고 있었다.

이처럼 회재는 군주의 심지를 출치出治의 근본으로 보아 그 정립이 절실한 것임을 천명하면서, 그에 일관되는 주요 요소들을 10개 조목으

---

10 『회재집』 권7 「一綱十目疏」 頭部.

로 제시하였다. 그 실제는 다음과 같다.

① 임금 집안 다스림을 엄정히 할 것(嚴家政) : 왕조시대에 있어서 제가齊家가 치국의 기본임을 재확인하면서, 특히 임금은 안팎의 말에 잡됨이 없도록 하고 존비와 남녀에 분별을 두어 내심의 신뢰성과 외모의 엄정함을 더하여 사적인 애욕에 빠지지 않도록 하며 궁인 및 인척의 모략에 휩싸임이 없도록 해야 한다는 요지이다.

② 나라의 기본이 될 세자를 잘 보양할 것(養國本) : 곧 임금이 될 세자의 정치능력 함양에 관한 내용이다. 특히 원론 이해의 수준을 넘어서는 실천능력의 함양을 강조하면서, 그 성공을 거두기 위해서는 반드시 경학에 밝고 심성이 착한 어진 학자가 세자교육에 참여해야 된다고 말했다.

③ 조정을 바로 이끌 것(正朝廷) : 정치 행정의 실무자들에 있어서는 우선 인륜적 기강과 절조가 분명해야 할 것임을 지적하면서 공도와 공의에 의한 정치전개 분위기 조성을 주문하는 내용이다. 동시에 상부의 그와 같은 모범성으로 선비들의 기풍을 흥기시켜 상하간의 소통을 넓혀야 한다고 말했다.

④ 신하의 등용과 버림에 신중할 것(愼用舍) : 이것은 인사에의 신중성을 지적한 경우로서 일찍이 맹자가 제의한 바를 회재가 거듭 확인시키는 형식이다. 즉 주위 사람들뿐만 아니라 백성의 소리를 듣고 그 후에 또 군왕이 잘 살펴서 쓰고 버림을 결정해야 한다는 내용이다. 바로 이러한 신중함에서 진정한 성군현상의 정치가 기대된다고 보았다.

⑤ 천도를 따를 것(順天道) : 천도란 죽이지 않고 살리는 것을 좋아하고 공정함으로 사사로움이 없는 것으로 해석하면서, 그것의 발현이 바로 '인정仁政'으로 나타난다고 말했다. 특히 민본의식에 따라 백성의 형벌을 신중히 하고 또 조세부담을 덜어줄 수 있어야 한다고 강조했다.

⑥ 사람들 마음을 바르게 할 것(正人心) : 사람들 마음은 사회 안위의 근본

요인으로 보고 그것을 따라 시비의 판단과 공론의 흐름이 형성되는
것이므로 정치 전개도 그러한 맥락에서 벗어날 수 없다는 입장이다.
그 사람들의 마음 요소에서는 특히 절의의 가치를 중시하고 있었다.

⑦ 언로를 넓힐 것(廣言路) : 이것은 여론의 정치적 반영이 보장되어야
한다는 점을 강조함이다. 다양한 정치 발언의 확장 속에서 군왕은 편
파적 당론에 휩쓸리지 않을 밝은 지혜와 '중中'을 잡아가는 고도의
판단력이 긴요하다고 보았다. 언로를 넓히는 데에서 공명정치를 기
대할 수 있다는 신념의 표출이다.

⑧ 사치 욕구를 경계할 것(戒侈欲) : 공손과 절검은 수복壽福의 근원이고
사치와 욕심은 위망危亡의 시발이라는 전제에서 욕구의 절제 문제를
밝혔다. 사치욕이 처음에는 별것 아닌 것 같지만 곧 막을 수 없는 지
경에 이르게 되는 것이므로, 처음부터 맑은 마음으로 검약할 줄 알아
야 한다는 소견이다.

⑨ 군대 행정을 개수할 것(修軍政) : 보국안민의 기틀이 군대 행정에 달
려있다는 사실을 확인시키고, 평소에도 국가 위난 상황을 예상하여
그 대비 능력을 고양시켜야 한다는 취지이다. 그 세목으로 장수와 병
졸, 무기와 군수품 및 축성 문제 등을 다루고 특히 구성원 사이에 화
목과 신의의 인간관계를 중시했다.

⑩ 모든 일의 기미를 잘 살필 것(審幾微) : 어떤 사건이 드러나기 이전의
작은 징후를 세밀히 살핌으로써 미래의 일을 대처할 수 있어야 한다
는 본질주의의 측면이다. 특히 나쁜 일이나 위급 상황에서는 그 깊이
를 더해서 차후의 폐단을 처음부터 없앨 수 있어야 한다는 주장이다.

이상과 같은 10개 조목에서 회재는 당시의 정황을 반성하면서 각
부분의 중요성을 확인시키는 입장에서 각각의 개선안을 제시하고 있
다. 또 그러한 내용들은 각기 별개의 것이 아니라 상호 긴밀한 관계성
속에서 전개되는 것으로 보았다. 따라서 그러한 과제를 총괄적으로 해

결해 갈 수 있는 군왕의 식견 즉 마음가짐을 더욱 강하게 주문하는 모습이었다.

(2) 「홍문관상소弘文館上疏」

이것은 회재의 나이 51세 때 홍문관 부제학으로 있으면서 교리 이퇴계 등 여러 동료들과 함께 올린 상소문이다. 그 분량은 위 「일강십목소」에는 이르지 못하나 약 6천수백자에 이르는 대작이다. 이 글에서도 강·목의 형식을 취하여 표현의 논리성을 견지하고 있다.

그 서두에서는 군왕의 지고한 위치와 지성의 품덕이 천지만물의 변화와 모든 정치현상에 직결된 것으로 보면서 인성仁聖의 경지에 이를 수 있도록 더욱 매진해야 할 것을 주장했다. 그리고 이어서 군주의 임정태도로 열 가지를 말한다. 그런데 그 십사十事의 내용으로는 1강綱과 9목目을 말하고 있으니, 9목은 그 1강의 실천 요목으로서의 의미를 가지는 것이었다.[11]

회재는 그 1강이란 '중화를 다함(致中和)'을 가리키는 것이라 했다. 이 '중화中和'의 이론은 『중용』에서 나타난 본체와 현상의 양면적 표현이다. 즉 '중中'이란 희노애락 등의 정분이 자동되기 이전의 상태로서 천하의 대본大本으로 지목되는 측면이고, '화和'란 그것이 가장 이상적으로 잘 발현되어 절도에 알맞는 최상의 모습으로서 천하의 달도達道로 지칭되는 부분이다.[12]

이처럼 인간 심성의 본연적 순수성에 군왕의 마음이 정립되어야 한다는 입장에서 회재는 그 1강의 내용으로 '중화中和'를 설정하고 있었던 것이다. 따라서 임금은 그것을 이상으로 여기며 항상 전진해야 할

---

11 『회재집』권12 「弘文館上疏」頭部.
12 『中庸』 1장: "喜怒哀樂未發 謂之中 發而皆中節 謂之和 中也者 天下之大本也 和也者 天下之達道也 致中和 天地位焉 萬物育焉."

것인데, 거기에는 특히 계신공구戒愼恐懼의 태도가 긴요하므로 잠시의 해이함도 있을 수 없다고 보았다.

이상의 논지에 이어 국정의 기본 요소로 제시한 9목의 내용은 다음과 같다.

① 궁중에서 금하는 일을 엄중히 할 것(宮禁不可不嚴) : 궁중에 어떤 삿됨이나 간사한 음행이 작용한다면 조정을 비롯한 모든 정사에서 그 공정성이 유지될 수 없을 터이므로, 군주는 반드시 그러한 성격의 비위가 개입되지 않도록 매사에 엄격한 태도로 기풍을 잡아가야 한다는 내용이다.

② 기강을 바로 잡을 것(紀綱不可不正) : 정치 불화는 구성원 사이의 기강이 해이된 데에서 비롯한 것임을 직시하고 각각의 본분과 책임으로 질서가 확립될 것을 강조하고 있다. 군주라 하더라도 신하의 직무를 함부로 침해할 수 없다는 원칙을 밝히면서 사사로운 정분이나 뇌물수수로써 기강이 와해될 수 있음을 경계하였다.

③ 인새를 정확히 가릴 것(人材不可不辨) : '정치는 그 사람에 달렸다'는 사실주의에 입각하여 특히 신료들의 인격과 능력에 대한 변별성을 강조하였다. 즉 소인小人·우인愚人·사인邪人·무능자無能者와 군자君子·현인賢人·정인正人·유능자有能者를 정확히 가리면서 소신껏 일할 수 있도록 해야 한다는 취지이다. 이곳에서도 회재는 또 맹자의 인사 천거의 원칙을 확인하고 있었다.

④ 제사를 정성껏 모실 것(祭祀不可不謹) : 국가적인 큰 제사에 제주가 불참하거나 정성이 부족한 측면을 지적하며 그 회복을 촉구하는 내용이다. 즉 종묘 제례에는 왕실 선조에의 효성으로 임하고, 사직에는 토지 안정과 곡물 생장을 염원함으로 제사하고, 문묘 석전에는 가르침 주심에 감사함으로 제사하며, 산천의 여러 신령에게는 재난이 없을 것을 기원하는 마음으로 일관해야 한다는 것이다.

⑤ 백성의 어려움을 구제할 것(民隱不可不恤) : 이것은 소위 민생 안정 부분을 강조하는 내용이다. 특히 과부, 홀아비, 고아 등 소외되기 쉬운 자들의 부양과 조세 감면의 문제 및 탐관오리의 척결 부분을 강조하면서, 자애로운 부모 심정으로 수령의 선정이 전개되어야 할 것을 주문했다.

⑥ 교화를 반드시 밝혀갈 것(敎化不可不明) : 사람들에게 절의와 염치를 아는 인간 도리를 갖출 수 있도록 교화정책이 강화되어야 한다는 내용이다. 교육이 외우고 쓰는 데에 그칠 것이 아니라 올바로 행동하는 기풍을 일으켜 진정한 인륜 도덕의 사회를 이룰 수 있도록 해야 한다는 점이다.

⑦ 벌주고 가두는 일을 신중히 할 것(刑獄不可不愼) : 생명 존중의 하느님 뜻을 따라 어진 정치를 펼침에 있어서는 백성들에게 형벌을 신중히 하고 또 가볍게 적용해야 한다는 것이다. 특히 군주나 관리가 사사로운 정분에 빠지거나 명석하지 못할 경우의 사태를 경계하면서 백성과 사림들 보호에 유의해야 한다고 보았다.

⑧ 사치함을 금지할 것(奢侈不可不禁) : 이목구비의 욕심은 무한하지만 산야에서의 생산물은 유한한 것이므로 근검절약의 기풍으로 조화롭게 공생해야 한다는 입장이다. 사치란 일반 서민에서 나타나는 것이 아니라 상류층의 폐습으로 유발되기 쉽다는 사실을 지적하며 주변상황에 유의할 것을 요청했다.

⑨ 간쟁을 받아들일 것(諫諍不可不納) : 군주는 보고 듣는 영역을 넓혀갈 때에 더욱 총명해질 수 있다는 사실에 입각하여 남의 말 듣기에 꺼림이 없어야 한다는 지적이다. 또한 임금은 직언을 구하는 교지를 종종 내리고 상소의 내용에 혹 지나침이 있다 하더라도 관용으로 대하며 중의를 널리 수렴할 수 있어야 한다고 제의했다.

이들 정치 요목들은 회재에 있어서 '치중화致中和'의 군주 리더십이 전제됨으로써 그 진면목이 드러날 수 있다고 보았다. 이것은 왕조시대라고 하는 특수상황에서 비롯한 것이지만 그에 내재된 진의를 살펴보면 오늘의 민주정치시대에 있어서도 ④의 제사문제를 제외하고서는 그 모두가 정치발전에 긴요한 요소로 평가될 수 있겠다.

(3) 「정부서계십조政府書啓十條」와 「진수팔규進修八規」

1545년 인종은 왕위에 오른 지 8개월 만에 불행히도 별세하니, 곧 12세의 어린 명종이 등장하게 되었다. 그리하여 조정에서는 수렴청정이 요구되는 어려운 상황을 맞는다. 이러한 정국을 원만히 극복하면서 미래의 안정됨을 꾀할 수 있는 대안으로써 회재는 10개조의 건의문을 올렸다. 그 이름이 바로 「정부서계십조政府書啓十條」이다.

그리고 「진수팔규進修八規」는 회재 60세 무렵 「대학장구보유大學章句補遺」 「구인록求仁錄」 등에 이어서 지은 것이다. 적소에서 쓴 이것 또한 성군 정치를 향한 학덕 문제를 다룬 경우이기 때문에 여기서 주목해 보지 않을 수 없는 것이다.

먼저 「정부서계십소」의 각 요목을 보면 다음과 같다. ① 임금의 모친은 성왕의 자질을 잘 함양할 수 있도록 선도할 것, ② 경연관을 널리 뽑아서 항상 강론하게 하며 임금이 노는 곳에서도 성학에 이어갈 수 있도록 할 것, ③ 임금은 앞 임금에 대하여 자식의 도리와 신하의 도리가 함께 있으므로 상례를 극진히 하도록 할 것, ④ 궁중의 금함을 엄격히 하여 인척의 개입을 막을 것, ⑤ 궁인 택함을 신중히 할 것, ⑥ 벼슬을 내림에는 특별한 뜻에 따르지 말고 어짐·우둔함의 분별에 따르도록 할 것, ⑦ 건의하는 안건을 그대로 따르기만 하는 일이 없도록 할 것, ⑧ 승정원은 내전의 뜻과 논계로써 그 본분에 충실하도록 할 것, ⑨ 왕실과 조정에 이간됨이 없도록 일관성을 유지하고 사문私門을 없애고 밝은 도리를 보일 것, ⑩ 나라사람들의 기대처럼 공도를 크게 행하여 앞 임금의 학문 공효가 잘 나타나도록 할 것 등이다.

이상에서 알 수 있듯이, 수렴청정의 정국에서 정치 불안을 야기하는 그 어떠한 사특함이 개입될 수 없도록 안정성을 확보하고, 특히 어린 임금이 올바로 성장하는 데에 필요한 관련 사안들이 거의 모두 언급되고 있다. 왕실의 안정 속에 조정의 행정이 원만히 전개될 수 있도록 하는 55세의 대신 회재의 우국충정이 반영된 모습이다.

이어서 「진수팔규進修八規」의 경우를 보기로 한다. 이것도 성왕의 길로 안내하기 위한 목적에서 작성된 것으로서 상소문 형식을 띠고 있다. 그러나 그가 끝내 유배지에서 풀려나지 못했으므로 이 글은 사후 그의 아들 전인全仁에 의하여 명종에게 올려졌다.

여기 '진수進修'라는 말은 『주역』 건괘乾卦 「문언전文言傳」에 있는 '군자君子 진덕수업進德修業'이라는 공자의 발언에 근거한 것이다. 이는 군주로서 그 정치력을 향상시켜가기 위하여 안으로는 덕을 쌓고 밖으로는 업무의 처리능력을 높여가야만 한다는 의미이다.

회재는 그것을 키워드로 내걸고 관련 내용을 '팔규八規'로 정리했다. 그 각 요목을 보면 다음과 같다. ①도리를 밝혀감(明道理), ②정치의 대본인 심성을 정립함(立大本), ③하늘의 덕업을 체현함(體天德), ④지난 성왕을 본받음(法往聖), ⑤여론 수렴의 총명성을 넓힘(廣聰明), ⑥어진 행정을 펼침(施仁政), ⑦천심에 순응함(順天心), ⑧중화의 경지에 나아감(致中和) 등이다. 그리고 그 말미에는 아홉 번째로 '장차 나라의 근본인 세자를 잘 보양해갈 것(養國本)'을 덧붙였다. 이것은 안정적으로 왕조의 미래를 대비하는 의미를 갖는 것이었다.

나아가 회재는 인생 말기의 유배생활 7년도 허비하지 않고 꾸준히 학문과 저술활동에 진력하는 모습을 보였다. 그 가운데 가장 먼저 완성한 것이 59세 때의 「대학장구보유大學章句補遺」와 「속대학혹문續大學或問」이다. 주지하다시피 『대학』은 신유학에서는 물론 유교정치의 필독서로서 매우 중시되어 왔다. 그런데 그 원문 구성은 완벽한 상태가 아니어서 주자는 '경문經文'과 '전문傳文'으로 나누고 또 '격물치지

格物致知' 부분에는 정자程子의 뜻을 빌어 자신이 보충하기도 하였다. 그러나 당시 중국의 학계에서는 그에 동의하지 않고 달리 구성해보는 학자도 있었다.

이러한 배경이 회재로 하여금 유배지에서 시작한 저술의 첫 부분으로 삼게 하였던 것으로 보인다. 회재는 주자와 같이 '경문' '전문'의 형식을 취하되, '격물치지'에 대한 주자의 보충 발언은 따르지 않으면서, 『대학』 원문 그 자체속에서 문구의 위치를 조정하여 그 문제의 전문을 재구성해 보고,[13] 각 자구字句의 본의를 유교전통의 공맹정신에 비추어 재해석하는 독창적 견해를 피력하였다.[14] 이것이 곧 「대학장구보유」와 「속대학혹문」인 것인데, 특히 이 후자는 주자의 「대학혹문大學或問」을 모방하여 자신의 견해에 대한 부연 설명을 밝힌 것이니, 이 두 책은 표리관계에 있는 셈이다.

이러한 과정에서 확인되는 회재의 식견은, 그 자신도 '비록 주자가 다시 태어난다 하여도 혹 이에서 취할 것이다.'라고 하였듯이, 종래의 경우보다 진일보한 차원으로 평가되고 있다.[15] 차후의 유학자들은 주자의 언설에 대하여 오로지 절대시하는 입장이있으나, 회재는 그처럼 특별한 모습을 보였다.

---

13 회재가 원문을 재구성하여 '格物致知'의 傳으로 삼은 것은 기존의 經1章에 있던 구절을 전치한 것, 즉 '物有本末 事有終始 知所先後 則近道矣. 知止而后有定 定而后能靜 靜而后能安 安而后能慮 慮而后能得. 此謂知本 此謂知之至也.'인데, 이 위에는 '所謂致知在格物者' 여덟자가 있었을 터인데 없어진 것 같다고 하였다. 그리고 기존의 傳4章에 있던 '子曰 聽訟 吾猶人也 必也 使無訟乎 無情者 不得盡其辭 大畏民志 此謂知本'의 구절은 程伊川의 견해처럼 경1장의 끝에 위치시켰다.

14 그 대표적인 사례를 보면, 기존 경1장 속의 '安而后能慮 慮而后能得'에서의 '慮'자에 대해서는 주자의 '處事精詳'이란 해석을 버리고 『論語』의 '學而不思則罔'에서와 『孟子』의 '思則得之 不思則不得'에서와 같이 '思'로 보아야 한다는 것과, 삼강령 가운데의 '至善'이란 『書經』의 '允執厥中'에서의 '中'으로 보아야 한다는 점, 그리고 治國平天下의 근본은 바로 '仁'이라고 강조하였던 점 등이다.

15 李丙燾, 「李晦齋와 그 學問」 『震壇學報』 6권, 진단학회, 1936, 135～137쪽 참조.

그리고 60세에는 「봉선잡의奉先雜儀」와 「구인록求仁錄」 그리고 「진
수팔규進修八規」를 연이어 저술하였다. 상·하 두 권으로 된 「봉선잡의」
를 보면, 이는 조상숭배의 유교적 의례를 정립하는 데에 기여함을 목적
으로 쓰여진 것이다. 그러므로 유교 의례의 모델인 『주자가례朱子家禮』
를 기본으로 하면서 사마광司馬光 정이천程伊川 등 송대 성리학자들의
제례서祭禮書를 발췌하여 당시의 시속에 알맞게 엮었다. 그 상권에서는
사당에 선조의 신위를 봉안하고 각종 제사를 올리는 절차를 밝혔고,
그 하권에서는 제례에 관한 선현들의 이론과 담론들을 옮겨 놓았다.

다음으로 「구인록」을 보면, 이는 유교사상의 근본이 '인仁'에 있다
는 사실에 주목하여 유교의 경전과 송나라 성리학자들의 주석과 저술
에서 발췌 정리하며 자신의 견해를 덧붙여 엮은 것이다. 그 제1권은
『논어』와 『맹자』에서 '인仁'을 추구하는 구절을 모아 '논구인지방論求
仁之方'이라 이름 하였고, 제2권은 『주역』과 『논어』 『맹자』 등에서
'인仁'의 실천에 관한 구절을 모아 '논인도지대論仁道之大'라 이름 하
였으며, 제3권은 사서四書와 『주역』 『예기』 등에서 뽑은 문구를 체
體·용用 양면으로 정리하여 '논인지체용論仁之體用'이라 하였으며,
맨끝 제4권은 정이천程伊川과 주자朱子를 비롯한 여러 학자들의 주해
와 함께 회재 자신의 견해를 붙여 '총론인체급용공지요總論仁體及用功
之要'라 하였다. 그리고 그 말미에는 인仁의 경지를 추구하는 송대 성
리학자들의 유명한 수양론을 부기하였다. 이러한 저술은 방대한 유교
사상을 본질적으로 이해하며 실천해갈 수 있게 하는 안내서로서의 가
치를 갖는 것으로 평가된다.

그와 같은 학구적 태도는 별세할 때까지 계속되어 마침내 「중용구
경연의中庸九經衍義」를 낳게 하였다. 이 저술의 형식은 '연의衍義'라
는 이름에서 볼 수 있듯이 진덕수의 『대학연의大學衍義』를 모방한 것
이다. 그리고 그 내용은 『중용』 20장에서 말하는 천하국가 다스림의
아홉 원칙, 즉 ① 자신을 수양함(修身) ② 어진이를 높임(尊賢) ③ 친척

을 친애함(親親) ④ 대신을 공경함(敬大臣) ⑤ 여러 신하들을 몸소 살핌(體群臣) ⑥ 서민을 자녀같이 여김(子庶民) ⑦ 여러 기능공들을 오게 함(來百工) ⑧ 먼 지방 사람들을 부드럽게 대함(柔遠人) ⑨ 각 곳의 제후들을 편안케 함(懷諸侯) 등의 조목에 따라 각기의 기본정신과 실천방법을 밝히고 있다. 그것은 유교 경전과 역사적 사례를 확인하며 자신의 견해를 붙여 자세히 설명하는 형식을 취했다.

그런데 회재는 이 아홉 개의 원칙론에 있어서 특히 '수신修身'이 논리적으로 전체 내용의 기본이 되는 것으로 보았다. 그리하여 그것을 천하국가를 다스리는 '본本'으로, 그 나머지 여덟 항목은 '요要'로 구분하였다. 그들 각기의 항목 속에 또 여러 세목을 설정하여 전체적인 목차를 정해놓은 상태에서 서술하였다. 그런데 그는 유감스럽게도 그것의 완성을 보지 못한 채 타계하였다. 그리하여 그 구경九經 가운데 '경대신敬大臣' 이하의 관련 내용은 정리되지 못한 상태였다. 그러나 그 서두의 '총론'을 비롯한 기왕의 저술 부분은 현존하고 있는 바, 그 분량은 별집 12권을 포함하여 총 29권에 달한다.

이상의 방대한 저술의 업적을 남긴 회재는 유배생활 7년여 민에 적소 강계江界에서 63세를 일기로 별세하였다. 그에게는 서자 전인全仁(호는 潛溪)이 있었으니, 그는 부친을 따라 강계에 있으면서 부자간의 학문을 논한 「관서문답록關西問答錄」을 남길 정도이었다. 또 그는 선친의 여러 기록들을 이퇴계에게 보여서 학덕에 높은 평가를 낳게 했을 뿐만 아리라 「회재이선생행장晦齋李先生行狀」을 얻기도 하였다. 그 글에서 퇴계는 이르기를 "우리 선생과 같이 배움을 얻은 곳이 없는데도 스스로 유학儒學에 분발하여 암연히 날로 드러나 덕이 행실에 부합하고 빛나게 글을 써서 말씀이 후세에 드리운 자를 우리 동방에서 찾는다면 그와 대등한 자 거의 없을 것이다."[16]라고 칭송하였다.

2. 성군현상의 지도자론

왕조시대의 정치론은 거의 군주와 행정의 문제를 중심으로 전개되었다. 왜냐하면 왕권의 세습제로 인하여 민주시대와 같은 권력의 획득이나 민권의 확장 등의 문제가 제기되는 상황은 아니었기 때문이다. 다만 정치권력의 문제가 정치현상의 전면에 나타나는 경우는 왕조 교체의 혁명적 상황에서나 폭군정치의 난세를 극복하기 위한 반정反正의 시기일 뿐이었다. 따라서 비록 역사적 관점에서 그와 같은 혼란의 과거 사실에 대하여 엄정한 평가를 가하기는 하지만 정치론의 기본에서 그러한 내용을 거론하는 것은 아니었다. 오히려 그 갈등과 대립의 혼란상을 예방하기 위한 차원에서 정치의 원칙이 확인되고 있었다.

그러한 기본 입장을 대변하고 있는 것이 공자의 이른바 '정치란 바르게 하는 것'이라는 말이다. 곧 '政'자를 '正'자로 해석하고 있는 것이다. 이러한 부분에 대해서는 앞의 제1부에서 확인한 바이지만, 주자는 또 그에 부연하여 '다른 사람의 바르지 못한 것을 바르게 하는 것'으로 해석하였다.

그러면 그러한 경지는 어떻게 가능할까? 여기에는 최소한 다음과 같은 두 가지 의문이 제기된다. 하나는 '그 바름의 차원에 이르기 위한 구체적인 방법이 무엇인가?'하는 점이요, 또 하나는 '그 바름의 실제 내용이 무엇인가?' 하는 점이다.

이에 우선 이 전자의 경우를 생각해 보면 회재의 다음과 같은 발언이 주목된다.

임금의 마음이 바르면 천하의 일이 바르지 않음이 없고, 임금의 마음

---

16 『회재집』 附錄 「晦齋李先生行狀(李滉 作)」

이 바르지 않으면 천하의 일이 간사하지 않음이 없으니, 이는 자연스런 이치이다. … 혹 터럭만한 사사로움이나 간사함의 폐단이 있어서 보존하는 바와 전개하는 바에 약간의 차이가 있게 되면, 곧 큰 근본이 이미 바르지 못한 것이다. 이에 어찌 조정을 바로하고 백관을 바로 하여 사방의 모든 인민에 미칠 수 있겠으랴.[17]

정치의 궁극적인 경지는 '바름(正)'의 상태에 이르는 것임을 전제하여 그 방법론적 측면을 확인하고 있는 것이다. 그 논지는 밑으로부터의 퍼짐이 아니라 위로부터의 펼침이 될 수밖에 없다는 견해이다. 따라서 정치적 최상위에 자리하는 군주의 '正·不正'이 곧 모든 정치현상을 '正·不正'으로 결정짓는 근본 요인이 된다고 본다.

이는 왕조시대의 군권이 절대적이었던 만큼이나 그 영향력을 절대시하고 있는 것이다. 그러므로 화평의 정치사회를 갈망하는 마음이 절실할수록 군주에 대한 정치력 함양의 문제는 더욱 강조되고 있었다. 이를 유교에서는 '성군지학聖君之學'이라 하고 약하여 '성학聖學'으로 불린다. 이 용어는 유자들의 상소문에서도 흔히 사용되었다.

이처럼 군주의 학식과 덕망이 강조됨과 병행하여 신하의 역량 또한 중시되기 마련이다. 정치 행정의 실무는 그로부터 시작되는 것이기 때문이다. 이점을 주목하여 회재는 다음과 같은 신하의 자질론을 피력하였다.

재상은 마땅히 크게 공公되고 지극히 바른 것으로 마음을 삼아, 여러 정사를 공평히 하고 서로 다른 것들을 다루어감을 기본으로 할 것이니, 조금이라도 편당의 사사로움이 있어서는 옳지 않다. 대간은 오로지 임금과 나라를 바로 잡아갈 것을 마음으로 삼아서, 허물에는 잘못됨을 고하는 것으로 일을 삼으니 면전에서 비판하고 조정에서 다툼에는 자신의

---

17 『회재집』 권8 「進修八規」

몸을 돌보지 않는다. … 그러므로 재상은 높이 그 도를 행하고 대간은 낮게 그 말을 펼치니 그 직분이 비록 다르나 임금의 덕업을 높게 도우며 치도를 조성하는 일은 한 가지이다.[18]

정치 전개의 두 축으로서 시정의 중심인 재상의 경우와 언로의 중심인 대간의 경우를 말한 것이다. 군주의 입장으로 강조된 '옳음'의 문제가 더욱 실천적으로 전진되고 있음을 볼 수 있다. 그처럼 공정론과 시비론에 철저하는 것은 결국 군주의 '바름'을 높이는 결과를 낳는다고 보았다. 사실 이러한 정치인들의 경우는 정치적 공정성뿐만 아니라 정치의 투명성을 드러낸다는 차원에서 높이 평가될 만하다.

그러면 군주와 신하 그 모든 정치인에 있어서 그처럼 중시되었던 '바름'의 구체적 내용은 무엇이겠는가?

유교에서의 인간론은 천인일체天人一體의 경지를 이상으로 하듯이, 정치론 역시 그와 같은 논리로 일관한다. 정치 사회에서의 '正'이란 궁극적으로 그러한 진리의 차원에서만이 그 척도를 설정할 수 있는 것이기 때문이다. 따라서 회재도 이러한 점을 주목하여 그것을 정치 지도자론의 기본내용으로 부단히 강조하여 왔다. 그 최고의 모습은 인간으로서 우주 세계의 이치에 이르는 경지, 즉 천리天理에 따라 천심에 합일할 수 있는 상태로 보았다.

무릇 하늘이란, 이치가 있는 곳으로, 감응의 오묘함은 형상의 그림자나 소리의 울림보다도 더 민첩하다. 임금이 진실로 그 덕에 힘쓰고 공경하며 항상 하늘에 짝할 바를 생각하고 마음 쓰고 일함에 한결같이 천리에 순응하여 천심에 합치할 수 있으면, 하늘은 많은 상서로움을 내려서 하늘이 내린 녹祿을 보전할 수 있게 할 것이다. 그러나 혹 공경하지 않

---

18 『회재집』권13 「兩司箚子」

으며 마음가짐과 일함에 조금이라도 천리에 어긋남이 있어서 천심에 합치하지 않으면, 하늘은 싫어하니 재앙이 곧 응할 것이다. 이러한 이치는 환히 밝아서 지난 일들로도 징험될 수 있다.[19]

그러면 또 어떻게 그처럼 천리에 따르고 천심에 합일 할 수 있는 '바름'의 능력을 발휘할 수 있을 것인가? 이는 실로 간단한 문제가 아니다. 그러나 최소한 '천리天理가 무엇인가?'에 대한 이해의 과제, 그리고 그것을 몸소 실현할 수 있는 수행의 문제가 제기되는 것만은 사실이다.

이러한 차원에서 회재는 특히 '지성至誠'과 '거경居敬'의 태도를 강조했다. 즉 그는 이르기를 "임금의 덕은 지성至誠만큼 큰 것이 없다. 성(誠)의 도는 천지를 움직이고 귀신을 감동시킬 수 있는 것인데 하물며 사람이겠는가."[20]라 하고, 또 "경敬에 거함은 성학의 처음이며 끝이다."[21]라고 하였다. 성군으로서의 능력 함양은 바로 '성誠'과 '경敬'의 태도에서 가능하다는 말이다. 이러한 발언은 그가 추구하는 정치 사회의 이싱경 즉 「홍문권상소」에서의 중심부인 '치중화致中和'론과 직결된 것이기도 하다.

이와 같은 수준 높은 정치인의 자질을 상징하는 말이 곧 '성군현상聖君賢相'이다. 성인과 같은 경지에 이르는 군주와 현인과 같은 경지의 재상은 유교에서의 이상적인 정치인으로 보는 것이다. 그러면 또 그러한 경지는 어떻게 이를 수 있을 것인가? 이에 대한 해답은 회재

---

19 『회재집』 권8 「進修八規」
20 『회재집』 권13 「司憲府箚子」
21 『회재집』 권8 「進修八規」, 또 회재는 그 敬의 실상에 대하여 "敬은 어떻게 할 것인가. 오로지 정신을 하나에 모아갈 뿐이다. 그 마음이 움직이지 않을 때는 혼연헌 태극이니 敬으로서 전일하게 하여야 그 본체가 곧게 된다."라고 정리했다. (「元朝五箴」 '其二養心箴')

의 다음과 같은 말에서 찾을 수 있겠다.

> 무릇 제왕이 수신·제가·치국·평천하 하던 요령과, 고금에 치란·흥
> 망한 변화와 인재·도술에서의 '간사하고 바름'과 '옳고 그름'의 판단,
> 그리고 천명과 인심이 나아가고 이합離合하는 조짐 등에는 모두 지극히
> 드러나고 지극히 미세한 이치가 있는 것이었으니, 모두 경서의 내용과
> 역사의 기록 가운데에 있다. 만일 그것을 강독하여 밝혀가지 않으면 현
> 혹 되는 바 있게 된다. 어떻게 대도大道를 밝혀 취하고 버림을 결정해
> 갈 수 있으랴.[22]

결국 경전經典과 사서史書의 공부에 힘쓰지 않을 수 없다는 것이다.
경전에서는 정치인에게 필요한 원리원칙의 판단력을 얻을 수 있는 것
이요, 사서에서는 실제상황에 대한 대응력을 기를 수 있다고 보기 때
문이다. 말하자면 성誠·경敬으로서의 심성 수양이 긴요하지만 이와
같은 지식 확충의 학구적 태도가 전제되지 않는다면, 그 또한 그 실상
을 갖추기 어렵다고 보는 것이다.

따라서 학자적 태도가 견지되지 않는 상황에서는 그 어떠한 정치인
도 유교에서 지향하는 '바름(正)'의 과제는 해결될 수 없다고 여겼던
것이 곧 회재의 입장이었다고 하겠다. 그러므로 회재는 현재의 임금에
게는 물론, 미래의 임금인 세자에 대하여 학문과 수양의 문제를 항상
제기하고 있었을 뿐만 아니라 신하의 세계에서도 지知·행行이 일치되
는 선비적 인간상을 중시하였던 것이다. 그러한 과제가 해결되는 상황
에서만이 유교에서 지향하는 '바름'의 경지인 화평한 도덕사회를 구현
할 수 있다고 보았던 것이다. 그것은 곧 『대학』에서의 정치논리 즉 명

---

22 『회재집』 권8 「進修八規」

덕明德을 밝힘으로써 천하를 태평히 하여 지선의 경지에 오르는 첩경
으로서의 의미를 갖는 것이었다.

3. 국가 운영의 행정론

유교사회에서 정치론은 주로 '요순지치堯舜之治' '성군지치聖君之
治 또는 '인정仁政' 등의 용어로 표현되어 왔다. 회재의 경우도 이러한
기본입장을 견지하고 있었음은 물론이다. 그러면서도 그는 장기간의
정치활동을 보여주기나 하듯이 위정의 각론 즉 다양한 행정론을 펼쳐
보이고 있었다. 여기서는 바로 이러한 측면을 집약해 보기로 한다.

앞서 살펴보았듯이 회재의 큰 위정론은 '강綱－목目' 체제를 갖추고
있었다. 따라서 그 '목'의 내용이 바로 행정론의 성격을 가지는 것이었
으므로 그 요목은 이미 확인된 셈이다. 이러한 입장을 전제하면서 여
러 상소문까지 포괄해 볼 때에, 그의 행정론에 내재한 요소들은 다음
과 같이 파악된다.

첫째는 애민정신이 견지되고 있었다는 점이다. 왕조시대의 인민들
이란 대부분 무지하고 연약한 대중들이다. 그럼에도 불구하고 유교에
서는 그 백성들을 하늘처럼 높일지언정 절대로 하시해서는 안된다고
본다. 백성이 집권층의 수단으로 전락되어 희생될 수 없다는 인도주의
의 반영인 셈이다. 그러면 그들을 어떻게 대하는 것이 하시하지 않고
사랑으로 보호하는 것일까? 회재도 일반적인 위민정치론, 예컨대 민
본정신의 추구, 경제적 생계유지의 방책, 형벌 적용의 신중성 등을 말
하였지만, 특히 그 백성들을 직접 접하는 수령守令의 자질을 문제 삼
고 있었음이 주목된다. 그는 그 수령의 선임에 신중하지 않을 수 없다
는 인사정책을 강조함으로써 그 애민정신을 구현하고자 하였으니, 그
에 반하는 수령의 행태를 '호랑이와 이리'로 비유함에서[23] 그 절실함

을 보여주기도 했다.

둘째는 인사행정의 공정성을 추구하고 있었다는 점이다. 이는 정치 행정의 최대 난제를 극복하는 차원에서 거론되는 것이었다. 소인이 군자의 위에 있거나 간사한 자가 어진 이의 앞에 있으면 정치 행정은 문란하여 퇴행성만 자초한다고 보았기 때문이다. 그러므로 회재는 인물에 대한 변별력 향상을 군주에게 강력히 요구하였고 또한 사람을 쓰고 버리는 일에 공정하여야 함을 부단히 강조하였다. 그와 같은 주장에서 특히 주목되는 부분은 맹자의 인사정책론을 그 하나의 척도로 설정하고 있다는 사실이다. 맹자의 지론은 군주가 사람을 쓰거나 버림에 있어서 좌우의 여러 신하들로부터 그 가부를 들어보되 오로지 국인國人의 여론에 따라 그 군주가 또 실상을 확인하여 결정하라는 내용이다.[24] 이와 같이 폭넓은 여론에 유의하며 군주가 거듭 확인하는 신중한 과정을 거치는 인사정책을 추구한다면, 그것은 하나의 공정성 확보의 차원을 넘어서 정치 발전의 투명성을 낳을 수 있는 것이다. 회재는 바로 이러한 목적에서 맹자의 발언을 중시하고 있었던 셈이다.

셋째는 교화 위주의 덕치주의가 추구되고 있었다는 점이다. 회재는 정치 행정에 있어서의 현실적 방안은 법치의 형정刑政과 덕치의 교화敎化 두 방법을 인정한다. 그리하여 그는 이르기를 "나라를 다스리는 길은 두 가지이니 형정과 교화일 뿐이다. 형정은 밖에서 제어하는 것이요, 교화는 마음에서 감발케 하는 것이다. 형정으로 제어하기만 하면 백성들이 벌을 면하려하나 염치가 없게 되고, 교화로서 감발시키면 염치가 있고 또한 바르게 된다."[25]라고 하였다. 이것은 형법刑法을 버리지 못하지만 덕화를 원칙으로 보는 공맹의 덕치주의와 일치한다. 즉

23 『회재집』 권12 「弘文館上疏」
24 『맹자』 「梁惠王下」
25 위와 같음.

회재의 정치론에서는 공맹의 경우와 같이 외적 복종의 측면에 만족하는 것이 아니라 내적 마음의 공감대 조성을 주목하고 있었던 것이다. 그것의 가능성은 바로 위정자를 향해서는 도덕성 회복의 문제가, 그리고 백성들을 향해서는 교육 행정의 확보가 절실하다고 본 것이다. 이것은 『대학』에서의 이른바 지선적至善的 인륜사회 구현의 첩경으로 평가된다는 점에서 그 의의를 가질 수 있다.

넷째는 언로 확대에 의한 공론의 정치를 추구하고 있었다는 점이다. 회재는 「일강십목소」의 제7조에서 언로 문제를 제기하고 있는데 그 확장은 곧 광명정대한 정치를 이루기 위함이라고 하였다. 만일 언로와 간쟁의 기능이 위축된다면 그에 비례하여 정치행정에 폐쇄성을 낳고 또 그것은 부정부패로 이어진다고 보는 것이다. 그러므로 조선조에 있어서는 정부의 기구로써, 또 국가 위난의 극복책으로써 그 비판적 기능을 보장하고 있었던 것이다. 그러나 정세 불안이 심하거나 폭군이 등장하게 되면 그 기능이 거의 마비되어 마침내 그 종말을 맞는 것이었다. 이 점을 주목하여 회재는 언로의 확대에 의한 공론의 정치를 중시하였다. 그는 그것을 육신의 혈기에 비유하면서 말하기를 "공론이 한번 좌절되면 사기士氣가 저상되어 여러 일들이 퇴락되고 국세가 약해져서 다시 진작될 수 없으니, 이는 바로 혼란되고 망하게 될 징조이다."[26]라고 진단하기도 했다. 국가의 치란은 공론의 수용 여부에서부터 비롯한다고 보는 것이다. 이러한 관점은 조정암에서 특히 강조되기도 했지만 유자의 정치론에서 견지된 공통적 요소이기도 하다.

다섯째는 외침 방어의 국방정신이 강조되고 있었다는 사실이다. 회재는 상소문에서 말하기를 "나라를 방위하고 백성을 편안케 하는 데에는 군사가 가장 급무이다. 걱정이 없는 세상이라도 더욱 느슨히 할

---

26 『회재집』 권13 「兩司箚子」

수는 없는 것이니, 옛 성왕은 치세에도 난세를 잊지 않고 편안하여도 위태로움을 잊지 않아서 한가한 날에 병기를 다스리고 위급한 때에 위세를 떨쳤다. 이것을 일러 '준비가 있어서 우환이 없는 것(有備而無患者)'이라 한다."[27]라고 아뢰며 국방력 배양을 강조하였다. 여기 이 말에서 특히 주목되는 바는 '유비무환' 정신이다. 그는 이 국방력 배양의 구체적인 방안으로써 ① 장수의 엄선, ② 병사들의 상시 훈련, ③ 군수물자의 확충, ④ 무기 정비의 철저, ⑤ 방어지역의 수축 등 다섯 가지를 거론했다. 동시에 그는 군정의 근본은 화합과 신뢰의 정신에 있다고 하면서 그 총체적 효율성을 극대화 할 것을 주장하였다. 이로부터 약 반세기 이후에는 임진왜란이 일어났음을 상기해 볼 때에, 만일 그의 이러한 국방정책이 정치현실에 적극 수용되었더라면 그야말로 유비무환적 진가를 발휘했을 것으로 평가된다.[28]

이상으로 요약되는 회재 행정론의 내재적 요소들은 정치전개의 기본에 있어서 상호 유기적으로 작용하였다. 그리고 그 포괄적 공효를 높이기 위해서는 무엇보다도 군주를 비롯한 신료들의 자질이 성현의 수준으로 고양되어야 한다고 보았다. 16세기 전기를 살았던 조선조의 큰 유학자 이회재는 그와 같이 정치 행정의 효력을 증진시키는 데에 기여하고자 평생토록 충정을 잃지 않았다. 그리하여 유배생활의 곤혹스런 상황에서도 그렇게 많은 저술을 남기고 있었던 것이다.

〈이 제3부 제2장의 내용은, 논문 「李晦齋의 儒家政治論 연구」(부산대통일문제연구소 『統一論叢』 제5집, 1983.)와 「李彦迪의 인물과 학문 사상」(都珖淳 편 『嶺南學派의 研究』 병암사, 1998.)을 종합 보필한 것임.〉

---

27 『회재집』 권7 「一綱十目疏」.

28 李佑成, 「李晦齋先生의 歷史的 位置와 그 經世思想」 默民回甲記念事業會 『國譯晦齋全書』(1974) 867~874쪽 참조.

제3장 이퇴계의 성군정치론

1. 정치 참여

1) 정치 참여의 실제

조선시대 최고의 성리학자로 칭송되는 퇴계退溪 이황李滉(1501~1570)[1]도 유자의 길을 따라 정치사회의 현실에 나갔다. 그는 27세 때 경상도 향시鄕試 진사시험에 합격하고 그 다음 해 진사회시에 또 2등으로 합격했다.

그 뒤로는 과거에 별 뜻이 없다가 형 대헌공이 모친께 여쭈어 권하므로 32세 때 문과 별시別試의 초시에 응하여 2위로 합격했다. 그 후 성균관에서 공부하다가 경상도 향시에 가서는 1위로 합격하였다. 그리고 34세 3월에는 마침내 대과에 올랐다. 그리하여 그 다음 달에 승문원의 부정자로 발령되니, 이것이 퇴계가 비로소 벼슬길에 오르는 첫 모습이다.

그는 홍문관, 경연, 춘추관, 성균관 등 학술기능의 국가기관에서 근무하다가, 1545년 을사사화를 겪은 이후에는 지방관에 자원하여 조정을 떠나고자 하였다. 즉 48세 때는 외직을 요청하여 단양군수가 되었

---

1 경북 예안에서 태어난 그의 자는 景浩이고 호는 退溪 또는 退陶이며 시호는 文純이다.

는데 곧 형 대헌공이 충청감사로 상관이 되니 이를 피하여 풍기군수로 부임하였다. 그 때 주세붕周世鵬이 안향安珦을 봉안하여 세운 백운동 서원白雲洞書院을 그가 보고 감사를 통해 임금께 편액을 청하여 소수서원紹修書院이라는 사액을 받아냈다. 그런데 그는 곧 병으로 감사께 세 차례 사의를 표하다가 그 결과를 보지도 않고 퇴계로 돌아와서 학문 연구에 전념하였다. 이러한 사실은 「퇴계연보」에 자세하다.

그 후에도 나라의 부름으로 나간 바 없지 않으나 거의 사직의 태도로 일관했다. 50세 이후의 관직 상황을 종합해 보면, 제수된 관직은 30회에 이르고 부임기간은 24개월뿐이며, 겸직기간도 모두 8개월 정도로 확인되고 있다.[2] 이처럼 퇴계는 49세 때의 풍기군수 사직 이후에는 정계에 나가는 것을 꺼리는 모습이 뚜렷했다. 그 이유는 어디에 있는 것일까?

이러한 의문은 퇴계가 살았던 시대도 사화기의 분위기가 지속되었다는 사실로 이어진다. 그의 출생 직전의 무오사화와 4세 때의 갑자사화 19세 때의 기묘사화, 그리고 45세 때의 을사사화가 그것이다. 특히 이 을사사화의 경우에서는 퇴계 자신의 관직이 일시적으로 삭탈되기도 했으니 그로 인한 충격은 말하기 어려울 정도였을 것이다.

그 당시의 상황을 전하는 기록에 의하면, 윤원형과 결탁하여 사화를 일으킨 이기李芑는 어린 임금 명종에 청하여 퇴계도 관직을 삭탈하도록 했으나, 그의 조카인 이원록과 그 당인 임백령의 말을 듣고 요청한 것을 번복하여 직첩을 반송하기에 이르렀으니, 당시 임백령이 이기에게 말한 것 중에는 만일 퇴계를 벌한다면 사람들이 전에 죄 받은 자들도 모두 모함에 빠져서 억울하게 죄를 입었다고 여기게 될 것이라는 밀담이 있었다고 한다.[3] 이러한 객관적 평가는 퇴계가 평소 얼마나 정

2 李相殷, 『退溪의 生涯와 學問』(서문문고 83, 1972.) 34~48쪽 참조.
3 『退溪先生言行通錄』 권6 「年譜」 乙巳年條.

세에 휩쓸리지 않고 근신하며 직무에 임했는가를 알 수 있게 한다.

그러나 퇴계 자신의 처신과 관련해서는 그것이 큰 변화 요인이 되었다는 사실을 부인하기 어렵다. 즉 가족의 권에 의하여 뒤늦게 벼슬에 오른 지도 10년이 지난 상황에서 정치권력의 속성을 잘 알고 있던 터에, 관계를 떠난 학문 활동에 더 매력을 가지게 하는 계기로 작용했다는 점이다. 사실은 그러한 사건이 일어나기 2년 전에는 학문의 벗 남명南冥 조식曺植에 보낸 편지에서도 이미 벼슬살이보다는 재야에서 공부하는 것을 동경하는 심정을 표한 바 있었다. 평소에도 이러한 마음이었는데 갑작스런 사화가 자기 지신에게도 영향을 주고 있었으니 그러한 심기는 더 굳어질 수밖에 없었을 것임은 당연하다.

그 때를 전후하여 퇴계는 여러 관직을 쉽게 사양하면서 고향에 가는 빈도가 많았을 뿐만 아니라 48세 때는 마침내 외직을 자원하다가 또 그 2년째에는 외직 자체도 해임할 것을 자청하는 모습까지 보였다. 또 50세 8월에는 형 좌윤공 해瀣가 이기의 모함으로 곤장을 맞고 귀양가다 사망하는 일을 당하니, 정치에 대한 회의가 더욱 깊어갔을 것임은 분명하다.

퇴계는 사직의 이유로서 흔히 신병, 능력부족, 염치없음, 노약 문제 등을 들고 있다. 물론 병약한 경우가 있기는 했지만 그러한 유형의 사유는 흔히 누구에게서나 쉽게 볼 수 있는 경우로서 정말 부득이한 것으로 보이지는 않는다. 따라서 앞서 본 바와 같이 겉으로는 말할 수 없는 속사정이 있었을 것이라는 생각을 가질 수 있다.

그 후 명종이 별세하고 16세의 소년 군주 선조宣祖가 즉위하는 전환기를 맞이하면서도 그러한 모습에는 별다른 변화가 없었다. 그의 말대로 67세의 노인이기 때문에 정치참여에 육체적인 한계를 느끼기도 했을 것이다. 그러나 그 다음해에는 왕정의 기본을 논하는 장문의 「육조소六條疏」와 성군정치의 원론을 담은 「성학십도聖學十圖」를 올리고 있었다. 그 제작의 시간문제를 고려하면, 새로이 등장하는 어린 군주의 즉위와 거의 동시에 정치 분위기 정화에의 특별한 의지가 곧바로 작용하고 있었다는 사실을 알 수 있다.

퇴계의 정치 행적이 나타내듯이 그는 비록 정치상황이 불순하다 하더라도 그러한 현실에 직접 나서며 어떠한 전환을 시도하려는 급진성을 보이지는 않았다. 오히려 소극적이라 할 정도로 매우 신중했었는데, 그것은 그의 품성과 독특한 학덕學德의식에서 비롯한 것으로 보인다. 그러한 모습은 기묘명현 조정암을 논평하는 경우에서도 나타나고 있었으니, 퇴계는 정암의 타고난 자질을 아름답게 칭송하면서도 "학력이 이미 충만하고 덕기가 성취된 연후에 나가서 세상일을 담당했더라면 그 취한 바 쉽게 헤아리기 어려웠을 것이다."[4]라고 아쉬워했던 것이다. 학덕의 성숙함에 근거하는 정치참여에의 신중성이 부족했다는 지적이다. 정암에 대한 이율곡의 평가와는 다른 그러한 관점은 곧 퇴계 자신의 입장을 반영하는 의미를 갖는 것이기도 하다.

일반적으로 퇴계의 정치참여가 신중함으로 일관하여 소극적이었다고 평가되겠지만, 그러나 국가의 정치 그 자체를 경시하고 있었던 것은 아니다. 그가 그러한 모습을 보이게 되는 것은 오직 평화롭지 못한 난세의 정국 때문이었다. 이러한 사실은 "선생이 비록 물러나서 수년이 지났지만 나라 걱정의 생각은 늙을수록 더하셨으니, 왕왕 학자들과 나누는 말이 나라 일에 이르면 한숨 쉬며 감정이 북받치셨다."[5]라는 제자들의 전언에서도 확인된다. 이와 같은 나라사랑과 공직에의 성실성은 퇴계 자신의 아들 준寯에게 준 편지에서도 강조되고 있었다.

2) 정치 현실에 미친 영향

퇴계가 실제 복무했던 관직은 비록 짧은 기간이었지만 성균관 대사

---

4 『퇴계선생언행통록』 권5 「論人物」
5 『퇴계선생언행통록』 권3 「事君」

성(정3품)과 홍문관 대제학(정2품)에까지 올랐다. 그는 신유학 연구의 대가로서 주로 국가의 학술문화 부분에 근무하는 것이었기 때문에 그가 미친 정치 현실에의 영향도 그러한 측면, 즉 정치인들의 품덕과 관련하여 나타났다. 이제 그 주요 내용을 정리하면 다음과 같이 말할 수 있다.

첫째는 정세나 사욕에 치우치지 않음으로서 공직자의 모델로 작용되었다는 점이다. 그 대표적인 예는 앞에서 살핀 을사사화 때의 관직 삭탈문제에 대한 임백령과 이기의 태도에서 볼 수 있다. 그런데 그러한 성격의 학행은 이미 23세 때의 성균관 생활에서부터 사람들의 이목을 집중시킬 정도였다. 즉 그 당시의 분위기는 기묘사화의 영향으로 선비들의 기풍이 부박한 상태였음에도 불구하고 퇴계의 행동거지는 법도가 있어서 오히려 사람들의 비웃음을 사기도 했다는 것이다.[6] 이것은 공자의 이른바 "나라에 도가 있으면 말과 행동을 올곧게 할 터이지만, 나라에 도가 없으면 행동은 올곧게 하고 말은 공손히 해야 한다."[7]라는 원칙론과 일치된 모습이다.

또 주목되는 일은, 그의 관직이 형 대헌공의 직위와 직접 관계되었을 때 서슴없이 자리를 옮기는 태도이다. 물론 상피相避의 정치문화가 있었던 터이지만 그의 모습은 잠시라도 그 누구로부터의 의혹을 낳을 여유를 두지 않는 민첩함을 보였던 것이다. 뿐만 아니라 관직 퇴임시 특히 단양군수와 풍기군수를 이임하는 자리에서의 이사짐에 대한 공사公私의식은 수행관졸들을 나무라는 일로 나타나기도 했다. 이처럼 공과 사에 엄정했던 그의 태도는 당시의 공직사회에 있어서 하나의 청결 요인으로 작용하기에 충분했던 것이다.

둘째는 명분과 의리 그리고 화해의 가치를 확장해 가고 있었다는

---

6 『퇴계선생언행통록』 권6 「年譜」 癸未年條.
7 『論語』 「憲問」

점이다. 이와 관련한 실례 몇 가지를 들어 보면 다음과 같다. 1567년 명종이 별세했을 때 장례가 다 마쳐지기 전에 퇴계는 귀향함으로써 시론이 분분했다. 그리하여 문인 기대승奇大升은 여론에 비추어 그 의심됨을 물었다. 이에 퇴계는 그 답서에서 염치없는 태도로 겸손해 하면서 이렇게 말했다.

> 옛 군자는 진퇴의 명분에 밝아 조금도 함부로 하지 않았다. 맡은 직무를 조금이라도 다하지 못하면 반드시 그만두고 떠나는 것이다. 임금 사랑의 정情에 있어서는 차마 못할 일이지만, 그 때문에 물러서지 않는 것은 그 의義에 있어 몸을 그대로 둘 수 없으니, 반드시 물러나게 해야 의에 따르는 것이 아니겠는가? 이런 때를 당하면 차마 못하는 정이 있다 하더라도 의에 굴종하지 않을 수 없는 것이오.[8]

이처럼 퇴계는 시론에 정면으로 맞서 대립하지 않으면서 사제간의 문답 형식으로 소견을 밝혀, 임금과 신하의 관계는 정보다는 명분과 의리가 우선되어야 한다는 점을 강조하고 있었다.

또한 그와 같은 진퇴와 관련한 문제는 이율곡과의 대화 기록으로도 전한다. 즉 선조가 즉위한 이후, 율곡은 퇴계에게 '벼슬이란 남을 위해 하는 것'이라고 말하면서 경연 등의 참여를 요망했는데, 퇴계는 이에 대하여 이르기를 "벼슬하는 사람은 원래 남을 위하는 것이기는 하지만 만일 남에게 이익이 미치지 못하고 걱정만 자기에게 돌아온다면 그것은 할 수 없는 일이다."라고 하였다.[9] 조정에 있기만 해도 군왕의 의지처가 될 것이라는 권유에도 실익을 주지 못할 허명虛名에는 이끌릴 수 없다고 말하면서 명분과 의로움으로 대했다. 이러한 태도에는 기대

---

8 『退溪集』 권17 「答奇明彦」
9 『퇴계선생언행통록』 권3 「出處」

승 등 문인들의 요망에도 별 효과를 보지 못했으니, 여기서 우리는 그의 끈질긴 사양심과 정명적 처세관을 볼 수 있다.

그와 같은 명의名義 존중과 화해의식은 외교정책론으로도 나타났다. 그 한 예는 홍문관 전한典翰으로 있을 때의 '갑진걸물절왜사소甲辰乞勿絶倭使疏'에서 볼 수 있다. 그로부터 35년 전의 삼포왜란으로 절교상태에 있던 왜倭는 마침내 여러 번 강화를 청해 왔다. 이에 대하여 조정에서는 불응하는 여론이 우세했지만 퇴계는 위 제목의 상소문으로 화해적 대응을 촉구하고 있었던 것이다. 당시는 국상중의 어려운 상황이고 북쪽 오랑캐에 대해서도 안심할 처지가 되지 못하다는 점, 그리고 남쪽의 왜가 트집을 잡고 환란을 일으킬 염려가 있다는 이유였다. 또 비록 화친에 응한다 하더라도 우리의 주체성이 실추되는 것이 아니라고 보면서 오히려 그렇게 빌고 올 때 위엄을 갖추며 수락한다면 국가 위력을 튼튼히 해갈 수 있다는 주장이다.[10] 이상에서 보이는 것처럼 화해와 명의를 중시해야 한다는 그의 기본 태도는 상황에 따라 그와 같이 특이한 모습으로 나타나면서 당시의 정치문화에 영향을 주고 있었던 것이다.

셋째는 성군지향의 치도 정립을 위하여 군주의 자질을 향상시키고 있었다는 점이다. 이것은 유자의 정치 참여에서 흔히 보이는 태도이지만, 퇴계의 경우는 유교 정치철학의 여러 요소들을 체계적으로 구성하여 제진하는 모습이었다는 점에서 그 다름을 볼 수 있다. 그가 비록 늙은 나이에서 관직의 부임은 그렇게 사양함으로 일관했지만, 새로운 어린 임금을 맞이하는 상황이 되어서는 성왕聖王을 향한 정치 원론을 성심으로 진언하는 모습을 보였으며, 또 글을 통해서는 성군정치의 기본 요소를 담아 하나의 텍스트로 작성하여 임금께 올리고 있었던 것이

---

10 『퇴계집』 권6 「甲辰乞勿絶倭使疏」

다. 그 행정적 측면의 작품이 「무진육조소戊辰六條疏」였으며, 정치철학을 담은 원론적 측면의 작품이 「성학십도聖學十圖」였다. 이것은 퇴계 정치론의 정수로 평가되는 것이므로 그 주요 내용은 앞으로 상세히 살펴보기로 한다.

2. 성군주의적 치도론

1) 군주 절대성과 성군주의

왕조시대에서 정치권력은 오직 군주에게 속한 것으로 본다. 유교 정치론에서도 기본적으로는 이러한 정치체제를 따라서 각종의 위정론이 전개되어 왔으며, 퇴계 또한 그러한 흐름과 입장을 같이한다.

그리하여 다스림의 방도인 '치도治道'를 논함에 있어서는 일단 그와 같은 체제적 측면을 재확인시킨다.

> 임금의 한 마음은 모든 징조가 말미암는 곳이고 모든 책임이 모이는 곳인데, 많은 욕심이 서로 침해하면 간사함이 무리지어 서로 꿰뚫으니, 조금이라도 태만하거나 소홀함으로 방종해지면 마치 산이 무너지고 바닷물이 끓는 것과 같을 것이니 이것을 누가 막으리오?[11]

모든 정치 현상의 중심은 오직 군주 한 사람에 있고 또 그 군주의 행위는 바로 그 마음에서 비롯하는 것이니 임금의 마음을 맑게 하지 않을 수 없다는 뜻이다. 이러한 유형은 이미 앞에서 살펴본 조정암의 지치주의에서도 나타난 바 있다. 여기 퇴계에서는 그 각론으로서의 구

---

11 『퇴계집』 권7 「進聖學十圖箚」 序.

체적인 구분에 대하여 성리학적 지혜를 집중시키고 있었다. 그 대표작이 곧 「성학십도」이다.

그와 같은 군주의 정치적 절대성은 사화의 원흉들에 있어서도 전제되었다. 그러나 그들은 오히려 임금 마음을 혼탁하게 하면서 그것을 역이용하여 화란을 일으키고 있었던 것이다. 이것은 이른바 '진유眞儒'의 모습과는 정 반대되는 현상이다. 그러므로 진유와 현사賢士들은 그것을 예방하기 위해서라도 군주의 학덕 연마를 부단히 강조하지 않을 수 없었다.

나아가 퇴계는 군왕에게 교육자적 의미까지 부여하고 있었다. 즉 그는 "인군은 임금과 스승의 책임을 겸하고 있으므로 인재를 양성해야 할 것이니, 당연히 이것을 법으로 삼아야 하고 사람을 쓰는 데에서도 마땅히 이것으로 원칙을 삼아야 한다."[12]고 이르면서 임금에게는 스승으로서의 역할까지 포함되는 것으로 보았다. 우리는 여기서 '인간의 정치화' 차원을 넘어서는 '정치의 인간화' 의지까지 발견하게 된다. 퇴계가 말하는 인재양성이란 내면의 인간 교육에서부터 출발하는 것이었기 때문이다.

그런데 '정치의 인간화'를 지향하는 내면의 인간 교육 문제는 바로 군주 자신을 향해서도 강조되고 있었다는 점에서 퇴계의 특이함을 보게 된다. 이러한 모습은 어린 나이로 왕위에 오르는 선조를 향해 뚜렷이 나타난다. 그에게 올린 상소문 일부를 보면 다음과 같다.

반드시 성현이 나를 속인다고 볼 것이 아니라 다만 나의 공력이 그에 미치지 못한다고 여기며 계속 힘써 나아가 중도에서 포기하지 않아야 한다. … 이 여섯 조목으로 설명한 내용이 경천동지할 만큼 남의 이목을

---

12 『퇴계선생언행통록』 권3 「告君陳誡」

끌 정도는 아니지만 사람다운 떳떳한 가르침에 삼가하여 본성과 도리에 근본하고 성현을 주로 삼으며 『중용』 『대학』의 뜻을 따라 역사를 살펴서 시사를 밝힌 것이다.[13]

어디까지나 '성현聖賢'을 기준으로 삼아서 그 어떠한 의심도 없이 그 말씀을 깊이 헤아려서 지금의 정사를 처리할 수 있어야 한다는 주문이다. 그러면 또 그 '성현'이라는 말에는 어떠한 의미가 포함되고 있었던 것인가?

그것이 쓰인 전통적 용례에 따라 각 자의를 보면, '성聖'이란 그 능력이 천지자연과 신神의 경지에까지 이르러 그 합일될 정도의 최고 상태를 이름하고, '현賢'은 그에는 이르지 못하지만 그에 회통하여 잘 풀어내고 보좌할 수 있는 능력을 갖춘 상태를 가르킨다. 그것을 향한 정치 위상의 표현으로서 임금의 경우에는 '성군聖君'이라 하고, 재상의 경우에는 '현상賢相'이라 한다.

이처럼 '성군'이란 성인으로서의 품덕과 군주로서의 지위가 함께 갖추어진 상태이기 때문에, '바름'을 지향하는 최상의 정치 용어로 쓰였다. 그리고 이를 추구하는 학행의 모습은 바로 '성학聖學'으로 표시되었다. 「성학십도」나 「성학집요」에서의 '성학'이란 바로 이러한 맥락에서 쓰인 것이다.

그러므로 참된 유학자들에 있어서는 군주에게 항상 '성학'을 강조하지 않을 수 없었다. 그러한 능력이 갖추어질 때에 비로소 진리와 정의에 합하는 올바른 치도를 기대할 수 있는 것이었기 때문이다. 이퇴계가 인생 말기에는 신유학의 식견을 모아 「성학십도」를 편찬해서 어린 임금께 올린 것은 바로 이러한 이유에서였다. 출치出治의 기본을

---

13 『퇴계집』 권6 「戊辰六條疏」4조와 말미.
13 『퇴계집』 권6 「戊辰六條疏」4조와 말미.

정립하기 위한 그의 간절한 마음은 그 '차문箚文'의 서두에 상세히 나타나 있다.

「성학십도」의 내용은 그 차문에 이어 ① 태극도太極圖 ② 서명도西銘圖 ③ 소학도小學圖 ④ 대학도大學圖 ⑤ 백록동규도白鹿洞規圖 ⑥ 심통성정도心統性情圖 ⑦ 인설도仁說圖 ⑧ 심학도心學圖 ⑨ 경재잠도敬齋箴圖 ⑩ 숙흥야매잠도夙興夜寐箴圖 등의 순서로 구성되어 있다. 각 원론의 요지를 담은 열 개의 그림에는 관련 해설문과 퇴계 자신의 소견을 붙여서 내용 이해의 정확성과 용이함 그리고 입체적 관점을 가질 수 있도록 했다.

그리고 그 10개의 도설을 보면, 안으로는 하나의 그림으로 총론과 각론을 일목요연하게 이해할 수 있도록 하였고, 밖으로는 각각의 도설 상호간에 소통하는 일관성이 중시되고 있다는 사실을 알 수 있다. 이처럼 퇴계는 기본적으로 하나의 현실에서 요구되는 통합적 실천성을 제고하는 데에 유의하고 있었던 것이다.

그리하여 퇴계는 「성학십도」의 앞 5개 도설은 천도에 근본을 두어 인륜을 밝히고 덕업을 힘쓰도록 하는 데에 의의가 있고, 뒤의 5개 도설은 심성에 근본을 두어 일상적으로 경외정신을 높이는 요령을 갖는 데에 의의가 있다고 하였다. 또 그는 이 성학의 핵심은 '경敬'에 있다고 보았으니, '성학의 시종은 경'이라는 성리학 전통을 견지하면서, 자신이 만든 10개의 도설은 모두 '경'으로 회통하는 것이라고 말했다.[14]

그러면 그처럼 성학의 중심 개념으로 말한 '경敬'에는 어떠한 의미가 포함된 것일까?[15] 이 점과 관련하여 다음의 발언이 주목된다.

---

14 『퇴계집』 권7 「進聖學十圖箚」 '小學題辭' '大學經'
15 「聖學十圖」에서의 '敬'이란, 정치의식으로서의 우환의식과 도덕의식으로서의 우환의식이 결부되어 드러나는 것으로 보는 견해가 있다. 安炳周, 「儒教의 憂患意識과 退溪의 敬−聖學十圖序를 중심으로−」 퇴계학연구원 『퇴계학보』 제25호, 50쪽.

군자의 학문은 마음이 발동하지 않아도 반드시 '경敬'에 위주하여 마음을 보존하고 본성을 함양하는 공부를 해야 하고, 마음이 발동되었을 때에도 반드시 '경'에 위주하여 성찰공부를 해야 한다. 이에 '경'이 학문의 처음과 끝이 되는 바이고 체體와 용用에 관통하는 바이다.[16]

이로써 퇴계가 강조하는 '경'의 위치와 기능을 알 수 있다. 그것은 심성 안팎의 이치를 따라 그 순수성을 지속해 갈 수 있는 깨어있는 정신 상태를 지칭함이다.

그리하여 그는 결국 그 경의 태도 즉 '지경持敬' 부분이 긴요한 것임을 지적하면서 그 올바른 모습에 대하여 이렇게 설명한다.

'경敬'을 지닌다는 것은, 생각하는 것과 배우는 것을 겸하고, 움직임과 고요함에 일관하며, 마음과 행동을 합치고, 나타난 곳과 은미한 곳을 하나로 하는 방도이다.[17]

인간 심성의 안팎 그 모든 곳에서 본체와 현상의 양면이 괴리되지 않고 높은 차원으로 합일 지향되는 길로서 '지경'을 말하고 있는 것이다. 따라서 그것은 인식과 실천을 하나로 이어가는 진리 구현의 첩경으로서 학자에게는 물론 위정자의 리더십 함양에 하나의 선행적 요소로 간주되었던 것이다.

퇴계의 입장에서는 바로 이러한 점이 전제되고 있으므로, 진정한 공부란 원리의 이해에 그치지 않고 현실에의 실천성까지를 포함하는 것이었다. 그가 성학공부론에서도 "글을 읽는 데만 치중하여 자득하는 것이 없다면 무슨 이익이 있겠는가?"[18]라고 반문했던 것 역시 그러한

---

16 『퇴계집속집』 권8 「천명도설」 제10절.
17 『퇴계집』 권7 「進聖學十圖箚」 序.

관점에서 비롯한 것이다. 삶과 다스림의 이치를 정확히 이해하고 올바로 구현해야 한다는 과제의식은 퇴계에 있어서 그러한 '지경'의 논리로 풀어가고 있었던 셈이다.

그리하여 그의 성학론은 오직 「성학십도」에서만 나타나는 것은 아니었다. 그러한 입장은 「무진육조소」에서도 천명되고 있으니, 그 제3조에서는 성학을 돈독히 하여 정치의 근본을 바로 세울 것을 말하고, 제4조에서는 도술을 밝혀 인심을 바로 잡아갈 것을 논했다. 전자에서의 성학에 관한 내용으로는 요堯 순舜 우禹의 '윤집궐중尹執厥中' '인심도심人心道心'의 심법을 확인하는 것이었으며, 후자에서는 그러한 심법을 보편적으로 적용하는 내용이었다.

이러한 점을 종합해 볼 때, 퇴계의 이른바 '성군'이란 그와 같은 인간 공유의 이치를 깊이 깨닫고 그 실천으로서의 덕화 능력을 발휘하여 다스림과 가르침의 양면을 더 높이 합일 지향하는 어진 지도자를 뜻하는 것이었음을 알 수 있다.

2) 어짊·어리석음이 섞이지 않음의 징치

이제는 퇴계 정치론 이해의 관점을 군주에서 신하의 측면으로 전환해 보기로 한다. 신하란 임금을 보필하여 정책을 시행하는 실무자로서 그 의의 또한 지대하다. 그러므로 일정한 시험 과정을 거쳐서 적절한 인물을 찾아내고 부단한 근무평가를 통하여 진퇴를 결정하는 방식을 취하고 있었다. 그러한 사실은 『경국대전』에서도 분명하다.

그런데 정치란 행정적 집무 능력만으로 해결되는 것이 아니라는 점에 어려움이 있다. 즉 거기에서는 직위의 상하관계뿐만 아니라 직무상의 이해득실 문제나 권세 확장을 꾀하는 인간관계가 은밀히 작용하고 있는 것이다. 그리하여 때로는 이 보이지 않는 요인으로 말미암아 정책 시행에 어려움을 겪게 되는 것은 물론이요 정치적 안위의 갈림 현상이 나타나기도 한다. 정계에서 군자·소인을 말하고 어진이(賢) 어리석은이(愚)를 말하며 그 양자가 함께할 수 없다는 점을 강조하던 이유는 바로 여기에 있었다. 특히 사화기를 살았던 선비들에 있어서는 그러한 측면에 매우 민감하였다.

퇴계 역시 그러한 입장을 분명히 했다. 그 심경은 특히 사직 상소에서 뚜렷이 나타난다.

어진이가 제 자리에 앉고 유능한 이가 각 직책을 맡아 충성을 다해 효력을 드러냄으로써 조정에서 정치가 이루어지고, 재질이 부족한 자는 백성으로 물러나게 하여 분수에 편안하고 제힘으로 먹으며 예의염치를 지킨다. 이것이 옛 진리가 융성할 때 어진이와 어리석은 이가 각각의 처소를 얻어 예의와 겸양이 흥기하고 치도가 잘 이루어지던 바이다.[19]

어진이와 어리석은 이가 섞이게 하지 않는 것이 곧 치도 정립의 첩경이라고 보는 것이다. 어질면서 유능한 인재가 그 어떠한 걸림 없이 업무를 성공적으로 이룰 수 있는 여건 조성 그것이 바로 올바른 행정의 기본이 되는 것이므로, 임금은 바로 그러한 인사정책을 전개할 수 있어야 한다는 주장이다.

그리하여 퇴계는 군주가 물리쳐야 할 어리석은 이의 맥락을 더 넓히며 다음과 같이 경계하기도 했다.

다만 아부하고 순종하는 자를 구하여 사사로움을 이루려고 도모한다.

19 『퇴계집』 권6 「戊午辭職疏」

이렇게 하여 얻은 사람들은 간사하여 정치를 혼란하게 하는 것이다. 그렇지 않으면 반드시 흉악하게 헤쳐서 권세를 탐하고 그것을 휘두를 자들이다.[20]

아첨과 파당을 일삼는 정치세력의 타락상을 고발하는 장면이다. 그들의 존재는 정치 행정에 효율성을 저해하는 요인일 뿐만 아니라 사화와 같은 큰 화란을 불러일으킬 암적 요소로 보았다. 따라서 군주는 언제나 긴장감을 늦추지 말고 그 예방책으로서의 인재등용 부분에 특별히 신중해야 할 것임을 강조했던 것이다.

그러면 그 어진이와 어리석은 이를 분별하는 평가 기준은 어디서 찾을 수 있는 것일까? 퇴계도 위 이회재의 경우처럼 맹자의 원론을 중시하는 입장이다. 즉 좌우의 신하들이 어질다고 말하는 것만으로는 안되고 모든 나라사람들이 다 어진사람이라고 말하면, 그 후에 또 임금이 그 사실을 살핀 연후에 등용을 결단하는 것이 가장 바람직하다는 주장이다.[21]

이러한 발언은 국가 구성원 그 어느 곳에서도 반론을 받지 않으며 국정을 원만히 수행할 수 있는 최상의 공적 인물의 등장을 갈구하는 마음에서 비롯한 것이다. 여기서 이른바 '용현정치用賢政治'의 실상이 기대되는 것이기도 하다. 그와 같은 어진이의 정계 등장은 정국안정과 정치발전의 의미를 갖는 것일 뿐만 아니라 백성들의 생활풍습을 정화하는 측면에서도 절실히 요청되는 것이었다.

이퇴계에 있어서 그와 같은 '현우부잡賢愚不雜'의 정신은 과거 인물에 대한 평가 형식으로도 나타났다. 그는 선조로부터 기묘사화 때의 조광조와 남곤의 관작 추삭追削문제를 자문받고 이르기를 "중론으로 아뢴 바는 착한 것을 포상하고 악한 것을 벌하자는 바른 말이오니, 조광조를 포상하여 관작을 더 높이고 남곤을 더 낮추면 시비가 분명해질 것입니다."[22]라고 하였다.

여기서 우리는 그가 지향하는 정치적 순수성의 지속 즉 어진이와 어리석은 이는 결코 함께할 수 없다는 의지가 보편적으로 작용하고 있었다는 사실을 보게 된다. 거기에는 군주에게서는 '성군'이 제일이요, 신하에 있어서는 어진이 즉 '현상賢相' '현신賢臣'이 제일이라는 성현 정치 구현의 미래적 의미를 담고 있다는 점에서 그 의의가 드높다.

3. 치도 정립의 요건

1) 인효의 인간애

이제는 군주와 신하 그 모두를 포괄하는 입장에서 성군형상의 경지를 향한 치도 정립의 방법적 요론을 주목해 보기로 한다.

퇴계에 있어서 치도 구현의 관건이 되는 내용들은 「무진육조소」에 잘 나타나 있다. 그 여섯 조목은 ① 계통을 중시하며 인효仁孝를 온전히 할 것, ② 참소를 막아 양궁을 친애할 것, ③ 성학을 돈독히 하여 다스림의 기본을 세울 것, ④ 도술을 밝혀 인심을 바로 잡을 것, ⑤ 대신에 맡기며 보고 들음에 막힘이 없을 것, ⑥ 수양과 반성을 다하여 하느님 사랑을 이어갈 것 등이다. 이 중에서 3,4조의 요체는 앞에서 거론했으므로 여기서는 그 이외의 경우를 살피기로 한다.

먼저 그 제1조의 경우로서 왕통의 유지와 인효의 덕성을 함양하는 일이다. 이것은 유교가 지향하는 왕조의 안정과 도덕국가 건설의 차원

---

22 『퇴계선생언행통록』 권6 「年譜」 戊辰年 9월조.

에서 요구되는 제일의 요목이다. 그리하여 퇴계는 임금께 자신의 현실
적 위상을 직시하여 그 정감을 심화시켜가게 하였다. 즉 정치적 정통
성의 확인과 인륜 도덕성 정립의 두 측면을 동시에 추구함이다. 전자
는 왕통의 기반을 견고히 하는 문제로서 일본주의一本主義의 태도로
모든 정치 행정에 신중성과 의무감을 더하게 하는 성격의 것이요, 후
자는 인륜 도덕성 함양이란 특히 인仁과 효孝를 핵심 덕목으로 삼아
그 기본을 다지게 하는 성격의 것이다.

　그런데 여기 인과 효의 문제를 볼 때, 그 두 덕목은 실천 영역의 다
름으로 인하여 별개의 것으로 생각될 지도 모른다. 그러나 "효성과 공
경은 인함의 기본이다.(孝弟也者 其爲仁之本與)"[23]라는 경전 구절에서
알 수 있듯이 따로 떨어질 수 있는 성격의 것은 아니다. 그것은 기본
적으로 인간 사랑의 맥락을 공유하고 있기 때문이다. 따라서 그 문자
의 다름은 그 실현의 대상과 영역의 차이를 나타내는 것일 뿐이다.

　그러나 그러한 덕목 형성의 실제에서는 역시 효를 우선하지 않을
수 없다. 부모와 자식 사이가 최초의 인간관계이기 때문이다. 그러므
로, 퇴계는 '인효'라 하여 '인'자를 앞에 두면서도 실제의 설명에서는
'효'부분부터 시작하였다.

　　효는 모든 행위의 근본이 되는 것이니 행실에 조금이라도 어긋남이
　　있으면 순수한 효에 이를 수 없는 것이며, 인仁은 모든 선善의 으뜸이
　　되는 것이니 하나의 착함이라도 빠지게 되면 그 인은 온전한 인이 될
　　수 없는 것이다.[24]

'인'에 앞서서 '효'를 말하면서 그 모두의 이상상을 확인시키고 있

---

23 『논어』「學而」
24 『퇴계집』권6「戊辰六條疏」1조.

는 것이다. 그 이상형을 퇴계는 '순효純孝' '전인全仁'이라는 용어로
나타냈다. 이것은 그 덕목 구현의 완전상을 이름이다. 그런데 사람으
로서 어떻게 그러한 경지에 이를 수 있겠으랴?

퇴계 역시 이러한 난점을 간과한 것은 아니다. 그리하여 퇴계는 그
러한 경지를 상정하면서 그에 이르기 위한 부단한 자기 성숙을 중시
하고 있었다. 이 부단한 노력을 위하여 그는 그 상소문 말미에서 '너
무 빨리 하려 하거나 너무 게을리 해서는 안 될 것'이라는 점을 선조
에게 주문하였다. 그러한 속도 조절의 점진적 태도로서 퇴계는 덕치구
현의 기본 과제인 군주의 인간애 함양 문제가 풀어질 수 있다고 보았
던 것이다.

2) 참소 배격과 직언 수용

이제는 정계의 의사소통과 언로의 측면에서 보는 치도 정립의 요건
을 살피는 차례이다. 이와 관련한 내용은 「무진육조소」의 제2,5조에
집중되어 있다. 왜곡된 참소讒訴로 말미암아 정국이 경색되는 것은 곧
치도 정립에 반하는 위험 상황이다. 그리하여 유현의 정치 참여에서는
그것의 폐해를 적시하면서 직언의 수용이 강조되어 왔다.

특히 연산군 이후 사화기를 살았던 선비들의 경우에서는 그것이 곧
정치적 안위에 직결되었다는 사실을 잘 알고 있었다. 퇴계 역시 그러
한 점을 주목하면서 군주는 주변의 참언에 엄정한 태도를 취할 수 있
어야 한다고 말했다.

　궁궐에는 본래 가법家法이 있다 하나 외척에서 음흉한 무리들의 아첨
이 안개처럼 모여드는 것을 막아내지 않을 수 없고, 간언을 들음은 둥근
것을 굴리듯 좋은 것이나, 때로 사사로이 굳게 거부하는 것은 마땅히 고
쳐야 할 대상이다.[25]

흔히 '인척'을 연결 고리로 하여 은밀히 나타나는 참소에 대한 군주의 경계에서부터 간쟁의 직언이 때로는 거부되는 문제 상황까지 지적하고 있는 대목이다. 그 참소의 양상을 퇴계는 '안개'에 비유시키고 있다. 여기서 우리는 그 작용의 미묘함에 대하여 잘 나타나지 않으면서도 멀리 퍼져나가는 것으로 간파하고 있음을 알 수 있다. 즉 그 양자를 비교할 때, 참언은 은밀하면서 사실을 왜곡시키는 성격을 가지고 있지만, 간쟁으로서의 직언은 공개적이며 정당성을 지향한다는 점에서 서로 다르다는 것이다.

퇴계는 또 그러한 참소의 아첨행위에 대하여 이렇게 설파했다.

이 무리들의 성격은 대부분 음흉 사악하고 교활하여 간악함과 사사로움을 지녀서 난리를 좋아하고 참화를 즐기나 효도나 자애가 무엇이고 예의가 어떠한 모습인지를 알지 못한다. 오직 섬기는 것만을 중시하여 이쪽저쪽으로 세력을 나누어 대립하고 다투어서 은혜와 원망이 바로 생기고, 이익 손해의 향배에 따라 없는 것을 있다 하고 옳은 것을 그르다 한다.[26]

이러한 비행이 정치사회에서 자행되는 상황이라면 그 어떠한 군주라 하더라도 올바른 다스림을 위한 치도의 정립은 어려울 것이다. 그러한 분위기를 간과한다면 결국 정국이 혼탁해질 수밖에 없다는 사실은 상식이다.

그러므로 퇴계는 공개적으로 정의를 표방하는 간쟁과 직언의 수용에 적극적이어야 한다고 본다. 그러한 모습은 '군주의 이목이 열리는 것' 또는 '언로를 넓히는 것'으로 평가된다. 이러한 측면 역시 사림정

25 『퇴계집』 권6 「戊辰六條疏」 6조.
26 『퇴계집』 권6 「戊辰六條疏」 2조.

치에서는 공통적으로 강조된 바이다.

그러면서 퇴계는 군주의 정치적 절대성에 비례하듯 군주 자체의 능력 함양 부분을 강조했다. 즉 매사에 진眞위僞의 판단력을 더하여 그러한 징조를 미리부터 예방할 수 있는 밝은 군주로서의 위상을 갖추어야 한다는 것이다. 말하자면 임금이 굳건히 그러한 것을 엄정히 다스릴 능력과 태도만 가진다면 그 무엇도 염려되지 않는다는 입장이다. 특히 궁중에서의 참소 또는 이간행위는 결코 자행될 수 없다는 점을 미리 주지시키면서, 그에 어긋나는 자가 있으면 엄벌에 처해서 근절의 의지를 분명히 한다면 자연히 소멸될 것이라고 주장했다.

이처럼 퇴계는 맑은 정치를 향한 치도 정립의 요건으로 군주의 명석한 판단력과 굳은 의지를 중시하였다. 이러한 군주 주도의 조정은 구성원 각자가 맡은 바 소임을 다하여 하나의 입체적인 모습을 보이는 것으로 보았다. 그는 그 입체적인 모습을 사람의 몸체에 비유하여 이렇게 말했다.

> 임금은 한 나라의 머리(元首)요, 대신은 그 복부(腹心)이며, 대간은 그 눈귀(耳目)이다. 이 셋이 서로 대응하여 이루어가는 것은 실로 나라에 바꿀 수 없는 사세事勢이고 천하고금이 다 아는 바이다. 옛 군주 중에 대신을 신임하지 않고 대간의 말을 들어 쓰지 않는 자가 있었는데, 비유하면 사람이 자기 복부와 심장을 버리고 귀와 눈을 막고서 머리로써만 사람이 될 수 없는 것과 같다.[27]

국가 조직의 유기적 관계성과 소통성을 중시하고 있는 것이다. 왕조시대의 정치란 군주의 자질이 핵심적 과제이지만, 그것은 임금 혼자서

---

27 『퇴계집』 권6 「戊辰六條疏」 5조.

국정을 운영한다는 측면에서가 아니라, 각 직위에 따른 신하들의 전문성 발휘와 그 조화로움의 극치를 이룰 수 있을 때에 비로소 바른 정치의 실상을 보게 된다는 입장이다.

3) 공사의리의 변별

이제는 퇴계 정치론 저변에 흐르는 가치관의 측면에서 중시되는 치도 정립의 요건을 살피기로 한다. 이러한 부분 역시 특히 公공私사의 義리利의 문제를 중심으로 기존의 유교 정치문화에서 부단히 확인되어 온 바이지만, 퇴계에 있어서는 그의 성리학이 깊었던 만큼이나 심층적으로 지적되고 있었다.

그는 정치가 잘못되는 근본 원인을 이렇게 파악한다.

> '사私'란 한 마음을 파먹는 게심이벌레요 만악萬惡의 근원이다. 예로부터 국가가 잘 다스려지는 날이 항상 적고 혼란한 날이 항상 많아서 자신을 파멸하고 나라를 망하게 하는 데에 치닫는 것은 바로 군주가 '私'사 하나를 제거할 수 없었기 때문이다."[28]

위정자의 위치는 마땅히 '공公'의 원리가 견지되는 곳임에도 불구하고 그것을 상실함으로써 나타나는 결과적 현상에 대하여 퇴계는 바로 그 반대적 요인을 적시하고 있는 것이다. 즉 치도 정립의 내적 저해 요인으로서 사사로움을 지목하는 발언이다.

따라서 치세와 선善의 길을 걷기 위해서는 사리사욕의 극복 문제가 대두되지 않을 수 없다. 이것을 퇴계는 '승사勝私'로 표현하면서 그 방책을 이렇게 제시하고 있다.

28 『퇴계집』 권7 「戊辰經筵啓箚二」

"반드시 학문공부를 잠깐이라도 폐하지 않은 연후에 사의私意를 이 길 수 있다. 무릇 '사를 이기는 공부(勝私工夫)'는 성현이 남긴 글에 밝혀있으니 '극기복례克己復禮'[29] 등과 같은 가르침이 그것이다."[30]

여기서 우리는 그 극복의 일은 어떤 의지만 가지고 되는 것이 아니라 반드시 공부의 과정을 거처야만이 가능하다고 보는 점, 그리고 그 공부의 핵심은 공자가 안연에게 인仁의 방안으로 말했던 '극기복례克己復禮'를 들고 있었던 점에 유의하게 된다. 이러한 측면은 퇴계에 있어서 '지경持敬'의 태도로 나타나기도 했다.

그처럼 퇴계가 말하는 공부의 중심에는 욕구와 심성의 문제가 자리하고 있었다. 즉 마음공부이다. 그것은 소극적으로는 사사로움을 이기는 방책이기도 하지만 적극적 측면으로는 인간 본연의 순수성 즉 천리天理 보전의 계기가 되는 것이었기 때문이다. 이러한 사실은 "마음 해치는 것을 제거하고 악의 근원을 없애서 천리의 순수함을 회복해 가는 것은 학문의 공이 깊이 쌓이지 않으면 불가능하다."[31]라는 말로 나타나기도 했다. 일찍이 『예기』에서는 천리와 인욕을 상대적 대립각으로 말한 바 있지만[32] 퇴계는 천리 보존의 적극적 방안으로 그러한 공부의 과정을 제시하고 있었던 것이다. 그 천리의 보존은 곧 공公과 의義로 직결된다는 점에서 정치사회적 의의를 가지게 된다.

---

29 『論語』「顏淵」: "顏淵問仁 子曰克己復禮 一日克己復禮 天下歸仁焉 爲仁由己 而由人乎哉."

30 『퇴계선생언행록』 권3「告君陳誠」

31 『퇴계집』 권7「戊辰經筵啓箚二」

32 『禮記』「樂記」: "무릇 물질이 사람을 감동시키는 것은 무궁하다. 사람이 좋아하고 싫어함에 절제가 없으면 물질이 다가옴에 사람은 물질로 된다. 사람이 물질로 된다는 것은 天理를 없애면서 人欲에 곤궁해 하는 것이니, 이에서 어기고 거역하며 속이는 마음이 생기고 음탕함에 빠지거나 혼란을 일으키게 된다."

이러한 요소가 포괄적으로 나타나는 경우로서는 다음의 발언이 주목된다.

> 위로는 제왕으로부터 아래로는 서민에 이르기까지 모두 마땅히 '정일집중精一執中'의 가르침에 부응하여 한결같이 이것을 지켜 사사로움에 섞이지 아니하면 간사한 생각이 스스로 싹트지 아니하는 것이요, 그 마음가짐이 한결같이 공정함과 올바름에 따르면 공公과 사私, 의義와 리利가 구별되는 것이오니, 주상께서는 깊이 살피소서.[33]

이것은 퇴계 51세 때 명종에게 강론한 내용 중의 일부이다. 나라 사람들 모두가 사념을 벗어나서 공정한 길을 걸어갈 수 있어야 한다는 도덕적 의무감을 일으키며 이를 선도해야 할 임금께 적극적인 방책을 제시하고 있는 것이다.

그 정신적 연원은 요순의 심법으로부터 시작하는 것이었지만 현실적으로는 사람들 각각의 마음에서 움트는 사리사욕의 근절을 과제로 삼았다. 그러한 과세가 원만히 해소된 안정적인 치세의 모습은 바로 공公·사私·의義·리利의 분별로 표현된 것이다. 따라서 이 부분이야말로 치도 정립의 처음과 끝을 관통하는 문제로 간주되었음을 알 수 있다.

그러나 퇴계의 이른바 "무릇 사특한 생각이 일어나자 한번 경계하고 반성하면 곧 그 생각이 물러나는 때가 있고 혹은 누를수록 더욱 제어하기 어려운 때가 있다. 대개 하루의 기운에도 어둡고 밝음의 다름이 있는 것이다."[34]라는 말에서도 알 수 있듯이, 사욕의 완전한 제어에 오랜 노력이 필요하다는 데에 그 어려움이 있다.

---

33 『퇴계선생언행통록』권6 「年譜」 51세조.
34 『퇴계선생언행록』권1 「存省」 '禹性傳'

　　이처럼 퇴계 정치론의 중심에서는 정치인 모두에게 부단한 심성공부의 과제를 남기고 있었다. 공부의 과정을 통하여 안으로는 삿된 욕심을 줄일 수 있고 밖으로는 정의를 찾아 공의公義의 길을 넓힘으로써 성군의 정치를 구현할 수 있다고 보는 입장이었다.

　　〈이 제3부 제3장의 내용은, 논문 「李退溪의 治道觀 硏究」(부산대학교 사범대『敎育論集』제10집, 279~296쪽, 1983.)를 수정 보필한 것임.〉

제4장 이율곡의 경장정치론

1. 정치 논저

1) 공직생활 속의 상소문

공직 진출을 위한 9회의 시험 모두를 장원으로 합격하여 '구도장원공九度壯元公'으로 유명한 율곡栗谷 이이李珥(1536~1584)[1]의 정치생활은 29세(명종 19년) 8월 호조좌랑으로부터 시작했다. 일생동안 계속된 그 과정은 순탄치 않았으니 수많은 사직 상소를 남기게 되었고 또 탄핵으로 사의가 표명될 때도 있었다.

특히 35세 때 을사위훈乙巳僞勳 문제를 상소한 것이 제대로 수렴되지 않자, 당시 정치현실에 한계를 느끼는 듯, 사직 의지가 더욱 빈번해진 것으로 보인다. 그러나 49세로 일생을 마칠 때까지 끊임없이 관직이 주어져서 정치권을 완전히 벗어나 있지는 못했다.

율곡은 기본적으로 유자儒者로서의 정치참여 자체를 부정하는 입장은 아니었으므로 정계에 나가면서 여러 정치론을 펼치는 모습을 보였다. 그 중심에서는 유교적 정치원리와 시대적 당위성이 동시에 추구되고 있었다. 그 시대적 당위성은 건국 이후 근 2세기를 맞이하는

---

1 외가 강릉에서 태어난 그의 어릴 때 이름은 見龍이고 자는 叔獻이며 호는 栗谷 또는 石潭이고 시호는 文成이다.

현실은 이미 수성기守成期를 지나 경장기更張期에 접어들었다는 시대정신에 따른 변화와 개혁의 태도를 보여야 한다는 것이다. 그리하여 그는 부단히 구습을 타파하며 새로운 정책을 제시하는 혁신적 태도를 보였다.

이제 그 실상을 확인해 가기 위하여 먼저 일반적 상소문부터 개관해 보기로 한다.

(1) 요망한 중 보우 논박의 상소(論妖僧普雨疏)와 윤원형 논박의 상소(論尹元衡疏)

앞의 것은, 율곡이 30세 때(명종 20년) 예조좌랑으로 있으면서, 「도대선사都大禪師」의 직함까지 가졌던 보우의 행적을 비판하여 '요망한 중'으로 질타하는 상소이다. 즉 당시 배불숭유적 사림의 여론에 유의하며 그의 난행을 지목하여 논죄할 것을 진언한 경우이다. 그렇다고 율곡은 그것을 빙자하여 불교교리를 비판하는 모습을 보이는 것은 아니었다. 그리고 뒤의 것은, 이른바 대윤大尹·소윤小尹의 파쟁과 을사년의 사화로 난정을 몰고 왔던 윤원형에 대한 비판론이다. 이로 인하여 소윤의 거두 윤원형은 무소불위 집권욕의 말기적 현상에 직면하게 되었다.

(2) 사간원에서 정사의 급선무를 아뢰는 상소(諫院陳時事疏)

이것은 율곡 31세 때 사간원 정언正言의 직위에 있으면서 동료들과 함께 올린 상소이다. 이는 위정론의 기본으로서 그 요지는 다음과 같다. ①마음을 바로 하여 다스림의 근본을 세우는 것(그 세목은, 큰 뜻을 세울 것, 학문에 힘쓰는 일, 사람들을 바로잡는 데에 친근히 할 것), ②어진 사람을 등용함으로써 조정을 맑게 하는 것(그 세목은, 간사함과 올곧음을 변별할 것, 선비의 기개를 일으켜줄 것, 훌륭한 인재를 구하는 일), ③백성을 평안케 하여 나라의 기틀을 공고히 할 것(그 세목은, 백성에게 폐해와 병통을 물어볼 것, 같은 한 가문을 관대히 대하도록 할 것, 지방 공직자를 잘 선택하는 일, 옥사와 송사를 공평히 할 것) 이상의 내용을 요체로 삼아 율 곡 자신의 정치적 견해를 밝히면서 그 적극적인 실천을 요망하였다.

(3) 홍문관에서 시대적 폐단 해소를 아뢰는 상소(玉堂陳時弊疏)

이것은 34세 때(선조 2년) 율곡이 홍문관 동료들과 함께 당시의 정치 적 폐단을 확인하고 그 해결 방안을 제시하는 상소로서 9개 조항으로 구성되어 있다. 그 제안은 다음과 같다. ① 임금의 뜻을 정립하여 실질 적인 효과를 추구할 것, ② 도학道學을 숭앙하여 사람들 마음을 바르 게 할 것, ③ 기미를 살핌으로써 사림을 보호할 것, ④ 대례를 신중히 하여 배필을 중시하는 일, ⑤ 기강을 진작시켜 조정을 정숙하게 할 것, ⑥ 절약과 검소함을 높여서 나라 비용에 여유를 가질 것, ⑦ 언로言路 를 넓혀 여러 방책을 모을 것, ⑧ 어진 인재들을 모아 직무 수행을 다 하도록 할 것, ⑨ 폐해의 법률을 고쳐서 민생을 구제해 갈 것 등이다.

(4) 재난을 진정시키는 다섯 방책의 진언(陳弭災五策箚)

이것은 율곡이 재변의 불안한 현실을 직시하고 그 타개책을 다섯 가지로 정리하여 올린 경우이다. 그 기본은 자연과 인간사에서의 모 든 것은 하늘의 뜻에 달려있으므로 하늘을 경계해야 한다는 이른바 천계의식天戒意識을 확인시키면서, 그 구체적 대안으로 민심의 정치 적 반영과 정치문란 극복의 혁신책을 제시하였다. 그 요지는, ① 선왕 의 도에 뜻을 세우고 백성 구제의 인정仁政으로 쌓인 폐단을 없앨 것, ② 언로를 넓혀 공론을 수렴할 것, ③ 인척의 정치관여로 사사로움에 편향됨이 없도록 할 것, ④ 변방의 안민정책으로 내치를 돈독히 할 것, ⑤ 을사사화 관련자들에 대한 삭훈과 신원의 방식으로 정치기강을 혁 신해 갈 것 등이다.

(5) 홍문관에서 을사년의 거짓 공훈을 논박하는 진언(玉堂論乙巳僞勳箚)

차자箚子 형식의 제목으로 알 수 있는 바와 같이 을사사화를 기하여 받은 공훈들이 거짓된 것으로 비판한 건의문이다. 그 실상을 보면 사화 발생 자체가 옳지 못한 것이므로 평가의 관점이 전환되어야 한다는 것이다. 특히 윤원형 등의 간흉을 논죄하여 거짓 공훈을 삭탈시키고 화를 당한 사람들에게는 신원伸寃의 조치가 강구되어야 한다는 입장이다. 이렇게 되면 선비의 기개가 펼쳐져 정치 분위기도 바로 서게 된다고 말했다.

(6) 붕당 비판론의 상소(論朋黨疏)

이것은, 영의정을 지낸 이준경李浚慶이 선조 5년(1572) 별세하기 직전 '조정에 붕당 있는 듯하다.'라는 취지의 상소에 대한 비판론이다. 즉 선조가 그에 관심을 갖게 되자 율곡은 그 위난의 폐해를 예견하고 이준경을 비판하면서 당파의식의 정치적 위해성을 임금께 확인시키는 것이었다. 예로부터 붕당론이 있었던 것은 사실임을 밝히면서 송나라 구양수歐陽修의 '붕당론朋黨論'에서 말하는 '군자의 진붕眞朋' 이외의 경우에는 특히 선비들에 위협적인 것이 될 수밖에 없음을 강조하였다. 또 이준경을 비판함에 있어서는 살았을 때는 직언으로 정치 폐단을 개혁하려고 하지는 않고 임종의 마당에서 그런 문제의 발언을 남긴 것은 잘못된 것이라고 질타하면서, 선조 임금에게 정치기강 확립을 위한 공정한 태도를 간곡히 요망하는 내용이다.

(7) 해서 지역 민폐를 없애는 상소(陳海西民弊疏)

이것은 율곡이 황해도 관찰사로 있으면서 도내 백성들의 고통스러움을 보고 그 구제책을 아뢰는 경우로서 크게 두 가지 내용이다. 하나는 서쪽 변방 멀리까지 가서 보초서는 데에 따른 어려움이요, 또 하나는 진상 물품이 너무 과중하고 번거롭다는 점이다. 앞의 문제와 관련해서는 지역성과 복무시간 및 물자운용을 비롯한 각종 병무행정에 관한 쌓인 폐단을 지적하며 군대의 정예화를 위한 개선책을 밝혔고, 뒤의 문제와 관련해서는 물산이 풍부한 다른 지역에 비하여 그 부담이 과다함을 논하고 특히 도내 생산물이 아닌 것을 공물로 지정된 것에 대한 애로를 호소하고 있다.

(8) 임금의 요청을 따라 시사를 말하는 상소(應旨論事疏)

이것은 율곡 45세 때 대사간의 지위로 부름을 받고 선조 임금을 뵙는 자리에서 "임금께서 저를 쓸 만한 지의 여부를 확인하신다면 시사를 물으실 것이요, 쓸 수 없다면 다시 부르지 마소서."라고 진언하니, 선조는 "생각한 바 있으면 직접 제출해도 좋다."고 말했다. 이러한 임금의 뜻을 따라 시폐 구제에 대한 장문의 글을 올리니 연보에서는 이를 '만언소萬言疏'라고도 한다. 여기서 율곡은 요순堯舜의 정치와 같은 고도君道 한양에 더욱 분발할 것, 관리들의 정치기강 확립과 치도治道 구현에의 적극성 빌휘, 어진 선비들의 정치참여 확대와 낡은 법제의 개편 등 제반 정치문제를 거론하였다. 특히 그 기초는 수기修己의 차원에서부터 다져갈 것을 밝혔다.

(9) 시급히 폐단을 없애야 하는 상소(陳時弊疏)

이것은 47세 때 의정부 우찬성에 부름을 받음에 병으로 거듭 사양하여도 용납되지 않는 상황에서 올린 상소이다. 그 요지는 시급히 일신해야 할 세속과 공직 분위기로서 다음 네 가지를 말한 것이다. 즉 ① 세속은 인습에 묻혀서 퇴행적이 되어버린 점, ② 녹봉만 추구해 올바른 공적은 사라지는 점, ③ 정치 행정은 실천 없는 논란으로 어지러운 점, ④ 백성은 쌓인 폐단으로 곤궁해지고 있다는 점 등이다. 이러한 문제들을 극복하기 위한 대안으로 율곡은 『대학』에서의 이른바 '격물

格物 치지致知 성의誠意 정심正心’의 원리를 따른 군주의 치도 함양과, 혁신적 정책 수립을 위한 관료사회의 활성화 및 세금정책의 개선을 강조하고 있었다.

(10) 지금 힘써야 할 여섯 과제의 진언(六條啓)

이것은 율곡 48세(선조 16년, 1583) 2월 병조판서로 있으면서 병무행정의 개선책으로 올린 글이다. 이것 역시 시무의 성격으로서 그 내용은 여섯 조목으로 구성되어 있다. 즉 ① 어질고 유능한 자를 임용하는 것, ② 군인 백성을 양성하는 것, ③ 필요한 재물을 풍족히 확보하는 일, ④ 국경 지역 경비를 공고히 하는 것, ⑤ 싸움에 투입될 말을 더 확보하는 것. ⑥ 교화를 밝게 펼치는 것 등이다. 이상의 각 조목에서 율곡은 당시의 상황이 미진한 것으로 평가하면서 국방력 신장의 차원에서 매우 적극적인 대안을 제시하고 있었다. 이때가 율곡 별세 1년 전으로 임진왜란 발발 9년 전이고 보면 그러한 발의에 숙연해 지지 않을 수 없다.

(11) 「만언봉사萬言封事」

이것은 율곡 39세 때 우부승지로 있으면서 선조께 올린 장문의 상소문이다. 그 이름으로 나타나듯이 일만 글자 이상의 긴 문장으로 구성하고 임금이 직접 개봉하는 성격의 특별한 양식이다. 그 글이 긴 만큼 담은 내용도 방대하다. 이제 그 요지를 보면 다음과 같다.

상소문 서두에서는 우선 국가 운영의 두 원칙을 제시하고 있다. 즉 정치에는 때를 잘 아는 것이 귀한 것이요, 업무에는 실속에 힘씀이 긴요하다는 것이다. 따라서 그 두 측면에서 시의時宜와 실공實功이 추구되지 못한다면, 비록 성군聖君과 현상賢相이 서로 만난다 하더라고 그 효과를 볼 수 없다고 한다. 그러한 기초에서 그는 시급한 위정론을 전개하고 있는데, 그 원리적 측면에서는 변법의 개혁의지를 밝히고,

실천의 측면에서는 적폐의 확인과 그 개선책 수립을 강구하는 모습이었다.

변법 의지의 개혁 논리는, 때가 변하면 법도 변하지 않을 수 없다는 시의성時宜性에 두고 있다. 그러나 그 변하는 것의 지향성에서는 통시적으로 강조되어 온 왕도王道와 인정仁政 및 삼강오륜의 도덕성을 불변적인 것으로 전제한다. 따라서 이러한 이상과 괴리되는 인습적 요소로서의 폐법弊法만을 개변의 대상으로 삼은 것이다. 흔히 자신에 유리하면 '구법'이라 하여 준수할 것을 강조하고 불리하면 '신법'이라고 반대하는 구태를 비판하였다.

그러면 무엇 때문에 그처럼 정치 효과가 미약할 수밖에 없다는 것인가? 이에 관한 시대적 걱정거리를 율곡은 7개 항목으로 열거하였다. 즉 ① 위아래 사이에 믿음의 실상이 없는 것, ② 공직자들이 업무를 책임 짓는 실상이 없는 점, ③ 경연에서 성취의 실질이 없는 점, ④ 어진 자를 불러도 그 쓰는 실상이 없는 점, ⑤ 재앙이 일어나는데도 하늘의 뜻에 부응하는 진실성이 없는 점, ⑥ 여러 정책에서 백성을 구제하는 실효가 없는 점, ⑦ 사람들 마음에 선善을 향하는 실상이 없는 점 등을 지적하고 있다. 모든 조목에서 한결같이 '실實'자를 키워드로 내놓아 '참됨'과 '실속' '실상'을 추구하고 있음이 특이하다.

다음에 그는 쌓인 폐단을 극복할 수 있는 방법으로 수기修己와 안민安民의 두 방향에서 구체적인 대안을 제시한다. 먼저 수기의 요론으로 ① 의지를 분발하여 삼대의 성시盛時를 회복하는 것으로 기약할 것, ② 성학에 힘써 성의誠意 정심正心의 공효를 다해갈 것, ③ 사사로움에 치우침을 물리쳐서 지극히 공정한 도량을 넓힐 것, ④ 어진 선비를 가까이 하여 보필의 이익을 얻을 것 등의 네 가지를 말하였다.

그리고 또 안민의 방략을 다섯 가지로 설명한다. 즉 ① 성심을 열어서 하인들의 정을 얻을 것, ② 조세 기준을 개선하여 부당한 거출의 폐해를 제거할 것, ③ 절약과 검소를 드높여 사치의 풍조를 바꿀 것, ④

노비를 뽑아 올리는 방법을 고쳐 관청시종들의 고통을 없앨 것, ⑤국
방정책을 개선하여 내외의 방비를 튼튼히 할 것 등이다.

나아가 율곡은 그러한 안민의 정치전개 역시 성군으로서의 덕화에
직결된 것임을 밝히면서 실제적으로는 정치 행정의 다방면에 나타날
수 있게 해야 한다고 주창하였다.

2) 「동호문답」과 「성학집요」

(1) 「동호문답東湖問答」

이것은, 율곡 34세(선조 2년) 때 휴가를 얻어 동호독서당에서 공부한
끝에 보고서 성격으로 지은 것으로서, 어진 정치를 향한 국가 운영 전
반에 관한 내용을 주인과 손님의 문답식 설명으로 구성하여 선조에게
올린 글이다. 모두 11개 조목의 각 요지는 다음과 같다.

① 군도君道를 논함: 치세와 난세에 대한 손님의 질문에 대하여 주인이
　응답하는 형식으로 '임금의 길' 즉 군도를 밝힌다. 잘 다스려지는 두
　가지는 군주의 재능과 지혜가 뛰어나 호걸을 부리는 경우와 재능이나
　지혜가 부족하여도 어진 자에게 맡길 수 있는 경우인데, 그 다스려지
　는 방도는 왕도王道와 패도覇道의 두 가지가 있음을 말한다. 또 난세
　가 되는 두 가지는 군주가 스스로 총명함만 믿고 다른 데는 믿지 않
　는 결과로 나타나는 것과, 간사하게 아첨하는 곳만 믿어 이목의 막힘
　에 의한 결과로 빚어진 것인데, 그렇게 되는 경우의 임금 모습은 폭
　군暴君 혼군昏君 용군庸君의 세 가지로 말한다. 이상의 유형을 역사
　적 사례로 논증하기도 한다.
② 신도臣道를 논함: 여기서는 선비들이 정치에 참여하여 신하의 길을
　걷는 경우와 그렇지 않은 경우로 대별하면서 그 각각에 세 유형을 말
　한다. 공직에 나서는 경우로서는 요순시대의 임금과 백성에 이상을
　두고 몸소 실현해가는 대신류大臣類와 나라 걱정의 정사에 일신의 아

낌도 없는 충신류忠臣類 그리고 기량은 나라 운영에 부족하나 직분만
은 충실히 이행하는 간신류幹臣類를 들고 있다. 그리고 공직에 나서
지 않는 경우로서는 세상 구제의 희귀한 기량을 쌓으며 도를 즐기는
천민류天民類, 도덕을 높이며 공부에 매진하는 학자류學者類 그리고
세상일에 초연한 은자류隱者類 등을 들고 있다.

③어진 임금과 현명한 신하가 서로 만나기 어려움을 논함: 어진 임금과
현명한 신하가 서로 잘 만난 선례를 요堯와 순舜, 순舜과 우禹·고요
皐陶, 문왕文王과 태공太公 등의 경우로 본다. 그러나 이른바 ‘도학’
을 추구하는 군주와 진유가 서로 만나는 극치는 거의 없었다고 평가
하면서, 한나라 고조 이하 각기의 예를 비판하고 있다. 다만 촉한의
소열昭烈이 제갈공명을 세 번이나 찾아 갔던 자세를 높이 평하기는
했으나 공명이 진유가 되지는 못한 것을 유감으로 본다.

④동방에 도학이 행하지 못한 것을 논함: 우리나라에 있어서 기자의 정치
는 왕도에서 비롯된 것으로 볼 수 있으나, 그 이후는 미흡하다는 평가이
다. 여기 도학의 구현자로서 ‘진유론眞儒論’을 전개하고 있는데, 그러
한 선정과 의리를 뚜렷이 밝혀놓은 논저도 미약하나고 말힌다.

⑤우리 조선에 옛 진리가 회복되지 못한 것을 논함: 선조가 즉위한지
3년째인 지금 많은 어진이가 포열하고 있음에도 쌓인 폐단이 개변되
지 못하는 이유를 묻는 데에 대한 응답으로 그 적폐의 실상과 개혁의
당위성을 밝히는 내용이다. 특히 세종과 성종은 적극적으로 하려는
편이었으나 그에 부응하는 현명한 인물이 부족했다고 보면서, 중종
때의 조광조趙光祖에 대한 소견을 밝힌 후 을사사화 이후의 적폐현상
을 열거하고 있다.

⑥오늘날의 시국 정세를 논함: 다시 삼대와 같은 왕도정치가 재현될 수
있겠는가의 길의에 대하여 그 가능함을 밝힌 조목이다. 위로는 성스
럽고 밝은 주상이 있고 아래로는 권력을 전횡하는 간신이 없으니 이
로서 가능한 여건이 되지만, 인심이 실추된 지 오래고 선비들의 기개

가 심히 좌절되어서 제대로 되지 못하는 것이라 한다.

⑦ 실상에 힘쓰는 것이 수기의 요령임을 논함: 삼대의 정치를 회복하는 방법을 말한 경우이다. 성군의 왕도에 뜻을 확실히 둘 것과 그 내용의 세목을 밝히니, 이른바 격물格物 치지致知 성의誠意 정심正心 수신修身 효친孝親 치가治家 용현用賢 거간去姦 보민保民 교화教化 등에서의 무실론이다.

⑧ 간사함을 변별하는 것이 어진이 등용의 요건임을 논함: 앞에서 서술한 입지의 경지와 무실의 세계에 밝은 어진 선비들과 정사를 논의하기 위해서는, 바른 사람과 간사한 사람, 그리고 군자와 소인에 대한 변별력이 확립되어야 한다는 것이다.

⑨ 백성을 편안케 하는 방법을 논함: 백성 평안의 문제가 매우 중요한 것임을 반영하는 듯 그 설명 분량이 가장 많다. 민폐의 양상을 다섯 조목으로 나누면서 그 시정의 방법론을 제시한다. 그 폐단의 요지는, 도피자의 부담을 이웃 족인들에게 전가시키는 것, 바치는 물품이 과중하고 번잡하다는 점, 공물을 돈으로 바치는 제도의 고통, 부역의 일이 고르지 못한 것, 아전들이 가렴주구하는 것 등이다.

⑩ 사람 가르치는 방법을 논함: 교육의 중요성을 지적하고 인재등용의 방법을 제시하면서, 교육자들의 자질 문제와 각급 학교의 교육내용 및 평가방법 그리고 우수학생의 천거 방식 등을 상세히 서술하고 있다.

⑪ 정명正名이 치도의 근본이 됨을 논함: 을사사화 때의 다섯 원흉을 논죄하고 화를 당한 이들의 신원을 주장하며 정치기강 정립을 강조한 내용이다. 공자의 정명정신에 의거 명분이 왜곡된 부분을 정치현장에 바로 세우는 것이 지치至治의 요건으로 보는 것이다.

(2) 「성학집요聖學輯要」

이것은 율곡 40세(선조 8년 1575) 9월, 성군을 향한 정치능력 함양의 교재용으로 임금께 올린 큰 저작이다. 2년간에 걸쳐 유교 경전과 유현

의 여러 학설을 총체적으로 재구성하면서 자신의 견해를 붙인 성군정
치론의 최대 역작이다. 제목으로 나타나듯 성군이 되는 공부의 요체가
되는 것들을 모아 체계적으로 정리하였다.

그 구성의 기본방향은『대학』의 이론 체계에 근거하고 있다. 성학의
요령을 터득해가는 데 그 어떠한 산만함이 없도록 하는 입장이다. 즉
『대학』의 논지야말로 성군 정치의 모든 것이 총괄된 것으로 보면서 각
기의 세목과 관련 내용을 그 '삼강령三綱領 팔조목八條目' 및 각 구절
의 의미에 일치되는 것으로 해설하여 기본 맥락을 유지하고 있다는 사
실이다.

전체의 구성은 서두와 통설, 수기修己 상중하, 정가正家, 위정爲政
상하 성현도통의 순으로 되어 있다. 그 서두에서는 차문箚文과 서序
범례 목록도 등으로서, 임금께 올리는 이유와 의의를 밝히고 전체내용
의 구성 및 특성에 관하여 총괄적으로 설명하였다. 그 중에서도 맨 앞
의 진차문에서 '어두운 주상을 원망하기 보다는 밝은 군왕을 더 원망
하나.'라는 표현 방식으로서 청년 선조를 분발시키고 있음은 더욱 주
목되는 곳이다. 성군성치에의 의지와 노력을 신중히 녹려하고 있었던
것이다.

서두 다음의 통설편은 단 한 장으로 되어 있다. 여기서는『대학』과
『중용』의 주요내용을 심층적으로 파악하여 그 상합성을 밝히는 방식
을 취했다. 특히『중용』에서는 천명天命과 성性도道교敎에 관한 이론
과 도론 및 중화론을 들고,『대학』에서는 삼강령 팔조목의 원론적 의
미를 찾아 그 방향을 잡아 갔다. 각 장의 처음에서는 이끄는 말을 간
략히 하고, 그 말미에서는 종합적 안목으로 결어를 맺는다. 그리고 인
용 구절을 이어가면서도 필요시엔 자신의 견해를 피력하는 형식을 보
인다. 언제나 서사로서의 기본 소견을 끊이지 않게 하는 태도이다.

다음 수기修己 상중하편은 모두 13장으로 구성됐는데 각 내용은 다
음과 같다. ① 총론수기 :『중용』의 '존덕성尊德性도문학道問學'과『논

어』의 '박문약례博文約禮'장을 원용하고, 수기공부는 거경居敬 궁리窮理 역행力行이 요체임을 천명함. ② 입지: 성현 입지론에의 의의와 그 공효를 밝힘. ③ 수렴: 거경적 태도와 언어 심성의 정향에 관한 설명. ④ 궁리: 이치 찾기와 실천 힘쓰기로서, 경서와 역사서 독서법, 천지와 인간 사물의 이치, 본연지성本然之性과 기질지성氣質之性, 심성정론 그리고 왕도 패도와 이단론 등을 펼침. ⑤ 성실: 공자의 '주충신主忠信' '위기지학爲己之學'과 『대학』의 '성의誠意' 그리고 『중용』『맹자』의 성론誠論을 종합 정리함. ⑥ 교기질矯氣質: 극기와 면강의 태도로 기질을 바로 잡아가는 방법론 제시. ⑦ 양기養氣: 지기志氣와 혈기血氣의 배양론 전개. ⑧ 정심正心: 함양과 성찰의 각론 및 총론. ⑨ 검신檢身: 몸을 공경하고 예에 삼가는 공효와 위엄 및 관용의 원리를 논함. ⑩ 덕량 품기: 덕을 높이고 민중을 용인하는 공평성과, 덕의 폭을 넓히는 이론. ⑪ 보덕輔德: 올바른 선비를 친근히 하고 간쟁의 신하를 따르며 과실을 고치는 방법론. ⑫ 돈독敦篤: 돈독함의 공능과 나태함의 병 됨을 거론함. ⑬ 수기공효: 앎과 행위의 관계론 및 성신聖神 성인聖人의 도론을 펼침.

또 이상의 내용을 『대학』 이론과 관련하여 말하고 있다. 즉 ②③은 추향을 정하여 방심을 구함으로서 『대학』의 기본을 세우는 것이요, ④는 격물치지론에 해당하는 것이며, ⑤⑥⑦⑧은 성의정심론, 그리고 ⑨는 수신에 해당하는 것이며, ⑩⑪⑫는 성의정심수신에서의 남은 뜻을 밝힌 것이고, ⑬은 삼강령의 '지어지선止於至善'을 지향하는 것이라고 해명한다.

다음으로 3편 정가正家에서는 8장으로 정리하였다. 이곳은 『대학』 팔조목중의 제가齊家에 해당하는 성격으로 그 개요는 다음과 같다. ① 총론정가: 부자형제부부가 각기의 정도를 걸어 인륜을 세워가도록 함이 선정의 기틀이 됨을 밝힘. ② 효경孝敬: 부모 섬김에서 생시와 장례 및 제사의 도리와, 효심에 성실한 실천론. ③ 형내刑內: 선을 본받고 악을 경계하여 아내에게 법도 있게 대할 것. ④교자敎子: 태교와 평시 교육 및 세자 교육론. ⑤친친親親: 친척에 덕을 밝혀 화목하게 지내는 방도. ⑥근엄謹嚴: 남편과 아내 사이, 친애하는 자 사이, 첩 사이에 근엄하고, 세자 정하는 일과 친척 가리키는 일 그리고 환관 내시들에도 엄정히 할 것. ⑦절검節儉: 물건 절약과 아끼는 정신을 생활화 할 것. ⑧정가공효: 집안 화목의 실상과 사회적 감화 부분을 논했는데 이 '공효'라는 말은 정가의 실제가 지선至善에 이르는 극치의 의미로 쓰였다.

다음 4편 위정爲政 상하는 모두 10장으로 구성하였는데, 『대학』의 신민新民 치국治國 평천하平天下에 관계된 내용들이다. ①총론위정: 정치의 근본과 규모 및 절목 등을 총괄하여 설명함. ②어진이 쓰기: 사람 보는 방법과 군자 소인의 인물론, 쓰고 버림의 원칙론, 어진이를 찾고 임용하는 방도, 그리고 예경친신禮敬親信의 도덕과 소인 배척의 길을 밝힘. ③선을 취하기: 신분이나 배경 등에 구애받지 말고 선善의 실제를 추구해갈 것. ④시무 알기: 시급한 업무에 대한 식견과 창업 수성 경장의 원리를 논함. ⑤선왕 본받기: 어진 정치의 기초로서 요순 정신으로 삼대의 실성을 본받는 일. ⑥하늘 경계에 근실하기: 복신화음福善禍淫의 이치, 재앙 있을 때의 살피는 법도, 환난 예방의 의지론. ⑦기강 세우기: 사심을 없애고 상벌을 공정히 하여 기강을 확립할 것. ⑧백성 안정: 임금과 백성이 서로 함께함의 원리와 백성 사랑, 백성 경외, 그리고 혈구絜矩의 도리를 밝히면서, 조세 부역 형벌을 가볍게 할 것, 의리와 사리를 정확히 판별할 것, 그리고 재물 생산 활용의 경제론 및 군정軍政의 개선론을 피력함. ⑨교화 밝히기: 교육근본으로서의 덕론, 입교立敎의 절목, 학교교육과 풍속 정화 및 제사문제 등을 제시함. ⑩정치효과: 인정이 천하에 퍼지고 품덕이 천심에 합하여 은택이 후세에 미치는 실상을 논함. 여기서도 율곡은 '지선至善'을 그 최상의 키워드로 사용한다.

끝으로 제5편 성현도통聖賢道統은 단 1장으로서 그 대단원의 막을 내리는 부분이다. 여기서는 복희씨伏羲氏로부터 주자朱子에 이르는 정통적 도맥을 바탕으로 유교의 진리가 흐르는 성현의 도통道統을 재확인하고 있다. 이것의 계승발전이 치자의 사명임을 자각시키면서 동시에 그 최선의 방법은 지금까지 밝힌 내용에 충실하는 데에 있다고 본다. 따라서 그를 향한 정진과 노력으로 실제적인 효과가 나타나기를 절실히 바라는 마음으로 끝을 맺는다.

2. 정치론의 구성 요소

1) 정치 이념과 목표

이상의 논저에서 보이는 것처럼 율곡은 유교 경전과 신유학에 근거한 정치 전개의 원리와 시대상황을 통찰하는 혜안에 따라 그 발전적 대안을 제시하고 있었다. 이제는 그에 내포된 구성 요소들을 확인하기 위하여 먼저 정치행위의 근원적 작용인이 되는 이념, 그리고 그 목표에 관계된 내용을 살펴보기로 한다. 율곡에 있어서 전자에 관한 실제는 대개 입지론立志論의 영역에서 볼 수 있고, 후자의 조목은 각종의 정책론에서 확인된다.

근본정신으로서의 이념이 강조되는 것은 각 위정론의 서두에서 흔히 '입지立志'의 성격으로 나타난다. 정치성이 약한 다른 논저 즉 「자경문自警文」이나 「격몽요결」 또는 「학교모범」 등에서도 마찬가지의 모습이다. 율곡 논술의 기본 형태에 있어서는 항상 본질 지향적 구상이 견지되고 있는 것이다.

바로 그 지향성의 궁극처에서는 한결같이 '성인聖人'을 확인시키고 있다. 진리로서의 도道 내지 작용인으로서의 이념을 추구하는 곳에서는 언제나 '성인'이 등장한다. 이러한 태도는 사생활이나 교육론 또는 정치론 그 어느 곳에도 일관적이다. 최상의 존재양식을 오직 성인의 경지에서 찾고 있었던 것이다.

그러므로 정치에 있어서의 임금은 성인으로서의 군왕 즉 '성군聖君'이 되어야 한다고 본다. '선왕 본받을 것'을 군주의 사명으로 주장했던 것도 이러한 이유에서다. 성군의 재현을 정치현상의 이상으로 여긴다. 그러한 여건에서 천하태평과 지선의 사회상을 기대할 수 있다는 입장이다. 율곡이 보는 성인관은 "중인衆人과 성인에서 그 본성은 곧 하나이다."[2]라는 말에서 확인되듯이, 일반인과 다른 것은 아니라고 하는 유교 인간관과 다르지 않다. 따라서 성인을 지향함은 결국 자아를 정립하는 태도이며 인도주의를 구현하는 길이 되는 셈이다.

그렇다면 유교에서는 역사상 누구를 성군으로 칭송해 왔었는가? 이에 대한 답은 유교 경전 곳곳에서 찾을 수 있다. 즉 중국의 역사 전개와 더불어 등장하는 군왕들 즉 요堯 순舜 우禹 탕湯 문文 무武는 역대 최고의 성군으로서 통시적으로 추존되어 왔다. 공자가 꿈에서도 그리던 주공周公을 비롯하여 공자나 맹자 및 여러 큰 유학자들은 바로 그 경지를 재현하기 위한 사상적 안내자로서 자임하는 모습이었다.

이러한 배경에서 율곡이 주청한 성군의 모델은 비로 하夏 은殷 주周 삼대 즉 우禹 탕湯 문文 무武에 두었던 것으로 나타난다.[3] 요순정치의 재현을 강조하는 데 있어서 그에 가장 근접했다고 보는 삼대三代를 지목하는 입장이다. 하지만 삼대의 시기란 왕자에게만 권력이 이양되는 세습군주제의 형태를 띠고 있다는 점에서 요순시대와는 다르다. 만일 정치이념뿐만 아니라 그 형태론의 측면에서도 요순시대를 모델로 추구한다면, 그것은 바로 현실의 왕권세습에 반하는 것으로 해석될 수 있기 때문에 감히 그렇게는 할 수 없었던 것이다. 이것은 비단 율곡뿐만 아니라 유교사상의 처음에서부터 견지되는 입장이었다.

---

2 「격몽요결」 '立志章'
3 『율곡전서』 권3 「玉堂陳時弊疏」 권5 「萬言封事」

  그러나 정치 형태론이 아닌 정신적 이념론을 전개할 경우에는 항상 요순이 최상의 성군으로 천명되며 또 그러한 경지에 이를 것을 적극적으로 권장한다. 그리하여 그를 잘 보좌할 수 있는 어진이가 재상의 격에 오르는 것을 이상으로 여긴다. 이것이 곧 '성군현상聖君賢相의 정치'로 표현된다. 이처럼 정치론의 중심에서는 항상 요순이 작용하고 있었으니, 이를테면 '요순 없는 위정론'은 '공자 없는 유교론'과 대비될 정도였다.

  그런데 그처럼 성현이 강조된다 하더라고 그 재현이 쉬운 것만은 아니다. 더욱이 이미 왕위에 있는 군주로서 그 의지가 강인하지 못할 경우에는 더욱 그렇다. 혹 그 이상경이 생각으로는 가능하더라도 현실적으로는 멀리 보일 것이기 때문이다. 따라서 입지의 독실함과 실천의 다짐이 항상 요청된다. 이에 매진하는 것이 진유들의 태도요, 또한 율곡의 모습이었다. 앞에서 본 율곡의 여러 논저들도 그러한 소망의 결과로 나타난 것이다.

  그러면 율곡에 있어서 성군 지향적 정치이념의 맥락에서는 어떠한 성격의 목표들이 천명되고 있었을까? 이에 관한 요지는 다음 세 가지로 정리될 수 있다.

  첫째는 순수 유교정치를 표방한다는 점이다. 이는 그에 있어서 '성현'이란 용어는 모두 유교적 영역을 벗어나서 사용되지 않는다는 사실로서 입증된다. 그가 한 때 불교이론에 심취하였으므로 그의 성리학 형성에 그 영향이 없었던 바 아니나[4], 정치사회적 입장에서는 오히려 비판을 가하고 있었다. 높은 지위에 올랐던 승려 보우普雨를 '요망한 중'으로 통박한 경우가 그러하고, 스스로가 입산入山 수선修禪했던 태도를 반성하는 과정에서 배불적 비판을 보이고 있음이[5] 그러하다.

---

4 이병도, 『栗谷의 生涯와 思想』(서문문고 93, 1973.) 67·118쪽 참조.
5 『율곡전서』 권3 「辭副校理疏」

뿐만 아니라 그는 도교적 초제醮祭의식에도 부정적 태도로 일관하였다. 즉 그는 마니산 초례의 글짓기를 명받고 그것을 거부하는 글을 두 번이나 올렸고 또 소격서昭格署의 폐지도 주청했었다. 유교의 이성적 사고체계에서는 그것들이 수용될 수 없었기 때문이다. 이러한 이단 배격의 태도를 견지하면서 그는 순수유교정신을 따라 정치현실을 논의해갔던 것이다. 그와 같은 도불의 의식구조는 유교정치의 정체를 구현하는 목적의식에 반하는 것으로서 결코 병존될 수 없다는 입장이었다.

둘째는 지선至善의 도덕정치 구현을 목표로 한다는 점이다. 성군으로서 요순을 주목하는 것이나 천리로서의 천명의식天命意識을 강조하는 것 그리고 패도覇道가 아닌 왕도王道로서의 인정仁政을 갈망하는 것 등, 제반의 위정론은 궁극적으로 이 덕치와 직결되는 것이었다. 그 덕치 능력의 함양을 위하여 그는 여러 상소의 형식을 통하여 임금께 정심正心으로 정치의 근본을 세우고 학문에 힘써 식견을 넓히도록 간청하기도 한다. 앞의 『성학집요』에서 보았듯이 그 '지선의 정치'란 오직 이치를 깊이 알고 마음을 바로잡는 데에서 기대될 수 있는 것이었기 때문이다. 따라서 율곡은 임금께 그러한 능력을 확장시키도록 돕고 보좌하는 것이 신하의 한 임무로 간주했다. 특히 당시의 왕조사회에서는 정치권력이 군주에게 집중되어 있었으므로 그 한 사람의 역량에 따라 정치적 안정과 혼란이 갈리는 상황이었다. 그런데 그 권력의 절제력 또한 외부로부터의 압력으로 가능한 것이기 이전에 스스로의 도덕의식에 기댈 수밖에 없었던 것이다. 말하자면 치자의 인품에 덕치의 여부가 달려있었던 셈이다. 율곡이 성학을 강조했던 이유는 이러한 측면에서 실감할 수 있다.

셋째는 애민적 안민정치安民政治를 실현하는 데 그 목표가 있었다는 점이다. 이 안민 문제는 율곡 위정론의 중심 부분이었다. 각종의 시폐론時弊論과 경장론更張論의 입론 근거가 바로 이 애민정신과 안민

정치의 구현에 있었다. 개혁 그 자체에 목적이 있었던 것이라기보다는 백성의 편안한 삶을 보장해 주는 데에 참다운 의미가 있다는 말이다. 또한 백성의 튼튼한 삶은 곧 나라의 기틀을 견고하게 하는 의미를 갖는 것이므로 조정 왕실의 안위와 직결된다. 이러한 입장에서 율곡은 "임금은 나라에 의존하고 나라는 백성에게 의존한다."[6]라는 말로써 치자와 피치자 사이의 호혜관계互惠關係를 분명히 해 둔다. 여기에는 치자 위주의 대민관이 수정되어야 한다는 의미가 포함되어 있다. 즉 성군다운 치자로서의 인격과 식견은 곧 안민 문제를 벗어나 있을 수 없다는 입장이다.

그리고 율곡의 성군정치론 내면에서는 항상 하늘을 의식하며 그를 떠날 수 없다고 여기는 이른바 '천계의식天戒意識'이 작용하고 있었다는 사실을 간과할 수 없다. 이것은 유자의 일반적 의식구조이기도 하지만, 특히 그는 치자의 반성적 계기에서 그것을 깊이 각인시키고 있었다. 즉 불의의 재이에 직면해서는 임금이 그 이유를 깊이 살피면서 천인상응天人相應의 진실태가 더욱 강구되어야 한다고 주장했다.[7] 그것이 선정善政의 참된 모습이며 미래의 또 다른 재앙을 예방할 수 있는 적극적 방책이라고 보았다. 하늘은 인간과 별개로 있는 것이 아니라 상호 감응하는 유기적 관계에 있다는 유교의 전통적 사고방식과 함께하는 태도이다.

2) 위정자의 자질 문제

다방면으로 성군현상의 정치사상을 섭렵한 율곡으로서는 당대의 정치현실에 만족할 수는 없었다. 기회만 있으면 경장론을 주창했던 그의 시국관 이면에는 그러한 이상경이 항상 작용하고 있었다. 이제는 앞서

---

6 『율곡전서』 권3 「諫院陳時事疏」
7 『율곡전서』 권3 「玉堂陳時弊疏」

살핀 정치적 이상경을 향한 기본 요건으로서 정치인 자체의 자질 문제
에 대하여 율곡은 어떠한 생각을 펼치고 있었던가 하는 부분을 살펴보
기로 한다.

유교정치론 대부분이 위정자의 역량 즉 자질 문제로 집약되는 것처
럼, 율곡에 있어서도 그것이 매우 중시되었다. 그런데 그것은 곧 현실
의 인물평으로 이어지는 예민한 성격의 것이므로 자칫 정치적 갈등을
유발할 수도 있다. 그러나 기본적으로는 정치력 함양의 적극적 의미를
갖는 것이라는 점에서 그 중요성이 제고된다. 정치 전개에 있어서 위
정자는 군왕과 신하로 대별됨으로 그 양자의 경우를 따라 율곡의 소견
을 보기로 한다.

우선 군왕의 경우이다. 그에게는 학문 연마와 덕행 함양에 정진할
것을 치자의 사명으로 자각시킨다. 율곡은 주로 나이 어린 선조宣祖를
보필하는 상황에 있었으므로 그러한 학구적 태도를 더욱 강조했다. 그
렇다고 처음부터 난해한 학문 세계, 이를테면 성리학적 순수철학을 무
리하게 요구했던 것은 아니다.[8] 어디까지나 제대로 이해하여 실천해
갈 수 있는 실질성을 중시하고 있었다. 요컨대 리기철학적 관념세계의
철학자를 향하는 것이 아니라 경전이해로 수기안인의 리더십을 발휘
하는 지도자상을 지향하고 있었다는 점이다.

그러한 방향에서 『대학』의 정치이념을 '성학의 요체'로 활용했다.
이러한 측면은 앞서의 『성학집요』에서 종합적으로 확인됐던 것이기도
하다. 그 내용은 각종의 성군론에서 널리 취합하는 형태로 구성되었으
니, 군왕의 학구적 기저로서 궁리窮理 거경居敬 역행力行의 세요소를
말하는 데서도 격물格物 치지致知 성의誠意 정심正心 수신修身 등『대
학』 팔조목을 연계시키고 있었던 것이다.[9]

---

8 선조 15년 왕명을 따라 '人心道心'의 글을 지어 올린 것 이외에는 그 어떠한 리기론
  적 성리철학의 내용을 위정론의 한 조목으로 구성한 경우는 거의 보이지 않는다.

그리하여 율곡은 성왕 모델의 학력이 심화될 때에 비로소 정치의 근본이 정립될 수 있고 또 실제 그 결과로서 도덕적 감화력을 기대할 수 있다고 보았다. 그러한 능력함양을 위하여 군왕에게는 이치에 합하는 정신적 순수성과 아울러 행위의 엄정성이 절실히 요청되었던 것이다. 만일 그러한 능력이 함양되지 못한다면 결국 현실 사회는 난세로 전락될 수밖에 없다고 본다. 그러므로 그의 위정론에서 가장 중시되었던 것은 이른바 군도론君道論이다. 치세와 난세의 관건이 군왕 한 사람에 달려있던 정치체제에서, 치세를 향한 유일한 방법은 '군왕 자체를 성군화하는 길뿐'이라고 본 것이다. 이러한 맥락에서 군왕에의 학문과 덕행은 그지없이 소중한 것으로 요구되었다.

다음으로 신하의 경우이다. 여기서는 군자다움으로서의 신도론臣道論이 중심이었다. 즉 소인적 인물은 정치 현장에서 당연히 제거되어야 한다는 입장이다. 그러나 이와 같은 군자 진출과 소인 퇴출의 공직 사회는 누구나 말할 수 있다. 문제는 '누가 군자이고 누가 소인인가?'를 어떻게 분별할 수 있겠는가 하는 데에 있다. 공자는 일찍이 "군자는 의義에 밝고 소인은 이利에 밝다."는 말로 구별했으나[10], 율곡은 그와 같은 올바른 인물 평가란 대단히 어려운 것으로 본다. 특히 우둔한 군주일 때는 더욱 그러하고, 비록 밝은 군왕의 경우라 하더라도 '사이비似而非'를 대처하기가 쉽지 않다는 것이다. 소인은 교활하여 마치 군자 같은 모습을 보이는 경우가 많기 때문이다. 이에 더욱 절실한 것은 그 모든 부분에 대한 명확한 통찰력이다.

그러므로 그는 위정론 속의 용현장用賢章과 신도론臣道論 및 각종의 사직소辭職疏에서 특히 군자 소인의 변별辨別에 엄정할 것을 호소하고 있다. 그렇다면 어떻게 분별할 수 있겠는가? 그는 양자를 비교하

---

9 『율곡전서』 권5 「萬言奉事」
10 『논어』 「里仁」 : "子曰 君子喩於義 小人喩於利."

면 그 속성이 뚜렷이 다르게 나타난다고 지적한다. 그 한 예를 보면 다음과 같다.

군자가 소인을 공격함에는 말이 순하고 이치가 곧으며, 소인이 군자를 공격함에는 말이 어렵고 이치가 굽는다. 소인의 악은 밝게 볼 수 있으니, 혹 재화와 이권에 더러워지고 혹 윤리에 어그러지며 혹 私에 치우쳐 公을 없애고 혹 어짐을 해쳐 나라를 병들게 한다. … 군자는 그렇지 않으니. 마음을 말하면 정직하여 굽음이 없고 행실을 말하면 결백하여 흠이 없으며 절개를 말하면 곧아서 굴함이 없다.[11]

이와 같이 그 내면을 자세히 살피면 엄연한 차이가 있다고 보았다. 그리하여 그는 소인 배격의 비판론을 내세우며 군자 즉 진유로서의 선비들이 등용되어야 한다는 용현론用賢論을 드러낸다. 이를테면 선비 예찬론으로 공직자의 자질 문제를 대변하는 모습이다. 정치권력과 사욕추구의 편향성을 '선비'라는 이름으로 각성케 하였던 것이다.

그러면 율곡에 있어서 선비는 구체적으로 이렇게 묘사되는 것이었던가? 이에 다음과 같은 사림론士林論이 주목된다.

마음으로 고도古道를 흠모하고 몸으로는 유행儒行을 지키며 입으로는 법도의 말을 하여서 공론을 간직하는 사람들을 사림士林이라 한다. 사림이 조정에 있어서 그것을 정사에 시행하면 나라가 잘 다스려지고, 사림이 조정에 있지 못하여 그것이 빈 말로 붙여지면 나라가 혼란해진다.[12]

학문과 행실의 수준이 높으며 공공의 사회 구현에 중심적인 인물이

11 『율곡전서』 권15 「東湖問答」 '論辨姦爲用賢之要'
12 『율곡전서』 권3 「玉堂陳時弊疏」

곧 '사람'이라는 것이다. 이는 마치 조광조趙光祖 시대의 사림정치를 연상시키는 듯하다. 그처럼 국가의 공적 업무가 올바로 전개되고 또 정치적 안정을 기하기 위해서는 반드시 사림이 그 중심에 서야 한다고 보았다. 그러한 여건에서 이른바 '성군聖君'에 상응하는 '현상賢相'으로서의 현명한 신하를 기대할 수 있다는 입장이다.

이상의 군신관君臣觀에서 확인되듯이 율곡 위정론의 기초는 언제나 정치인 그 자체의 질적 수준을 문제 삼는 것으로부터 시작한다. 그에 있어서는 왕조시대의 정황에서 모든 정치 현상은 바로 그 군주와 신하들에게 달려 있다는 사실주의가 견지되고 있었기 때문이다.

3) 실상주의

그러면 율곡 정치론에 있어서 그와 같은 인물론 이외의 측면에서는 또 무엇이 강조되고 있었을까? 이러한 의문은 정치 효과의 측면에서 간과될 수 없는 부분이다. 아무리 도덕군자로서의 훌륭한 인품을 갖추고 있다 하더라도 정치 행정의 실제에 있어서 업무능력이 부진하다면 국가 운영 또한 제대로 될 수 없다.

이러한 사실적 측면은 율곡에 있어서 한결같이 중시되고 있었다. 그리하여 그는 매사에서 이른바 무실론적務實論的 본질주의의 태도를 보인다. 즉 모든 부분에 있어서는 하나의 최고 상태를 유지하면서 최상의 효과를 꾀할 수 있어야 한다는 입장이다. 그 완전상의 이상형을 바로 '실實'자로 표현하면서 그것을 공통의 키워드로 삼았다.

그 실제를 보면 성론誠論에서의 '실리實理' '실심實心'이나 위정론에서의 '무실務實' '실상實相' '실효實效' '실공實功' 등의 표현이다. 군사를 논하면서도 '실實'자를 붙여 '실군實軍'[13]이라 표현할 정도이

---

13 『율곡전서』 권5 「萬言奉事」

다. 그 모든 곳에서 빈말, 가상, 허상 등의 모습을 배격하면서 참된 사실로서의 실질, 실상, 실체, 실속의 경지를 간구하고 있었다.

그러므로 '실처實處'는 본질 지향의 목적성을 갖는 것임과 동시에 현실 비판론의 기준이 된다. 율곡은 바로 이 양면성을 적극적으로 활용하고 있었다. 이러한 모습은 특히 「만언봉사」에서 뚜렷한데, 그는 무실론 전개의 출발점인 현실 비판에서는 '실속' 없음을 조목별로 열거하면서 그러한 상황을 벗어나는 길로서 '실상이 있는 정치' '실질이 있는 경지'를 각인시키고 있었다.

그러한 맥락은, 다스림의 기초를 돈독히 해 간다는 내면적 수득성修得性과, 그 결과를 극치에 이르도록 하는 효험성의 두 측면으로 나타난다.

먼저 전자의 경우로는 '무실務實이 수기의 요령이 된다.'라는 제하에서의 위정론[14]을 그 대표적인 예로 들 수 있다. 여기서도 율곡은 격물, 치지, 성의, 정심의 조목을 수신론으로 밝히면서 특히 '실實'자를 활용해 그 참모습에 이를 것을 강조하였다. 치도의 능력을 바르게 갖추는 그 기초적 영역에서부터 그 진면목으로서의 실상을 주문하고 있었던 것이다. 그것은 정치사회社會에 나아가는 기틀이 되는 것이기에 더욱 소중하다는 입장이다. 그러므로 『성학집요』의 구성에서도 '위정편'은 뒤로 하고 '수기편'과 '정가편'을 앞에 위치시키면서 그토록 방대하게 다루었다. 이처럼 전체적인 구상에서 그 기본적 실상을 우선했던 논리는 각각의 세부설명에서도 그대로 견지되고 있다.

다음은 결과적 측면으로서 위정의 실제적인 효험을 확인하고 있다는 점이다. 이 역시 기본에 정진한다면 그 현상이 나타나지 않을 수 없다는 순리성의 반영이다. 만일 실질에 힘쓰는데도 현실에 아무런 공

---

14 『율곡전서』 권15 「東湖問答」 '論務實爲修己之要'

효가 없다면, 그것은 진정으로 힘썼던 것이 아니라고 본다. 이러한 인과의 논리는 각종의 상소문 서두에서 거의 공통적으로 나타난다. 그러한 과정을 거친 연후에 실제의 각론을 전개하고 그 말미에서는 최상의 실효적 양상을 밝혀 놓는다. 이것이 율곡이 취했던 위정론의 기본적인 논법이다.

각종의 상소문에서는 물론, 『성학집요』의 구성 논리도 그와 같았다. 즉 '수기편' '정가편' '위정편'의 각 끝부분에서는 항상 '공효장功效章'을 두어 그 실천적 결과를 검증할 수 있도록 하였다. 그 각 공효의 실상은 모두 『대학』의 이른바 '지선에 이름(止於至善)'의 경지로 의미화 하여, 원리와 현실을 일치시키는 의지를 부단히 천명하고 있었다.

이상에서 보는 바와 같이 율곡에 있어서의 무실적 본질지향은 내외본말內外本末과 전후시종前後始終의 다방면으로 작용하였다. 이는 결국 실질적인 공효를 기약한다는 차원에서 그 진의를 갖는다. 그것은 허위나 허식의 외화外華에 빠지는 것이 아니라 내실과 실질의 효험을 성취하려는 목적의식의 반영이었다.

이러한 실질 숭상의 이론은 율곡 정치론 전개의 주요 부분을 관통하고 있었다. 그리하여 용현론用賢論 절검론節儉論 신벌론愼罰論 군정론軍政論 교육론敎育論 등에서 남다른 모습을 보이게 되었다. 그 가운데 '용현론'의 경우를 보면, 율곡은 '어진 선비를 좋아한다고 말만하는 것'과 '어진 선비를 좋아하여 그 실상을 추구하는 것'과는 엄격히 구별되어야 한다고 주장한다.[15] '어짐'을 높이는 실지에서는 '그 어떠한 허명주의虛名主義로 대치될 수는 없다.'[16]는 지적이다. 이른바 명名과

---

15 『율곡전서』 권4 「論朋黨疏」
16 율곡에 있어서 실속이 없는 虛名性이 용인될 수 없는 기반은, '理氣之妙'로 포출된 不離的 사유방식의 연속으로 해석된다. 全樂熙, 「栗谷政治思想之理論結構」 『단국대학교논문집』 제14집, 329~346쪽 참조.

실實이 부합되는 당위성 속에서 그 진면목을 추구하고 있는 것이다. 그러한 입장에서만이 진정으로 '어짐'의 경지를 향한 정치 행정의 효과가 기대될 수 있다고 보았기 때문이다.

이처럼 율곡에 있어서는 정치 업무의 다방면에서 항상 그 이름이나 용어들이 가리키는 실상, 즉 '실질성'이 강조되고 있었다. 그것의 구체적인 모습은 바로 '과거와 다른 새로운 것', 즉 경장更張의 양상으로 나타나고 있었다.

3. 경장론과 비판정신

1) 시폐 경장의 이론

율곡 위정론에 내재된 그의 현실관을 보면 일반적으로 가변성이 중시되고 있었다는 점을 알 수 있다. 즉 현실이란 움직이는 속성을 가지고 있으므로 현실을 사는 사람 역시 변화해 갈 수 있어야 한다는 입장이다. 그런데 그 가변성을 따르는 길은 그저 변하는 것이 아니라 빌전된 방향으로 진행되어야 한다고 본다.

그렇나면 무엇에 기준하여 '발전적 변화'라는 말이 가능할 수 있겠는가? 이러한 측면에서 그 기준으로서의 표준 원리를 전제하지 않을 수 없다. 그러므로 율곡의 개변론에서는 가변성과 동시에 불변성이 거론되고 있었다.

> 때를 따라 변할 수 있는 것은 법률 제도요, 고금에 걸쳐 변할 수 없는 것은 왕도王道 인정仁政 삼강三綱 오상五常이다. 후세에 도술이 밝지 못하여, 변하지 않아야 할 것은 때로 고쳐가고 변통해야 할 것은 때로 지킨다. 이것이 잘 다스려지는 날이 항상 적고 어지러운 날이 힝상 많게 되는 까닭이다.[17]

원리적 불변성은 그대로 지키되 현실의 가변성은 당연히 조정되어야 한다는 지적이다. 그 불변의 원리는 인륜 도덕에 근거하는 정치 전개를 이름이요, 마땅히 변화되어야 할 것은 그 실천 방법으로서의 법률 제도를 지목하고 있는 것이다. 따라서 정치 발전의 개변론에서는 반드시 양면을 정확히 파악하는 통찰력이 요구된다.

그처럼 현실적 측면에서 변화의 가변 원칙이 중시되는 데에는 크게 두 가지 이유가 있었다. 하나는 '현실은 변한다'는 사실성을 외면할 수 없음이요, 또 하나는 지금 이 현실 속에는 잘못된 요소가 잔존하고 있다는 판단이다. 이러한 사실은 다음의 발언으로 확인된다.

> 폐습과 잘못된 규칙을 다 밝히기는 어려우나 이들은 기묘사화에서 시작된 것이 아니면 을사사화에서 이루어진 것이다. 지금 논하는 자들은 조종의 법이라 하여 감히 경장의 이론을 펴지 않으니, 이는 시의時宜를 알지 못하는 것이다. 비록 성왕이 세운 법이라 하더라도 현명한 후손이 변통하는 바 없으면 결국 반드시 폐단이 생긴다.[18]

이처럼 율곡은 당시의 현실에는 사화 사건으로부터 야기된 폐습이 상존하고 있다고 보면서 또 그 현실 속에는 과거 성왕이 제정한 법이라도 고치지 않으면 안 될 변화의 시대적 과제가 내재되었음을 직시하고 있었다. 그리하여 그 양면을 포괄하여 나타나는 새로운 모습을 바로 '시의時宜'라는 용어로 나타냈다.

율곡은 당시야말로 수성守成의 시대가 아니라 경장更張의 시대로 확신하였다. 그리하여 위정론 대부분에서는 그와 같은 변화 논리와 변법의지가 충만하고 있었다. 그러나 정국의 실제는 그렇지 못하여, 개

---

17 『율곡전서』 권5 「萬言奉事」
18 위와 같음.

변이란 아무나 하는 것이 아니라는 주장이 풍미하였다.[19] 이는 그의 정치 이상이 구현되는 데 있어서 하나의 큰 난제가 아닐 수 없었다. 그렇다고 그의 신념이 포기됐던 것도 아니다. 오히려 그의 구상은 시대적 폐단 극복의 경장론으로 부단히 나타났다. 특히 경제와 군사의 측면은 더욱 뚜렷했으니 그 일단을 보면 다음과 같다.

먼저 경제 개혁의 성격으로 제기된 문제들이다. 그는 조세의 과다함과 방납제防納制에 의한 민생의 핍박함 그리고 주산물 이외의 공물貢物 지정 등이 민폐를 낳는 주범임을 확인하면서 그 조정책을 강구하였다. 동시에 그는 소비하는 쪽을 향해서는 그 절검절약을 강조했던 바, 그것은 특히 상부층의 애정과 노력으로 가능하다고 보았다.[20] 그리하여 불필요한 관원의 축소를 제기하기도 하고 녹봉만 챙기는 관료사회를 비판하기도 했다. 이러한 태도는 결국 위아래의 모든 사람들이 궁핍으로부터 탈피하여 공존공생의 분위기를 제고할 수 있다는 점에서 그 의의를 가지는 것이었다.

다음으로는 군사적 측면의 경장론이다. 이에 관한 사실은 경연에서의 십만양병설로 유명하거니와, 병조판서 때의 「육조소(六條啓)」는 국방 개혁론 중심으로 구성된 것이다. 율곡에 있어서 국방 문제가 중시된 것은, 상소문 일반에서부터 「만언봉사」, 『성학집요』와 같은 특별한 위정론에 이르기까지의 거의 모든 곳에서 나타나는 공통 요소이다. 그 요지는 민폐를 극소화 하면서 병사들의 군사력을 정예화 해가는 것, 그리고 특히 관리들의 의식 전환을 촉구하는 데에 있었다. 당시 사람들이 소홀했던 이 국방에의 개선책은 그에 있어서 절실한 것이었다. 그러므로 십만양병을 주청할 때에는 앞으로 10년이 되지 않아 '땅이 무너지는 참화가 있을 것'이라고 경고하기도 했다.[21] 이로 말미암아

---

19 『율곡전서』 권4 「應旨論事疏」
20 『율곡전서』 권3 「玉堂陳時弊疏」

임진왜란 때 유성룡柳成龍의 '이 모는 참으로 성인답다.'라는 말이 나타나기도 한다.

　문신文臣으로서 그와 같은 국방론을 주창할 수 있었던 것 역시 그의 우국애민적 경장의 이론, 다시 말하면 실효성 추구의 탁월한 시대정신에서 비롯된 것으로 보인다. 또한 그 이론 전개의 중심에서는 인륜 도덕의 원칙이 분명했으며 그 소신 또한 공개적이었다. 그러므로 그는 「만언봉사」의 말미에서 이르기를 "이와 같이 3년만 해보시고 그래도 나라가 부진하고 백성이 편안치 못하며 병력이 정예롭지 못하다면, 청하옵건대 저를 속임의 죄로 다스려 요사스럽게 말하는 자의 징계로 삼으소서."[22]라고 말할 수 있었던 것이다. 그 어떠한 시정책에서도 실제적 효험성이 없다면 그것은 무의미한 것으로 간주될 수밖에 없다는 입장이다.

2) 비판정신

　그러한 율곡의 경장 정치론은 보다 이상의 경지를 향한 인습으로부터의 탈피의식, 그리고 정치 발전을 위한 현실 상황에의 비판정신을 기반으로 한다. 과거와 현실에 대한 반성과 비판은 미래의 발전을 위해 필수적인 것으로 보는 입장이다. 이것은 '지도자가 간언을 따르면 성스럽게 된다.'[23]라는 맥락에서 '올곧은 말로써 상대를 깨우친다.(直言以悟人)'는 간쟁의 태도가 중시되었던 유교의 정치문화와 성격을 같이 한다.

　율곡은 기본적으로 언론자유의 보장과 간언諫言에 따르는 정치 전개를 찬미하고 있다. 그리하여 그는 이렇게 말한다.

---

21 『율곡전서』 권34 「年譜」 48세조.
22 『율곡전서』 권5 「萬言奉事」
23 『서경』 「商書」 '說命上' : "木 從繩則正 后 從諫則聖."

옛날에는 간관諫官을 설정하지 않아도 모든 조정신하가 각각의 직분에 따라 그 운영 원칙을 밝히게 하고, 또 상인들로 하여금 시장에서 의논케 하며, 여행자들은 길을 다니며 말할 수 있도록 하여 나라사람들이 간관 아닌 이가 없었다. 이 얼마나 언로言路가 넓었는가? 후세에는 다스림이 옛날과 달라 간관을 설치하였으니 언로가 이미 좁아졌다. 이와 같은데도 간언을 따라 공론公論을 펴지 않는다면 나라 일은 어디에 말미암아 바르게 되겠는가.[24]

신분과 직위에 제한을 받지 않으며 할 말을 다 하는 분위기, 그리고 그러한 과정에서 나타나는 뜻을 따라 일하는 것이 바로 국사國事의 진면목이 될 수 있다는 입장이다. 간관의 설치 운영도 이러한 차원에서 그 진의를 찾을 수 있어야 한다고 보았다. 왕조시대의 경직성을 넘어서는 여론정치의 실상을 보는 듯하다.

그러나 대부분의 현실 정치에서는 그러한 모습이 보장되기 어려웠고, 시도한다 하더라도 기성세력의 영역을 벗어나서는 거의 불가능했다. 그러한 자유발언은 자칫 정치적 갈등이나 참화에의 위험요소로 해석되기 쉬운 것이었기 때문이다. 사실 이율곡은 그러한 예민한 시기를 살았다. 약 반세기동안 계속된 네 번의 큰 사화士禍 분위기가 그 시대에도 흐르고 있었던 것이다.

주지하다시피 '사화'란 선비의 비판론이 참화의 형국으로 그 종말을 고하게 되는 일대 정변이었다. 그럼에도 불구하고 율곡은 정계에의 비판적 태도를 그만두지 않았다. 그 소극적인 모습은, '행도行道'로서의 진리 실천을 추구하는 유자의 길로 간주될 수 없다고 여겼기 때문이다. 그리하여 그는 사화 발생의 원인을 크게 비판하기도 했으니, 거기에는 내일의 사화를 반드시 예방해야만 한다는 굳은 의지도 작용하고 있었다.

그러면 사화 없는 정치 상황은 어떻게 가능할 것인가? 그것의 쉬운 길은, 사림이 기성의 정치세력에 동조하던가 아니면 출사를 포기하면 될 것이다. 그러나 그 어느 것도 따르기 어려운 것이 선비의 성향이니 문제이다. 선비에게는 벼슬길이 당연한 것이요, 공직에 나가면 공부한 대로 방정하게 실천하는 것을 생명으로 여기는 것이다. 그러므로 그들의 눈에는 현실의 모든 것이 미진한 것으로 비칠 수밖에 없다. 그리하여 자연스레 비판론이 대두하기 마련이다.

율곡의 비판론 전개에서는 그 대상에 제한이 없을 정도이다. 인물을 말함에 있어서는 임금이라고 제외되지 않았다. 여러 상소문이 증명하듯이 그는 임금에게 조정 안팎의 실제상황을 직시하도록 촉구하면서 그 개선을 위한 배가의 정진을 강력히 요구하고 있었다. 이것은 임금과 신하 사이의 상호 신뢰와 이성적 태도가 전제되어 가능한 일이다. 이른바 우국애민적 정치의식이 공유되었을 때 비로소 그러한 충성의 간쟁이 진정한 의의를 가질 수 있었던 것이다.

그리하여 율곡은 정치 전개의 기본에 있어서 언로의 보호와 그 정치적 활용을 강조하였다. 이는 사림정치의 공통적 양상으로 나타나는 것이기도 하지만, 율곡 정치론에 있어서는 정치 발전의 첩경으로 간주되는 것이었다. 그러므로 그는 임금께 이렇게 진언했다.

언로의 열리고 막힘은 나라의 흥망과 관계된 것인데 임금께서는 간언을 따름이 점차 처음만 못합니다. 가까운 신하들의 시무상소는 지나치다고 책하시고, 임금 눈귀의 관리가 잘못하는 것을 지적하는 경우는 뜬말이라고 배척하시니, 선비의 기개는 떨쳐지지 못하고 공론은 억눌리게 되었습니다. 이렇게 하고서 정치적 조언을 구한다면 사방의 선비들 중 누가 전하를 위하여 다 말씀드릴 수 있겠습니까?[25]

언로 개폐의 중요성을 천명하면서 지금의 임금 모습에 이의를 제기하는 내용이다. 즉 언로를 통한 비판적 발언이 제대로 수렴되지 못하는 현실 정국의 문제점을 열거하고 있다. 그러면서 이러할 경우에는 앞으로 시국 타개를 위한 그 어떠한 임금의 어떤 구언求言이 있을지라도 그에 응하는 모습을 보기는 어려울 것이라고 경계하기도 한다.

그러면 만일 언로가 막혀서 그 기능이 상실된다면 결국은 어떻게 될까? 율곡은 이와 관련하여 위 서두의 논조와 같이 망국론을 내세우고 있다.

공론公論이란 나라의 원기이다. 공론이 조정에 있으면 나라가 잘 다스려지고, 공론이 백성 동네에만 있으면 나라가 어지럽게 되며, 위아래에 모든 곳에 공론이 없을 것 같으면 그 나라가 망한다. 어찌하여 위에 있는 분이 공론을 주관할 수 없으면서 그것이 아래에 있음을 증오하리오. 말하는 입을 막아서 죄로 다스리면 그 나라는 망하지 않음이 없다.[26]

이러한 율곡의 공론관은 중중반정의 시기 즉 기묘사화로 조광조 등 여러 선비들을 희생시킨 연산군 때를 연상시킨다. 정치 활력소가 되는 공론을 적극 수용하지는 못할 망정 그것이 발생하는 것 자체를 싫어한다면 그 조정은 위망에 이를 수밖에 없다는 지적이다. 이는 현대의 여론정치이론에 소통하는 측면이기도 하다.

따라서 정론正論 창출을 담당하는 관리들에게는 남다른 비판능력을 갖추어야 한다고 본다. 만일 그렇지 못할 때는 그들 또한 비판의 대상이 된다. 그리하여 율곡은 당시 정론 발현의 분위기 조성을 위하여 양

25 『율곡전서』 권3 「陳弭災五策疏」
26 『율곡전서』 권7 「代白參贊仁傑疏」

사兩司를 탄핵하며 간관의 교체를 주장한 일도 있었다.[27] 그러면서 직무 수행상의 공정성과 공직사회의 기강 확립을 강조했다.

그러면 율곡이 그렇게 중시한 공론의 실체는 무엇일까? 이러한 의문은 다음의 발언으로 이해될 수 있다.

사람들 마음에 같은 바를 일컬어 공론이라 하고, 공론의 소재를 국시國是라 한다. 국시란 한나라 사람들이 각기 무엇을 꾀하지 않고도 똑같이 옳다고 여기는 바이니, 이익으로 유혹하는 것이 아니며 위험으로 놀라게 하는 것도 아니면서 삼척동자 또한 그 옳음을 아는 것이 곧 국시이다.[28]

구성원 모두가 공감되는 부분이 공론이고 또 그것이 국가적으로 잘 유지되는 것이 국시라고 본 것이다. 그러면 어떻게 구성원 모두가 처지의 다름을 넘어서 공감하는 부분을 찾을 수 있을까? 여기에 바로 이치와 도덕의 요소가 전제되지 않을 수 없다. 이 부분을 율곡은 위 발언의 서두에서 '사람들 마음에 같은 바(人心之所同然者)'로 확인시키고 있었다. 거기에서는 그 누가 소외되거나 그 누구를 배격할 수 없는 모두의 공감대가 가능한 것이요 또한 공통적으로 '옳다'고 여길 수 있는 기반이 확보된다. 이러한 논리로 율곡은 공론과 국시의 의미와 그 의의를 확인시키고 있었던 것이다.

이상에서 살핀 바와 같이 율곡에 있어서의 위정론은 과거와 현실에 대한 반성과 비판의 기조에서 형성되는 것이었다. 그러면서 기본적으로는 현재의 정치체제를 존중하면서 발전적 개선의지를 따라 언로와 공론의 흐름을 중시하는 양상으로 나타났다. 이것은 결국 정의

---

27 『율곡전서』 권5 「玉堂論遞兩司箚」
28 『율곡전서』 권7 「辭大司諫兼陳洗滌東西疏」

와 여론이 정치 행정에 직접 반영될 수 있다는 점에서 높이 평가될
수 있다.

3) 실천적 한계

율곡의 일생에서 그가 남달리 원리적 궁리정신과 실천적 도덕의지
가 탁월했음은 왕조실록에 전하는 사관의 평론에서도 나타나 있다.[29]
그에서 비롯하는 정치사회 변화에의 열정이 그 많은 경장론을 낳게 했
던 것이다. 그러나 정계의 현실에서는 그의 지론을 그대로 수용하기
어려운 측면이 있었다. 이제는 이와 관련한 요소 몇 가지를 주목해 보
기로 한다.

첫째, 그가 만난 군왕에 있어서는 정치력 발휘가 원숙할 수 없었다
는 사실이다. 율곡이 벼슬에 나갈 때는 명종 말기(19년)이었으니, 그의
정치활동 시기는 선조 전기로 이어진다. 그런데 선조가 16세의 나이로
즉위하므로 왕대비의 청정이 요구되는 상황이었다. 따라서 당시의 전
제군주체제에 있어서, 그것은 하나의 정치적 침묵기의 양상을 띨 수밖
에 없었다. 비록 왕조로서의 국가 유지는 가능할 수 있었다 하더라도,
이른바 성군현상의 성치 이상을 향한 적극적 방책이 구현될 여건은 되
지 못했던 것이다.

그렇다고 그러한 상황을 포기할 수 없는 것이 또한 유자儒者의 입
장이다. 그리하여 율곡은 선조의 나이 어림에 개의치 않는 모습이었
다. 오히려 나이가 어리기에 장차 성군이 될 수 있다는 가능성의 여지
가 많다고 보고 그 자질 함양의 측면에 큰 관심을 두었다. 그리하여
그는 치도를 밝히는 각종의 논저를 부지런히 지어 올리며 성군을 향한
공부에 힘쓰도록 하였다. 또 전시대의 거짓 공훈을 비판하며 정치기강

---

29 『선조수정실록』 17년 1월 己卯 '李珥 卒記'

을 바로잡아 가려는 데에도 의욕적인 태도를 보였다. 그러나 군주의
결행은 뒤따르지 못했을 뿐만 아니라 끝내 붕당설까지 나타나고 말았
다. 사실 이러한 인사문제의 정치과제는 젊은 선조 임금에게는 무리였
을 것이다. 그러나 율곡에게는 그와 같이 임금께 주청하는 형식 이외
로는 별다른 방도가 없는 상태이었으니, 현실적으로는 그 한계에 봉착
했던 셈이다.

둘째는 법제의 개변에 인색했던 신료의 인습적 태도에 그 한계가
있었다는 점이다. 정치의 현장에서는 각종의 직·간접적인 이해관계가
복잡하게 얽혀있기 때문에 그 무엇을 개혁한다는 것은 그리 쉬운 일이
아니다. 즉 관료들에 있어서 변화를 꺼려하는 보수적 의식구조에도 문
제가 있지만, 특히 변화를 따르면 자칫 기존의 이권이 위협받는다고
느껴지기 때문이다. 만일 공의公義를 우선하는 정치의식이 선행되지
않는 상태라면, 율곡의 경장론은 그야말로 자신들에게 반하는 소리로
만 간주되기 쉽다.

이점을 간파하고 있는 율곡은 녹봉 위주의 관료의식을 더욱 강하게
비판하기도 했다. 사욕과 권위에 찬 인습적 태도야 말로 정치 발전의
고질적 장애물로 인식했던 것이다. 그러나 그 반대적 입장에서는 그것
들이 곱게 보일 리 없다. 그리하여 율곡의 시의적 경장론은 때로 반대
에 직면하기도 했다.[30] 이 또한 그의 정책론 실현에 직면하는 한계상
황이다. 생각건대, 율곡에 있어서 군왕을 성군으로 교유하는 일보다
더 어려웠던 것은 바로 동료 관리들의 구습에 젖은 기풍을 쇄신할 수
없었던 것이 아니었나 한다.

셋째는 당시 정계에서는 이른바 당쟁심리가 작용하기 시작했다는
점이다. 인간사회 곳곳에서는 구성원들 사이에 집단의식이 작용하기

---

30 『율곡전서』 권34 「年譜」 47세조. 金敬琢, 『栗谷의 研究』(한국연구도서관, 1960.)
   86쪽 참조.

마련이지만, 정치에 있어서의 그것은 여러 갈등요인으로 증폭될 수 있다는 데에 문제의 심각성이 있다. 그러므로 율곡은 송대 구양수歐陽脩의 당론과 같은 일반이론을 수긍하면서도 당쟁의식이 갖는 위험성을 크게 염려했던 것이다. 재상 고故 이준경李浚慶을 통렬히 비난하는 상소를 올린 것도 이러한 이유에서였다. 그러나 유감스럽게도 조선조의 그 처참했던 당쟁의 싹은 움트고 있었으니 문제이다.

이에 율곡은 이른바 시의겸·김효원의 동서양론東西兩論에 임하여 그 어느 쪽도 치우침을 삼가면서 그 해소방안을 강구해간다. 이것의 타개가 절실하였으므로 그의 후기 상소문에서는 주로 정계의 정화문제가 중심과제로 다루어지고 있었다. 이제 종진의 정책 중심의 개변의식은 뒤로 밀리는 감이 들 정도이다. 그런데도 마침내 그 결실을 보지 못한 채, 자신도 그 흐름에서 자유롭지 못한 어려운 국면에 처하였으니, 그의 정론도 결국은 한계에 부디치게 되었던 것이다. 왕조시대 군왕의 힘으로도 척결하지 못했던 당쟁심리는 점점 더욱 심각한 양상을 띠는 것이었다.

이제 방대한 율곡 위정론을 미무리해 본다면 다음 두 가지로 대변할 수 있겠다. 하나는 덕치이념의 체득론이요, 또 하나는 경장이론의 발전책이다. 전자가 정치능력을 함양해가는 일이라면, 후자는 그에 부수되는 정책실현의 구체화 현상이다.

그 정치력 함양을 위한 덕치이념의 체득론으로 강조되었던 내용은, ① 성군에 뜻을 두고 그 공부에 힘쓸 것, ② 현인을 등용하여 사기를 진작시킬 것, ③ 언로를 넓혀 공론정치를 추구할 것, ④ 바름과 간사함을 정확히 구별하여 정치기강을 확립할 것, ⑤ 당파의식을 제거하여 공명성을 드높일 것 등으로 요약된다.

그리고 경장이론의 발전책으로 나타난 요소들은, ① 시의적 변법으로 민폐를 해소할 것, ② 조세정책과 절검정신으로 국민적 재용을 풍족히 할 것, ③ 군사정책의 개혁으로 국방을 튼튼히 할 것, ④ 형벌을 신중히 하고 서얼에 허통할 것, ⑤ 교육을 개선하고 향약을 실시할 것 등으로 정리된다.

이상의 입장을 중심으로 율곡은 정치발전의 개선책을 부단히 추구해 왔으나, 쉽게 변하지 않는 인습의 굴레에 부딪쳐 그 실효를 거두기는 어려웠던 것으로 보인다.

〈이 제3부 제4장의 내용은, 논문 「李栗谷의 政治思想 硏究」(부산대통일문제연구소 『統一論叢』 8집 153~176쪽, 1986.)를 가감 보필한 것임.〉

제5장 율곡과 다산의 정치철학적 만남

1. 정치철학 구도의 동질성

1) 율곡의 정치이상과 수기치인론

조선시대의 유학계는 성리학과 실학으로 대별되지만 양자의 소통처를 주목하는 경우는 그리 많지 않다. 사실은 실학자들도 성리학자들 못지않게 유교 경전을 중시하고 또 재해석하는 입장을 보이기도 했다. 이로써 유교 원전 이해의 폭은 더 넓어지고 그 실천 의지는 깊어질 수 있는 것이었다. 현실을 살면서 그 교과서적 가치를 갖는 것은 유교 고전만한 것이 없는 상태였기 때문이다.

특히 정치사상적 측면에서는 성리학과 실학의 차이는 그리 넓지 않다. 비록 정치현상을 권력관계로 보려는 경우에서도 유교의 고전은 간과되지 않았으니, 그 기본은 왕조시대 보국안민保國安民의 원론으로 평가되기에 충분했기 때문이다. 훌륭한 정치는 상식을 넘어서는 큰 지혜와 남다른 고민을 거쳐서 이루어 진다는 점에서, 이른바 정치철학의 세계를 주목하지 않을 수 없다.

여기에서는 이러한 문제의식을 가지고 조선조 성리학을 대표해서는 율곡栗谷 이이李珥(1536~1584)를, 그리고 실학을 대표해서는 다산茶山 정약용丁若鏞(1762~1836)을 함께 살펴보고자 한다. 이 두 분의 시대적 간격은 2백년을 넘어서고 있었지만 유교 진리를 향한 학자로서의 진지함은 물론, '요순지치堯舜之治'라는 이상경을 구현하려는 정치철학적 지혜는 특별하였다.

즉 율곡과 다산은 이론과 실천, 인식과 행위, 이상과 현실을 자신의 한 몸에 담아가는 소위 '진유眞儒'의 모습을 보이고 있었을 뿐만 아니라, 국가의 정치발전에 이바지하기 위하여 기꺼이 정계에 나아가는가 하면, 물러나서는 그 구체적인 대안을 제시하는 데에 평생을 바치고 있었다. 이를 따라 율곡의 경우에는 앞에서 살펴본 바와 같이『동호문답』『성학집요』와 「만언봉사」를 비롯한 여러 상소문을 임금께 올리는 것이었고, 다산의 경우에는 '사서四書'를 비롯한 유교 경전 전반에 대한 재해석과『경세유표經世遺表』『목민심서牧民心書』『흠흠신서欽欽新書』등의 방대한 논저를 남기게 되는 것이었다.

그러한 명저들은 가벼운 생각으로 가능한 것이 아니었다. 즉 그것을 낳기 위해서는 세계와 인간 그리고 정치 행정의 현실 그 모든 것의 유기적 관계를 심층적으로 고뇌하는 이른바 '정치철학적 사유'의 과정을 거치고 있었다는 점이다. 그러므로 그들은 하늘과 요순을 재론하고 경전과 역사서를 다시 보며 현실을 비판하고 개혁의 방책들을 제시하는 특이함을 보일 수 있었던 것이다. 그 사유의 심도가 깊었던 만큼 그 결과로서의 논저 또한 높이 평가되어 왔다.

그들에 있어서 정치철학의 사유가 깊이 작용하고 있었다는 사실은, 율곡 상소문 중의 "훌륭한 의사는 사람의 마르고 살찐 것을 보는 것이 아니라 맥의 병 여부를 잘 살피는 것이요, 천하를 훌륭히 경영하는 자는 천하의 안위를 보기보다는 그 기강이 바른지 어지러운지를 잘 살피는 것이다."[1]라는 말과, 다산의 "육경사서로서는 수기修己를 하는 것이요 일표이서一表二書로서는 천하국가를 경영하는 것이니 본本과 말

---

1 『栗谷全書』 권7 「陳時弊疏」

末을 갖추게 된 것이다."²라는 자평이 증명하는 바이다.

필자는 바로 그러한 현상을 나타나게 하는 내적 측면을 '정치철학의 영역'으로 전제하고 율곡과 다산의 모습 그 자체의 경우를 탐색하면서 그 상호간의 소통적 요인을 찾아보고자 하는 것이다. 따라서 이 글의 서술 방법으로서는 정치철학적 공통주제에 따른 각각의 내용을 고찰한 연후에 그 양자를 비교 총괄하는 형식을 취하지 않을 수 없다.

주지하다시피, 유가의 정치론은 어떠한 가상적 설계를 현실에 적용시키는 방식으로 나타나는 것은 아니다. 이미 전개된 현실을 긍정하며 국태민안의 평화정책을 적극 실현하려는 입장이다. 그러므로 유교에서는 기본적으로 왕조국가의 형태를 벗어나서 정치가 논의될 수는 없다. 백성이 국가의 기본이라는 민본정신도 그러한 조건에서 거론됐던 것이다.

그러나 왕조국가의 정치체제라 하여 백성을 경시하거나 핍박하는 것을 당연시 여기는 것은 아니다. 공자孔子의 덕치론德治論이나 맹자孟子의 인정론仁政論에서 나타나듯이 위정자는 백성들로 하여금 마음속으로부터 따르도록 할 수 있어야 된다고 본다. 이러한 측면에서 위정자의 덕성 함양 문제가 중시되는 것이었다.

그러므로 『대학』에서는 인간 본유의 도덕성 즉 '명덕明德'이 온 세상에 구현된 모습이 다름 아닌 천하태평의 경지로 설명되고 있었다. 그와 같은 도덕적 안정감 속에 의식주의 생활안정이 유지되는 경우를 유가에서는 '요순지치堯舜之治' 또는 '대동사회大同社會' 등으로 통칭되기도 했다.

따라서 율곡에서도 그와 같은 유가정치의 이상경이 지향되고 있었다. 즉 그는 왕조시대의 정치현상은 오직 군주 한 사람에 달려 있다는

---

2 『與猶堂全書』 1집16권 「自撰墓誌銘」

'위정재인爲政在人'의 현실성을 중시하며 군주로 하여금 요순과 같은 '성군聖君'이 되어야 한다는 점을 강조하고 있었던 것이다. 그러한 구체적인 사실은 이미 앞에서 살핀 바이다.

그러나 그와 같은 요순의 성군정치를 주문받는 군주의 입장에서는 비록 정치수업을 거친 경우라 하더라도 여러 측면에서 부담감을 갖기 쉽다. 그래서 율곡은 나이 어린 군주 선조宣祖로부터 자신이 바로 요순堯舜일 수 없고 또 '수기修己'도 제대로 되지 않은 상태에서 어떻게 큰일을 도모할 수 있겠느냐는 반문을 받기도 했다. 이에 율곡은, 선후의 관계로는 당연히 수기가 치인에 앞서는 것이지만, 만일 그 수기가 완전하지 못한 경우라 하더라도 현실의 정치는 유보될 수 없는 것이므로, 지금의 그 수준에서라도 요순을 향해 최선을 다하여 민생 구제의 개혁정치도 시도해야 한다고 진언하는 것이었다.[3]

그러면서 율곡은 수기의 측면을 정치의 기본으로 거듭 확인시킨다. 그의 이른바 "임금이 덕을 닦는 것이 정치의 근본이다."[4] "요堯 순舜 우禹 탕湯은 덕이 이미 지극하고 정치가 극치에 이르렀는데도 오히려 또 마음을 비우고 선善을 좇아서 미치지 못할까 걱정했다."[5] "편벽되고 사사로운 마음이 조금이라도 남아있으면 요순의 도道에 이르기 어렵다."[6]는 등의 발언이 그 단적인 예이다. 마치 초학자들에게 입지의 중요성을 일깨우듯이 율곡은 군주에게 수기에 의한 지적知的 역량 제고를 선정善政의 제일과제로 각인시킨다. 그 이유는 "임금이 학문에 힘써서 사리에 밝고 인재를 알아보게 된 다음에야, 현명한 자를 임용하고 유능한 자에 시켜서 혜택이 민생에 미칠 수 있게 한다."[7]라는 말

---

3 『宣祖修正實錄』 2년 9월 辛未.
4 『성학집요』 제4 「爲政上」 1장 '總論爲政'
5 『선조수정실록』 11년 5월 辛亥.
6 『율곡전서』 권5 「萬言封事」

에서 알 수 있듯이, 군주의 지혜는 인재발탁과 민생안정을 낳게 하는 관건이 되는 것으로 간주되었기 때문이다.

여기서 우리는 또 수기치인의 정치적 명제는 오직 군주에게만 요구되었던 것이 아니라 바로 관료들 모두에게 중시되고 있었다는 사실을 보게 된다. 현명한 자, 유능한 자란 바로 그 수기의 정도가 높다는 평가 과정을 거친 인물임에는 틀림없기 때문이다.

율곡 수기론의 기본은 『대학』의 경1장과 『중용』 1장의 내용을 하나로 보는 것으로부터 시작한다. 그리하여 그는 수기론의 서두에서 "① 천명天命의 성性은 ② 명덕의 갖춘 바요, ① 솔성率性의 도道는 ② 명덕의 행하는 바이며, ① 수도修道의 교教는 ② 신민新民의 법도이다."[8]라고 하였다. ①은 『중용』의 내용이요, ②는 『대학』의 내용이다.

나아가 율곡은 더 이상 그 수기의 노력이 필요 없는 최상의 경지를 확인하면서 이르기를 "무릇 '리理'에는 한 글자도 더함이 옳지 않고 고치려는 노력을 조금도 더할 필요가 없다. 리는 본래 선한 것인데 어찌 고쳐갈 수 있겠는가. 성현의 수많은 말씀들은 다만 사람들로 하여금 그 자신의 기질을 단속하여 그 기질 본래 모습을 회복시키도록 하는 것이니, 그 기실 본연의 모습이란 바로 호연지기浩然之氣이다."[9]라고 밝혔다.

요컨대 율곡의 정치철학에서는 지선적至善的 성군정치를 이상으로 여기며 수기치인의 논리적 구도에 따라 특히 수기의 측면이 강조되었는데, 그것은 왕조시대의 모든 정치현상은 오직 임금의 마음에서 출발한다는 사실을 직시하며 그 기본이 바로서면 차후의 치인문제는 자연스레 해결될 수 있다고 생각했기 때문이다.

---

7 『선조실록』 7년 2월 甲戌.
8 『성학집요』 제1 「統說」
9 『율곡전서』 권10 「答成浩原」

2) 다산의 정치이상과 수기치인론

다산 역시 기본적으로는 유교 경전에서 말하는 성군의 정치를 이상
으로 삼았다. 그리하여 그는 방대한 분량의 유교 경전 거의 모두를 다
시 보며 새로운 해석을 내놓았다. 그의 식견과 열정은 전통 주자학의
위세를 넘어서는 것이었기에 스스로의 경학사상을 정립하는 탁월한
모습을 보일 수 있었다.

그런데 그는 육경사서 그 모두의 내용을 바로 '수기'의 영역으로 간
주하였다. 이는 그가 "공자의 도道는 수기와 치인뿐이다."[10]라고 말한
그대로의 모습이다. 그러면서 『주례周禮』를 참고하는 새로운 국가경영
서로서의 『경세유표』를 비롯한 애민행정 지침서로서의 『목민심서』와
인간존중 사법司法 안내서로서의 『흠흠신서』를 총칭해서는 바로 '치
인'의 영역으로 삼았다. 이러한 모습은 유교 경전 자체 내에서 '수기'
와 '치인' 두 측면을 말하던 종래의 관점과는 전혀 다른 것이고 또한
그 분량면에서도 조선유학사상 초유의 일이었다.

다산은 또 그 양자 사이를 본본말末 관계로 천명함으로써 그 불가
분의 연계성을 더욱 심화시키고 있었다. 그의 정치론에서 일표이서一
表二書 없이는 구체적인 그 무엇도 말하기 어려운 입장이 된 것이다.
즉 그의 이른바 '군자의 학문은 수신이 반이고 그 반은 백성 다스리는
것'[11]이라는 수기치인적 과업은 경학 연구만으로는 불가능하다고 보
는 것이다.

그리하여 다산은 정치의 의미 해석에 대해서도 과거 그대로를 따르
지는 않았다. 공자의 '정자政者 정야正也'라는 의미가 주자朱子에서는
'다른 사람의 바르지 않음을 바르게 하는 것'이라는 계도적 성격으로
해석되고 있었지만[12] 그러나 다산은 이렇게 말한다.

---

10 『여유당전서』 1집17권 「爲盤山丁修七贈言」
11 『여유당전서』 1집12권 「牧民心書序」

정치란 바로잡음이다. 우리 백성들을 균등히 할진대, 누구는 토지의
이익을 병합해서 부유하고 누구는 토지의 혜택과 멀어져서 가난한 것인
가? 이에 토지를 헤아려 백성들에게 나누어 균등히 나누는 것으로 바로
잡으니 이를 정치라 한다.[13]

백성들의 삶 그 자체를 두루 잘 보살펴준다는 생존적 측면에서 '바
름[正]'으로서의 정치를 말하고 있는 것이다. 주자와 같은 계도적 관
점을 부정하는 것은 아니지만 민생民生 문제를 더욱 중시하는 입장이
었다.

그와 같은 민생 중시의 정치이상은 군주론에서도 그대로 나타난다.
즉 다산은 "천하의 전답은 모두 왕의 전답이고 천하의 재물은 모두 왕
의 재물이며 천하의 산림천택山林川澤도 모두 왕의 산림천택이다."[14]
라고 이르는 소위 '왕유설王有說'[15]에서 보이듯이 왕권의 절대성을 인
정하고 있다. 그러면서도 그는 "무릇 대중이 추대해서 성립된 것은,
또한 대중이 추대하지 않음으로 성립되지 않는다."[16]고 하여, 소위 백
성 중심적 왕권교체론을 당연시 한다. 이는 위의 왕권 절대성 원칙과
상반되는 것 같다. 그러니 그 왕권 절대성 원칙에는 "그런 후에 왕이
그 전답을 서민들에게 나누어 주고, 왕이 그 재물을 서민들에게 나누
어 주며, 왕이 그 산림천택에서 나온 것들을 그 서민들에게 나누어 준

---

12 『논어』「爲政」: "季康子 問政於孔子 孔子對曰 政者 正也 子帥以正 孰敢不正." 朱
子 註 "政之爲言 正也 所以正人之不正也."
13 『여유당전서』 1집10권 「原政」
14 『經世遺表』 권11 「地官修制」 '賦貢制5'
15 다산 토지제로서의 '王有說' 전문용어는 姜萬吉의 「茶山 土地所有觀의 연구」에서
볼 수 있다. (벽사이우성교수정년퇴직기념논총산행위원회, 『민족사의 전개와 그 문
화』 창작과비평사, 1990.)
16 『여유당전서』 1집11권 「湯論」

312 제3부 조선조 유학자의 정치론

다."[17]라는 배분의 명제가 강조되고 있다는 사실을 보면, 그것이 왕권
교체론과 상이한 것이 아님을 알 수 있다. 오히려 균등분배를 보장하
기 위하여 왕권 교체를 당연시 하는 입장이다.

이처럼 다산은 민생을 외면하는 정치란 있을 수 없다고 보는 것이
다. 따라서 수기론도 민심民心을 떠난 별개의 것으로 논의될 수는 없
었다. 이러한 논리는 군주로부터 목민관에 이르는 모든 위정자에게 적
용되었다.

그리하여 다산은 '치인治人'의 해석도 매우 넓게 본다. 그는 『중용』에
서의 '군자君子 이인치인以人治人'을 다음과 같이 해설한다.

치인治人의 '치治'는 마땅히 '치직治職' '치사治事'의 '치治'로 읽혀
야 한다. '치민治民' '치죄治罪'의 '치治'로는 옳지 않다. 부모 섬김, 임
금 섬김이 모두 치인이다. 도끼자루 베는 자가 도끼자루 잡고 도끼자루
만드는 것과, 사람 섬기는 자가 사람으로서 사람 대하는 것은 그 뜻이
하나이다.[18]

이 『중용』 구절의 문맥에 나타난 '치인'이란 상하 복종관계로 해석
될 수 없다는 입장이다. 이는 주자의 견해와는 달리, 각기 맡은 바의
자기 직분을 다한다는 내적 의무 수행 부분까지를 '치인'의 영역으로
간주한다는 점에서 그 특이함을 볼 수 있다. 그러나 다산이 자신의 논
저를 총칭하는 것으로 쓰인 '수기치인'에서의 '치인'이란 물론 '치민'
'치죄'의 그 모든 의미를 포괄한다.

이처럼 다산에 있어서의 '치인'의 실천적인 양상은 천리와 인정을
담은 예禮를 법法으로 삼은 선왕의 뜻을 따라[19], 예를 포함하는 법제

---

17 『경세유표』 권11 「地官修制」 '賦貢制 5'
18 『여유당전서』 2집4권 「中庸講義補」 '道不遠人節'

의 형식으로 나타났다. 이러한 모습을 주목하여 '법치적 예치'라고 부를 수 있겠지만[20], 사실은 도덕과 법이 겸전하는 '도덕적 법치'의 성격을 띠고 있는 것이다.

이상과 같은 '치인'의 실상은 물론 돈독한 '수기'를 기반으로 그 원만함이 기대된다. 앞서 언급한 바와 같이 다산에서의 수기란 경학사상 전체를 가름하고 있으니 그 내용은 실로 심대하다. 그는 경전을 재론하면서 특히 상제천上帝天 중심의 세계·인간관 및 순천적順天的 계신공구설戒愼恐懼說[21]을 위시하여 성기호설性嗜好說, 천명기재도심설天命寄在道心說 등을 밝히고 있었으니, 이 또한 선정을 향한 수기론의 핵심 내용이 되는 것임은 물론이다.

이와 같은 다산의 수기치인론 속에서는 위로는 상제를 따르고 아래로는 백성과 함께 하는 공복의 사유구조가 견지되고 있었던 것으로 보인다.

3) 정치철학 구도 속의 율곡과 다산

정다산이 회갑 때 지은 「자찬묘지명自撰墓誌銘」에 따르면 그의 나이 15세에 성호星湖 이익李瀷(1681~1763)의 글을 보고 흔연히 학문에 뜻을 두었다 한다. 실학의 집대성자로 성장하는 그의 청소년기에서 성호가 미친 영향은 그처럼 큰 것이었다. 그런데 그 성호는 또 이르기를 "국조 이래 시무를 안 사람을 손꼽아보면 오직 이율곡李栗谷과 유반계柳磻溪 두 분이 있을 뿐이다."[22]라고 하였다. 이는 성호 자신의 학

19 『경세유표』「引」
20 윤사순, 「性理學과 實學, 그 根本思考의 同異性에 대한 考察-李滉과 丁若鏞을 중심으로-」, 『태동고전연구』 19집, (한남대 태동고전연구소, 2003.) 6쪽.
21 『여유당전서』 2집3권「中庸自箴」'是故君子戒愼乎其所不睹'
22 李瀷, 『星湖僿說』권10「人事門」'變法'

문에서 그 두 분의 견해가 특별히 중시되고 있음을 의미하는 것이다. 따라서 성호의 글을 존숭했던 다산에게는 이율곡의 학문이 자연스럽게 수용되어지는 모습이었다.

그리하여 다산은 자신의 철학적 견해가 율곡과 같은 것임을 밝히기도 했다. 그는 21세 때의 사실로서 회고하기를 "당시 나의 친구 이벽 李檗은 학식이 넓고 우아하기로 이름이 났는데 함께 조목별로 논의하던 중 리발기발理發氣發에서는 이벽은 퇴계의 학설을 위주하고 내가 대응한 바는 우연히 율곡 이문성李文成이 논한 것과 합일하였다."[23]고 하였다. 이러한 말속의 '우연히(偶)'라는 표현으로 미루어 알 수 있듯이, 다산 자신에서는 스스로가 깊이 생각하여 토의한 결과적 상황에서 볼 때에 율곡설과 다르지 않았다는 것이다. 또 그 당시 이벽과의 학술토론에서는 정조가 태학생에게 내렸던『중용』에 대한 70조의 질의에 대한 응답으로『중용강의中庸講義』를 낳으며 남다른 평가를 받게 되었던 사실은 유명하다. 이 경우에도 율곡설이 반영되었음을 다산은 자술했다.[24]

이와 같은 모습은 34세 때의 큰 학문토론회[25]에서나 자신이 쓴「리발기발변理發氣發辨」등에서도 확인된다. 당시 리기사칠론과 관련하여 다산보다 선배이고 성호의 종손인 목재木齋 이삼환李森煥이 퇴계설을 옹호하고 율곡설을 부인하는 입장을 밝히자 그는 이렇게 말했다.

두 분의 글을 취해 거듭 살펴보면, 그 이른바 '理'자 '氣'자는 비록

---

23 『여유당전서』 1집16권「自撰墓誌銘」
24 琴章泰, 『실천적 이론가 정약용』(이끌리오, 2005.) 45쪽 참조.
25 정조 19년(1795) 다산은 온양 부근 西巖의 鳳谷寺에서 성호의 종손 木齋 李森煥을 선생으로 모시면서 李廣敎 등 10여인과 함께 先儒의 저술을 교정하며 학문과 시흥을 나누는 일대 학술회의를 가진 바 있었으니, 이와 관련한 상세한 내용은 그의 「西巖講學記」로 전한다.

같지만 그 뜻은 서로 판이하다. 퇴계가 논하는 리기는 오로지 우리 인간
의 성정에서 말한 것이다. … 율곡이 논하는 리기는 천지만물을 총괄하
여 말한 것이다. … 리와 기의 글자 뜻이 이미 달리한 것이라면, 저것이
스스로 일부의 논설이 되며, 이것도 스스로 일부의 논설이 된다. 시비와
득실을 따라 귀일시키는 일이 없어야 할 것이다.[26]

퇴계설 중시의 분위기에서도 다산은 스스로를 사고의 주체로 세우
며 각각의 관점과 의미가 같지 않음을 주목하여 퇴계와 율곡의 견해가
모두 가능하다는 논리를 펴고 있었던 것이다. 이와 같은 양시론적兩是
論的 입장은 그의 「리발기발변」에서도 변함이 없었다.[27]

다산에 있어서 퇴계학과 율곡학이 존숭되는 것은 그와 같은 리기론
에서 나타나는 것만은 아니었다. 그의 「도산사숙록陶山私淑錄」으로
알 수 있듯이 금정찰방으로 근무할 무렵 퇴계의 문집에서 특히 편지를
매일 1편씩 읽으면서 '이는 자신에게 약이 되는 것 같다.'고 동학에게
말하는가 하면[28], 주요 부분에 대해서는 편지의 요지와 자신의 소견을
피력하는 기록을 남기고 있었던 것이다.

그러면시도 다산은 ㄱ 퇴계의 편지 중에 나타나는 율곡 부분을 긍
정하는 입장을 보이고 있었다. 즉 퇴계가 율곡의 논변에 대하여 선유
의 학설 속의 옳지 않은 것을 찾아 폄척하는 데에 힘쓰는 것이라고 비
판하는 모습을 보였음에 비하여, 다산은 선배학자와의 질문에서는 반
드시 그와 같은 착오를 집어내는 방식으로 의문을 풀어가는 것이 당연
한 것임을 상기시키면서 율곡이 그러하지 않을 수 없었음을 말하고 있

---

26 『여유당전서』 1집21권 「西巖講學記」
27 그 글에서 다산은 "일찍이 어느 한 쪽에도 잘못이 없는데 억지로 그 한 쪽을 그르다
  하면서 하나만 옳다고 여기려 하니, 이 때문에 시비가 분분하여 결정이 나지 않는
  다."고 평했다. 『여유당전서』 1집12권 「理發氣發辨一」
28 『여유당전서』 1집18권 「答李季受」

었던 것이다.[29] 이처럼 진지한 학구적 태도 한 가운데에는 바로 율곡
이 있었음을 알 수 있다.

　뿐만 아니라, 다산은 새로운 학습 교재를 편찬하는 과정에서도 율곡
의 경우를 모델로 삼고 있었다. 즉 그는 『주자대전』의 내용이 심대함을
확인하고 그의 두 아들에게 특히 학행에 긴요한 부분을 발췌하여 『주
서여패朱書餘佩』라는 이름의 책을 낼 수 있도록 기초 작업을 지시하면
서 그 요목을 설정함에 있어서는 율곡의 『격몽요결』을 따르고 있었던
것이다.[30] 그는 자식들에게 이르기를 "이것은 대개 율곡 『격몽요결』의
변화된 예가 되는 것이다. 율곡은 입지에서 성인을 스스로 기약하는
것으로 뜻을 삼았다."[31]고 하였다. 이처럼 그는 자신에 수용된 율곡의
학적 태도를 자식들에게까지 이어가게 하였다. 그러한 마음은 『율곡문
집栗谷文集』을 필독서로 지정하는 방식으로 나타나기도 했다.[32] 실로
다산의 율곡학 수용은 적극적이었던 것이다.

　유학자라면 나름대로 경전을 공부하고 그 곳에서 파악되는 이상향
을 따라 철학적 사유를 전개하고 그 실천을 위해 현실에 참여한다. 율
곡과 다산도 이러한 유학자적 삶을 지향하면서 정계에 나아가고 또 수
많은 저술을 남겼다. 즉 율곡은 16세에 왕위에 오르는 어린 군주를 만
나 미래적 희망을 걸고 정치철학 전반을 담은 역저들을 그에게 올리는
것이었으며, 다산은 정조와 군신상화君臣相和의 관계를 지속하다가

---

29 『여유당전서』 1집22권 「陶山私淑錄」
30 다산이 제시한 「朱書餘佩」의 편차 요목은, '立志' '革舊習' '收放心' '檢容儀' '讀書'
　'敦孝友' '居家' '睦族' '接人' '處世' '崇節儉' '遠異端' 등의 12조로 제시하였다.
　이것은 율곡의 『擊蒙要訣』 10장('立志' '革舊習' '持身' '讀書' '事親' '喪制' '祭禮'
　'居家' '接人' '處世') 가운데 '喪制'와 '祭禮' 두 장만을 제외한 8장을 거의 그대로
　수용한 모습니다.
31 『여유당전서』 1집21권 「寄兩兒」
32 다산이 두 아들에게 당부한 필독서명에는 程朱의 책과 『性理大全』『退溪集-언행
　록』『栗谷集』『宋名臣錄』 등이 있다. 『여유당전서』 1집21권 「寄兩兒」

18년간의 긴 유배생활 처음부터 방대한 경전經傳과 역사서를 섭렵하며 자신의 이상을 담은 역대 초유의 역저를 남기고 있었다.

위에서 살핀 바와 같이 그러한 과정에서 천명된 모든 내용과 저술들은 모두 '수기치인修己治人'이라는 정치철학적 구도로 포괄된다고 보았다. 그것은 크게 안으로는 위정자 자신과 관련된 성격으로, 또 밖으로는 사람들을 직접 다루는 성격으로 나누어 볼 수 있는 것이었기 때문이다. 물론 여기에는 '수기'에서의 '己'와 '치인'에서의 '人'이 다르지 않다는 인간 본유의 동질성이 전제되고 있다. 그리하여 '수기'의 정도가 깊을수록 '치인'의 수준은 높아지고 마침내 감화와 감동의 분위기를 낳을 수 있다고 보는 것이다.

그 양면의 진행과정에서 말해지는 것이 '덕치德治'와 '예치禮治'이며, 그 결과적 현상으로 기대되는 것이 '인정仁政' '왕도王道' '요순지치堯舜之治' '선정善政' 등으로 표현되는 정치의 이상경이다. 따라서 율곡과 다산은 공히 '수기'가 유보된 '치인론'이란 처음부터 불가하다고 보았다. 그러면서 정치전개의 현실에서는 잠시도 '치인'으로서의 정치행위를 유보할 수 없는 것이기에, 이를테면 '수단과 경험의 상보관계'[33]로 그 양면을 겸선해가지 않을 수 없다는 입장을 보였다.

동시에 율곡과 다산의 정치철학 내면에는 유가 세계관의 중심인 '하늘(天)'이 자리하고 있었음을 볼 수 있다. 그러한 사실이 특히 율곡의 경우는 "위로는 하늘의 일을 대신하고 아래로는 만물을 다스려 천지로 하여금 제 자리를 얻게 하고 만물로 하여금 그 바른 곳을 얻도록 하는 일이 임금께 있지 않겠는가."[34]라는 발언으로, 다산의 경우는 "오직 하늘만이 사람을 살리고 죽이는 것이니 인명은 하늘에 달려 있

---

33 정태현, 「율곡의 정치사상」, 한국정치외교사학회 『朝鮮條 政治思想 研究』(병민사, 1987.) 68쪽.
34 『성학집요』 제4 「爲政上」 1장 '總論爲政'

는 것이다."[35]라는 발언으로 나타났다.

그리고 율곡은 유가 전통의 천명론天命論과 함께 하늘의 뜻에 유의하는 천계론天戒論 즉 자연현상의 순역과 관련한 재변 극복책을 밝히기도 했다. 그런데 다산에서의 천계의식은 인간 내면의 감시자적 성격까지 내포하는 것이었다. 그리하여 그는 "군자가 암실에 있으면서 두려워하며 감히 악행을 하지 못하는 것은, 거기에 상제가 자신에게 임하고 있음을 알기 때문이다."[36]라고 말했다. '하늘(天)'의 세계를 '상제上帝'로 삼으며 그에 감시자적 의지의 작용을 더하고 있는 것이다. 이러한 측면에서 다산의 계신공구론戒愼恐懼論은 자기관리의 적극적 요인으로 심화되었다는 점을 말할 수 있다.[37] 이러한 사고의 기저에는 그가 청년시절에 공감했던 천주교의 하느님 의식이 흐르고 있었던 것으로 보인다.

그리고 율곡과 다산은 여러 경전 가운데 특히 『대학』과 『중용』을 하나의 논리로 이해한다는 점에서도 그 사고의 근접성을 말할 수 있다. 율곡의 경우는 앞서 언급한 바와 같거니와, 다산은 "『대학』은 '성의誠意'로 수신의 기본을 삼고 『중용』은 '지천知天'으로 수신의 기본을 삼는데 그 뜻은 하나이다."[38]라 하여 그 양자의 내용을 나누어보지 않았던 것이다. 그러면서 『대학』에서 이른바 '명명덕明明德'의 경지가 정치적 이상이라는 사고를 공유하였다.

뿐만 아니라 율곡과 다산은 성군 정치의 주체로서 위정자 스스로의 결단을 중시하고 있었으니, 율곡은 '입지론立志論'으로 다산은 '자주

---

35 『欽欽新書』「序」

36 『여유당전서』 2집3권 「中庸自箴」 '是故君子戒愼乎其所不睹'

37 최대우, 「정다산의 中庸思想과 天命」 한종만박사화갑기념집 『韓國思想史』(원광대출판부, 1991.) 780쪽 참조.

38 『여유당전서』 2집3권 「中庸自箴」 '故君子不可以不修身節'

지권自主之權’[39]의 논리로 나타났다. 그리하여 군주로 하여금 저 하늘
의 뜻에 부합될 수 있는 정치력을 스스로가 키우고, 신하들로 하여금
군심君心을 바로잡고 민의民意를 따르는 공복의식을 넓힐 수 있다고
보았던 것이다. 이 모두는 ‘위정재인爲政在人’의 명제를 따라 전개되
는 것이었으니, 율곡의 “반드시 사람을 잘 알아서 맡긴 뒤에야 정치를
이룰 수 있다.”[40]고 하는 인사론이나 다산의 『목민심서』는 그 단적인
예이다.

　이처럼 율곡과 다산의 정치철학적 구도는 전통적 천명의식과 수기
치인의 정치론을 공유하면서 경전연구의 사유세계로부터 정책제시의
행정현장에 이르기까지 다방면으로 나타났던 것이다.

2. 실천주의 정치철학

1) 율곡의 무실주의

　흔히 성리학자라 하면 공리공론을 일삼고 현실에는 초연했던 모습
을 떠올리기 쉽다. 그러나 그들의 사회참여와 정치담론을 보면 그러한
선입견을 지속하기 어렵다. 이러한 사실은 『조선왕조실록』에 전하는
유학자의 모습만 보아도 알 수 있다. 또한 그들의 정치철학에 있어서
는 ‘리기사칠론’이 당연히 거론되면서 소위 관념적 정치이데올로기로
작용하는 것으로 생각될 수 있다. 그러나 그들이 남긴 정치론 그 어디
에서도 그것이 선행되는 경우는 찾아보기 어렵다. 그것은 애초에 유교
경전에서 거론된 바 없었듯이 유교 정치론의 주류를 이루지는 못했던

---

39 『여유당선서』 2십5권 「孟子要義」 ‘滕文公第三’ : “天之於人 豫之以自主之權 使其
　　欲善則爲善 欲惡則爲惡 游移不定 其權在己.”
40 『율곡전서』 권6 「應旨論事疏」

것이다. 그것은 심성 수양론의 성격으로 확인되는 정도였다. 여기 이 율곡의 정치론에서도 당연히 그러한 모습이었다.

그러면서 율곡은 공리공론의 분위기를 정치의 실상에 반하는 것으로 비판한다.

> 만약 문장을 찾아내고 화려한 표현을 채집하여 빈 말에 붙일 뿐, 수기치인의 실공實功을 펼치지 않는다면, 안목이 비록 높고 논의가 비록 정밀하다 하더라도 결국은 공부하여 몸을 참되게 하는 효과를 보지 못할 것이니 또한 무슨 이익이 되겠는가?[41]

정치가 문장이나 말로만 하는 상태에 머문다면 그것은 수기치인의 허상으로서 아무런 도움이 될 수 없다는 지적이다. 즉 이치를 몸소 체득하여 실천함이 없는 상황은 정치 현실에서 한갓 공리공론으로 치부될 수밖에 없다는 입장이다.

그러므로 율곡은 현실적으로 어떠한 정치 변화가 드러나지 못하는 상황에 대해서도 임금께 면밀히 따져 묻는다.

> 그 뜻은 있으나 실효가 없다면 그것은 뜻이 없었던 것으로 부름이 또한 옳습니다. 지금 우리 임금께서 정치에 임하여 잘 다스리기를 원하신 지 오래되었으나 옛 것 지키기에 편안하며 치화治化를 보지 못하고 있으니, 저희들은 감히 알 수 없습니다. 임금의 뜻이 정하지 않아서 그런가요? 임금의 뜻은 비록 정했으나 실효를 구하지 않아서 그런가요? 아니면 임금 마음에 선왕의 도가 높고 먼 것으로 행할 수 없다고 여기는 것인가요?[42]

---

41 『성학집요』 제2 「修己上」 4장 '窮理'
42 『율곡전서』 권3 「玉堂陳時弊疏」

정치 변화의 근원은 임금의 마음으로부터 비롯하는 것이라는 전제
에서 그 몇 가지 원인을 단계별로 확인하는 물음이다. 여기서도 위의
첫 문장으로 알 수 있듯이 율곡은 효과적인 결과 즉 '실효'가 없는 경
우라면 애초의 그 입지立志의 존재 자체도 인정될 수 없다는 실질주의
적 입장을 견지하고 있다.

그러면 애초의 그 입지가 실효의 결과로 이어지기 위해서는 어떠한
모습이 요구되는 것으로 보았을까? 여기서 율곡은 "무실務實만한 것
이 없다."[43]고 단언한다. 처음에 세웠던 뜻을 따라 오로지 실천해 가
는 데에 힘써야 한다는 말이다. 그러므로 그는 인간의 정신적 측면에
서부터 행동적 측면에 이르기까지의 참된 실상 추구의 그 모든 곳에
'실實'자를 붙이며 설명하고 있었다.[44]

또한 그러한 '실實'자 활용의 영역은 저 하늘을 말하는 데에까지 이
르렀다. 즉 그는 하늘에는 '실리'가 있고 사람에게는 '실심'이 있다고
말하면서 또 '천도가 곧 실리實理요 인도가 실심實心'이라 이르는가
하면, '성誠이란 하늘의 실리이며 마음의 본체'라고 말했다.[45] 하늘에
통할 수 있는 참됨의 의미로 '실實'자를 쓰고 있는 것이다. 그러면서
결국은 『중용』에서 천인합일의 계기를 '성誠'으로 말하듯[46] 하늘의 실
리와 인간의 실심 그 공통의 본질을 '성'으로 보았다. 이러한 태도에서
율곡은 '성'을 이치와 참됨 그 자체로 여기며, 퇴계가 『성학십도』의 각

---

43 『율곡전서』 권15 「東湖問答」 '論務實爲修己之要': "主人曰 立志之後 莫如務實."
44 「동호문답」에서는 '格物之實' '誠實之實' '正心之實' '修身之實' '孝親之實' '治家
之實' '用賢之實' 去姦之實, 保民之實, 敎化之實 등의 예를 볼 수 있고, 「만언봉사」
에서는 '上下 無交孚之實' '臣隣 無任事之實' '招賢 無收用之實' '遇災 無應天之實'
'群策 無救民之實' '經筵 無成就之實' '人心 無向善之實' '行道之實' 등의 예를 볼
수 있으며, 「경연일기」에서는 '無實理則無實物' '不能做實治而徒望無災乎' '伏願
殿下實下工夫也' 등의 예를 볼 수 있다.
45 『성학집요』 제2 「修己中」 5장 '誠實' 『율곡전서』 拾遺 권6 「誠策」 「四子言誠疑」
46 『中庸』 20장: "誠者 天之道也 誠之者 人之道也."

내용을 '경敬'으로 꿴다고 했듯이 그는 '성誠'으로서 『성학집요』의 모든 장을 관통한다고 말했다.[47]

이상과 같은 사실을 주목할 때에 율곡이 쓰는 '실實'자의 의미는 실로 방대한 것임을 알 수 있다. 따라서 '실'자의 용례를 따라 그 의미를 진실성, 실천성, 실용성 등의 몇 가지로 정리해 볼 수도 있겠지만[48] 그것이 가지는 다의성 그대로를 따르는 태도가 긴요하다고 본다. 왜냐하면 '진실성 없는 실천성·실용성'이나, '실용성 없는 진실성'은 율곡이 말하는 '실實의 실상'이 될 수 없는 것으로 보이기 때문이다. 따라서 그에 있어서의 '실實'이란 그 존재와 사리를 향한 이해의 확실함과 실천지향의 성실함, 그리고 현실적 사실성과 결과적 실효성 등 그 모두를 포괄하는 것이라고 보지 않을 수 없다.

또한 그러한 무실의 과정에서는 바로 '시중성時中性'이 작용하고 있음을 율곡은 확인시킨다.

> 정치에는 때를 아는 것으로 귀하게 여기고 일에서는 실상에 힘쓰는 것을 긴요하게 여기는 것이니, 정치를 하되 때에 알맞음을 모르고 일을 하되 실제의 공효에 힘쓰지 않는다면, 비록 성군聖君과 현상賢相이 만나더라도 정치효과를 이룰 수 없는 것이다.[49]

'때(時)'라고 하는 상황성과 '알맞음(宜)'이라고 하는 적중성이 간과된다면 그 일은 성공되기 어렵고 비록 성공된다 하더라도 정당성을 확보할 수 없다고 보는 것이다. 이 점을 율곡은 성군현상聖君賢相의 이

---

47 『성학집요』 제2 「修己中」 5장 '誠實' : "臣又按 誠意爲修己治人之根本 今雖別爲一章 陳其大槩 而誠之之意 實貫上下諸章."

48 황의동, 「栗谷의 務實思想」 한종만박사화갑기념 『韓國思想史』(원광대출판부, 1991.) 499~520쪽.

49 『율곡전서』 권5 「萬言封事」

름을 걸고 그렇게 단언했다. 그는 또 "은자는 세상 피하는 데에 치중하니 시중의 도가 아니다."[50]라 하여 현실을 경시하는 지식인의 태도도 비판하였다.

이와 같은 시중적 무실주의는 바로 참다운 실천성 제고의 차원에서 의미를 가지는 것이었으니, 이를 지향하는 율곡의 염원은 "지금 조정에서 부족한 것은 실實이지 말이 아니다."[51] "식견이 넓지 못한 것을 걱정할 것이 아니라 실천이 독실하지 못할까를 걱정해야 한다."[52]라는 진언으로 나타났다.

2) 다산의 행동주의

인간의 바른 행동을 위해서는 그 작용인으로서의 '그 무엇'을 상정하지 않을 수 없다. 여기서 '그 무엇'을 '앎'의 지적 요인으로 볼 때는 선지후행론先知後行論이나 지행병진론知行並進論이 나타나고, 그 무엇이 본성적 '덕'의 요인으로 볼 때는 맹자 사단설四端說에 나타나는 인의예지仁義禮智가 선천적인 것으로 해석될 수 있다. 이러한 모습은 다산 이전의 신유학에서 보편화되어 왔다.

그럼에도 불구하고 다산은 관점을 달리하고 있다. 이와 관련한 그의 사고 체계는 다음의 두 문장에서 잘 나타난다.

① 마음에는 본래 덕이 없다, 오직 직성直性이 있어서 나의 직심直心을 행할 수 있는 것이니, 이에 그것을 덕이라 이르는 것이다. 선을 행한 이후에 덕이라는 이름이 서는 것이다. 행하지 않는 그 앞에서는 몸에 어찌 명덕이 있겠는가?[53]

---

50 『율곡전서』 권15 「東湖問答」 '論臣道'
51 『율곡전서』 권6 「司諫院請勉學親賢臣箚」
52 『성학집요』 「進箚」

②인의예지라는 이름은 일을 행한 뒤에 성립된다. 그러므로 사람을 사
랑한 이후에 그것을 인仁이라 이르는 것이니, 사람을 사랑하기 전에
는 인仁이라는 이름이 성립되지 못한다. 나를 착하게 한 뒤에 그것을
의義라 이르니, 나를 착하게 하기 전에는 의義라는 이름이 성립되지
못한다.[54]

위 ①에서 알 수 있듯이 다산은 행위 작용인으로 '지知'를 말하는
것이 아니라 '직성直性'과 '직심直心'을 말하고 있다. 즉 심성 본유의
지향성을 '직直'으로 보면서 그로 말미암아 선행이 가능하고 그러한
행위가 전제되어서 비로소 도덕개념의 용어가 인정된다는 입장이다.
그리하여 실행하기 이전에는 『대학』에서의 이른바 '명덕明德'의 존재
도 수긍할 수 없다고 하였으니, 이는 주자가 천부적 리理에서 행위 원
인적 측면으로 해석하는 것[55]과는 거리를 두고 있는 셈이다.

그와 같은 행동 중심적 사고체계는 위 ②에서 더욱 뚜렷하다. 즉 성
리학에서는 인의예지가 본성적 차원으로 이해되었음에 비하여, 그것
은 '덕德'으로서 그 실제는 바로 행동의 순간부터 말해질 수 있다는
입장이다. 그 이전에는 "본성은 기호이다. 몸으로 좋아함이 있고 영지
로 좋아함이 있으니 같이 본성이라 이른다."라는 성기호설性嗜好說[56]
에서 나타나는 바와 같이 하나의 지향성만 인정되고 있었던 것이다.
이와 같은 사고체계로 말미암아 '인仁' '의義'라는 이름도 그 행위 이
전에선 성립될 수 없다고 보는 것이었다. 이는 '인'을 '사랑의 리理,

53 『여유당전서』 2집11권 「大學公議」 1.
54 『여유당전서』 2집5권 「孟子要義」 1 '公孫丑上'
55 『대학』 經1章 朱子註: "明德者 人之所得乎天 而虛靈不昧 以具衆理而應萬事者也."
56 『여유당전서』 1집16권 「自撰墓誌銘」: "性者 嗜好也 有形軀之嗜 有靈知之嗜 均
謂之性." 2집3권 「中庸自箴」 '天命之謂性': "據性字本義而言之 則性者 心之所嗜
好也."

마음의 덕德'[57]이라 해석하며 행위의 내적 측면을 지목하는 주자의 관점과는 전혀 다른 견해이다.

다산 인론仁論의 한 예를 보면 다음과 같다.

> 인仁이란 사람을 향한 사랑이다. 자식은 부모를 향하고 동생은 형을 향하며 신하는 임금을 향하고 수령은 백성을 향하여, 모두 사람과 사람들이 서로 향하여 애연히 그 사랑을 다하는 것을 이름하여 인이라 한다.[58]

여기에서 우리는 '인仁'이란 관념이나 생각만이 아닌 사랑의 실천이며, 또 그것은 사람과 사람 상호간의 사랑 나누기로 파악하고 있음을 보게 된다. 즉 거기에는 실천적 행동주의와 호혜적 공존원리가 견지되고 있다는 점이다. 이에 다산은 또 말하기를 "인仁이란 인人과 인人이 겹친 문자이다. 부모와 자식 두 사람이요, 임금과 신하 두 사람이며, 수령과 백성 두 사람이니, 모두 두 사람 사이에 그 본분을 다하는 것 이를 일러 인仁이라 한다."[59]고 하였다. 그 문자의 구성으로부터 그 실상에 이르기까지의 기본을 호혜공존의 원리로 설명하고 있는 것이다. 이러한 논리는 이 설명중의 '두 사람 사이에 그 본분을 다하는 것'이라는 곳에 집약되어 있다. 여기에는 사람들 각자가 자신의 도리를 다함으로써 결국은 구성원 모두가 원만한 인간관계를 영위할 수 있다는 정치 사회적 의미가 포함된 것이다.

그리하여 다산은 특히 항상 남을 나와 동시에 바라보는 '서恕'의 태도를 강조한다. 그는 공자의 이른바 '나의 도는 하나로 꿴다(吾道 一以

57 『논어』「學而」2장 朱子註 : "仁者 愛之理 心之德也."
58 『여유당전서』2집9권 「論語古今註」3 '雍也中'
59 『여유당전서』2집4권 「中庸講義補」'故爲政在人節'

貫之).'에서의 '일一'자 의미가 '충忠'과 '서恕'의 양면으로 설명됨에 대해서도[60] '중심中心에서 서恕를 행하는 것'으로 정리하였으며,[61] '이 인치인以人治人'의 의미도 '내가 남에게 구하는 바와 내가 남을 섬기는 것이 어긋나지 않게 하는 것'이라는 서恕의 관점으로 해명하였다. 이러한 그의 모습은 자식 교육으로도 이어졌다.

이처럼 다산의 행동 중심적 사고체계에는 도덕성의 실재란 행위의 시점 이후에서야 말할 수 있다는 점으로, 또 그 속에는 호혜공존의 정신이 견지되고 있었던 것이다. 그러한 실천적 행위의 작용인으로 다산은 특히 욕구 본능을 지목하였다. 그의 이른바 '원욕론源欲論'[62]이 그 것인데 인간에 있어서 '욕심'이 없다면 그 무엇도 할 수 없다고 보는 것이었다. 따라서 도덕적 행위도 그와 같은 욕구 지향성과 함께 말해 지는 것이 곧 다산의 경우이다.

인간 본성으로서의 '직直'과 '기호嗜好' 그리고 욕구 본능으로서의 '원욕源欲'을 기반으로 하는 인仁·서恕의 도덕 행위론은 결국 태평의 이상사회를 지향하는 것이었으며,[63] 이를 위해서는 정치인 스스로가 앞장서야 한다고 보았다. 그러므로 그는 "천하 사람들로 하여금 모두 본성을 따르는 도를 좇게 하는 데에서 비로소 '행도行道'라 이를 수 있는 것이다."[64]라 하고, 또 "천하 백성들이 그 덕의 혜택을 입은 연후에 비로소 인仁이 될 수 있는 것이다."[65]라고 말하는 것이었다.

---

60 『論語』「里仁」: "子曰 參乎 吾道一以貫之 曾子曰唯 子出 門人曰 何謂也 曾子曰 夫子之道 忠恕而已矣."

61 『여유당전서』 2집3권 「中庸自箴」 '道不遠人伐柯伐柯節'

62 『여유당전서』 2집2권 「心經密驗」: "吾人靈體之內 本有願欲一端 若此欲心 卽天 下萬事 都無可做."

63 『여유당전서』 1집17권 「爲盤山丁修七贈言」: "孔子之道 使天下之人 一一皆孝弟 故人人親其親長其長天下平."

64 『여유당전서』 2집3권 「中庸自箴」 '天命之謂性 率性之謂道'

65 『여유당전서』 2집8권 「論語古今註」 2 '公冶長下'

3) 무실주의와 행동주의의 만남

앞서 살핀 바와 같이 율곡은 성리학자에 대한 선입견을 달리하게 할 정도의 실천적 무실주의의 태도를 보이고 있었고, 다산은 실학의 집대성자다운 모습으로 사고체계 전반을 행동 중심으로 드러내고 있었다. 율곡은 "책을 읽고 실천이 없는 것은 앵무새가 말하는 것과 무엇이 다르겠는가."[66]라고 반문하는 입장에서 특히 성실과 시중의 정신을 중시하고 있었으니 그것은 실천의 기반과 결과의 정당성을 확보하게 하는 것이었으며, 다산은 성리학적 인성론을 벗어나면서도 인간의 본유성에 '직直'과 '선善'의 지향성을 전제함으로써 그 행위의 정당성을 확보해가는 모습이었다.

다산이 거듭하여 덕이란 '직심直心'을 행하는 것이요, 본성이란 선善을 즐겨 감발하는 것으로 말하는 데[67]에는 바로 그러한 실천성과 정당성을 담보하는 논리가 전제되고 있었던 것이다.

이와 같은 실천 중시의 무실주의와 행동주의가 하나의 만남으로 나타나는 구체적으로 예로서는 율곡과 다산이 요순堯舜에 대한 관점의 변화를 공유하고 있었다는 사실을 들 수 있다. ①『서경』의 「우서虞書」에는 요순이 정치의 중심에서 활동하던 여러 모습을 구체적으로 전하고 있지만, ②『논어』에서는 "함이 없으면서도 다스리는 자는 그 순임금일 것이로다. 무엇을 하였으랴. 자기를 공경하며 남쪽을 보고 있었을 뿐이리라."[68]라는 공자의 말이 전한다. 바로 이 후자의 발언을 따라 요순은 이른바 '무위이치無爲而治'의 상징으로 간주되는 분위기가 형성되었다.

그러나 율곡은 경연에서 이렇게 진언하였다.

---

66 『율곡전서』 권15 「東湖問答」 '論東方道學不行'
67 『여유당전서』 2집3권 「中庸自箴」 '故君子尊德性而道問學節'
68 『논어』 「衛靈公」: "子曰 無爲而治者 其舜也與 夫何爲哉 恭己正南面而已矣."

요순시대에는 말하지 않고서도 신임하고 함이 없어도 감화되어 언어가 필요 없는 것처럼 보이지만, 옛 책들을 살펴보면 요堯순舜이 조정신하들과 더불어 수긍하고 반대함에 말로 답하지 않은 것이 없었습니다. 하물며 후세이겠습니까?[69]

위 ②의 발언을 의식한 나머지 ①의 실상을 간과하는 현실에 대하여 관점의 전환을 요구하고 있는 것이다. 아무리 덕화의 이상사회라 하더라도 군주가 모든 것을 놓은 무기력 상태로서는 국정이 수행될 수 없다는 점, 그리고 그러한 요순관이 지금의 군주에게 수용된다면 그 무엇도 추진할 수 없다는 현실적 긴박감이 작용하고 있었기 때문이다. 이러한 맥을 이어가듯 다산은 더욱 적극적인 모습을 보이고 있었다.

세속에서 요순의 정치를 말하는 자는 '요와 순은 모두 팔짱을 끼고 그윽하게 말없이 띠로 만든 집에 앉아 있어도 그 덕화가 젖어들어 마치 향기로운 바람이 사람들에게 스미는 것 같았다.'고 한다. … 그런데 내가 보기에는 분발하고 일으켜서 천하 사람들을 바쁘고 시끄럽게 노역시키면서 한 순간에도 안일하지 못하도록 한 분이 요순이요, 정밀하고 엄혹하여 천하 사람들을 공순하고 송구하게 하여 일찍부터 조금이라도 감히 거짓을 꾸미지 못하도록 한 이도 요순이었다. 천하에 요순보다 부지런한 이가 없었는데 함이 없었다고 속이고, 천하에 요순보다 더 정밀한 이가 없었는데 엉성하고 우활하다고 속인다. 임금이 늘 일을 하고자 하면 반드시 요순을 기억케 해서 스스로 그치도록 하니, 이것이 천하가 나날이 썩어가고 새롭게 될 수 없는 까닭이다.[70]

69 『선조수정실록』 2년 9월 辛未.
70 『경세유표』 권1 「引」

현실적 정치 발전의 장애요인 그 한가운데는 잘못된 요순관이 자리하고 있음을 지적하고 있는 것이다. 군주를 나약하게 여기며 그 무엇도 꾀할 수 없도록 하는 근원은 그러한 오해로부터 시작된다고 보았기 때문이다. 그리하여 다산은 '무위無爲의 요순'에서 '유위有爲의 요순'으로 변화시킨다. 그러한 의지는 "공자가 '순임금이 하지 않았다.'고 한 것은, 그가 성현의 신하 얻기를 22명에 이르렀으니 또 무엇을 할 것인가를 일컬은 것이다."[71]라고 하여, 『서경』에 전하는 바를 따라 위 ②에서의 무위이치설無爲而治說과 신하오인설臣下五人說[72]에 정면 대응하는 모습을 보이기도 했다.

이상에서 알 수 있는 것처럼 율곡과 다산은 주변 분위기와는 달리 요순을 실천적 활동가로서 그 관점의 변화의식을 공유했던 것이다. 다만 그 차이가 있었다면 율곡은 임금을 향하여 말하고 다산은 자신의 저술 속에서 말하고 있었던 것이다.

그와 같은 실천주의의 중심에서는 특히 '성의誠意'의 태도가 중시되고 있었다는 점 또한 율곡과 다산의 깊은 만남처로서 지적될 수 있다. 앞서 고찰한 바와 같이 율곡은 실천주의의 저변에서 그 성誠의 태도를 부단히 확인시키면서 그 방대한 분량의 『성학집요』도 바로 그것으로 일관한다고 말할 정도였다.

다산 역시 그의 독특한 상제의식과 함께 그 성의 정신이 심화되고 있었던 바, 마침내 이르기를 "나는 성誠이란 사물의 종시이니, 수신修身에서 시작하여 치인治人에서 끝나는 것이라고 여긴다."[73]고 하며 그 정치 철학적 의의를 더하는 모습이었다. 또한 그는 스스로를 향해 공부와 생각 그리고 실천 그 모든 것들이 성의가 아니면 불가함을 체험적

---

71 위와 같음.
72 『논어』「泰伯」: "舜有臣五人 而天下治."
73 『여유당전서』1집10권 「誠字說」

으로 밝히고 있었을 뿐만 아니라, 자식들을 향해서는 그 경전상의 요지를 적어 벽에 걸어놓고 보면서 항상 정진할 것을 당부하기도 했다.[74]

이처럼 율곡과 다산이 인격수양과 정치적 실천론에서 특히 '성(誠)의 태도'를 강조하게 되었던 것은, 천인일체의 원리를 따라 선행의 진면목을 정치사회의 그 모든 곳에 적극적으로 구현하려는 높은 가치의식이 작용한 결과로 보인다.

3. 민생 위주의 개혁정신

1) 율곡의 경장론과 민생주의

16세기 중엽 근 50년을 살았던 율곡은 당시를 수성기守成期가 지난 경장기更張期라고 보았다. 그것은 조선왕조가 시작된 지 2백년이 가깝다는 역사의식과 구습의 퇴행에 젖은 현실인식의 결과로 나타난 것이다. 그리하여 그는 장소와 때를 가리지 않을 정도로 국가의 정치행정에 대한 개혁론을 부단히 제기하는 모습을 보였다.

그의 경장론 전개에는 다음과 같은 단계론이 작용하고 있었다.

상지上智는 나타나기 전에 밝게 살펴 어려움이 없도록 다스려서 나라를 위태롭지 않은 상태로 보존해가는 것이요, 중지中智는 이미 나타난 것을 깨닫고 어려움을 알아서 다스림을 꾀하고 위험을 인식하여 안정을 도모하는 것으로 어려움을 보지 않으면 다스릴 생각이 없는 것이요, 위험을 보고서도 안정을 추구하지 못하는 것이 지智의 하급이다.[75]

---

74 『여유당전서』 1집19권 「答李汝弘」, 1집21권 「寄二兒」
75 『율곡전서』 권7 「陳時弊疏」

상시적인 안위에 대비하는 국가 운영에는 세 단계의 지적 유형이 있다는 사실을 밝히고 있는 것이다. 이에 비추어 볼 때에 당시의 현실은 상지上智는 그만두고 중지中智의 상태에도 적극적이지 못하다고 판단되었다. 그러므로 율곡은 국가현실을 때로는 서까래 무너지는 오래된 집에 비유하면서 경장의 필요성을 적극적으로 피력하였다. 상지의 단계를 향한 국가 안정이 반드시 확보되어야 한다는 일념이 있었기 때문이다.

그러나 구습에 젖은 당시의 정계는 쉽게 공감하지 않았다. 오히려 권간들은 자신들에 이로우니 지켜야 한다는 입장이 강했던가 하면, 임금은 조종성헌祖宗成憲과 관계되므로 함부로 고치기 어렵다는 소극적인 모습을 보이는 것이었다.[76] 실제 왕조시대는 태조의 위상이 절대적이었듯이 왕조 초기의 입법은 신성불가침의 성역으로 간주될 수 있는 것이다.[77] 그러므로 경장이라는 이름으로 너무 개혁을 주장하다가는 거꾸로 '일 벌리기를 좋아하는 사람'으로 오해될 소지가 없지 않았다.

그와 같은 장애요소들이 상존하고 있음에도 불구하고 율곡은 다음과 같이 주장했다.

① 정자程子는 '백성을 살리는 이치에 부족함이 있으면 성왕의 법도 고치는 것이 옳다.'고 했다. 무릇 법이 오래되면 폐단이 생기고 폐단이

---

76 『선조실록』 7년 2월 甲戌.

77 그 점과 관련하여 박병호는 "선왕의 법은 '祖宗之法' 또는 '祖宗成憲'이라고도 했는데, 태조 후의 왕들이 태조의 법 즉 『경제육전』을 지칭하는 데 사용했다. 그래서 후왕이 새로이 법전을 편찬할 때에는 모든 조문은 한결같이 원전을 본위로 하고, 원전의 규정과 모순되는 것, 원전의 규정을 개정한 내용의 속전 규정은 삭제하고, 부득이 원전을 변경해야 할 경우에는 원전 조문을 그대로 두고 그 밑에 개정조문을 각주로 표시하도록 하는 원칙이 태종대에 세워지고 이 원칙은 후대에도 예외 없이 지켜졌다."고 파악했다. 박병호, 『세종시대의 법률』(세종대왕기념사업회, 1986.) 28쪽.

생기면 당연히 고쳐야 할 것이니 『주역』에는 '궁하면 통하고 통하면 변한다.'고 했다.[78]

② 내가 경장을 좋아해서가 아니라 백성들의 고통을 구제하고자 함이다. 자고로 성현은 때를 따라 변통했다. 천운으로 말하더라도 세월이 오래면 역수에 반드시 차이가 생기는 것이니 만일 그를 따라 고치지 않으면 천상天象이 어지러워지고 사시도 순서가 바뀔 것이다.[79]

위에서 보이듯이 율곡은 성현의 논지와 천지자연의 변화 원리를 보더라도 시간의 흐름에 따른 폐단 극복의 경장·변법은 당연한 것임을 천명한다. 그리하여 위 ①처럼 '성왕의 법도 고칠 수 있는 것'이라는 정자程子의 말에 동감했던 그는 결국 그 후의 상소문에서는 직접 "비록 성왕이 입법한 것이라 하더라도 어진 후손에서 변통이 없을 것 같으면 마침내 반드시 폐단이 있게 된다."[80]고 말하면서, 폐단 극복을 위해서는 그 어떠한 한계도 있을 수 없다는 태도를 보였다.

그러면 그 폐단이란 구체적으로 무엇을 기준으로 하는 것인가? 이는 위 ①②의 서두만 보아도 알 수 있다. 즉 그 중심에는 다름 아닌 바로 '백성의 고통(民瘼)'이라는 민생의 문제가 작용하고 있었던 것이다. 그러므로 그는 시의時宜에 따른 변통의 원리를 밝히면서 바로 '그 시의란 새로운 법으로 백성을 구하는 것'임을 강조하면서, "옛 것을 바꿔 새롭게 고치는 것이란 다만 그 시비이해是非利害를 살핌으로써 백성에게 편리함이 있도록 하는 것이다."[81]라고 역설하기도 했다.

그리하여 그는 조정과 재야의 현장 경험을 살려 조세문제에서부터

---

78 『율곡전서』 권15 「東湖問答」 '論安民之術'
79 『율곡전서』 권33 부록 「年譜」 '甲戌'條.
80 『율곡전서』 권5 「萬言封事」
81 『율곡전서』 권11 「答成浩原書」

부역과 국방의 문제에 이르기까지의 민생 안정의 제반 대책을 제시하고 있었다. 물론 이 민생문제는 국력의 저변을 신장한다는 발전론적 차원에서 그 진의를 가지는 것이었다. 그러므로 율곡은 국가 존망의 차원에서 그 변혁이 결단되어야 할 것임을 촉구하기도 했다.

그러면서도 그는 고견이나 영재의 수준이 아니면 경장이 쉽지 않은 것임도 지적하고 있었다. 나아가 그 적의성과 관련하여, 수성해야 할 때에 경장하려는 것은 병이 없는데도 복약해서 병을 일으키게 하는 것과 같고, 경장해야 할 때에 수성하려 한다면 병에 걸렸는데도 약을 물리치고 누워서 죽음을 기다리는 것과 같다고 비유했다.[82]

그에 있어서 경장이라는 이름의 개혁정신은, "제가 올린 방책을 변경하지 않고 3년간 시행해도 민생이 불안하고 국가 재용이 부족하며 양병養兵이 여의치 않으면 비록 저에게 도끼의 형벌을 가하더라도 실로 마음에 달게 여길 것입니다."[83]라는 상소문에서 나타나듯이, 국가 발전의 애국정신과 민생안정의 실리주의와 함께 하는 것이었다. 그 식견의 깊이는 마치 임진왜란을 예견한 듯한 국방개혁론만 보아도 알 수 있다.

ㄱ와 같은 경장론의 시작은 바로 유별난 평가의식으로부터 시작한 것이라는 사실을 간과할 수 없다. 각종의 정치론은 바로 율곡 자신의 식견을 기준으로 한 평가의 결과물의 성격을 갖는 것이기 때문이다. 평가 없이는 발전을 기대할 수 없다는 그의 신념은, 국가운영 전반에 대한 비판론이나 일반 행정관에 대한 근무평가는 물론 교육의 질적 향상을 위한 소위 '교관 평가'의 형식[84]으로도 나타났다.

---

82 『성학집요』 제4 「爲政下」 4장 '識時務'

83 『율곡전서』 권7 「陳時事疏」

84 율곡은 「學校模範」에서 교관의 위촉과 예우를 논하면서 교육 효과를 중심으로 하는 교관 평가제를 상세히 밝히고 있다. 이는 오늘의 교육계에서 시작하는 교사평가제의 선행적 의미를 갖는 것이기도 하다.

2) 다산의 변법론과 민생주의

조종성헌에 대한 신성성과 불변의식은 18세기말 19세기 초 다산이 살았던 시대에도 마찬가지였다. 그러나 다산은 『경국대전』과 같은 국가 운영의 대법전이 운용되고 있는데도 불구하고 새로운 모습의 국가 조직과 운영 방식을 구상하고 있었다. 그것이 마침내 『경세유표』로 나타났으니 그가 국가에 대한 개변의 구상이 얼마나 심대했는가를 알고도 남음이 있다.[85] 그와 더불어 행정과 사법의 양대 측면을 보완하는 성격의 『목민심서』와 『흠흠신서』를 함께 보면, 그 규모는 이 땅 위의 새로운 국가건설과 새로운 정치문화 정립을 모색한 결과로 간주하기에 충분한 것이었다.

그러한 구상의 중심에는 역시 시의성을 향한 개혁정신과 민생중시의 가치관이 자리하고 있었다. 이러한 모습은 경세유표의 서문에서부터 나타나고 있었으니 그 일단을 보면 다음과 같다.

은殷나라 사람이 하夏나라 대를 이어서는 줄이거나 보탬이 없을 수 없고, 주周나라 사람이 은나라 대를 이어서도 줄이거나 보탬이 없을 수 없었다. 왜냐하면 세도는 마치 강물 흐르듯 하는 것이기 때문이다. 한 번 정한 것이 만세에도 변하지 않는다는 것은 이치로 보아 그럴 수가 없다. … 영종英宗이 균역법均役法을 제정할 때에 막는 자 있으니 그는 '나라가 망한다 하더라도 이 법은 고치지 않을 수 없다.'고 했다. 아! 이는 대성인大聖人의 정대한 말씀으로 세속 임금이 애쓰더라도 입에서 나올 수가 없는 바이다. … 지금 일을 막는 자는 번번이 '조종의 법은 논의할 수 없다.'고 한다. 그러나 조종의 법에는 창업 초기에 만든 것

---

85 다산의 『경세유표』 저술과정과 구성내용을 섬세하게 연구한 큰 논문으로는 김태영의 「경세유표에 나타난 정약용의 국가개혁론」을 들 수 있다. 『사람과 사상』(한길사, 1996.) 75~97쪽.

이 많다. 그 때에는 천명을 밝게 알지 못하고 인심도 크게 안정되지 못했다.[86]

고전에서의 삼대三代 정치 변화론을 회상하며 상황변화에 따른 변법개혁의 당위성을 확인하고, 그 가까운 선례로서 영종의 균역법 제정을 칭송하며, 현실에서의 조종성헌 고수의 문제점을 적시하고 있는 것이다. 다산은 또한 태조가 보인 창업의 위대함으로 말미암아 초기의 법규 모두를 신성시하게 되는 세태를 비판하면서, 그러한 병폐를 탈피하는 입장에서 중국의 고례古禮를 참조하고 현실의 새로운 지혜를 담아 국가의 조직과 운영 방안을 설계해가고 있었던 것이다. 그 결정체가 바로『경세유표』였다.

그와 같은 새로운 국가건설 구상의 중심에는 바로 민생 안정의 애민정신이 자리하고 있었다. 그러므로 그는『목민심서』저술에 대해서는 "고금을 조사 망라하고 간사하고 거짓됨을 찾아 낸 이것을 목민관에게 주어 백성 한 사람이라도 그 혜택을 입기를 바라는 것, 그것이 나의 마음이다."라 하고, 또『흠흠신서』의 저술에 대해서는 "모두 살펴 평가한 것을 감옥 나스리는 자에게 주어서 어떠한 원망이나 억울함도 없게 하고자 하는 것, 그것이 나의 뜻이다."라고 자평하였다.[87] 백성 한 사람이라도 더 이상 잘못된 정치의 피해자로 남는 일이 없도록 해야 한다는 애절한 마음을 보게 된다. 특히 백성을 접하는 지방관들의 애민 행정의식 제고에는 그『목민심서』가 큰 의미를 주고 있었다.

이상에서 알 수 있듯이 다산이 새로운 차원의 국가와 정치를 추구함에 있어서는 항상 백성의 고생을 덜게 하는 과제의식이 작용하는 것이었다. 그리하여 앞서 살핀 바와 같이 왕의 교체론도 민의民意를 전

---

86 『경세유표』권1 「引」
87 『여유당전서』1집16권 「自撰墓誌銘」

제하여 수용하는 모습을 보였고, 정치 해석도 백성에게 고르게 배분한
다는 경제적 의미로 해석했던 것이다. 특히 그에 있어서 '농사짓는 자
가 전답을 가짐(農者 得田)'의 원칙[88]을 따라 소유와 분배 그리고 조세
의 공정성 확보를 위해 이른바 '전론田論'과 '전제田制'가 상세하게
제시하고 있었던 것은, 바로 백성들로 하여금 의식주의 해결로 삶의
안정을 꾀할 수 있도록 법제가 정비되어야 한다는 스스로의 사명감과
그에 대한 탁월한 지혜로 가능했던 것이다.

다산은 조정의 관직뿐만 아니라 암행어사와 지방관을 거치면서 민
생의 고통을 직접 목격하고 또 정치행정의 허실을 심층적으로 파악할
수 있었기 때문에 그와 같은 실제적인 변법 개혁책을 제시할 수 있었
던 것으로 보인다. 거기에는 물론 고도의 평가의식이 동시에 작용하고
있었다. 그의 변법 개혁론은 바로 그 평가의 공정성을 기반으로 전개
되는 것이었으니, 부단한 정치 발전을 위해서는 행정의 현장에 그 평
가기능이 활성화되어야 한다고 보았다.

그리하여 그는 기존의 수령평가제인 이른바 '수령칠사守令七事'[89]
에 만족치 않고 24항 또는 54조목으로 구성된 새로운 근무평가제 즉
'고적제考績制'를 발의하고 있었으며, 중앙부서에 대해서도 각각의 평
가원칙을 제시하고 있었다.[90] 이것은 민생을 향한 이용후생利用厚生
의 지방행정을 담보할 수 있는 적극적 대안으로 판단되었기 때문이다.

---

88 『여유당전서』1집11권「田論二」
89 『경국대전』「吏典」'考課'에 나타난 守令七事는 ① 農桑을 번성시킴, ② 호구를 늘
림, ③ 학교를 일으킴, ④ 군사행정을 닦아감, ⑤ 부역을 고르게 함, ⑥ 소송을 간명히
함, ⑦ 姦猾을 그치게 하는 것 등이다.
90 수령평가 24개항의 요목은 「考績議」(『여유당전서』1집9권)에 자세하고, 수령을 포
괄한 조정의 근무평가에 대해서는 『경세유표』(권4)「考績之法」에서 律己・奉公・愛
民・吏典・戶典・禮典・兵典・刑典・公典 등의 각각에 6조목씩 모두 54조의 평가
기준을 제시하고 있다.

3) 민생 제일주의의 율곡과 다산

이상에서 고찰한 바와 같이 율곡의 경장론이나 다산의 변법론에서는 기본적으로 백성으로 하여금 삶의 고통을 덜어주어야 한다는 민생의 안정문제가 중시되고 있었다. 그 이유는 국가의 기반은 백성으로부터 시작되는 것임에도 불구하고 행정적으로 핍박을 당하거나 적극적인 보호대책이 강구되지 못하는 상황인식과 더불어 탐관오리나 기득권층의 이기적 행태가 확인되고 있었기 때문이다. 그리하여 율곡과 다산은 법제의 개혁을 강력히 추구하면서 특히 그 구습에 젖은 정치인들을 민생안정에 반하는 퇴출 대상으로 간주하였다.

율곡과 다산에 있어서 그와 같은 민생 중시의 사고에는 다음과 같은 명제들이 확인되고 있었다.

① 백성은 먹는 것에 의지하고 국가는 백성에 의거한다. 먹을 것이 없으면 백성이 없어지게 되고 백성이 없어지면 나라가 없어지는 것이니 이는 필연의 이치이다.[91]
② 임금은 나라에 의존하고 나라는 백성에게 의거한다. 임금은 백성을 하늘로 삼고 백성은 먹을 것을 하늘로 여긴다. 백성이 하늘로 여기는 것을 잃으면 나라는 의거할 곳을 잃게 된다. 이것은 불변의 이치이다.[92]
③ 백성들은 토지로 논밭을 삼지만 아전들은 백성으로 논밭을 삼는다. … 실제 아전을 단속하지 않고서 백성을 다스릴 수 있는 자는 없을 것이다.[93]

---

[91] 『율곡전서』 권4 「擬陳時弊疏」
[92] 『성학집요』 제4 「爲政下」 8장 '安民'
[93] 『牧民心書』 권4 「束吏」

위의 발언은 모두 의식衣食 문제를 중심으로 한 백성과 국가 및 정
치인의 상호 관계성을 천명하고 있는 것이다. 실제 '백성은 먹는 것을
하늘로 여긴다.'는 생존문제가 위정자의 심중에 살아있다면, 그것은
경장이나 변법을 주장하는 경우와 궁극 목적이 다를 수 없다. 세종대
왕이 스스로 "나라는 백성으로 근본을 삼고 백성은 먹는 것을 하늘로
여긴다. 농업은 衣食의 근원이니 왕정에서 먼저 해야 할 일이다."[94]
라고 교유하며 애민정책을 구현했던 것은 그 선례로서 주목된다.

이러한 민생제일주의의 관점을 계승하듯 율곡은 "백성들이 하늘로
여기는 것을 잃으면 나라는 의거할 바 없어지게 되니, 재물을 생산하
여 백성을 살게 하는 것은 지금 가장 시급히 힘써야 할 바이다."[95]라
고 강조하였다.

그러나 위 ③의 경우에서처럼 그 상호 의존적 관계가 와해되는 상황
이라면 그 때의 공직자는 민생을 저해하는 암적 요인으로 간주될 수밖
에 없다. 그러므로 다산은 그 반민생의 현장을 직시하여 "수령이 백성
을 위해서 있는 것인가? 백성이 수령을 위해서 있는 것인가?"라고 반
문하면서 '수령은 백성을 위하여 있는 것'임을 분명히 했던 것이다.[96]

이상으로 알 수 있는 바와 같이 민생이란 백성만의 일이 아니라 국
가와 위정자 모두의 공생 기반으로서의 의의를 갖는 것이었다. 따라서
경장·변법을 말할 때에 그 부분을 중심으로 삼는 것은 당연하다고 보
는 것이 곧 율곡과 다산의 입장이었다.

그러나 그러한 생각을 가진다 하더라도 성공적인 법제를 수립하기
란 쉬운 일이 아니다. 그러므로 율곡은 고견高見과 영재英才가 아니면
경장하기 어렵다고 말한 것이요, 다산도 "법을 고칠 수 없고 제도를

94 『세종실록』 26년 윤7월 壬寅.
95 『율곡전서』 권7 「司諫院乞變通變法箚」
96 『여유당전서』 1집10권 「原牧」

바꿀 수 없는 것은 하나같이 어질거나 우둔함에 달려있는 것이다."[97] 라고 하여 그 주체로서의 능력 여부를 지적하고 있었다. 그저 변경시키는 것이 능사가 아니라, 고쳐서는 아니 될 인간 가치의 측면에 유의하면서 민생을 안정시키고 국력을 신장해간다는 궁극목적을 구현하는 정책수립에는 원리와 현실을 아우르는 탁월한 지혜가 요구되는 것이기 때문이다.

다산에서 더욱 주목되는 것은, 그의 민생 개혁론에는 생산성 향상과 도덕성 회복의 원리가 동시에 추구되고 있었다는 점이다. 그는 이르기를 "사람이 그 노력을 다하면 토지는 그 이익을 다해주지 않음이 없고 토지의 이익이 흥기되면 백성들의 생산이 부유해지고 백성들 생산이 부유해지면 풍속이 도탑게 되며 효도와 공경이 성립되는 것이니, 이것이 경전제도의 최고이다."[98]라고 하여, 적극적인 농지활용과 경제문제 및 인륜풍속 등의 문제를 분리해 보지 않았다. 여기서 우리는 생존의 식과 가치추구를 겸전하는 적극적 의미를 볼 수 있다.

요컨대, '백성은 나라의 근본'이라는 민본정신과 '백성은 경외할지언정 소홀히 할 수는 없다.'[99]는 중민의식重民意識에서 발로하는 경장·변법의 궁극 목적은, 결국 백성들로 하여금 '삶의 즐거움(熙皞之樂)'을 누리게 하면서 국가의 안정을 확보해 간다는 발전적 공생의 경지에 있는 것이었다. 이를 향한 열정과 지혜가 탁월했던 율곡과 다산은 조종성헌이라도 민생에 반하는 폐단이 있으면 고칠 수 있는 것이라고 보았던 점, 그러한 민막民瘼을 유발하는 공직자들은 퇴출 대상으로 배격했던 점, 그리고 그 결의는 국가 존망의 차원에서 추진되어야 할 것이라는 점[100]에는 생각이 다르지 않았던 것이다.

---

97 『경세유표』 권1 「引」
98 『여유당전서』 1집11권 '田論三'
99 『율곡전서』 拾遺 권6 「盜賊策」

그와 같은 정치개혁은 바로 근무평가의 엄정성에서 보장될 수 있다고 보았던 부분 또한 율곡과 다산이 다르지 않았다. 율곡은 특히 수령의 근무평가가 불량할 경우에는 그를 추천한 사람까지 벌해야 한다는 주장을 펼쳤고[101], 다산은 요순의 정치는 오직 '실적 살핌(考績)' 하나에 의거한 것이라고 이를 정도였다.[102] 공정한 기준의 평가 결과를 따라 인사행정이 진행된다면 정치문화는 발전될 수 있고 민생문제는 해소될 수 있을 것으로 확신했기 때문이다. 따라서 평가에의 정확성과 공정성 확립은 정치발전의 동인으로서 중시되지 않을 수 없었던 것이다.

한편, 다산은 사고체계의 논리적 측면에서도 율곡과 매우 흡사한 모습을 보이고 있었다. 이를테면 인간을 '신형묘합神形妙合' '심신묘합心身妙合'의 존재로 보면서 '마음 바르기(正心)'와 '몸 바르기(正身)'는 두 가지가 될 수 없다고 말하는 태도이다.[103] 이러한 부분을 주목하여 이을호는 "다산은 '이이일二而一'적 묘합의 원리를 터득한 것으로 여겨진다."[104]고 평가했다. 그런데 그 '이이일二而一'적 묘합의 원리는 이미 율곡 리기론에서 '일이이一而二 이이일二而一'과 '리기지묘理氣之妙'의 표현으로 설명되고 있었음[105]은 주지의 사실이다. 이처럼 율

100 다산의 경우에서도 그 결단의 절실함은 "생각해보니 무엇 하나도 병통 아닌 것이 없으니, 지금에 이르러 고치지 않으면 반드시 나라가 망한 뒤에라야 그칠 것이다. 이에 어찌 忠臣 志士로서 수수방관할 수 있는 것이겠는가?"라는 말로 나타났다. 『여유당전서』 1집12권 「邦禮草本序」

101 『율곡전서』 권3 「諫院陳時事疏」

102 『경세유표』 권4 「考績之法」

103 『여유당전서』 2집2권 「心經密驗」 : "神形妙合 乃成爲人." 같은 책, 2집1권 「大學公議」 3 : "身心妙合 不可分言 正心卽所以正身 無二層工夫也."

104 李乙浩, 『茶山學 入門』(중앙신서, 1983.) 58쪽.

105 『율곡전서』 권10 「答成浩原」 : "非理則氣無所根柢 非氣則理無所依著 旣非二物 又非一物 非一物故一而二 非二物故二而一也." 같은 곳 : "理氣之妙 難見亦難說

곡과 다산은 순수 철학의 측면에서도 상통하는 바 적지 않았다.

지금까지 살핀 것으로 알 수 있듯이 유교의 이상경을 향한 정치철학의 전개 양상은 후학들이 나눈 성리학자, 실학자의 경계를 훨씬 넘어서 하나로 소통하고 있었다. 그 만남의 중심은 다음과 같이 요약될 수 있다.

첫째, 율곡과 다산의 정치철학적 사유구조는 '위정재인爲政在人'의 명제와 왕권안정의 현실을 전제하여 '수기치인修己治人'의 논리로 전개되고 있었다는 점이다. 수기치인의 어원은 공자의 '수기안인修己安人'론을 배경으로 주자의 『대학』 해설에서 시작하는 것이었지만 그것을 정치론 전개의 중심 용어로 활용하는 데에 주저하지 않았다. 율곡은 특히 그 논리를 따라 『성학집요』의 기본내용을 구성하는 것이었고, 다산은 자신의 저술에서 경학부분은 '수기'의 내용으로 일표이서一表二書는 '치인'의 내용으로 천명하고 있었던 것이다. 또한 이 사유구조에서는 수기修己에서의 '己'와 치인治人에서의 '人'이 다르지 않다는 천명적 일원성의 인간관이 공유되는 것이었다.

둘째, 도덕적 가치구현과 정치적 사회안정을 함께 보는 입장에서 특히 현실적인 '수시처변隨時處變'론에 인식이 같았다는 점이다. 이의 논거로 율곡과 다산은 저 우주자연의 변화 현상을 확인시키고 있었을 뿐만 아니라, 그 변화 원리를 깊이 헤아리며 성실히 따르는 태도를 삶의 정도正道로 보았다. 그러므로 선정善政에의 정치발전론을 모색함에 있어서는 구습으로부터의 탈피 즉 경장·변법의 개혁론이 필연적이고 당위적인 성격으로 자연스럽게 개진될 수 있는 것이었다.

셋째, 그러한 변화는 곧 성실誠實과 실천實踐으로 완성되어야 한다

夫理之源一而已矣 氣之源亦一而已矣."

고 보았다는 점이다. 독서만 하고 실천이 없는 경우는 율곡과 다산에서 단호히 배격되었다. 뜻만 세우고 효과적인 결과를 보지 못하는 경우에도 성실에 반하는 것으로 비판하였다. 그 실상은 율곡의 무실주의와 다산의 행동주의에서 살펴 본 바와 같거니와, 그들은 위정자의 실천성을 제고하기 위하여 '무위無爲의 요순'에서 '유위有爲의 요순'으로 관점을 전환시키는 데에도 태도를 같이하였던 것이다. 이러한 실천론에서의 '실實'자가 가지는 의미는 진실·사실·실현·실효 등을 포괄했다.

넷째, 그 실천론의 중심에서는 항상 백성을 의식하고 있었다는 점이다. 이는 물론 국가란 백성을 떠나고서는 존재할 수 없다는 민본정신의 반영이기도 하지만, 현실에서는 살아가기 어려운 이른바 '민막民瘼'이 상존하고 있음이 문제였다. 이를 본 율곡과 다산은 마치 왕실과 조정을 향한 백성의 대변자인 양, 그 모든 개혁론의 핵심에는 민생문제를 설정하면서 '시의時宜는 곧 민심民心의 반영'이라는 입장을 견지하고 있었다. 민생문제를 뒤로하고서는 율곡의 상소문이나 다산의 정치론저들은 애초부터 나타나기 어려운 것이었다.

다섯째, 그와 같은 변화와 민생 중시의 개혁론 저변에는 바로 평가주의가 깊이 작용하고 있었던 점에서 또한 율곡과 다산의 만남을 말할 수 있다. 경장·변법의 개혁론이 현실에 대한 반성과 비판 즉 평가과정을 거침으로써 가능한 것임을 상기할 때 그들의 정치론은 그러한 내적 요인과 떨어져서는 생각될 수 없다. 특히 율곡은 그 영역을 교육자에까지 넓혀 오늘날의 '교사평가제'와 같은 시안을 발의하는 것이었고, 다산은 고적론考績論에서 보이듯이 공직자의 복무 내용 그 모든 것을 바로 평가대상으로 삼는 특이함을 보였다. 올바름의 원칙 적용과 현실의 발전이라는 정치 과제는 바로 그 평가의식의 활성화로 해결하려는 입장이었다.

이상과 같은 율곡과 다산의 정치철학적 만남 그 핵심에서는 성실誠

實을 기반으로 한 이상과 현실, 앎과 실천, 전통과 개혁 등의 양면성이 하나로 지향되고 있었다는 점에서 그 보편적 의의가 드높다.

따라서 이러한 측면의 연구는, 오늘날 우리 주변에서도 나타나는 이념갈등이나 분열주의적 양상으로부터 화합회통·보편주의의 지혜를 낳게 하여 진정한 위민爲民정치의 기반을 다지는 데에 기여할 수 있을 것이다.

〈이 제3부의 제5장의 내용은, 논문 「철학적 측면에서 본 栗谷과 茶山의 만남」(동양철학연구회『東洋哲學硏究』제45집 93～133쪽. 2006.)을 가감 보필한 것임.〉

제4부 유교 정치문화와 현대

제1장 조선조 반부패 정치문화와 현대

1. 반부패 정치문화의 기조

1) 유교 도덕의 국가관

조선왕조는 정치적 권력뿐만 아니라 사상과 문화의 변화로 시작되었다. 불교에서 유교에로의 사상적 변화는 고려 후기 중국의 신유학이 수용되면서 나타나는 것이었지만, 고려 말기에 이르면 혁명파나 비혁명파 공히 그것을 지향하고 있었다. 이러한 흐름은 혁명의 수령 이성계李成桂도 어찌할 수 없어 불교를 신앙하면서도 『대학』을 읽으면서 새로운 유교 정치문화의 중심에 서고자 하였다.

그러한 유교문화에로의 전향은 조선 개국의 현장에서 그대로 나타났다. 고려는 「훈요십조」에서 보이듯이 '부처님의 가호'를 말하면서 정신문화의 기조를 천명하는 형식이었지만, 조선 개국에서는 공자孔子를 직접 말하지는 않으면서도 유교사상을 구체적으로 실천하는 모습을 보이고 있었던 것이다. 이러한 사실은 태조의 첫 시정교서만 보아도 알 수 있다. 16개 조항으로 구성된 그 곳에서는 종묘제와 교육 및 풍속 등 다방면에서 유교문화적 가치와 삶의 방식이 천명되고 있었다.

특히 '사서 오경' 중심의 공교육 시행과, 충忠·효孝·의義의 덕행을 권장하는 것은 바로 그 유교사회 구현의 적극적 의미를 사는 것이었다. 따라서 조선왕조에서는 더 이상 불교나 도교를 말할 수 없게 되는 것이었으며, 오직 당시 신유학의 사조에 충실하는 정치사회의 전개, 즉 인륜 도덕 국가의 건설이 최대의 과제로 간주되었다. 위로는 군주로부터 아래로는 저 서민에 이르기까지 그리고 사고방식에서 행동양식에 이르기까지의 그 모든 부분이 유교의 성격으로 전환되고 또 심화되어야 한다고 본 것이다.

그러므로 조선 건국기의 신료들은 이태조에게 올린 첫 상소문에서 특히 '경敬의 심법'이 왕정의 기본임을 강조하고 있었다.[1] 군주의 정신세계에 있어서 '경敬'의 태도가 정립될 때에 비로소 유교에서 말하는 도덕정치 구현의 기저를 갖출 수 있다고 보는 것이다. 유교 정치에서는 왕권이 절대적이었던 만큼 군주에게는 반드시 성인聖人의 자질을 갖추어야 한다[2]는 입장이다. 그러므로 임금과 세자에게는 경서 강독을 의무화 하여 경연과 서연의 제도를 갖추게 하는 것이었으며, 이퇴계는 「성학십도」를, 그리고 이율곡은 「성학집요」를 임금께 지어 올렸다.

그와 같은 임금의 '성군화' 운동은 사회 구성원 모두의 유교 생활화 운동과 병행되는 것이었음은 물론이다. 이 과정에서 유교 경전은 더욱 신성시되었고 특히 고려말에 전래된 『주자가례朱子家禮』와 『소학小學』

---

1 李成桂가 즉위한지 3일 후의 사헌부 상소문 서두는 이러했다. "무릇 敬이란, 한 마음의 주재이고 모든 일의 근본입니다. 그러므로 큰일로는 하늘을 섬기고 상제에 제사하는 것에서부터 작은 일로는 자고 일어나고 먹고 쉬는 것까지 이를 떠날 수 없습니다. … 비록 일이 없을 때에도 항상 상제가 굽어보시는 듯이 하고, 일을 접할 경우에는 더욱 그 생각이 시작되는 처음을 삼간다면, 이 마음의 敬이 천심에 감동하여 至治를 이룰 수 있게 될 것입니다." 『태조실록』 1년 7월 己亥.

2 유교에서 추구하는 도덕 정치는 "법제로 이끌고 형벌로 통제하면 백성들은 벌을 모면하나 수치심이 없게 되고, 德으로 이끌고 禮로 정리하면 수치심이 있고 또 바로 된다."(『논어』 「爲政」)는 말에서 확인되듯이 백성들에게 마음으로부터의 따름을 낳게 하는 것, 즉 정치의 영역을 구성원 모두의 정신세계에까지 이르러야 하는 것으로 보았으며, 그 방법은 『대학』의 '八條目(格物 致知 誠意 正心 修身 齊家 治國 平天下)'에서 보이듯이 '修己治人'의 논리로 말해진다.

은 그 안내서로서 매우 중시되었다. 전자는 대소사의 통과의례에서 유교식 표준을 제시하는 것이었고, 후자는 일상적인 생활규범서로서 그 의의가 지대한 것이었기 때문이다. 즉 고려의 불교식 의식구조에서 조선의 유교식 의식구조로 전환하는 데에는 바로 그 두 텍스트가 절대적인 의미를 가지고 있었다.

그리하여 『소학』의 경우는 태조 때부터 시험과목의 하나로 다루어지기 시작하다가 태종 때에는 권근權近의 건의로 성균관 진학의 필수 교과목으로 지정되었으며 세종 때에는 세자가 입학할 때의 기본 교재로 활용되기 시작했다.[3] 지금도 쉽게 확인할 수 있듯이, 그 『소학』은 태교에서부터 성인교육에 이르기까지, 그리고 오륜을 위시한 생활윤리에서부터 인격함양의 심성수양면에 이르기까지의 제반 내용들을 포괄하고 있을 뿐만 아니라, 그 편집 구성은 유교 고전과 명현들의 언행에 근거하고 있으므로 가히 유교적 삶에 대한 하나의 가이드북으로서의 성격을 가지기에 충분했던 것이다. 따라서 그것은 갑자사화 때의 큰 유학자 김굉필金宏弼이 자칭 '소학동자小學童子'라는 말로 명성이 떨쳐지는 데에서 볼 수 있듯이 조선 5백년 유교문화의 교양필독서로 그 의의가 지대했다.

뿐만 아니라 세종 때의 『삼강행실도三綱行實圖』 중종 때 김안국金安國의 『이륜행실도二倫行實圖』 박세무朴世茂의 『동몽선습童蒙先習』 선조 때 이이李珥의 『격몽요결擊蒙要訣』 숙종 때 이재李縡의 『사례편람四禮便覽』 정조 때의 『오륜행실도五倫行實圖』 등의 자생적 교재개발은,[4] 조선조가 지향하는 도덕국가 건설의 상징적 의미를 갖는 것으

---

3 태조 3년 11월 19일(乙卯)에는 설장수의 상소에 따라 해당기관의 시험과목에 『소학』을 포함하게 하였고, 태종 7년 3월 戊寅日에는 권근의 상소로 성균관 진학시험의 필수과목으로 채택되었으며, 세종 3년 12월 甲寅日에는 8세의 세자에게 성균관에서 입학의식을 가지게 하였는데 그 자리에서는 '小學題辭'가 강독되었다.

4 그 자생적 교재개발의 선례로서는 고려 충렬왕 때 秋適이 편찬한 『明心寶鑑』을 들

로 주목되는 부분이다. 그 중심에는 인간다운 삶의 구현이라는 소박한 태도로부터, '자신의 성인화'[5]라는 분명한 목적의식의 전제되지 않을 수 없는 것이었기에 그 도덕적 의의를 더해갈 수 있는 것이었다. 이처럼 조선조의 유교문화에서는 정치와 교육의 상보관계를 유지하면서, 정치인과 지식인 그리고 일반 백성들의 삶 속에서 인간존중의 가치지향은 부단히 지향되고 있었다.

그러면 그러한 정치문화 전개의 중심에 있는 관료들의 세계에서는 어떠한 모습이 중시되고 있었던 것일까?

2) 충절 청렴의 공직관

국가 운영의 실무적 차원에서는 도덕적 인품의 문제뿐만 아니라 여러 당면 과제를 발전적으로 해결해 갈 수 있는 고도의 전문성이 요구된다. 그러나 그 전문성을 발휘하는 재능의 측면이 인간 보편의 도덕성 문제와 별개로 간주된다면 이 또한 문제가 아닐 수 없다.

이러한 점과 관련하여 태종 때의 사간원 상소에서는 다음과 같이 말하고 있다.

선유先儒가 말하기를 '재주와 덕성이 겸전하면 성인聖人이라 이르고, 재주와 덕성이 아울러 없으면 우인愚人이라 이르며, 덕이 재주보다 나으면 군자라 이르고, 재주가 덕보다 나으면 소인小人이라 이른다.' 하였

수 있겠는데, 이에 관하여 『조선왕조실록』을 검색해 보았지만 그 이름을 찾아보기 어려웠다. 최근에 이르기까지 심성함양의 교양서로 널리 읽혀졌을 것임에는 분명하나 그 서명을 역사서에 올리지 않았던 것은 그 편찬내용이 비유교적인 명언들까지 포괄하는 것이었기 때문으로 보인다.

5 李栗谷은 『擊蒙要訣』「立志章」 서두에서 "처음 공부하는 이는 먼저 모름지기 뜻을 세워 '聖人이 될 것을 스스로 기약할 것(聖人自期)'이요, 조금이라도 자신을 작게 여겨 물러서려는 생각이 있어서는 안될 것이다."라 하며 자신의 聖人化를 강조하였다.

습니다. 무릇 사람을 취함에 있어서 그런 소인을 얻는 것보다 우인을 얻
는 것이 낫다는 것은, 소인이 재주를 끼고 나쁜 짓을 할까 깊이 염려하
는 까닭에서입니다.[6]

부도덕한 재주가 낳는 폐해를 매우 경계하고 있는 대목이다. 도덕성
이 결여된 간교한 공직자가 주는 국가 사회적 폐해를 처음부터 직시하
는 입장이었다. 따라서 유능한 측면만 가지고 공직자를 말할 수는 없
게 되었다. 그리하여 특별한 전문성이 검증되지 않은 상태이지만 덕행
이 특별한 것으로 평가되는 경우에는 그들을 등용하는 인사행정이 나
타나기도 하였다.[7] 이는 위 평론에서 보이는 '군자'의 수준에 이르는
것으로서 최소한 도덕사회를 지향하는 반부패의 공직사회를 보장할
수 있다고 보는 점에서 그 의의를 갖는 것이었다.

그러나 그 덕성의 함양이란, 단시일 내에 가능한 것도 아니요, 또한
'견물생심見物生心'의 욕구 본능으로 말미암아 조광조의 이른바 "선비
로서 평상시의 지론은 정직한 것 같은데 어떤 사고가 있을 것 같으면
손발노 제대로 가누지 못한다."[8]라는 말처럼, 상황에 따라 자칫 상실
될 수가 있는 것이기에 더욱 문제인 것이다.

그러므로 조선조 정치문화의 기본에서는 바로 이러한 공직자의 도

---

6 『태종실록』 4년 8월 己丑.
7 그 대표적인 사례로서 세종 때에 10년 동안이나 이조판서로 있으면서 덕행 우대의
인사행정을 펼쳤던 許稠의 경우를 들 수 있는데 실록에 전하는 그의 卒記 일부를
보면 다음과 같다. "이조판서가 되어서는 인물을 전형할 때마다 고려와 조선의 名臣
으로 死節한 이의 후손과, 전국에서 추천한 孝子順孫을 모두 등용하니, '어찌 참된
효자효손이 이리 많겠소'라는 말을 낳기도 하였다. 이에 허조는 '한 마을에도 미인이
있다 하는데, 우리나라의 많은 사람들 가운데 어찌 그런 사람이 없겠소 좋은 사람이
없다고 말할 수는 없을 것이오 비록 그들 가운데 거짓된 자가 있더라도 풍속을 권려
하는 데에 무익하다고 할 수 없고, 또 다음에 그것이 풍속을 變化시켜서 참된 효자순
손을 배출하게 될지 어찌 알 수 있겠소'라고 하였다." 『세종실록』 21년 12월 壬寅.
8 『靜庵集』 권4 「復拜副提學時啓十一」

덕적 가치관 정립 문제가 심도 있게 다루어졌다. 그 처음에는 국가에 대한 충성과 절의 즉 '충절忠節'의 가치를 천명하는 일이었다. 이를 위하여 태종은 권근의 건의를 따라 자신의 정적이었던 정몽주鄭夢周를 복권시켜 벼슬과 시호로 높이고, 또 자신의 천거를 정중히 거부한 길재吉再에 대해서는 "길재는 불러도 오지 않으며 두 임금을 섬기지 않는다는 뜻을 굳게 지켰으니, 신하의 절개는 실로 이러해야만 될 것이다."[9]라 하면서 그 충절정신을 드높이고 있었던 것이다. 자신과 길을 달리했던 자들이기에 영원히 결별하는 입장을 취하는 것이 아니라, 오히려 현실적으로 그들을 인정하고 칭송하며 우대해야 했다. 그 이유는 어디에 있는 것이었을까?

그들이 보인 행적은 정치 상황을 넘어서는 인간 보편의 '의리행義理行'으로 평가되는 것일 뿐만 아니라, 바로 그 새로운 조선왕조에도 필요한 소위 '불사이군不事二君'의 상징적 의미를 갖는 것이었기 때문이다. 이로 말미암아 조선초기의 학맥론에서도 정몽주와 길재의 계통을 의리학의 정통으로 보게 되는 것이었다.

나아가 선왕의 유지를 높이 여긴 세종은 길재의 아들을 벼슬로 부르는가 하면 『삼강행실도』 「충신편」을 편찬함에 있어서 특별히 그 정몽주와 길재의 행적을 넣어 애국충성의 사표로 삼게 하였다. 망국의 고통 속에서도 결코 변함이 없었던 그 특별한 선례를 통하여 조선조 공직자의 참모습을 찾아가고 있었던 것이다.

그리고 그와 동시에 중시된 또 하나의 공직자상은 '청렴결백'에 있었다. '충절'의 가치가 정치 혼란의 격변기를 배경으로 하는 것이라면, 이는 평상시의 업무수행을 배경으로 하는 것이었다는 점에서 서로 같지 않다. 또한 이는 곧 공직사회의 부정부패와 상대적인 의미를 갖는

9『세종실록』즉위년 11월 戊申.

것이기에 그 반부패적 의의 또한 지대하다. 이른바 '청백리淸白吏' 제
도를 낳게 되었던 것은 바로 그러한 가치 추구의 기조에서 가능한 것
이었다.

그 청백리와 관련한 실록의 내용으로는 중종 때가 주목되는데, 당시
대신들이 탐관오리를 배척하고 청렴한 공직사회를 향한 분위기 쇄신
의 차원에서 청백리를 찾아 특별히 표창할 것을 건의함에 따라 임금은
각 정부기관으로 하여금 청백리 자손으로 하여금 천거 서용하도록 조
치하는 모습을 보였다.[10] 그런데 실제 모두가 공감하는 청백리로 평가
되기란 그리 쉽지 않았던 것으로 보인다. 그러므로 선조 때에는 그 청
백리보다 한 단계 낮은 '염근리廉謹吏'라 이름하여 그것을 대신할 수
밖에 없다는 여론이 우세하기도 하였다.[11] 조선조 전체를 대상으로 기
록에 전하는 청백리의 총인원이 200명 정도로 확인되는 것을 보더라
도[12] 그 심사 평가의 과정은 매우 까다로운 것이었음을 알 수 있겠다.
그러나 이러한 점은, 오히려 그 당사자에게는 물론이요 가문의 영광으
로 칭송되어 위상을 높이게 할 수 있는 것이었을 뿐만 아니라, 질적
측면에서 '정렴결백'이라는 공직자의 내면적 가치관을 제고시키는 데
에 크게 기여할 수 있었던 것으로 보인다.

3) 평가와 감찰

조선조 반부패 정치문화의 기조로서 주목되는 또 한 가지는 공직자

---

10 『중종실록』 9년 11월 15일(癸酉), 동 10년 2월 16일(甲辰)

11 『선조실록』 34년 1월 8일(丁未), 동 5월 26일(癸丑)

12 李瑞行은 呂增東의 『朝鮮朝 淸白吏誌』에서는 청백리가 210인으로 확인되지만 문
   헌상 논증이 가능한 경우는 157인으로 보면서, 그 기본 평가 요인으로서 修己의
   측면으로는 淸白을 비롯하여 厚德 敬孝 仁義 勤儉의 항목으로, 治人의 측면으로는
   善政 忠誠 遵法의 항목으로 세분하여 비교 검토함으로서 그 실상을 밝히고 있다.
   이서행, 『청백리정신과 공직윤리』(인간사랑 1991) 105, 151~159쪽 참조.

들에 대한 평가와 감찰이 부단히 시행되고 있었다는 사실이다. 공직에 나가기 위해서는 지방의 향시鄕試에서부터 중앙의 대과大科에 이르기까지 여러 단계의 필기시험을 치러야 했고, 또 일정한 신분이 확인되어야 했으며[13] 최후의 발령 단계에서도 적임성 여부를 따지는 서경署經을 거쳐야 했다.

그러한 과정을 거친 공직자들은 또한 지속적인 근무평가를 받는다. 『경국대전經國大典』에 명시된 몇 가지 내용을 소개하면 다음과 같다.

'3년마다 서울과 지방의 관원은 자신의 출신과 경력을 자세히 기록하여 이조에 제출해서 정안政案에 기록케 한다.' '경관京官은 그 관사의 당상관, 제조, 소속조所屬曹의 당상관이, 외관外官은 그 도의 관찰사가 매년 6월 15일과 11월 15일 등급을 매겨 왕에게 보고한다. 열 번 고과考課에서 모두 상上을 받은 자는 위로 한 단계 올리고, 두 번 中을 받으면 무녹관無祿官에 서용하고, 세 번 중中을 받으면 파직된다.' '매년 말 이조에서는 여러 관사 관원의 실제 근무일수와 잡고雜故를, 관찰사는 수령칠사守令七事의 실적을 갖추어 왕에게 보고한다.'[14]

이상의 내용만 보더라도 오늘날의 공직 평가제보다도 훨씬 철저하고 엄정하게 그리고 지속적으로 진행되었음을 알 수 있겠다. 1년 두 차례의 정기평가제만 보아도 현장의 공직자들에게는 너무 지나친 것으로 여겨질 수 있었을 것이다. 그럼에도 불구하고 그러한 제도를 견지하게 되었던 것은, 부정부패를 예방하고 선정善政에의 업무 능력을 제고시켜 공명정대한 정치 행정을 구현하려는 국가적 사명감이 크게

---

13 과거 응시자에게 부모, 조부모, 증조부모, 외조부모를 명기한 '四祖單子'를 제출하게 하는 것은 바로 그 신분의 확인을 위해서였다.
14 『경국대전』「吏典」〔政案〕〔褒貶〕〔考課〕

강조되었기 때문이다.

　그러나 깨끗한 공직사회를 조성하는 일은 그러한 방법만으로는 어렵다는 것 또한 조선조의 실록이 말해준다. 그리하여 "겉으로는 염치를 보이면서 속으로는 '탐욕의 검은 마음(貪墨)'을 품어 세상을 속이고 큰 소리를 치는 자는 마땅히 또한 경계하는 바가 있어야 할 것이다."[15] 라는 사신의 평론에서 나타나듯이 내면적으로는 공직자의 심성문제가 제기되기도 하고, 때로는 현실을 '형벌은 총애 때문에 멋대로 시행되고 정치는 뇌물로 이루어진다.'라는 기준으로 반성하면서[16] 외재적 대응책을 강구하지 않을 수 없음에 이르기도 한다.

　그 외재적 대응책으로는 감찰 기능의 확대로 나타났다. 그 감찰 방식으로는 공개적인 것과 비공개적인 것으로 나눌 수 있는 바, 전자의 경우로는 30명의 관리로 구성된 사헌부와 5명의 관리로 구성된 사간원을 들 수 있으며, 후자의 경우로는 왕의 특명을 받은 한 사람 즉 '어사御史'를 들 수 있다. 그 공개적인 감찰 방식은 이미 국가의 군주를 포함한 모든 공직자를 대상으로 정무의 제반 사항을 파악하여 개선해 나간다는 취지의 국가 조직체로서 이미 조선초기부터 정비되어 왔기 때문에 별 문제가 없었다.

　그러나 그 어사의 경우는 그와 달랐다. 이 역시 공개와 비공개를 기준하여 소위 '일반어사' '암행어사'로 나누어 볼 때에 암행어사의 경우는 더욱 그러하였다. 사람들에 발각되지 않는 '암행暗行'으로 관리의 잘못을 찾아낸다는 방식 그 자체가 어진 군주에게 떳떳치 못한 모습이었기 때문이다. 그러나 거기에는 현장 감찰의 정확성과 파장성[17]

---

15 『성종실록』 16년 7월 甲寅.

16 그러한 방언의 사례는 선조 28년 贓吏 13명에 대하여 지속적인 추궁을 요하는 備忘記 하달의 자리에서 볼 수 있다. 『선조실록』 28년 7월 辛卯.

17 암행어사 출두로 인한 지방 정가의 현장에서는 '호랑이 보듯 두려워 하였다'(어사 趙之瑞에 대하여 『성종실록』 20년 4월 壬辰)는 말로 알 수 있듯이, 주위를 환기시키

을 기할 수 있는 장점이 있었다. 이 때문에 정계에서는 그 시행 여부와 관련하여 논란이 일기도 하였다.[18]

그 결과 단점보다는 장점이 많다는 방향으로 결정되어 점차 그 시행이 확대되는 모습을 보여 왔다. 그 어사 파견 부분에 있어서는 특히 현장 확인의 정확성과 사건 처리의 엄정성을 견지할 수 있는 인품과 자질, 그리고 먼 곳을 은밀히 다녀올 수 있는 신체적 조건 등이 주요 요건이었다.

명종 때에는 일시에 각 도에 한 명씩의 암행어사를 파견하여[19] 그 효과를 극대화했던 것으로 보인다. 대체로 지방 행정의 부정부패를 적발하고 처리하는 것이 암행어사의 역할이었지만 권장의 측면으로 올바른 행정에 대한 표창의 사례도 없지는 않았다.[20]

이상으로 알 수 있듯이, 조선조에 있어서는 공직자의 양성에서부터 채용시험에 이르기까지 반부패의 도덕적 측면이 그렇게 중시되고 있었음에도 불구하고 공직사회의 현실에서는 부정부패의 행태가 근절될 수 없기 때문에, 일상적인 근무 평가는 물론 공개 비공개의 감찰 기능을 확장하고 있었다.

그것은 도덕 국가 건설에의 정치 목적과 성격을 함께 하는 방책으로서 조선조 정치문화의 한 기조가 되어왔던 것이다.

는 직·간접적 영향은 지대했던 것으로 보인다.

18 그 논란의 실제는 중종 때 김수동과 임금 사이에 벌어지고 있었는데, 당시 이손의 이른바 "암행의 법은 성종 때에 趙益貞이 처음 아뢰어 행해졌다."는 말로 미루어 보아 그것은 이미 시행되어 왔던 것임을 알 수 있다. 『중종실록』 4년 11월 丁卯.

19 명종 5년 3월 壬午日의 실록에는 사복시정 朴公亮 등 8인을 8도에 파견하여 수령들의 불법을 살펴 보고하도록 명한 사실이 나타난다.

20 선조 18년 4월 丙寅日의 실록에 의하면, 황해도암행어사 홍종록이 안악군수 金孝元의 善政과 의률현감 朴宜의 개혁의 공을 보고하자 김효원에게는 1품계 특진을, 박의에게는 鄕表裏를 내렸다.

2. 반부패 관련법의 실제

1) 분경금지법

이제는 부패행위에 대하여 좀 더 적극적으로 대응했던 측면을 살펴보도록 한다. 그것은 결국 군주의 행정명령이나 입법의 형태로 나타나게 되었으니 크게는 분경행위奔競行爲를 금지하는 것과 장리贓吏의 처벌법을 들 수 있다. 전자는 부정부패를 예방하는 데에 중심을 두는 것이었음에 비하여, 후자는 금품 수수의 부패 관리를 처리하고 재발을 방지하는 데에 중점이 있었다.

먼저 전자의 경우로서 '분경금지법奔競禁止法'을 살펴보기로 한다. 이 '분경奔競'이란 '분추경리奔趨競利'의 준말로서 이익을 향해 경쟁적으로 고위 관리 집을 찾아 간다는 의미이다. 이를테면 권세를 타는 청탁 행위를 가리키는 것이었다. 그것을 금지한다는 것은 정치적 부정행위가 일어날 수 있는 원초적 만남 그 자체부터 적극적으로 통제한다는 입장이다.

과거 왕조시대의 사회 진출은 오직 벼슬에 나아가는 길뿐이었으니 인사 문제 등과 관련한 청탁행위는 언제 어디서고 그 관직이 가지는 권한에 비례하여 나타나기 마련이었다. 그런데 그러한 만남은 결국 부정부패로 이어진다는 데에 문제가 있었다. 따라서 부정부패 유발의 원초적 단계에서 그러한 행위는 철저히 금지시키려 했던 것이다.

그 실제는 조선 초기부터 볼 수 있다. 제2대 군주인 정종의 실록에는 다음과 같은 내용이 전한다.

지금부터 종실 공후 대신과 개국·정사공신에서 모든 관료 및 선비에 이르기까지 자기 직책에 이바지하되 서로 사사로이 만나지 말라. 만일 원통하고 억울하여 고소할 것이 있으면 관할 부처에 가서 개진하되 서로 은밀히 참소하고 헐뜯지 말라. 주인과 방문객을 조사하여 어긴 자는 먼 곳에 부처하고 종신토록 벼슬하지 못하게 하리라. 단 족친 가운데 삼 사촌과 각 절제사의 대소 군관은 이에서 제외된다. 그러나 말을 만들고 일을 일으키는 것이 있으면 죄가 같을 것이다. 만일 형조의 사건 담당관 이면 비록 삼사촌이나 소속 절제사의 처소라도 문병과 문상을 제외하고 는 사적인 만남을 허락하지 않는다.[21]

정치 행정의 공직 분위기를 혼탁하게 하거나 그 어떠한 부패행위를 낳을 수 있는 일체의 사사로운 만남을 엄금하겠다는 말이다. 이러한 조치는 그 당시의 정치인들에게 적지 않은 행동의 제약을 주었을 것이 지만 공정한 업무 수행을 위한 분위기 쇄신에는 하나의 큰 전기가 되 었을 것이다.

그러한 방책은 그 후에도 계속되었다. 태종은 즉위 초 무신武臣과 집정執政의 가옥에 분경하는 것을 금지시키면서 이르기를 "친족이나 외족도 모두 같은 5세의 친족에 한하여 금하고, 명령을 어기는 자는 현직에 있으면 신문할 것 없이 직첩을 거두며 파직하고 현직이 없는 자는 자원을 들어 외방에 귀양 보내라."고 명령했다.[22] 그 적용 범위를 외족에까지 확대시키면서 벼슬 없는 자들에 대해서도 엄정하게 다스 려 재발의 우려를 불식시키고 있었던 것이다.

또한 단종의 즉위교서에서는 다음과 같이 천명하였다.

이조와 병조의 집정가에 대한 분경을 금지한 것은 이미 밝힌 법령에 있지만, 서무를 헤아려 의논하는 정부의 대신 및 귀근貴近 각처에서는 분경을 금하는 일이 없으므로 무뢰無賴 한잡閑雜의 무리들이 사사로이 가서 만나는 일이 많으니 이제부터는 한결같이 집정가들의 예에 따르도

---

21 『정종실록』 1년 8월 庚子.
22 『태종실록』 1년 5월 戊申.

록 하고, 공사로 인해 진퇴하는 경우와 출사하는 자는 이 한계에 두지 않는다.[23]

종래의 규제 내용을 재확인하면서 정부 요직의 관리에게도 반드시 확대 적용되어야 한다는 입장을 보이고 있다. 이는 어린 군주의 즉위라는 정치적 상황이 함께 고려되어 나타나는 것이었겠지만 맑은 공직사회 분위기 조성책으로서 그 의의는 지속되고 있었던 셈이다.

이상과 같은 과정을 거치면서 분경금지의 행정조치는 마침내 입법화되고 있었으니, 『경국대전』에 정리된 관계 규정을 보면 다음과 같다.

분경하는 자(이조 관리와 병조의 장군들과 당상관, 이방·병방의 승지, 사헌부·사간원의 판결사의 집에 동성同姓 8촌 이내, 이성異姓·처친妻親의 6촌 이내, 혼인한 가문, 이웃 사람 등이 아니면서 출입하는 자)는 곤장 1백대에 3천리 유배에 처한다.[24]

이것은 조선 초기부터 추구된 내용들을 종합하여 법전에 성문화한 경우이다. 이로써 차후의 조선시대 모든 공직사회서는 그것이 하나의 원칙으로 간주되어 부정 예방의 큰 의미를 갖는 것이었다. 그러나 친인척 간의 왕래를 지나치게 금지하여 불평을 낳게 하는 측면이 없지 않았고 또 업무상의 방문이 분경으로 오인되는 경우도 있었다.[25]

---

23 『단종실록』 즉위년 5월 庚戌.
24 『경국대전』 「刑典」〔禁制〕
25 세종 11년 3월 庚子日의 실록에는 군기판사 韓欌이 公事를 알리고자 병조판서 崔閏德의 집을 방문했는데 분경금지법으로 파직되었다가 사면된 사실이 보이고, 일가 친척이나 이웃들이 왕래할 수 없음에 대한 불평의 기록은 성종 원년 1월 庚寅日의 실록에 보인다.
   이 분경금지법과 관련한 주변 상황의 내용은 李光麟의 「奔競禁止法의 制定과 그 變遷에 대하여」(『東方學志』 4집, 99~109쪽)에 잘 나타나 있다.

반면에 감시관의 눈을 피하여 피차간에 흔적 없이 만날 수도 있었 겠지만 그것은 법제도가 가지는 한계 밖의 현상으로 볼 수밖에 없다. 오늘날에는 감히 말도 꺼내지 못할 그러한 원초적 단계의 통제에서 조 선시대 정치인들의 반부패 의지를 견지하고 있었던 것이다.

2) 장리처벌법

다음으로는 금품 수수의 공직자에 관한 경우이다. '견물생심見物生 心'의 욕구를 극복하기 어렵듯이 공직사회에서 자신의 직위를 이용한 뇌물 수수행위는 끊임없이 나타났던 것 같다. 어린 시절의 인성교육에 서부터 벼슬길에 나가는 다단계의 시험과 평가에 이르기까지 그렇게 도덕성이 중시되었던 조선시대에서도 그러한 부패행위는 매우 은밀히 그리고 교활하게 자행된 경우가 흔했던 것으로 보인다.

특히 지방의 수령에게는 행정권과 사법권 등 제반 통치권이 주어진 상태에서는 그 가능성이 높아질 수밖에 없었다. 그러므로 다음과 같은 법규를 낳고 있었다.

수령이 관내 둔전屯田을 마음대로 남에게 주거나 서로 바꾸는 자는 죄로 논한다. 전세田稅 수납 때 공리貢吏가 납세자를 침탈하거나 말(斗) 을 높게 되거나, 혹은 납세자와 짜고 먼저 본가에 몰래 받은 뒤 조전소 漕轉所에서 남은 것으로 그 수를 채우는 경우에는, 사람들이 신고하는 것을 허용하여 중죄로 논한다. 신고한 자에게는 범인의 재산으로서 상 을 준다. 감납관監納官으로 공리들의 방자한 행위를 통제하지 못한 자 도 논죄한다. 관원으로서 함부로 거두는 자, 수령으로서 민간에서 함부 로 거두어 상납하는 자는 모두 형률에 따라 논죄한다.[26]

---

26 『경국대전』「戶典」〔雜令〕

농지 관리에서부터 조세 현장에 이르기까지 이해 당사자간의 부정 행위가 비밀리에 교묘하게 자행되는 상황에 대한 통제법규이다. 일반 백성으로서 공직자를 함부로 고발하는 것을 금지하는 소위 '부민고소 금지법府民告訴禁止法'을 뒤로 하면서까지 그 부패행위를 근절하려 했던 점을 볼 수 있다.

조선조에서는 그와 같은 부정한 물품수수의 공직자를 '장리贓吏'라 하였다. 즉 부패 공직자의 직접적인 표현으로서, '장贓'이란 부당하게 재물을 받아들이는 것을 뜻하니 '장리'란 수뢰나 위법으로 재물을 편취한 관리를 일컫는 것이었다.

그러한 부패관리를 제거하는 것은 도덕국가 건설의 차원에서나 공 명정대한 정치사회 구현의 차원에서 반드시 극복해야 할 지난의 과제 이었다. 그러므로 군주나 신료들은 그에 대한 법적 대응책 마련에 부 심하지 않을 수 없었다. 세종 때에는 장리의 몸에 글자를 새기고 파직 시키며 그 아들은 생원·진사의 문과시험에 응할 수 없도록 하며, 당 시 법전인『육전六典』과『대명률大明律』에 따라 준 자와 받은 자 모두 그 장물贓物을 계산하여 논죄하도록 하였고, 세조 때에는 장리의 친손 은 문관직에 오르지 못하게 하였으며, 성종 때에는 장리를 반드시 장 부에 기록해 두고 그 자손을 금고토록 하였다.[27]

이상의 내용들은 당시『육전』『속전』으로 통칭되는 법전에도 명시되 었을 것이 분명하나 그것이 현존하지 않으므로 그 후의 대법전인『경국 대전』을 통하여 그 전모를 보게 된다. 그에 나타난 장리 관련의 법규를 보면 다음과 같다.

  ① 장리贓吏의 아들이나 손자에게는 의정부 육조 한성부 사헌부 개성

27『세종실록』14년 1월 甲戌, 29년 5월 壬子,『세조실록』1년 7월 壬寅,『성종실록』 13년 10월 乙酉.

부 승정원 장예원 사간원 경연 세자시강원 춘추관 지제교 종부시 관찰
사 도사都事 수령의 직을 주지 못한다. ②만약 추천된 자가 장오贓汚
패상敗常의 죄를 범하면 천거한 자에게도 함께 그 죄에 연좌된다. ③죄
를 범하여 영구히 서용될 수 없는 자와 장리의 아들, 재가거나 실행
한 부녀의 아들과 손자, 서얼 자손은 문과 생원 진사 시험에 응할 수
없다.[28]

이들은 대부분 인사 행정상의 규제를 밝히고 있는 경우이다. 그 장
리를 중심으로 한 여러 사람들, 즉 그 추천자와 자손들에 대하여 연좌
緣坐의 규제를 가하고 있는 것이다. 그러면 장리 본인에 대한 처벌은
어떠했겠는가. 이는 위 세종의 말로서 확인되듯이 중국의 『대명률』을
적용하는 것이었으니, 『경국대전』 「형전刑典」의 서두 '용률用律'에서
"『대명률』을 쓴다."고 천명하였다.

그러면 그 『대명률』에 명시된 장리처벌법의 내용은 무엇일까? 그
원문을 소개하면 아래와 같다.

①무릇 관인이나 아전이 재물을 받으면 받은 양을 계산하여 죄를 판
정한다. 녹봉이 없는 자는 각각 한 등급을 감하고, 관인은 공훈을 삭제하
고 이름을 제거하며, 아전은 맡는 역할에서 파직시키고 모두 다시 임용
하지 않는다. 어떤 일을 말하며 돈을 수수한 경우에 녹봉자로 돈 받은
자는 한 등급을 감하고 녹봉 없는 자는 두 등급을 감하며 죄는 곤장 일
백대 이내로 한다. 받은 재물을 가지고 있으면 그것을 계산하여 무겁게
처리한다. ②무릇 관인 아전 일반인 등이 사안에 기인하지 않고서도 재
물을 받으면 장률에 연좌하여 죄에 처한다. 각각 주동자는 전체를 받으

---

28 ①『경국대전』「吏典」〔京官職〕 ②「吏典」〔取才〕 '薦擧' ③「禮典」〔諸科〕

로 깎아 계산하여 죄에 처하도록 하고 제공자는 5등급을 감하게 한다.[29]

공직자로서 뇌물의 성격으로 재물을 수수하는 당사자들은 물론이요, 어떤 일에 직접 관계되지 않는 것으로 보이는 경우, 예컨대 오늘날의 이른바 '대가성'으로 판명되지 않는 경우에도 절반의 형을 가하고 있는 내용이다. 특히 금품의 규모에 따라 그 당사자 중심으로 파면 강등 배상 등의 벌을 가하되 자손에까지의 연좌를 말하지 않는 점은 우리 조선과 달랐다.

바로 그러한 중국의 형법을 충분히 확인한 상황에서 자손에의 금고 규제를 강화하는 방식을 동원하여 수뢰행위를 근절하려 했던 것이 조선조의 입장이었다. 형벌을 더 엄격히 적용함으로써 부정부패를 영구히 추방할 수 있다고 보는 것이었다.

3) 엄벌주의

앞서 살핀 반부패 관련법의 두 경우를 보면 모두 엄벌주의의 노선을 취한 것임을 알 수 있다. 위에서 확인한 바와 같이, 고급 관리들에 내한 분경 금지의 법규를 위반한 자에게는 '곤장 1백대에 3천리 유배'의 형벌에 처한다고 하였다. 이러한 처벌 기준은 최고형인 사형 다음의 중죄에 해당하는 것이다. 이처럼 중형주의를 취하는 것은, 그 처벌이 무서워서라도 지정된 관리들에 대하여 동성 8촌 이내, 이성 처가 친척 6촌 이내가 아니면 감히 만나보겠다는 마음 자체를 가질 수 없도록 하게 하여 반부패를 향한 예방 효과를 극대화 하는 데에 그 의의가 있었던 것으로 보이다.

그런데 그 분경금지법 관련의 처벌은 행위 당사자에게만 국한되는

---

29 『大明律』「刑律」'受贓'〔官吏受財〕

것이었으나, 장리 관련 처벌법은 그와 달리 자손에게까지 연좌시키고 있었다는 점에서 그 엄벌의 다름을 말할 수 있다. 사실 어떠한 역모나 화란의 경우가 아니면 그처럼 연좌의 논리를 적용시키지 않는 것이었음에도 불구하고, 특별히 장리의 경우에는 그와 같은 엄형주의를 적용하고 있었던 것이다. 이에서 다시 한번 관직을 이용한 재물 수수의 부패행위에 대한 강력한 척결의지를 확인하게 된다.

이른바 '장죄贓罪'를 집행함에 당사자를 벌하고 장물을 회수하는 부분에 있어서는 큰 문제가 없었던 것으로 보이나,[30] 그와 같은 연좌제를 법규로 정하고 또 현실에 적용하는 데에는 적지 않은 논란이 있었던 것으로 보인다.

세종 때에 전개된 그 논란의 현장에서는, 그러한 제약을 두지 않는다면 탐오한 관리들이 꺼려하는 바 없을 것이라는 주장과, 장리 자손이라도 현능한 경우라면 마땅히 등용해야 할 것이라는 입장과, 의정부 대간 육조는 인물을 논하는 곳이므로 이에는 등용하지 말고 군관직에만 허용하자는 의견 등이 개진되었는데, 세종은 '쓰는 것이 좋겠다.'고 이르면서, "착한 자를 잘 대하는 것은 자손에게 미치게 하고 악한 자를 미워하는 일은 그 자신에 그치도록 하는 것은 옛날의 도타운 뜻이었다. 지금 장리의 자손을 억제하여 등용하지 않는 것은 비록 악인을 징계하고자 하는 처사이나 옛날의 뜻에 어긋남이 있으니, 지금부터는 재덕있는 자는 통례대로 서용하라."고 정리하였다.[31] 종래의 인사정책을 반성하면서 선악문제와 관련하여 합리적 결단을 내리는 장면이다.

그러나 이 장리의 문제가 부단히 제기되고 또한 엄단의 공론이 심

---

30 『문종실록』 즉위년 3월 庚申日 내용에 의하면, 부여 현감 丁時應을 장리로 처벌함에 있어서 부모와 일족들로 하여금 장물을 보상하게 하고 그는 종신토록 돌아오지 못하게 함길도의 먼 변방으로 내쫓아서 사람들의 소망에 통쾌하게 하기를 청하는 사헌부 상소에 대하여 임금은 허락하니 법 적용에 별 문제가 없음을 나타냈다.
31 『세종실록』 14년 5월 辛未, 甲戌.

화될수록 그 자손들을 규제해야 한다는 데에 힘을 얻게 된다. 그리하여 앞서 살펴본 바와 같이 『경국대전』에서는 응시와 출사 부분에 엄격한 제한을 두도록 규정하였는데, 그 법전 편찬이 완성될 즈음인 성종 16년(1485) 6월에도 삼사三司의 관리들과 임금 사이에는 10여일에 걸쳐 그 법 적용 문제를 놓고 일대 논란을 벌리고 있었다. 그러한 과정을 통하여 성종의 이른바 "애매한 일에 대하여 무거운 법망으로 얽는 것은 국정에 누가 될 듯하다."[32]라는 말이 뜻하는 것처럼 자칫 억울한 피해자가 속출할 수 있다는 사실이 확인된다. 그러한 난제는 그 다음 해 7월 다시 10일간의 격론을 불러일으키기도 하였다.

하지만 장리 자손에 대한 진출의 규제는 포기되지 않았으며, 중종 때에 이르러서는 장리의 자손으로서 양자로 들어간 경우까지 거론되고 있었다. 당시 그러한 문제에 관해서는 『경국대전』이나 『대명률』에도 그 원칙론이 없을 뿐만 아니라, 생부 관계를 중시하면 제약을 두지 않을 수 없고 양부 관계를 중시하면 허통할 수가 있는 것이기 때문에 근 20일간의 격론이 이어졌다. 그 결과 우의정 성희안成希顔의 의견이 채택되었는데 그 내용은 "장리의 자손으로 남의 후사後嗣가 되어 과거 응시가 허락된 자에게 의정부 승정원 대성臺省 정조政曹 경연관 서연관 춘추관 지제교 장례원 종부시 이외에는 허통하도록 한다."[33]라는 것이다. 정부의 요직에는 진출할 수 없다는 것으로서 이 또한 엄격히 규제하는 성격의 것이었다.

이처럼 『경국대전』에 정리된 장리의 자손에 대한 정치 참여의 제한 규정은 때로는 완화되는 모습을 보이기도 했지만, 그 원칙은 양자의 경우에까지 적용할 정도로 엄정히 준용되고 있었던 것이다. 그러한 엄벌주의는 군주가 아닌 신료의 입장에서 더욱 강조되고 있었다는 점에

---

32 『성종실록』 16년 10월 癸卯.
33 『중종실록』 7년 1월 戊申, 己酉.

서 조선조 공직사회의 한 성격을 볼 수 있다.

3. 부패 극복의 원리

1) 예의염치

그러면 조선시대 부패 척결의 대안으로서는 그와 같은 법제적 측면을 강조하는 것으로만 말할 수 있을 것인가? 그것은 앞에서 살핀 유교 정치문화의 기저와도 걸맞지 않는 모습이다. 오히려 그와 같은 법제의 엄정함 못지않게 인간 내면의 정신적 측면이 강조되고 있었음을 보게 된다.

그것은 바로 그 부정부패 척결의 현장에서 특히 공직자 스스로의 발언으로 나타나고 있었다는 점에서 그 의미를 더하게 된다. 말하자면 법제의 엄정성 속에는 자율의 도덕성이 함께 지향되고 있었다는 사실이다. 이와 관련하여 우선 공직사회 전체를 배경으로 하는 부패 극복의 원론을 주목해 보기로 한다.

사실 일정한 급여를 받는 공직자로서 그에 만족하지 않으며 별개의 수익을 도모하는 행태는 부패행위로 지적되기 이전에 우선 그 본인에 있어 '떳떳하지 못한 일'로 인식되는 것은 부인할 수 없다. 더구나 인륜 도덕적 삶을 가장 중시하는 유학을 공부한 사대부로서는 그 심도가 더욱 깊이 작용하게 된다.

이러한 점은 세종 때의 사간원 상소에서도 지적되고 있다. 즉 뇌물로 관직을 더럽히는 점에 대하여 임금께 아뢰기를 "사대부의 행실에는 뇌물로 더럽히는 것보다 추한 것이 없습니다. 관리로 있는 자는 녹봉을 받아 생활함에 부족하지 않는데도 관직에 임하여 물건을 훔치는 것은 좀도둑보다 심하니 그 징계의 법을 엄하게 하지 않을 수 없습니다."라고 하였다.[34] 수뢰행위란 가치적 측면에서 보면 '추한 것'이요

사실적 측면에서 보면 '좀도둑 보다 더한 것'이라고 비판하면서 그에
대한 엄벌의 당위성을 강조하고 있는 것이다.

바로 그 상소문에는 또 다음과 같은 말이 있다.

예의염치禮義廉恥는 나라 다스림의 네 벼릿줄인데 이것이 펼쳐지지
않는다면 어떻게 나라를 다스릴 수 있겠습니까. … 바라건대 조정 관리
중에서 청렴하고 올곧은 자를 택하여 불시에 보내서 주州 군군의 마을
에 들어가 수령이 탐하여 더럽히는 일들을 모두 묻고 살펴서 그 잘못이
발견되면 형률에 따라 죄를 과하고 용서함을 없이 할 때 장리를 징계할
수 있을 것입니다.[35]

지방의 탐관오리를 추방하기 위한 부패 척결 논설의 서두에서 '예
의염치禮義廉恥'라는 이른 바 '사유四維'를 강조하고 있다. 그러한 태
도에서 국가가 바로 유지될 수 있고 또한 부패행위가 나타날 수 없다
고 보는 것이다. 그러므로 조선시대 부패 척결의 상소문은 거의 공통
적으로 그 '사유'를 재확인하는 서식을 취하고 있었다.[36]

그러면 그 말은 어디에서 비롯하는 것이며 그에 포함된 참된 의미

34 『세종실록』 19년 5월 己酉.

35 위와 같음.

36 ① 세종 때 사헌부 상소: "예의염치는 나라의 네 벼릿줄이니 펴지면 인심이 깨끗하
고 정치가 맑아서 나라를 밝고 창성하게 이끌어 올려지지만 그것이 늘어지면 인심
이 더럽고 정치가 타락하여 나라를 어둠 속으로 떨어지게 됩니다. … "『세종실록』
29년 5월 壬子.
② 성종 때 사간원 상소: "管子가 이르기를 '禮義廉恥는 네 가지 벼릿줄인데 이것이
펴지지 않으면 나라가 망한다.'고 하였는데, 지금 '탐욕스럽고 검은 마음(貪墨)'을
가지는 풍속이 성하여 염치의 도가 없어졌습니다. … "『성종실록』 23년 11월 辛巳.
③ 선조 때 사간원 상소: "예의염치는 四維라고 하는데 이 사유가 행해지지 않으면
나라가 망한다고 합니다. 요즈음 염치의 도가 상실되고 臟汚의 풍조가 형성되었으
며 변방장수의 경우에는 탐욕이 더욱 극심합니다. … "『선조실록』 29년 3월 己丑.

는 무엇일까? 이에 춘추시대 관중管仲의 『관자管子』에 전하는 그 원
문이 주목된다.

> 나라에는 '네 벼릿줄(四維)'이 있다. 한 줄기가 끊어지면 나라가 기울
> 고, 두 줄기가 끊어지면 나라가 위태롭고, 세 줄기가 끊어지면 나라가
> 엎어지고, 네 벼릿줄 모두 끊어지면 나라는 멸망하게 된다. 기운 것은
> 바로 잡을 수 있고 위태로운 것은 안정시킬 수 있고 엎어진 것도 일으
> 킬 수 있으나, 멸망한 것은 다시 잡아 돌이킬 수가 없다. 무엇을 네 벼릿
> 줄이라 하는가? 하나는 '예禮'라 이르고 둘은 '의義'라 이르며 셋은 '염
> 廉'이라 하며 넷은 '치恥'라 한다. '예'란 절도에 어긋나지 않음이요,
> '의'란 스스로 나서지 않음이요, '염'이란 악을 감싸지 않음이요, '치'란
> 굽은 것을 따르지 않음이다. 그러므로 절도에 어긋나지 않으니 윗분이
> 편안하게 되고, 스스로 나서지 않으니 백성들이 간교하거나 속임이 없
> 게 되며, 악을 감싸지 않으니 행동이 저절로 온전하게 되며 굽음을 쫓지
> 않으니 간사한 일들이 생기지 않는다.[37]

이처럼 관자는 국가 유지의 덕목들 가운데 특별히 예禮·의義·염
廉·치恥의 네 가지를 강조하고 있었다. 제齊나라 환공桓公을 도와 강
성한 국가를 이루게 하였던 그가 비록 법가의 인물로 평가되지만 이러
한 그의 '사유론四維論'을 보면 법 제일주의의 후기 법가들과는 같지
않았음을 알게 된다. 그 중에서 특히 '예'와 '의'의 측면은 공맹孔孟의
군신관계론[38]으로 이어져 유교 정치인들의 자기관리 요목으로 중시되

---

37 管仲, 『管子』 제1 「牧民」 〔四維〕: "國有四維 一維絶則傾 二維絶則危 三維絶則覆
四維絶則滅 傾可正也 危可安也 覆可起也 滅不可復起也 何謂四維 一曰禮 二曰義
三曰廉 四曰恥 禮不踰節 義不自進 廉不蔽惡 恥不從枉 故 不踰節則上位安 不自進
則民無巧詐 不蔽惡則行自全 不從枉則邪事不生."
38 孔孟 군신관계론의 중심은, 공자의 '君使臣以禮 臣事君以忠'(『논어』 「八佾」)과 맹

어 온 것으로 보인다.

또한 그러한 사유의 태도는 비단 정치인으로서의 공직에서뿐만 아니라 유교인 모두에게 하나의 보편 가치로 작용해 왔다는 점에서 그 의의를 엿볼 수 있다. 즉 '예禮'는 "자신을 이겨 예로 돌아가면 어질게 된다."[39]라는 말에서 보듯이 자기존재양식의 표본으로, '의義'는 "이익을 보면 의를 생각하라."[40]고 하였듯이 물질 관계의 기본 척도로, '염廉'은 "항산恒産이 없더라도 항심恒心을 잃을 수 없다."[41]는 청렴 정신으로, 그리고 '치恥'는 "법으로 다스리고 형벌로 통제하면 사람들은 그 벌에는 벗어나더라도 염치는 없어진다."[42]라는 말에서 보듯이 법치와 덕치를 가르는 중심처로서 그 각각의 의미를 갖는 것이었다. 그러므로 조선 초기 유생들은 이 사유에다 스스로의 특징을 두면서 자신들을 차별화하기도 하였다.[43] 그러한 모습을 견지할 때에 비로소 '진유眞儒'가 될 수 있다고 여겼던 것이다.

이상에서 알 수 있는 바와 같이 부패 극복의 원론으로 제시되었던 사유에는 기본적으로 유교에서 강조되는 인간 보편의 도덕성과 사회 공존의 가치관이 내재되어 있었고, 또한 그것은 조선시대 도덕 국가 건설의 요체로서 그리고 부패 척결의 정신적 원동력으로서 부단히 작용했던 것이다.

자의 '君臣有義'(『맹자』「滕文公上」)에서 보는 바와 같이 禮와 忠 그리고 義가 중시되고 있었다.

39 『논어』「顔淵」: "顔淵 問曰 子曰 克己復禮爲仁."

40 『논어』「憲問」: "見利思義 見危授命." 「季氏」: "孔子曰 君子有九思 … 見得思義"

41 『맹자』「梁惠王上」: "無恒産而有恒心者 惟士爲能."

42 『논어』「爲政」: "子曰 道之以政 齊之以刑 民免而無恥 道之以德 齊之以禮 有恥且格."

43 태종 7년 11월 乙亥日의 실록에 의하면, 당시 三館(홍문과 예문관 교서관)의 儒生들이 의정부에 올린 글에서는 "공자의 무리로서는 禮義를 귀하게 여기고 廉恥를 존중하는 것을 큰 절개로 여긴다."하면서 그러한 四維 진작의 교화를 위하여 權近이 제시한 교육방식의 적용을 요청하였다.

2) 물욕 초월의 가치관

조선시대 반부패론에서 주목되는 또 한 가지는 인간 욕구의 문제를 직시하고 있었다는 점이다. 모든 인간 행위는 그 '욕망'에서 비롯한다는 사실을 부인할 수 없었기 때문이다. 그러면 조선조의 공직자에 있어서 그에 대하여 어떠한 태도를 갖는 것이 바람직하다고 보는 것이었을까?

이 점과 관련하여 조선 초기 청렴결백으로 이름난 강석덕姜碩德의 졸기가 주목되는데 실록에 전하는 그 일단을 보면 이러하다. 60세 때 자신의 과거에 대하여 "내 비록 공리는 다른 사람들에 미치지 못했지마는 일을 행하는 데에는 권모나 속임이 없었으니 스스로 반성해 보아도 부끄러움이 없다."라고 자평했던 그는, "관직에 있으면서 일을 생각할 때에는 다스리는 방법이 매우 주밀했으며, 집에 거처할 경우에는 좌우에 도서를 갖추고 향을 피운 채 단정히 앉아 있어 고요하고 평안하여 영예를 구함이 없었다. 손수 '징분질욕懲忿窒欲(성남을 징계하고 욕심을 억제함)'이라는 네 글자를 써서 좌우에 붙여두고 손에서 책을 놓지 않았다."고 전한다.[44] 지돈령부사라는 고위직에 이르기까지의 긴 공직생활 전체에 대하여 스스로 '그 어떠한 부끄러움도 없었다'고 이를 만큼 당당할 수 있었던 것은, 바로 그런 성냄과 욕심에 대한 엄정한 태도로서 가능했음을 보여주고 있는 것이다. 그 '징분질욕懲忿窒欲'이라는 구절은 『주역』에서 비롯하여 『근사록』을 거치며[45] 심성수양의 핵심 용어로 중시되어 왔다.

인간을 '감정의 동물'이라 하듯이 때로는 성이 나고 욕심이 생기는

---

44 『세조실록』 5년 9월 己丑.
45 『周易』「損卦」〔象傳〕: "象曰 山下有澤 損 君子 以 懲忿窒欲. (註: 君子修身所當損者莫切於此" 朱熹 呂祖謙, 『近思錄』 권5: "濂溪先生曰 君子乾乾不息於誠 然必懲忿窒欲遷善改過而後至."

것은 자연스런 모습이기도 하다. 그러나 그것을 방치하면 인간답지 못한 행태가 드러나기 마련이다. 이 점에 대하여 유교 경전에서는 이렇게 진단한다.

> 무릇 물질이 사람을 감동시킴에는 한이 없다. 사람이 좋아하고 미워함에 절제가 없으면 물질이 이를 때 사람은 물질로 변한다. 사람이 물질로 변한다는 것은, 천리를 없애버리고 또 그 욕구도 다 채우지 못하게 된다는 것이다.[46]

물질에 대한 '끝없는 욕구'의 방치는 곧 인간으로서의 자기 자신에 파멸을 초래하지 않을 수 없음을 지적하고 있는 것이다. 따라서 그 물욕 초월의 가치관이 요구되지 않을 수 없었다.

유교 고전에서나 조선의 반부패론에서 인간이 욕망의 존재임을 부정하지는 않는다.[47] 그렇다고 무조건 그 욕구 자체를 모두 없애라는 뜻으로서의 '무욕無欲'을 강요하지도 않는다. 맹자의 "마음을 함양하는 데에는 욕심을 줄이는 것보다 좋은 것이 없다."[48]라는 말이 가리키듯이 오직 지나친 욕심을 경계하면서 가능하면 그것을 줄어가는 적절한 절제력이 요청되고 있었던 것이다.

그러면 또 그 '적절함'의 기준은 어디에 있는 것인가? 이와 관련해서는 조선의 큰 유학자 유숭조柳崇祖가 중종께 올린『강모십잠綱目十

---

[46] 『禮記』「樂記」: "夫物之感人無窮 而人之好惡無節 則是物至而人化物也 人化物也者 滅天理而窮人欲者也."
[47] 『書經』에 湯의 신하 仲虺의 이른바 "하늘이 백성을 내심에 욕망이 있게 하였으니 임금이 없으면 곧 어지러워질 것이다. 하늘이 총명을 낳으시어 다스리게 하시다." 라는 말로 人欲의 선천성이 인정되고 있었는데, 바로 이 부분이 성종 때 홍문관 부제학 安處良 등의 반부패 상소문 서두에서 인용되고 있었다. 『성종실록』16년 6월 癸巳.
[48] 『맹자』「盡心下」: "孟子曰 養心 莫善於寡欲."

箴』중의 '수신잠修身箴'에 나타난 아래의 말이 주목된다.

> 하늘의 질서를 따라 말은 충성되며 미덥게 하고 행실은 반드시 돈독
> 하고 공경되게 하며 개과천선하고 '성냄을 징계하고 욕심을 억제하되
> (懲忿窒欲), 행하여 되지 않는 것이 있으면 자신에게 반성하고 … 화순
> 함이 안에 쌓이고 영화로움이 밖으로 나타나 모든 행동이 저절로 법칙
> 에 맞게 된다.[49]

여기서 그 '적절함'의 기준이란, 안으로는 인간이 타고난 '하늘의
질서(天秩)'를 가리키는 것이요 밖으로는 '악을 버리고 선을 따름'을
가리키는 것임을 알 수 있겠다. 그러한 방향으로의 정서를 돈독히 할
수 있는 것은 바로 성나는 것을 징계하고 욕심을 억제하는 태도에 있
다고 보는 것이다. 사람들에게는 감정을 다스리지 않고 욕심을 방치
한다면 그 어떠한 경우에도 참된 모습을 기대하기란 어려운 것이기
때문이다.[50]

그러므로 그러한 심성 수양의 논지는 관리들에 있어서 뿐만 아니라
군주에게도 긴요한 의미를 갖는 것으로 본다. 효종의 경연에서 신하와
임금이 "성나는 것은 징계할 수는(懲忿) 있으나, 욕심을 억제하는 것
(窒欲)은 용이하지 않다."[51]는 데에 공감하고 있었던 것은 바로 그러한
이유에서였다. 여기서도 확인되듯이 '징분질욕' 내의 두 측면에서 '성
남을 자제함'보다도 '욕심을 억제함'이란 실로 간단치 않다. 그것이 어

---

49 『중종실록』 6년 3월 壬戌.

50 『靜菴集』 권2「兩司請改靖國功臣啓一」: "만약 사리 추구의 원천을 통렬히 막아내
지 못한다면 '利欲'이란 사람들이 빠지기 쉬운 것이니 반드시 말로 다할 수 없는
일들이 있게 될 것이다."

51 그것은 경연에서 『心經』을 공부하다가 孝宗과 시독관 李時術, 찬선 宋浚吉 사이에
서 나온 말이다. 『효종실록』 9년 1월 癸丑.

려운 것은, 인간의 내면에서 끊임없이 솟아나는 것이 그 욕심이요, 외면에서는 그에 대한 유혹의 상황이 계속되기 때문이다.

따라서 '욕구 절제'라는 수양의 과제는 어느 한 순간의 일로 해결될 수 없음을 알게 된다. 조광조趙光祖가 학자의 기본 태도에 관하여 "공부하는 이가 먼저 힘써야 할 것은 의義와 리利를 변별하는 것보다 절실한 것이 없다. 사욕의 싹은 모두 利에서 비롯하는 것이니 생각의 싹을 따라 그 근본을 없앤 연후에야 공부에 안정할 수 있는 것이다."[52] 라는 말로서 물욕 초월의 정신력을 강조하고 있었던 점 역시 그러한 측면에서 참된 의의가 있었다.

3) 부패 감시의 내면화

이상에서 부패 극복의 원리로 강조된 예의염치禮義廉恥나 징분질욕懲忿窒欲은 모두 공직자 스스로가 견지해야 할 심성과 행위에 관한 내용이다. 즉 남의 일이거나 외부로부터의 규제적 성격이 아니라 내부로부터의 자발적인 자기관리의 성격으로 말해진 것이었다.

따라서 그것은 옳지 못한 행위의 현장에서는 자기 스스로에게 하나의 감시자적 억힐을 하게 되기 마련이다. 그것도 외부로부터의 감시가 아닌 내부로부터의 감시이다. 이러한 점에서 그것은 결국, 남이 보지 않는 영역에까지 깨끗함을 보장할 수 있다는 반부패 이론의 완성본이라 할 수 있다.

이러한 감시의 내면화 논리가 조선조의 반부패론에서는 부단히 추구되고 있었다. 세종 때의 사헌부 상소에서 아래와 같은 중국의 고사를 인용한 이유 또한 바로 그에서 벗어나지 않는다.

---

52 『정암집』「부록」권2 〔語類〕: "學者先務 莫切於義利之辨 私欲之萌 皆出於利 從念頭拔去根本 然後可安於學矣."

한나라 양진楊震이 동래태수가 되어 창읍을 지날 때, 그가 전에 무재茂才 시험으로 등용시킨 그 곳의 수령 왕밀王密이 찾아와 인사하고 밤에 금 열 근을 품고 와서 주려했다. 이에 양진이 말하기를 '친구는 그대를 아는데 그대는 친구를 모르니 웬일인가?'하니, 왕밀은 말하기를 '어두운 밤이라 아는 자가 없습니다.'고 하였다. 양진은 또 말하기를 '하늘이 알고 귀신이 알고 내가 알고 그대가 아는데 어찌 아는 자가 없다고 하는가?'하니, 왕밀은 부끄러워하며 돌아갔다.[53]

이 대목에서 우리의 관심을 높이는 것은, 부정행위에 대하여 '아는 자'에 대하여 양진과 왕밀의 생각이 다르게 표현되었는데도 불구하고 결국은 왕밀이 '부끄러워했다'는 부분이다. '아는 자 없다'고 말하던 그 왕밀이 어찌하여 부끄러워할 수 있었겠는가?

그것은 곧 왕밀에 있어서 부정행위에 대한 내부감시자, 즉 양진의 이른바 하늘과 귀신 그리고 너와 나의 존재를 부인할 수 없었기 때문이다. 말하자면 '아는 자'의 영역에 자신을 포함시키는가의 여부, 그리고 하늘과 귀신으로 불리는 또 다른 측면의 정신적 감시자를 상정하는가의 여부에 문제의 중심이 있었다는 점이다. 이를테면 반부패론에서 왕밀은 외부고발제만을 의식하는 유형이었음에 비하여, 양진은 소위 내부고발제도 넘어서는 자기감시의 전형적인 모습을 보이고 있었던 것이다.

조선시대 부패 척결의 상소문에서 그러한 고사를 소개하던 것은 예의염치의 부패극복론과 기본적으로 성격을 같이한다. 남은 모르더라도 나는 알고 있다는 진실됨을 향한 관점의 전환, 그리고 내가 나를 알고 있는 한 나의 잘못에 대해서는 내 스스로가 묵인할 수 없다는 자기감

---

53 『세종실록』 29년 5월 壬子.

시의 능력 함양은 바로 그 '사유四維'에서 가능한 것이기 때문이다.

그와 같은 자기관리의 문제는 유교에서 매우 적극적으로 지적한다. 그것은 다름 아닌 '신독愼獨(스스로를 신중히 함)'의 자리이다. 『대학』에서는 스스로 속임이 없는 '성의誠意'의 진면목으로 그 신독을 말했고,[54] 『중용』에서는 남들이 보지 않고 듣지 않으니 도리에 일탈되지 않도록 더욱 신중해야 한다는 의미로서 그것을 말했다.[55] 여기에는 비록 남들은 알지 못한다 하더라도 자기만은 알고 있다는 사실성이 전제되어 있다.

따라서 그러한 경서의 내용을 공부하며 실천하는 데에 매진하던 조선시대의 유신들은 그 어느 때의 공직자들보다도 내면적 자기 감시능력을 심화해 가지 않을 수 없었을 것이다. 그로 말미암아 의義와 리利, 공公과 사私의 갈림길에서 '떳떳함'을 향한 인격과 정신적 가치를 더 높이게 되고 반부패의 공론은 더욱 힘을 가질 수 있었던 것으로 보인다.

4. 반부패 정치문화의 현대적 수용

1) 현대적 평가

2001년 6월 우리나라 국회에서는 「부패방지법」을 심의 확정하였다. 이는 1996년도부터 시작된 시민단체들의 지속적인 입법운동의 결실이며, 나날이 자행되는 부정부패는 이제 더 이상 방관할 수 없다는 시민의식의 반영이었다. 그로 인하여 2002년 1월부터는 그 법률이 시행

---

54 『大學』'傳' 6장: "所謂誠其意者 毋自欺也 如惡惡臭 如好好色 此之謂自謙 故君子 必愼其獨也."
55 『中庸』1장: "道也者 不可須臾離也 可離 非道也 是故君子戒愼乎其所不睹 恐懼乎 其所不聞 莫見乎隱 莫顯乎微 故君子愼其獨也." (註：幽暗之中 細微之事 跡雖未形 而幾則已動 人雖不知而己獨知之)

됨과 동시에 '부패방지위원회'가 발족되었다. 이 위원회는 업무를 시작하자 곧 그 「부패방지법」(8조)에 따라 「공무원행동강령(안)」을 발의하였고, 2003년 2월에는 「공무원의청렴유지등을위한행동강령」이 공포되었다. 2005년 7월부터 그 위원회는 '국가청렴위원회'로 개칭된 상태로 운영되고 있다.

이와 같은 최근의 법령 제정과정을 보면 우리 주변에서는 이제 더 이상 공직자의 부패 행위를 볼 수 없을 것 같다는 기대감을 가지게 한다. 그러나 국제적인 부패인식지수 40~50위가 말해주듯[56] 우리의 현실은 아직도 10점 만점에 5점 수준밖에 되지 않는다는 데에 문제의 심각성이 있다. 은밀하게 자행되던 부패행위는 근절되지 않고 있을 뿐만 아니라 최근에는 금품수수의 현장 적발이 종종 보고 되기도 한다.

여기서 우리는 부패추방이란 법적 제재의 방법만으로는 해결될 수 없다는 사실을 거듭 확인하게 된다. 그것은, 「부패방지법」이 제정되기 이전에도 그와 유사한 법령들이 이미 시행되고 있었다는 우리의 현실이[57] 잘 말해주는 바이기도 하다. 법률 내용으로 보면 종래와 달리 부패신고와 처리의 절차에서 소위 '내부고발제'를 수용함으로서 공직자 스스로가 부패 통제의 주체로 전환되었다는 긍정적 의미를 말할 수도 있을 것이다. 그러나 그 또한 행위자 자신의 밖에서 고발되는 형식을 넘지 못한다는 점에서는 종래의 경우와 크게 다르지 않다. 즉 부패행위를 낳을 수 있는 공직자 그 개인의 내면세계를 도외시하고 있음은 공통적이다.

공직 부패는 다수보다는 소수가, 소수보다는 개인 중심으로 은밀하

---

56 2003년 베를린에 본부를 둔 국제투명성기구가 조사한 바에 의하면 우리나라는 2002년 102개국중 40위(4.5점), 2003년 133개국중 50위(4.3점), 2004년 146개국중 47위(4.5), 2005년 159개국중 40위(5.0)에 올랐다.

57 공직자 부패 추방 관련의 대표적인 법령은, 「국가공무원복무규정」 「공직자윤리법」 「공무원범죄에관한몰수특례법」 「공무원징계령」 등이 있다.

게 시도되는 것이라는 점을 주목할 때에, 이 개인의 내면세계야말로 부패의 발원지라는 사실을 부인할 수 없다. 따라서 만일 공직자로서 갖추어야 할 심성과 공공의식의 자기관리 부분이 간과된다면, 부패방지의 문제는 요원한 과제로 남을 것임은 분명하다.

부패 행위는 분명 제도나 법령의 미비함에서 비롯한 현상만은 아니다. 또한 무지함의 소치라고도 볼 수 없다. 그것은 '견물생심見物生心'에서 '견리사의見利思義'로 나아가는 가치관이 상실된 채, '아는 것'과 '행동하는 것'의 이원화 현상에서 비롯하는 것임을 간과할 수 없다. 그럼에도 불구하고 사람들은 부패 행위에 대하여 '도덕적 불감증'이라는 말은 곧잘 하면서도 그 불감증을 치유하기 위한 깊은 고민은 하려하지 않는다.

하지만 앞서 살핀 바와 같이 조선시대의 경우는 이와 달랐다. 당시의 사회에서도 오늘날 못지않게 부패방지의 문제가 심각하게 대두된 것은 사실이다. 그러나 그 대응책은 개인의 내면세계에 이르기까지 더욱 심도 있게, 그리고 교화와 행정이 입체적으로 강구되고 있었다. 그로 말미암아 조선왕조는 5백년 문민의 긴 역사를 가질 수 있었던 것이다. '절대 권력은 절대부패'라는 말에 비추어 보면, 조선왕조 5백년은 쉽게 이해될 수 없다. 조선시대에는 도덕적 공직자를 향한 학습내용에서부터 근무평가와 감찰제도에 이르기까지 반부패의 요소들이 다각적으로 부단히 지향되고 있었던 것이다. 거기에는 부패 추방의 기본이 되는 이른바 '사회 문화적 시스템'이 작동하고 있었던 것이다.[58]

이제는 지금까지 검토한 조선시대 부패방지책의 요체는 현대적 관

---

[58] 'UN의 반부패 협약'을 추진중인 국제투명성기구의 페터 아이겐(독일) 회장은 한국의 부패가 심각하다고 보면서 "개별 사건에 대한 처벌로 될 것이 아니라, 시민사회의 협력과 문화적 시스템을 통해 부패를 추방해야 한다."고 주문했다. 「조선일보」 2004.3.25.A27.

점에서 어떻게 평가되는 것이며 그 긍정적 측면은 오늘의 부패 추방을 위해 어떠한 방향으로 수용될 수 있겠는가 하는 문제를 생각해 보기로 한다.

먼저 그 평가 부분과 관련하여 조선시대에서 견지된 부패 추방의 요체를 말하자면, 첫째 유교 문화를 배경으로 사람들 모두에게 도덕성 정립의 문제가 부단히 중시되고 있었다는 점이다. 그것은 공직자 양성 과정에서는 물론 서민의 일상생활에서부터 군주의 정치활동에 이르기까지 하나의 공통 과제로 인식되고 있었던 것이다. 이는 『대학』에서 '수신修身'을 모든 사람들의 기본으로 천명하는 데[59]에 충실하는 것이기도 하였다. 그로 말미암아 조선 5백년의 역사에서는 『소학』을 필수 교양교재로 취하는 것이었으며, 덕행이 뛰어난 자에게는 표창과 등용의 형식으로 항상 우대하였을 뿐만 아니라, 공직자에게는 예의염치를 따르는 청렴결백의 근무태도를 중시하게 하였으니 마침내 청백리제도를 낳게 된 것이다. 그와 같이 다방면에서 입체적으로 추구된 도덕성의 문제는 사회 구성원 각자에게 도덕적인 삶의 주체로 인식되게 했음은 물론이다. 그러므로 도덕적 측면에서 비난을 사게 되면 사회의 그 어느 곳에서도 살아가기 어려웠다.

이러한 점을 오늘에서 생각해 볼 때 그들은 오직 '도덕을 위한 삶'에 치중한 것으로 평가될 수도 있을 것이다. 사실 국가적으로도 부국강병보다 인륜사회 구현에 더 큰 명분을 내세울 만큼 도덕 질서의 유지가 중시되었다. 그 배경에는 바로 유교가 있었기에 더욱 그러했다. 그러나 오늘의 사회는 그와 다르다. 따라서 그것 그대로를 높이 여길 수는 없을 것이다. 하지만 오늘의 현실에서도 인간가치와 사회안정의 차원에서 도덕성을 말하지 않을 수 없고, 또한 정치인이나 공직자에게

59 『大學』經1장 : "自天子至於庶人 壹是皆以修身爲本 其本亂而末治者 否矣."

는 청렴의 의무가 강조되지 않을 수 없는 상황임[60]을 주목할 때에 공동 가치로서의 도덕성 문제는 여전히 중시되고 있음을 알 수 있다.

다음, 두 번째로 지목되는 조선조 부패 추방의 요체는, 부정행위에 대한 안팎의 감시능력이 제고되고 있었다는 점이다. 앞서 살핀 바와 같이 예의염치禮義廉恥나 징분질욕懲忿窒欲의 심성 수양을 강조한 것이나, 하늘과 귀신 그리고 너와 나의 실재를 확인시키는 것은 바로 그 안으로부터의 감시능력을 함양하기 위함이었고, 근무 현황에 대한 공개적인 평가제도나 '암행어사'와 같은 비공개의 감찰활동은 그 밖으로부터의 감시능력을 제고하는 성격의 것이었다. 이 중에서도 특히 공직자 개인의 정신적 영역에 이르기까지 그 부패예방의 논리를 확대시키고 있었던 점은 높이 평가될만한 부분이다. 부정행위에 대한 외재적 측면은 예나 지금이나 다를 바 없다고 하겠지만 그 감시능력의 내면화 운동은 부패행위의 발원지부터 정화하는 성격을 갖는 것이기 때문이다. 그리고 그와 같은 부패 발원의 처음을 중시하던 입장은 '분경금지법'의 형식으로 나타나기도 하였다. 이 또한 현대에서는 거의 시행하기 어려운 방책이지만, 오늘날에서도 정치인이나 가족·친척의 청탁으로 인한 부패 발생의 빈도가 높게 나타나는 점을 직시할 때에 그와 같은 분경금지의 기본 정신은 오늘날에도 큰 의미를 가질 수 있다고 본다.

셋째는, 부패 제재의 강도가 매우 강하게 추구되고 있었다는 점이다. 이와 관련한 내용도 앞에서 고찰하였지만 부패 관리 즉 장리에게는 '곤장 1백대에 삼천리 유배'라는 사형 다음의 중죄에 처하는 것이었다. 그리고 그 자손에게도 진출을 제한하여 연좌시키는 강경책을 시

60 우리 「대한민국헌법」 46조의 1항은 "국회의원은 청렴의 의무가 있다."고 규정되어 있고, 「국가공무원법」(법률 제06855호)에서는 다음과 같이 명시되어 있다. 제61조 (청렴의 의무) ①공무원은 직무와 관련하여 직접 또는 간접을 불문하고 사례·증여 또는 향응을 수수할 수 없다. ②공무원은 직무상의 관계 여하를 불문하고 그 소속상관에 증여하거나 소속공무원으로부터 증여를 받아서는 아니 된다.

행할 정도로 그 척결의지는 분명하였다. 즉 직위를 이용한 재물상의 범죄를 저지르면 자기 자신에 대한 처벌뿐만 아니라 자기의 가문에 누명을 감수해야만 하는 상황이었다. 가문의식이 깊었던 조선시대에 있어서 그러한 연좌논리는 큰 효력을 보았을 것이다. 최소한 후손에게 욕보이는 집안 어른은 되고 싶지 않았을 것이기 때문이다. 그런데 그러한 원칙의 준행을 군주가 아닌 공직자들 스스로의 입장에서 강조되고 있었다는 점이 또한 특이하다. 이러한 점에 대하여 오늘의 우리들은 어떻게 말할 수 있을까? 연좌 논리 자체를 거론할 상황은 이미 지났고, 부패 관리에 대한 처벌도 완화되기를 바라는 모습이다.[61] 물론 처벌이 목적은 아니므로 그 방법은 다양하게 말할 수 있을 것이다. 그러나 그 온정주의가 부패행위를 줄일 수 없다면 엄정한 타율적 방책은 불가피하다. 이러한 점에서 조선과 현대는 다른 면이 있다.

이상에서 보는 것처럼 조선시대의 반부패 의지는 안팎으로 널리 펼쳐지고 있었으니, 내면적으로는 인간적 도덕성 추구의 노력이 깊었음에 비례하여 외면적으로는 절대 엄단주의가 견지되는 모습이었다. 그것은 인륜 중시의 유교문화와 공론 중시의 사림정치에 말미암은 바 컸다.

2) 가치관 정립과 감시기능의 전환

이제는 앞에서 확인한 조선시대 반부패의 양면주의를 따라 현대적 수용 방향을 논의해 보기로 한다. 먼저 내면성을 중시하는 경우이다.

우리나라 헌법에서는 국회의원에게 '청렴의 의무'가 주어졌음에도 불구하고 현실적으로는 그 정치인들이 가장 부패한 것으로 본다.[62] 「공

---

61 그 단적인 예로는 「공직자윤리법」(법률 제06861호) 제23조(직무상 비밀을 이용한 재물취득의 죄)가 2001년 7월 개정과정에서 삭제된 점을 들 수 있다.
62 정치인의 부패 문제는 오늘의 현실에서 쉽게 보는 것이며, 2001년도의 부정부패 실태조사 보고서에 의하면 '부정부패 만연 정도' 부분에서 '가장 심각한 직종'에는 '정치인'(71%)으로 나타났다. 박중훈, 『2001년도 공직사회의 부정부패 실태 및 추

직자윤리법」과 「부패방지법」 및 「공무원청렴유지등을위한행동강령」
이 제정 시행되고 있어도 부정부패는 줄어들지 않고 있다. '공무원 취임 선서문'[63]중에서의 "본인은 정의의 실천자로서 부정의 발본에 앞장선다."라는 말은 구호에만 그치는 것 같다. 물론 대부분의 공직자들은 「헌법」이 천명한 '국민에 대한 봉사자'로서 성실히 복무하는 터이지만, 그렇지 못한 경우도 적지 않다는 데에 문제가 있는 것이다.

이러한 사실은 밖으로는 부패지수 세계 50~40위라는 형식으로 나타났고, 안으로는 설문 조사로서 검증되고 있다.[64] 문제의 심각함은 수적인 측면에서뿐만 아니라 흔히 말하는 '도덕적 불감증' 즉 스스로의 부패행위 그 자체를 잘못된 것으로 인식하지 않는 병증에 빠지고 있다는 데에 있다. 이러한 상황에서 감찰과 처벌 위주의 법제적 대응은 그 한계를 가질 수밖에 없다고 본다. 부패학 전문가들이 부패발생의 원인으로서 인간의 '탐욕'을 문제 삼으며 그 대응책으로서는 '의식개혁'을 말하는 것은[65] 그 이전의 측면을 직시하고 있었기 때문이다.

이분석』(한국행정연구원, 2001.) 21쪽.

63 「국가공무원복무규정」(대통령령 제17582호) 제2조 1항에 의한 공무원 취임 선서 내용은 다음과 같다. "선서. 본인은 공직자로서 긍지와 보람을 가지고 국가와 국민을 위하여 신명을 바칠 것을 다짐하면서 다음과 같이 선서합니다. 1. 본인은 법령을 준수하고 상사의 직무상 명령에 복종한다. 1. 본인은 국민의 편에 서서 정직과 성실로 직무에 전념한다. 1. 본인은 창의적인 노력과 능동적인 자세로 소임을 완수한다. 1. 본인은 재직중은 물론 퇴직후에라도 직무상 알게 된 기밀을 절대로 누설하지 아니한다. 1. 본인은 정의의 실천자로서 부정의 발본에 앞장선다."

64 한국행정연구원의 설문 조사에 의하면 약 70%가 부정부패의 심각성에 동의하고 있으며 공직사회의 부패수준은 개선되지 않는 것으로 나타났다. 박중훈, 위의 책, 7~9쪽 참조.

65 전수일은 그의 저서 『관료부패론』(26~28쪽)에서 부패 연구의 여러 가지 가운데 '도덕적 접근법'을 앞에 놓으며 영국 Ronald Wraith의 이른바 "부패의 근본적 원인은 사회적 경제적 요인에 있는 것이 아니라 인간의 만족할 줄 모르는 '탐욕'에 있다."라는 말을 중시하고 있으며, 김용세는 그의 저서 『공직자 부정부패』(147~157쪽)에서 부패대책으로 크게 '제도개선' '감시통제강화' '의식개혁'의 세 가지를 말

　이와 같은 모습을 볼 때에 조선시대 부패 극복의 중심에서 강조된 '견리사의見利思義'의 가치관과 내적 감시기능의 확장 논리는 오늘의 부패행위를 예방하는 데에 적극 기여할 수 있다고 생각된다. 부패 통제의 관련법이 구체적이고 상세하지만 그것은 예방이 아닌 처벌을 전제하고 있는 것이요, 새로이 강조된 내부고발제 역시 사건 발생 이후라야 가능한 일이다. 이것은 '발견되지 않는 부정행위'에 대해서는 어찌할 수 없는 한계성을 가지고 있으며, 또한 설령 비밀을 전제한 내부고발이라 하더라도 거기에는 결국 부서내의 불안과 갈등을 유발할 위험성이 상존하고 있는 것이다.

　따라서 부패추방의 적극적 대응책 모색은 그 발원지인 인간 심성의 영역에까지 이르지 않을 수 없는 것이다. 예나 지금이나 인간은 욕구의 존재임을 부정할 수 없으니 때로는 탐욕의 검은 마음을 가질 수 있다는 사실 그 자체를 주목할 때에 부패 척결의 가능성은 기대되는 것이다. 욕구 본능의 인간관이 힘을 얻고 물질 중시의 가치관이 팽배해지는 오늘에 있어서 그 부패행위의 발원지인 인간 심성의 문제를 방치한 채 법제의 측면만 강조한다면 우리의 현실이 보여주듯이 그 결과는 자명한 것이다.

　여기서 우리는 『소학』에서의 이른바 "의로움이 욕심을 이기면 순조롭고, 욕심이 의로움을 이기면 흉하게 된다."[66]라는 말을 다시 생각하게 된다. 사람들에게는 탐욕에 꿀리지 않고 그것을 넘어서는 의義의 사고방식을 가지게 하는 일, 자기관리로서 '신독愼獨'의 능력을 함양해 주는 일, 그리고 '진정 국가와 민족을 사랑한다면 부정부패를 자행할 수 있겠는가?'라는 근본적인 문제들에 부패추방의 관점이 확대된다면, 그만큼 우리의 미래는 밝고 투명해질 것이다.

하고 있다.

66 『小學』「敬身篇」: "丹書曰 敬勝怠者吉 怠勝敬者滅 義勝欲者從 欲勝義者凶."

조선의 선비들이 중시한 화남을 억제하고 욕심을 막는 태도는, 바로 그러한 본질적 차원에서 진의가 있었다. 이러한 논리는 공직자뿐만이 아니라 부패행위를 유도하는 일반인 모두에게 해당되는 것임은 물론이다. 따라서 '견물생심見物生心'에서 '견리사의見利思義'로 나아갈 수 있는 교육활동과 문화운동 및 연수활동 등이 활발하게 전개되어야 할 것이다.

3) 근무평가와 상벌의식 제고

그리고 나머지 또 하나 논의할 부분은 반부패 지향의 외적 측면이다. 이는 위에서의 내적 측면과 상반되면서도 현실적으로는 그 연속적인 의미를 갖는 것이기도 하다. 여기서 말하는 평가와 상벌의 기준은 바로 그 인간 공유의 도덕성을 벗어나 있는 것은 아니기 때문이다.

우리나라 「국가공무원법」에는 근무평가제가 명시되어 있지만,[67] 그로 인하여 부패 추방에 어느 정도의 효과가 있는 지는 의문이다. 앞서 살폈듯이 조선조의 경우에는 1년 두 차례의 정기평가와 다년간의 결과를 종합하여 진급과 경고 및 퇴출 등의 인사자료로 삼았다. 그 격차가 심했기 때문에 일상적 근무에서는 항상 긴장감을 떨칠 수 없었던 것으로 보인다. 특히 '어사御使'를 통한 암행감찰이 성행하고 있었으니 탐관오리의 경우에서는 더욱 그러했을 것이다.

이처럼 조선시대의 관리 평가에서는 정기의 공개적인 방식과 부정기의 비공개적인 방식을 병행시키는 모습이었다. 전자의 경우는 상관에 의한 근무평가로서 잘한 측면이 부각될 수 있는 것이었다면, 후자

---

67 「국가공무원법」 제51조(근무성적의 評定) ①각기관의 장은 정기 또는 수시로 소속 공무원의 근무성적을 객관석이고 임징하게 평정하여 이를 인사관리면에 반영시켜야 한다. ②제1항의 규정에 의한 근무성적평정결과 근무성적이 우수한 자에 대하여는 상여금을 지급하거나 특별 승급시킬 수 있다.

는 군주가 지목하는 특정인에 의한 암행감찰로서 잘못하는 부분을 색출하는 데에 주력하는 것이었다. 이러한 방식은 오늘의 공직사회에서도 활용되고 있다. 다만 정기 평가에 대한 인사상의 반영도가 조선에 비하여 낮은 것으로 보이며, 암행감찰 부분 역시 반공개의 형식을 면치 못하여 그 실효성이 과거에 미치지 못하는 것 같다. 이것은 공직사회 분위기를 긴장시키지 않는다는 장점을 가질 수는 있겠으나, 더욱 교묘하고 은밀히 자행되는 부패행위를 대처하기에는 그만큼 어렵게 될 것이다. 따라서 오늘날에도 조선의 암행어사제도에 내포된 본의를 되살리며 공개 비공개의 근무평가를 엄정히 전개해 간다면 반부패의 공직 분위기를 꾀할 수 있을 것으로 생각된다.

그리고 그러한 평가와 감찰 및 신고의 정리단계로서 상과 벌의 적절성 확립이 긴요한 것인데, 오늘의 모습은 그 격차가 크지 않으므로 역시 실효성 고양의 문제가 대두되고 있다. 우수 공직자와 부패 공직자에 대한 차별화는 부패 추방의 차원에서뿐만 아니라 공적 기능의 효율성을 증진시키는 측면에서 그 의의가 지대하다.

공직부패 문제를 깊이 연구한 김성호金成浩 검사는 오늘의 부패 공직자 모습에 대하여 "비리혐의로 재판에 회부된 비리공직자들이 집행유예 등 가벼운 형을 선고받거나 실형을 선고받는 자들도 얼마 지나지 않아 형집행정지로 석방되고 종국에는 사면이 되어 마치 아무런 부패도 저지르지 아니한 것과 같은 상태가 되는 것이 현 실정이다."라고 비판하고, 재판 과정에서의 실형률이 일반인과의 차이가 13%나 된다는 사실을 지적하면서 '양형 적정화'의 필요성을 강조하였다.[68] 즉 부패 공직자들의 형벌불감증과 처벌온정주의를 문제시하고 있는 것이다.

그러한 법 경시풍조에서는 부패 추방의 궁극 목적 또한 달성하기

---

68 金成浩, 「공직부패 방지를 위한 제도개선에 관한 연구」, 건국대학교대학원 박사학위논문(2003.) 55. 347쪽.

385 조선조 반부패 정치문화와 현대

어려운 일이다. 법 저촉에의 경계성, 법 적용에의 정확성, 사후 재발의 금기의식 등 법률이 가지는 엄정성이 상실된 상태에서는 부패행위에 대한 자제력이 더욱 약화되기 때문이다.

그리고 오늘의 우리 현실에서 또 난제인 것은 소위 '대가성'이 입증되지 못하는 경우에도 역시 처벌온정주의가 확대되고 있다는 사실이다. 이는 '부정의 발본에 앞장선다'는 공직자 본연의 입장에 어긋나는 것일 뿐만 아니라 자칫 '대가성'을 비밀로 하는 부패행위를 조장할 수가 있는 것이다. 따라서 조선시대의 『대명률』에서는 절반의 처벌을 가한다 하였듯이 그 또한 반부패의 강한 의지로 대응해야 할 것이다.

요컨대, 부패추방의 법적 대응책으로 크게 관용주의와 엄벌주의를 놓고 볼 때 엄벌주의가 더 효과적임을 부정할 수 없다는 점[69]을 고려한다면 오늘의 상벌 수준은 더욱 제고되어야 할 상황이라 하겠다. 이에서 덕행이 뛰어난 자를 특별히 대하면서 부패 관리에 대해서는 그 자손까지 규제했던 조선시대의 상벌제에 거듭 유의해 볼 필요성을 느낀다.

이상의 연구과정을 통하여 우리는 조선조 5백년의 문인정치에서는 부패 극복의 문제가 도덕국가 건설의 정치목적과 병행하여 부단히 지속되고 있었음을 알게 되었다. 그리고 그것은 유교 성치에서는 마음으로부터의 복종 문제가 중시되고 있음을 반영하듯, 인간 내면의 정신세계와 연계하여 논의되었던 점에서 그 특징을 볼 수 있었다. 이는 부패 발생의 원초적 단계를 주목함으로서 남이 보지 않는 경우에서도 깨끗함을 유지할 수 있게 한다는 데에 그 특별한 의의가 주어진다.

조선시대의 반부패 정치문화와 관련하여 이제까지 서술한 바의 요지는 다음과 같다. 첫째, 부패방지의 저변에서는 도덕성 추구의 공동

---

69 이은영, 「부패방지법과 시민운동」 경상대 사회과학연구소 『한국의 부패와 반부패 정책』(한울, 2000.) 382~387쪽 참조.

가치를 중심으로 하나의 문화적 시스템이 작용하고 있었다는 점이다. 사상적으로는 유교 경전을 그 중심에 두면서 실천적으로는 『소학』의 내용을 공통으로 하였고, 정치인들은 충절과 청렴의 정신적 가치를 향해 나아갔을 뿐만 아니라, 백성들은 덕행인의 우대 정책에 힘입어 도덕적인 삶의 질적 수준을 높여가고 있었던 것이다.

둘째, 공직자의 양성과정에서나 복무의 현장에서는 언제나 인격수양의 학자적인 태도가 중시되어 자기관리에 철저함을 보이고 있었다는 점이다. 부도덕함은 과욕에서 비롯하듯이 부정부패는 탐욕의 검은 마음에서 시작된다는 사실을 직시하면서 징분질욕懲忿窒欲과 예의염치禮義廉恥의 태도를 견지하게 하여 반부패의 감시능력을 내면화 하고 있었음은 그 실제적인 내용이다.

셋째, 부패발생의 소지를 최대한 제거하면서 부정행위에 대해서는 엄벌주의가 적용되고 있었다는 점이다. 이는 조선 초기부터 시행된 분경금지법과 장리처벌법에서 그 실상을 보았는데 특히 장리에게는 사형 다음의 중형에 처하면서 그 자손의 진출까지 제약하는 처벌을 가함으로써 그 예방적 효력을 더하게 했던 것이다. 이러한 엄벌주의는 도덕성 추구의 논리적 일관성에서 당연시 되었다.

넷째, 이상의 내용에서는 오늘의 부패 추방운동에 적극 기여할 수 있는 요소가 발견된다는 점이다. 특히 반부패 정책의 기본 관점을 그 첫 단계인 인간 행위의 내적 측면에 전향하지 않을 수 없다는 측면과, 구성원 모두가 하나의 공동가치를 향한 문화적 시스템의 구축은 오늘의 처벌위주 부패대책의 한계를 극복하는 데에 크게 기여할 수 있을 것이다. 또한 평가와 상벌의 실효성 제고의 측면에서도 조선시대의 경우는 참고할 가치가 높다고 본다.

〈이 제3부 제6장의 내용은, 논문 「조선시대 부패방지책에 대한 철학적 검토와 그 현대적 수용」(한국국민윤리학회 『國民倫理硏究』 제55호 1~37쪽, 2004.)을 가감 보필한 것임.〉

제2장 현대 유자의 바른 길—시중時中

1. 시중時中이란 무엇인가?

1) 시중의 의미

인간의 삶은 현실을 떠날 수 없고 또 그 삶으로서의 행위는 어떠한 상황을 벗어나 있을 수 없다. 그리고 그 행위의 주체가 인간인 이상 '인간다운 이치'를 따라 언제나 '바람직한' 최상의 모습을 드러낼 수 있어야 된다고 본다. 이것이 예나 지금이나 유교문화에서는 한결같이 중시되는 부분이다. 즉 인간이 현실을 살아감에 있어서는 그저 되는대로 아무렇게나 행동하는 미개한 존재로 자인할 수는 없다는 것이다.

이러한 인간의 평가적 행위의식으로 말미암아 기본적으로 다음 세 단계가 중시된다. ① 행동 여건으로서의 상황 인식이요, ② 최상의 모습으로서의 올바른 태도 설정이며, ③ 그러한 경지에 이를 수 있는 스스로의 능력 발휘의 과정이 그것이다. 이 세 측면이 원만히 작용하여 도리가 구현되는 경우를 고전에서는 '중용中庸'이라 이르고 그 경과의 모습을 '시중時中'이라 이른다.

그리하여 이를 중심으로 군자와 소인이 같지 않음을 말하기도 한다.

군자는 중용대로 하지만 소인은 중용에 반내로 한다. 군자의 중용됨은 군자다운 덕으로 '때에 적중해감(時中)'이며, 소인이 중용에 반대로

함은 소인스러우며 거리낌이 없다.[1]

일찍이 공자는 의義와 사私를 중심으로 군자와 소인의 차이를 말한 바 있지만, 여기 『중용中庸』에서는 중용·시중의 문제를 놓고 그 다름을 설명하고 있는 것이다. 그러나 그 두 표현이 내용적으로 서로 상충되는 것은 물론 아니다. 오히려 상통적 일관성이 유지되고 있음을 볼 수 있으니, 시간이나 공간의 어느 측면에서도 '지나치거나 미치지 못함이 없다'는 의미의 '중용'의 개념[2]에서나, '때를 따라 알맞음에 처한다(隨時處中)'[3]는 의미의 '시중'의 내면에 있어서 '의義'의 가치는 언제나 그 중심으로 작용해 온 것이었다. 그것은 도덕적 정당성으로서의 '마땅함(宜)'을 낳을 수 있는 근거가 되었기 때문이다.

이러한 사실은 '시중時中'에 포함된 의미를 좀 더 세밀히 살피는 과정에서 확인될 수 있다. 여기 '시중時中'에서의 '시時'와 '중中'이란 문자는 어떠한 의미로 해석될 수 있는 것일까? 흔한 용례에 따라 '시時'란 '~때' '~상황'을 의미함이요, '중中'이란 '적중함' '알맞음'을 뜻하는 것이라고 보면, '시중時中'이란 '~상황에서의 적절히 알맞은 모습'을 가리키는 것임을 쉽게 알 수 있다.

그러면 과연 무엇을 기준하여 '적중함' '알맞음' '적절함'이라는 평가를 내릴 수 있는 것일까? 이러한 문제의식으로 다시 그 두 글자를 살피자면, '시時'자의 용례로서는 '변하는 상황성' 그 이상의 의미를 찾기 어려운 것이므로 결국 '중中'자를 주목해 보지 않을 수 없다.

대체적인 몇 가지를 보면, "올곧음이 그 가운데에 있다.(直在其中 「논

---

1 『中庸』 2장: "仲尼曰 君子中庸 小人反中庸 君子之中庸也 君子而時中 小人之反中庸也 小人而無忌憚也."
2 『中庸章句大全』 題註: "中者 不偏不倚 無過不及之名 庸者 平常也 子程子曰 不偏之謂中 不易之謂庸 中者 天下之正道 庸者 天下之定理."
3 『중용』 2장 註: "君子之所以爲中庸者 以其有君子之德 而又能隨時而處中."

어」)”“하늘과 땅이 그 자리에 있으니 역易이 그 가운데에 운행된다.(天地設位 易行乎其中矣「주역」)”에서처럼 '~속'을 의미하는 경우가 있고, “인심은 위태롭고 도심은 미세하니 오직 정일하게 하여 그 중中을 잡아가라.(人心惟危 道心惟微 惟精惟一 允執厥中「서경」)”“그 양 끝을 잡아 백성들에게 그 中을 쓴다.(執其兩端 用其中於民「중용」)”에서처럼 '종합'을 가리키는 경우가 있으며, “유자는 의관을 바르게 한다.(儒有衣冠中「예기」)”“중中이란 편벽되거나 의탁됨이 없고 지나치거나 미치지 못함이 없는 것(中者 不偏不倚 無過不及「중용」題註)”이라 함과 같은 '올바른 태도' '모습의 이상형'으로 해석되기도 한다.

그런가 하면「중용中庸」1장에서의 “喜怒哀樂之未發 謂之㉠中 發而皆㉡中節 謂之和(희노애락이 일어나지 않은 상태를 중이라 이르고 일어나서 모두 절도에 적중되는 것을 화라 한다.)”라는 경우에서 보이듯이, 한 문장 속에서도 ㉠에서는 정情으로 발현되기 이전의 심성 그 자체를 지칭하는 명사적 용법으로, 또 ㉡에서는 어떠한 절도에 '적중한다'는 동사적 용법으로 쓰이고 있음을 보게 된다. 이처럼 '중中'자의 용례와 의미는 본체에서 현상에 이르기끼지 그리고 명사에서 동사에 이르기까지 널리 펼쳐진 것으로서 그것은 존재의 이상형을 따라 쓰이고 있었음을 알 수 있다.

여기 '시중時中'에서의 '중中'자 역시 그러한 의미의 연계성을 견지하고 있다. 즉 본체와 이치를 함유하는 명사적 의미와, 그것에 적중해 감의 동사적 의미가 동시에 내재하고 있다는 점이다. 전자를 따라서는 위 처음에서 언급한 행위의식론에서의 이른바 ②의 단계가 가능하게 되는 것이요, 후자를 따라서는 ③의 단계가 해결될 수 있는 것이다. 이는 물론 '시時'로서의 ①을 전제하지 않을 수 없는 것인데 그것은 정지된 상태가 아니라 저 물이 흘러가듯이 항상 변하고 있는 것이므로 ②③을 포괄하는 '중中'의 모습 역시 그를 따라 변히기 마련이다. 이러한 점을 주목하여 주자朱子는 “중中에는 정해진 모양이 없으니 때를 따라 있는 것이다."⁴라고 하였다. 그러면서도 특히 ②를 낳게 하는 '리理'와 '의義'의 세계는 '중中'의 기반이 되는 것이었으니, 이를 총괄하여 '중中'자는 '의宜'자로 간주되어 마땅할 것이다. 즉 '시중時中'이란 곧 '시의時宜'로 해석되어 좋다고 본다.

이러한 차원에서 『주역』 시중론의 요체인 '때를 따라 행동함'⁵이 진가를 가질 수 있게 되는 것이요, 또 그를 향한 능력 함양의 기본에서 '수시변통隨時變通' '수시응변隨時應變'의 급박한 상황에서도 그 '올바름'으로서의 참된 모습을 보일 수 있게 되는 것이다. 즉 이 시중행時中行은, 곧 "그쳐야 할 때이면 그치고, 행해야 할 때이면 행하며, 움직이거나 고요함에서 그 때를 잃지 않으니 그 도道가 빛나 밝아지도다."⁶라는 말에서 보이듯이, 결국은 도 즉 진리의 운행과 일치한다는 점에서 그 궁극적 의의가 있는 것이다. 이러한 점에 따라 변통성이 인정되고 또 합당성이 확보되는 것이다.

2) 시중의 형태

인간의 행위에 대한 옳고 그름의 문제는 다방면에서 논의될 수 있다. 그리고 시의를 구현하는 시중행의 모양 역시 여러 측면에서 거론될 수 있다. 따라서 그 많은 시중행을 '무엇 하나'로 지칭하기는 쉽지 않다. 그러나 다음의 담론에 의하면 그 '무엇 하나'를 말할 수 있다.

자공이 자리를 넘어 응대하며 '감히 여쭙건대 앞으로 어떻게 해야 이 적중됨을 할 수 있는 것입니까?' 하였다. 공자는 이르기를 '예禮이지

---

4 『중용』 2장 註 : "盖中無定體 隨時而在."
5 時中論과 관련한 『周易』의 주요 구절로서는 「蒙卦」 '彖傳'의 "蒙亨 以亨行 時中也." 와 「乾卦」 '文言傳' 「損卦」 '彖傳'의 "與時偕行", 그리고 「遯卦」 '彖傳'의 "與時行也." 등을 들 수 있다.
6 『周易』 「艮卦」 '彖傳' : "時止則止 時行則行 動靜不失其時 其道光明."

예! 무릇 예는 절제로서 中을 이루는 것이다.'라고 하였다.[7]

여기서 우리는 '적중(中)'을 행하는 행위의 총체적 모습은 바로 '예 禮'로 지칭되는 것임을 알 수 있다. 예의의 행실이 현실을 경시하는 형 식주의로 전락되지 않는 한, 그 모든 예의범절은 곧 '시중의 형태'로서 의미를 갖는다는 입장이다. 즉 예의도덕은 시중성을 벗어날 수 없다고 보는 것이다.

이러한 점을 시중 형태론의 기본으로 전제하고, 여기서는 흔히 시중 행의 중심에서 예민하게 논의되는 정치적 진퇴문제를 주목해 보기로 한다.

앞의 제1부 4장에서 살펴보았듯이, 맹자는 성현의 세계에서 나타나 는 진퇴의 여러 가지를 다음과 같이 정리하였다.[8] ① 자신의 임금이 아 니면 나가지 않고 그 백성이 아니면 관계치 않으며 치세에는 나가고 난세에는 물러서는 경우, ② 어느 임금이나 어느 백성을 가리지 않고 나아가며 치세에 나가고 또 난세에도 나가는 경우, ③ 지위의 높고 낮 음을 불문하고 부르면 나가고 버리면 물러서는 경우, ④ 빨리함이 옳 을 것이면 빠르게 하고 오래함이 옳을 것이면 오래 하며 거처함이 옳 을 것이면 거처하고 벼슬함이 옳을 것이면 벼슬하는 경우 등이다.

이 각각에 대하여 맹자는 ①은 백이伯夷의 경우로서 '성스러움 가 운데 특히 깨끗한 것(聖之淸者)'으로, ②는 이윤伊尹의 경우로서 '성스 러움 가운데 특히 책임 높은 것(聖之任者)'으로, ③은 유하혜柳下惠의 경우로서 '성스러움 가운데 특히 온화한 것(聖之和者)'으로, ④는 공자 孔子의 경우로서 '성스러움 가운데 특히 때에 알맞게 하는 것(聖之時

---

7 『禮記』「仲尼燕居」: "子貢 越席而對曰 敢問將何以爲此中者也 子曰 禮乎禮 夫禮所 以制中也."
8 『孟子』「萬章下」1장.

者)'으로 평가하였다. 그러면서 그는 이 ④에 대하여 앞의 셋을 집대성한 최상의 모습으로 칭송하였다.

여기서 우리는 다음 두 가지의 의문을 가질 수 있다. 첫째는 진퇴의 양상이 모두 같지 않은데 어찌하여 다 '성스러움(聖之)'의 공통어를 쓸 수 있는가 하는 점이요, 둘째는 ④에 대한 '집대성'의 의미는 무엇인가 하는 점이다. 우선 첫째의 의문에 대한 답을 찾아본다면 모두가 인의仁義 도덕의 가치를 놓치지 않았다는 이른바 '행도行道'의 동질성을 들 수 있다. 즉 백이의 경우는 현실의 무도함을 피하여 그 한 몸에서만은 행도의 굳건함을 견지하는 것이었고, 이윤의 경우는 탕왕湯王이나 걸왕桀王도 어찌할 수 없는 정치적 세력을 가지고 있었기에 난세에도 기꺼이 나아가 행도할 수 있는 것이었으며, 유하혜의 경우에는 지위나 진퇴의 그 어떤 변화상황에서도 행도의 실천력을 잃지 않는 강인함을 지키고 있었던 것이며, 공자는 시의를 따라 행도의 바른 길을 걷고 있었다는 점이다. 이처럼 상황과 능력에 따라 그 진퇴의 양상은 각기 달랐어도 '행도'라는 본질적 측면에서는 모두 고고하게 잘 지키고 있었던 것이기에 공히 '성스러움(聖之)'의 평가를 내릴 수 있었던 것으로 보인다.

그 다음 두 번째 의문인 ④ '성스러움 가운데 특히 때에 알맞게 하는 것(聖之時者)'이 어찌 '집대성'으로 칭송될 수 있겠는가 하는 점이다. 이는 '~이 옳을 것이면(可以) ~하고'라는 논법에서 보이듯이, 어떤 상황을 살피며 옳고 그름의 판단이 가해진 이후의 행위로서 하나의 고정된 모습을 벗어난 상태이다. 이러한 가변적 성향에서 위 ①②③은 행도의 이상향을 향해 포괄될 수 있다고 보는 것이 맹자의 입장이었다. 이 ④의 내용과 관련하여 송대의 정자程子는 또 이렇게 말했다.

벼슬함이 옳을 것이면 벼슬하고 그치는 것이 옳을 것이면 그치고 오래함이 옳을 것이면 오래하고 빨리함이 옳을 것이면 빨리 하는 것, 이

모두가 때에 맞는 것으로 일찍이 中에 합당하지 않음이 없으니, 그러므로 군자는 時中이라 하는 것이다.[9]

맹자가 '성지시聖之時'로 평가하던 그 공자의 모습은 다름 아닌 '시중'으로 해석되고 있는 것이다. 여기서도 특이한 것은 '～이 옳을 것이면(可以)'이라는 표현 속에 '알맞음(宜)'으로서의 가치 추구가 부단히 작용하고 있었다는 사실이다.

이상에서 알 수 있는 바와 같이 진퇴라는 하나의 문제를 중심으로 볼 때에 그 '성스러움'에는 여러 모습이 있지만 그 중에서도 '시중時中'의 경우가 가장 높이 평가되는 것이었다.

그런데 그 시중에서의 '중中'의 기준은 기본적으로 행위자가 처한 상황성에 따라 같지 않은 것이었으니, 이로 말미암아 부자간에도 출사의 길을 달리하는 것이 당연시되기도 하였다. 예컨대, 고려에 벼슬했던 길재吉再는 조선의 조정으로부터 태상박사라는 벼슬로 부름을 받았으나 '충신불사이군忠臣不事二君'의 명분을 내세우며 목숨을 걸고 나가지 않았으나, 그의 아들 사순師舜이 조정의 부름을 받았을 때는 "너는 마땅히 내가 고려를 향하는 마음을 본받아 너의 조선임금을 섬겨야 할 것이다."[10]라고 말했다. 얼핏 생각하면 자식은 부친의 길을 따라 부름을 거부할 수도 있을 것 같으나 그것은 옳지 않게 보는 것이다. 그 이유는 어디에 있는 것일까?

그것은 바로 고려에 대한 공직생활의 여부가 서로 다르다는 데에 있었다. 즉 정계진출과 관련하여 길재의 '때(時)의 영역'은 사실대로 '고려의 벼슬'까지 포함되지 않을 수 없는 것이었으나, 아들 사순의

---

9 『二程全書』권25 '伊川先生語錄': "可以仕則仕 可以止則止 可以久則久 可以速則速 此皆時也 未嘗不合中 故曰君子時中."
10 吉再, 『冶隱集』卷上 '行狀'

'때(時)의 영역'은 그러한 사실이 없으므로 오직 조선왕조만 포함되어 좋다는 점이다. 따라서 그 나가고 물러섬의 올바름 즉 '적중'의 모습이 같을 수 없게 되는 것이었다. 여기서 우리는 시중에서의 '中'이란 보편 가치로서의 의미를 갖는 것임은 분명하지만, 그 모양은 행위자가 처한 상황과 여건에 따라 같지 않을 수도 있다는 사실을 알게 된다. 그것은 주체적 상황인식에다 스스로의 행도적 실천능력이 견지되어 가능한 일이다.

요컨대 시중 형태의 진면목은 행위자 스스로가 진리 구현의 주체임을 자각하고 변하는 현실의 상황을 정확히 파악하면서 그 '행도行道'에의 일관성을 잃지 않을 때에 비로소 기대될 수 있는 것이었음을 알 수 있겠다. 이러한 유기적 관계성을 전제하면서 다음으로는 이를 향한 구체적인 실천 능력 함양의 방도를 모색해 보기로 한다.

2. 시중 행위의 기반 확충

1) 순리적 자기 인식

인간의 삶은 행위의 연속으로 나타나고, 그 행위는 최소한 그 주체로서의 '자신'과 장소로서의 '현실' 그리고 의미와 목적을 담은 일정한 '형식' 등의 세 요소가 어우러져 나타난다. 여기 시중의 논의도 이러한 기틀을 벗어날 수 없는 것이므로 이를 따라 그 능력 함양을 위한 기반 확충의 문제를 살펴보기로 한다.

먼저 행위 주체자로서의 자기 자신에 관한 부분이다. 인간은 심신이 미숙한 상태로 태어났지만 점차 성숙하면서 자기 스스로에 대한 자각의식이 형성되고 또 바르고 착함을 향한 가치의식이 작용하기 마련이다. 인간 모두에게는 바로 그러한 본성적 지향성을 가지고 있는 바, 이를 '천부적인 것'으로 말해지기도 한다.[11]

이러한 관점에서는 그 어떠한 차별상을 말할 수 없다. 그러므로 『대학』에서는 소인을 이렇게 묘사하기도 하였다.

　소인이 한가롭게 있으면서는 착하지 못한 짓을 계속하다가 군자를 보고서는 슬쩍 그 착하지 못함을 가리고 그 착함을 드러내 보인다.[12]

여기서도 착함과 착하지 못함의 양면으로 군자와 소인을 나누어 보는 입장을 굳히는 것 같지만, 이를 좀 더 자세히 살펴보면 그 소인에게도 근본적으로는 착함의 본성이 작용하고 있다는 사실을 발견하게 된다. 만일 그러한 선의지善意志에의 지향성이 없다면 군자를 본다 한들 '착하지 못한 짓'을 감추려는 모습을 보일 수가 없는 것이기 때문이다.

따라서 다음과 같은 말이 가능하게 된다.

　세 사람 속에 가면 반드시 나의 스승이 있을 것이니, 그 착한 면을 보고서는 따르게 되고, 착하지 못한 것에 대해서는 고쳐지기 때문이다.[13]

나쁜 것을 보고도 그대로 따라 하려는 성향보다는 그것을 피하려는 순리적 자아의식이 작용하고 있음을 지적한 경우이다. 여기에서 우리는 다시 인간 본유의 선의지를 확인하게 되는 것이며 그로 말미암아 인간다움의 진면목이 기대되는 것임을 알 수 있다. 이러한 점을 맹자

11　인간 본성이 天賦的인 것으로 해석되는 것은 『詩經』(蒸民)에서의 "天生蒸民 有物有則"와 『中庸』서두에서의 "天命之謂性"이 그 대표적인 예이며, 『大學』에서의 '明德'이 "人之所得乎天 而虛靈不昧 以具衆理 而應萬事者也(朱子 註)"로 풀이되는 데에서도 그 점이 확인된다.

12　『大學』傳 6장: "小人 閑居 爲不善 無所不至 見君子而后 厭然揜其不善 而著其善."

13　『論語』「述而」: "三人行 必有我師焉 擇其善者而從之 其不善者而改之."

는 사단설四端說로 논증하기도 하였다.

그럼에도 불구하고 군자와 소인, 성인과 범인을 말하게 되는 것은, 오직 그 본연의 심성을 일으켜 행위의 실제에 이르는 부분에서는 차이가 나기 때문이다. 즉 소인이나 범인의 경우에는 그 심성 회복에의 노력이 부족해서 그러한 모습을 보이게 된다는 것이다. 따라서 이에 대한 자각과 노력은 각자에게 주어진 기본 과제로 본다. 그러므로 맹자는 이렇게 지적하였다.

> 자기 집안의 닭이나 개가 달아나면 찾아 나서지만 자신의 마음이 달아나면 찾아 나서지 않는다. 학문의 길이란 다른 것이 아니라 바로 그 달아난 마음을 되찾는 데에 있다.[14]

인격 고양을 위한 학문의 기본은 바로 그 본 마음의 회복으로부터 기대될 수 있는 것이라는 점을 강조하고 있다. 보이지 않는 심성 회복의 문제를 가축 달아남의 감각적 사건에 비유하는 논법으로 그는 그 절실함을 드러내고 있었다.

사실 이러한 정신적인 내면의 자기 정립이 전제되지 않은 상태에서 그 어떠한 올바른 행위가 기대되기 어렵다는 것은 상식으로도 통한다. 우선 그것은 행동작용의 선후 논리에서도 통하기 어려운 것이기 때문이다. 그러므로 그와 같은 방향에로의 자기 인식의 심화 노력이 더욱 요구된다. 이는 '시중'을 향한 실천 주체를 돈독하게 할 수 있는 기반으로서의 의미를 갖기에 충분하다.

이러한 태도는 다음과 같은 자기 인식의 방법으로 그 심도를 더해 갈 수 있다.

---

14 『맹자』「告子上」: "哀哉 人有鷄犬放 則知求之 有放心而不知求 學問之道 無他 求其放心而已矣."

①도란 잠시도 자신과 떨어질 수 없다. 떨어질 수 있으면 도가 아니다. 그러므로 군자는 남이 보지 않는 곳에 더욱 경계하고 신중히 하며, 남이 듣지 않는 곳에 더욱 두려워하듯 조심한다.[15]

②자기 몸을 닦고자 하면 먼저 그 마음을 바르게 하고, 마음을 바르게 하려면 먼저 그 의지를 성실하게 해야 하고, 의지를 성실하게 하려면 먼저 그 앎을 지극히 해야 하는데, 그 앎을 지극히 함이란 바로 사물 이치를 꿰보는 데에 있다.[16]

③사람은 본래 천지 귀신과 더불어 이치를 달리하지 않는다. 다만 나의 사사로움에 뒤덮여 형체에 구속되니 상통할 수가 없는 것이다. 대인은 사사로움을 없애 도로써 몸을 삼는다.[17]

이들은 모두 진리로서의 '도道' 즉 '이치理致'란 나 자신과 떨어진 별개의 것으로 존재하는 것이 아니라 나 자신과 함께 있는 것이요, 그 근원은 저 천지로부터 시작된 나의 삶과 함께 지금껏 같이 해온 것이니, 따라서 그 자리를 벗어날 수 없음이 인간다움의 진면목이 되는 것임을 일깨우고 있는 것이다.

이를 위하여 적극적으로는 심성 수양과 인식능력의 극대화가 요구되는 것이었으며 소극적으로는 육신 구속의 사사로움을 넘어서는 자기극복의 능력을 보일 수 있어야 된다고 보았다. 그러한 인물이 ①③에서의 이른바 '군자' '대인'이다. 따라서 안으로는 타고난 본성을 잃지 않고 밖으로는 만유의 원리를 깨달아 스스로가 진리의 중심이라는

---

15 『중용』 1장: "道也者 不可須臾離也 可離 非道也 是故 君子 戒愼乎其所不睹 恐懼乎其所不聞."

16 『대학』 經 1장: "欲修其身者 先正其心 欲正其心者 先誠其意 欲誠其意者 先致其知 致知在格物."

17 『周易』 「乾卦」 文言傳 '大人論' 註: "人與天地鬼神本無二理 特蔽於有我之私 是以梏於形體而不能相通 大人無私以道爲體."

자기 인식이 견지된다면 바로 그 자신이 군자요 대인인 셈이다.

그러므로 그러한 순리적 존재의식이 충만할 때에 비로소 시중행의 주체로서의 능력을 제대로 발휘할 수가 있게 된다. 역으로 말하면 최상의 '옳음'과 '착함'을 낳는 시중이란, 행위자가 무지몽매하거나 이치를 향해 준비된 모습을 갖추지 못한 경우라면 결코 기대될 수 없다는 것이다.

2) 상황 속의 시의 모색

이상에서는 행위의 중심이 되는 주체적 측면을 살펴보았다. 이제는 그 장소로서의 현실에 대한 올바른 인식문제와, '옳음'을 지향하는 실천적 방안을 모색하는 문제를 생각해 보기로 한다. 이는 구체적인 어떤 사실이나 사건 속에서 대의大義의 정당성을 낳게 한다는 점에서 의의를 가진다.

이러한 문제는 『맹자』에 전하는 다음의 대화[18]를 주목해 봄으로써 그 실상을 파악해 볼 수 있다.

> 순우곤 : "남자와 여자 사이 주고받음은 너무 친근하지 않게 하는 것이 예의지요?"
> 맹자 : "그래, 예의이지."
> 순우곤 : "형수가 물에 빠진 경우에는 손으로 잡아 올려야 되겠지요?"
> 맹자 : "형수가 물에 빠졌는데도 손으로 잡아 올리지 않는다면 그것은 범이나 이리 같은 자이다. 남녀간 주고받음에 친근히 하지 않는 것은 예의이고, 형수가 물에 빠졌을 때 손으로 잡는 것은 '권도(權)'이다."

---

18 『맹자』「離婁上」: "淳于髡曰 男女授受不親 禮與 孟子曰 禮也 曰嫂溺則援之以手乎 曰嫂溺不援 是豺狼也 男女授受不親 禮也 嫂溺援之以手者 權也."

여기에서 맹자와 손우곤은 현실의 변화에 따라 시의時宜의 방법은 달라져야 한다는 데에 동의하고 있음을 알 수 있다. 그 방법의 변화적 측면을 맹자는 '권權'이라고 표현했다. 따라서 이 때 '권權'자의 개념에는 '잘 살펴서 대응하다'는 의미가 내포되어 있다. 그러면 무엇을 살피고 어떻게 대응한다는 말인가? 그 첫째는 실제로 물에 빠진 상태인가를 살핌이요, 둘째는 상황 변화에 따라 새로운 방법으로 대응한다는 것이다.

그런데 만일 여기서 그 살핌에의 정확함과 대응에의 올바름이 상실된다면, 그것은 대의大義를 잃는 것이요 또한 참된 시중이 될 수가 없다. 즉 형수의 손을 잡아보고자 현실을 물에 빠진 상황으로 곡해하려 하거나, 물에 빠진 급박한 상황임을 알면서도 손을 잡아서는 안 된다는 평소의 규범에 얽매이는 일이 방치될 수는 없다는 점이다.

이 과정에서 간과할 수 없는 또 한 가지는, 그처럼 경우에 따라 태도가 바뀌는 상황 속에서도 일상적으로 견지된 보편적 가치는 견지되고 있다는 사실이다. 이를테면 그와 같이 형수와 손을 잡는 상황에서도 평소 손을 잡아서는 안 된다는 규범속의 '불친의 가치'가 포기되는 것은 아니라는 점이다. 만일 그것이 긴급의 특별한 상황이라는 이유로 불친의 가치를 버림이 용인된다면 그 대응으로서의 권도는 결국 불의不義와 비례非禮로서 정당성을 가질 수 없게 된다. 이러한 사례는 우리 주변에서도 볼 수 있다. 즉, 수년 전 모 해수욕장에서 바다 속에 허우적거리는 여인을 보고 뛰어간 청년들이 인공호흡까지 가한 것은 좋았는데 그녀의 의식 회복 이후에도 접촉을 계속하자 경찰은 그들을 연행할 수밖에 없었던 일이다.

이처럼 현실 상황을 정확히 파악하고 그에 알맞게 대응해 가는 시중행의 능력을 제고하는 것은, 맹자의 "중中을 잡음에 권權이 없으면 한 쪽만 잡은 것과 같다."[19]라는 말에서 지적하듯이 이른바 '권도權道'[20]의 길을 벗어날 수 없으나, 그 또한 정의를 지향하는 인간 보편

의 가치를 구현하는 차원에서 의미를 가지게 되는 것이다. 그러므로
주자朱子는 "의義로 취해가야 권도를 쓰는 것이 좋게 된다. 무릇 권도
는 바름(正)에서 떨어지지 않는 것이요 바름에는 스스로 권도가 있는
것이니 이 둘은 애초부터 두 가지가 아니었다."[21]라고 하여 권도와 정
의는 가치와 실천의 불가분적 관계에 있는 것임을 천명하고 있었다.

그런데 문제는 개인이나 집단 또는 국가 사회의 그 모든 곳에서는
항상 현실에의 이해관계와 가치에의 선악시비 문제가 복합적으로 작
용하고 있는데 그것을 어떤 방식으로 정리해 갈 수 있겠는가 하는 데
에 있다. 이에 대한 방안으로 고전에서는 '대동의 방법'[22]이 제시된
바 있고 오늘날에는 민주적 다수결의 원칙이 중시되는 바이지만, 그
최상의 길은 당면과제를 더욱 세밀히 파악하여 선후 경중의 순서를 잡
아가는 데에서 찾아진다.

이러한 입장에서 이율곡의 다음과 같은 시의時宜 추구의 발언은 주
목해 볼 만하다.

때를 따라 적중함을 얻는 것을 '권權'이라 이르고, 일에 처하여 의당
함에 합치되는 것을 '의義'라 이르니, '권'으로 변화에 응하고 '의'로 일
을 처리해 간다면 국정에 어떤 어려움이 있겠나? … 도리에서 나란히

---

19 『맹자』「盡心上」: "執中無權 猶執一也."(朱子 註: 權 錘也 所以秤物之輕重而取中
也 執中而無權則膠於一定之中 而不知變 是亦執一而已矣.)

20 柳七魯는「儒家의 權道에 관한 연구」(한국동서철학연구회『東西哲學研究』제8호
35〜70쪽)에서 유교 經典에서부터 漢代 및 宋代에 이르기까지 그 '권도'의 함의에
대하여 상세히 밝히고 있다.

21 『朱子大全』권39,「答魏元履」: "以義取之 乃是用權之善 盖權不離正 正自有權 二者
初非二物也."

22 『書經』에 나타난 大同의 方法은 문제 중심의 구성원 모두가 그리고 占의 결과도
같은 경우를 취하는 것이었다. "汝則有大疑 謀及乃心 謀及卿士 謀及庶人 謀及卜筮
汝則從 龜從 筮從 卿士從 庶民從 是之謂大同"(『書經』「周書」'洪範')

할 수 없는 것은 옳음과 그름이요 일에 있어서 함께 할 수 없는 것은 이익과 손해이다. 다만 손익이 급하다 하여 시비의 소재를 살피지 않으면 일 처리의 바름을 잃게 될 것이요, 다만 시비에 뜻을 두고 손익의 소재를 살피지 않는다면 변화에 응하는 권도에 어긋날 것이다. 권도에는 정규가 없으니 득중得中을 귀하게 여기는 것이요 대의에는 상제常制가 없으니 의당함에 합치하는 것을 귀하게 여기는 것이니, 득중하고 합의合宜되면 옳음과 이익이 그 가운데에 있을 것이다. 진실로 국가 이익과 백성에게 편리하면 모두 할만한 일인 것이요, 나라에 편안할 수 없고 백성들을 보호할 수 없는 것이라면 모두 해서는 안될 일인 것이다. 군자로서 어찌 결단하기 어려운 일이겠나? 그 어떤 일이 있어서 옳고 그름이 밝히기 어렵고 이익과 손해를 판단하기 어려워서 취하고 버림에 의심되면, 또한 그 경중 완급을 살펴야 할 뿐이다. 무겁고 급한 것은 마땅히 취해야 할 것이요, 가볍고 느슨한 것은 마땅히 버려야 할 것이다. 만일, 때에 맞추어 잘 조처하는 옳음에 통달치 못한 자라면 어찌 이런 데에 함께할 수 있겠으랴![23]

이는 국가의 여러 정책을 수립하는 과정에서 항상 시의성이 중시되어야 할 목적하에 그 구체적인 해법을 제시한 경우이다. 여기 현실과 가치 관계를 '권權'과 '의義'의 논리로 확인하면서 손익과 시비, 경중과 완급의 얽힘 속에 '득중과 합의'의 길을 모색하는 율곡의 논

---

23 『栗谷全書』拾遺5「時務七條策」: "愚聞 隨時得中之謂權 處事合宜之謂義 權以應變 義以制事 則於爲國乎何有 … 竊謂 道之不可竝者 是與非也 事之不可俱者 利與害也 徒以利害爲急 而不顧是非之所在 則乖於制事之義 徒以是非爲意 而不究利害之所在 則乖於應變之權 然而權無定規 得中爲貴 義無常制 合宜爲貴 得中而合宜 則是與利在其中矣 苟可以便於國利於民 則皆可爲之事也 苟不能安其國保其民 則皆不可爲之事也 君子豈有難斷之事乎 其或有事於此 是非不明利害難辨 而疑於取捨 則亦在乎審其輕重緩急而已 重且急則所當取者也 輕且緩則所當捨者也 苟非達了時措之宜者 烏能與於此乎."

지는, 오직 국가 정책 수립의 측면에서 뿐만 아니라 우리 개인의 삶에 있어서나 사회적 집단의 문제 해결에 있어서 시중에의 능력을 함양시키는 첩경으로 활용될 수 있을 것이다. 그럼에도 불구하고 언제나 과제로 남는 것은, 위 인용문의 말미에서 보이듯이 '때에 맞추어 잘 조처하는 옳음(時措之宜)'에 이를 수 있는 행위자 자신의 능력을 함양하는 일이다.

이러한 과제의식에서 행위의 장으로서의 현실 상황을 정확히 파악하는 일과 그에 적절한 삶의 태도로서의 시의행時宜行을 모색하는 일을 다루면서, 특히 유의해야 할 부분으로 생각되는 것은 그 현실적 상황을 어디까지 보느냐 하는 영역 설정의 문제이다. 그 영역의 설정은 시간과 공간, 그리고 표면과 내면의 모든 면을 고려하면서 길고 넓게 잡을수록 좋을 것으로 본다. 그것은 자기 스스로에 있어서 대의를 향한 시중의 폭을 넓히는 요건이 될 수 있을 것이기 때문이다.

그러나 만일 그 영역을 좁히고 내용의 깊이를 낮추게 된다면 일제 말기의 일부 지식인들에서 발견되듯이, 주체성 상실을 당연시 여기거나 불의의 현실주의에 안주하는 모습을 보이기 쉽다. 그러한 경우에도 제한된 상황에서 나름대로의 '시중'을 운위할 수 있다는 점에 우리는 경계심을 갖지 않을 수 없다. 이는 '권도'라는 미명하에 불의를 용인하려는 불순한 태도와 성격을 같이하는 것으로서 대의大義와 대도大道의 이름으로 심판받아 마땅한 대상일 뿐이다.

3) 실천적 저해요인 제거

인간 행위의 내면을 보면 시의로 잡은 것 그대로가 아무런 무리 없이 실천의 단계에 까지 이르는 경우가 있고 반면에 그렇지 못한 경우도 있다. 여기서는 바로 이 후자를 주목하여 시중을 향한 실천력 향상의 방안을 밝혀보고자 한다.

구상한 그대로가 구체적 행위의 차원에까지 이르지 못하는 데에는 여러 가지 원인이 있을 수 있다. 사실을 제대로 파악하지 못했다거나, '옳음(宜)'의 적용이 현실에 걸맞지 못한 상태이었거나, 현실이 예상과 달리 급변하는 형국이었거나, 또는 행위자 자신의 심리적 변화가 발생되는 것 등 그 유형은 실로 많을 것이다. 그러나 이러한 저해 요인들을 주변의 탓으로 돌리려 한다면 성공적인 시중 행위는 더 이상 기대할 수 없게 된다.

그러므로 그 모든 것을 일단 행위자 자신의 영역 안에 수렴하는 관점에서 이 문제를 생각할 필요가 있다. 즉 행위자 스스로가 애초부터 앎과 실천의 역량을 충실히 발휘하면서 수시로 발생하는 각종의 저해 요인을 예견하고 그것을 제거하는 능력까지 갖출 수 있어야 한다는 점이다.

이에 관한 하나의 대안으로는 『중용』 '성론誠論'에 제시된 '착함을 잡아 굳게 지켜가는 것(擇善固執)'의 방법론[24]이 주목된다. 그것은 ① 박학博學-② 심문審問-③ 신사愼思-④ 명변明辨-⑤ 독행篤行 등의 다섯 단계로서, ①은 폭 넓게 공부하여 각종 앎의 세계를 넓혀가는 것을 의미하고, ②는 분명하지 않은 부분에 대해서는 질문을 통하여 앎의 깊이를 더해가는 것을 의미하며, ③은 그러한 지식이 자기 사신의 신중한 사유과정을 통하여 체득됨을 의미하며, ④는 여러 상황에서 올바른 행위를 위한 분명한 판단력이 발휘됨을 뜻함이며, ⑤는 이상의 기반에서 실제 행위의 정도를 돈독히 하는 것을 의미함이다. 이를 크게 앎과 실천의 두 측면으로 나누어 보면 ⑤이전까지는 모두 이치의 확인과 적용에 관한 것 즉 앎의 영역임을 알 수 있다. 실제로 인식의 태도에서 그와 같은 네 관점이 동시에 견지된다면 지식활동상 그 어떠한 장애요인으로 인한 오류 현상은 나타나지 않을 것으로 보인다.

---

24 『중용』 20장: "誠者 天之道也 誠之者 人之道也 誠者 不勉而中 不思而得 從容中道 聖人也 誠之者 擇善而固執之者也 博學之 審問之 愼思之 明辨之 篤行之."

그런데 이 실천의 영역에서는 '독행篤行'이라는 한 용어로 단조롭게 표현하고 있으니, 과연 그 '독篤'자가 뜻하는 수준의 행위 결과를 낳게 할 수 있겠는가 하는 점에는 의문이 간다. 어떤 행위를 앞둔 순간에도 각종의 저해요인은 부단히 개입되는 것이 실제 상황이고 보면 더욱 그러하다. 이 점을 주목한 주자는 위의 다섯 조목을 자신의 '백록동서원 학규白鹿洞書院學規'로 활용하면서 특히 ⑤의 부분에 대하여 특별히 여섯 명언을 덧붙여 그 기반을 다질 수 있도록 하였다.[25] 그가 부연한 여섯 가지 명언은 ㉮'말이 참되고 신의가 있으며 행실은 돈독하고 공경스러움(言忠信行篤敬)' ㉯'성냄을 징계하고 욕심을 억제하며 착함을 따르고 잘못을 고침(懲忿窒慾遷善改過)' ㉰'그 옳음을 바르게 하되 그 이익은 꾀하지 않음(正其義不謀其利)' ㉱'그 도리를 밝히되 그 공로를 계산하지 않음(明其道不計其功)' ㉲'자신이 바라지 않는 것을 남에게 하지 않음(己所不欲勿施於人)' ㉳'행동하여 얻지 못하면 돌이켜 자신에게서 살핌(行有不得反求諸己)' 등이다.

이러한 모습들이 행위자의 심성에서 하나의 좌우명으로 견지될 때에 비로소 행실의 돈독함을 낳을 수 있다고 주자는 보았던 것이다. 이로써 특히 욕심이나 성냄의 감정문제, 공리를 앞세우려는 명예의식, 자신만을 의식하려는 이기주의 등이 참된 행실의 장애요인으로 간주되고 있었음을 알 수 있다.

이상의 내용들은 군자의 인품을 지향하는 수행의 요령으로 매우 중시되어 왔다. 이퇴계가 선조에게 올린 『성학십도』(제5도)에서 위 내용을 그대로 소개했던 것도 바로 그러한 이유에서였다. 인간으로서의 품행을 높여가는 일은 그 어떠한 신분의 고하가 문제될 수 없었던 것이다.

---

25 『朱子大全』 권74, 「白鹿洞書院揭示(學規)」

　그러면 그와 같은 시중을 향한 인간 행위의 저해요인들을 총괄하여 말한다면 무엇을 말할 수 있을까? 여기서 다시 우리들의 생각을 가다듬고, 맹자의 "마음을 함양하기는 욕심을 줄이는 것보다 좋은 것이 없다."[26]라는 말이나, 순자의 "사람은 나면서 이익을 좋아하는데 이를 따르면 쟁탈이 생기고 사양이 없어질 뿐이다."[27]라는 말, 그리고 이퇴계의 '승사공부론勝私工夫論'[28] 등을 생각해 보면, 역시 '사리사욕'의 문제를 거론하지 않을 수 없다.

　그러나 우리 인간은 육신을 가지고 있는 한, 욕구 그 자체를 무시할 수 없고 또 시중이라는 이름으로 금욕을 요구할 수도 없는 일이다. 따라서 과욕寡欲으로서의 절제력을 요구하는 수준으로서 저해요인 제거의 행위론은 정립되어야 할 것이다. 즉 개인의 존엄성과 욕구개방이 중시되는 현대사회에서는 그 정도도 쉬운 것이 아니라는 사실에 공감하면서, 특히 서로를 배려하고 협력하는 공동체 의식을 함양하는 데에 노력해야만 한다.

　나아가 그 이상의 단계로 거론할 수 있는 바는, 그 근원적 욕구의식이 사리사욕의 방향에서 진리와 정의의 세계를 향하여 힘차게 전환할 수 있다면, 그리하여 이른바 '도심道心'의 경계를 확보하며 '거경居敬'의 태도를 가지게 된다면, 그 주인공에게는 분명히 군자 또는 대인에 버금가는 대의大義의 인생이 펼쳐질 것이다.

---

26 『맹자』「盡心下」: "養心 莫善於寡欲."
27 『荀子』「性惡」: "今人之性 生而有好利焉 順是 故爭奪生而辭讓亡焉."
28 李退溪는 사람들이 올바른 모습을 가질 수 없는 것은 '私'를 극복하지 못하는 데에서 비롯하는 것이라고 진단하며 '勝私工夫'를 강조했는데, 그 방법으로는 '克己復禮' 중심의 성현 가르침을 말하고, 특히 居敬의 태도를 중시하였으며, 생물들을 완상함으로써 심성을 정화시키는 방안도 제시하였다. 趙南旭「李退溪의 人格 修養論과 그 현대적 意義」(한국윤리교육학회『倫理敎育硏究』2집 13~34쪽.)

3. 시중 행위의 실제

1) 행위의 실제와 자족감

지금까지의 논의는 가장 바람직한 최선의 행동방안을 정립하는 과정으로서의 의미를 갖는다. 따라서 이제 남은 일은 그것을 자아성숙이나 대인관계 또는 대물관계 등등의 실제 상황에서 스스로가 행동으로 옮겨가는 일이다. 여기서는 특히 앞서 살핀 바와 같은 스스로에 대한 순리적 존재로서의 자각의식에서 비롯하는 강인한 실천의지가 긴요한 것이지만, 그 순간에도 현실은 변하고 있다는 점에 유의하지 않을 수 없다. 만일 이 점이 간과된다면 '시중時中'에서의 '시時'로 말해지는 현재성이 상실되기 쉽다.

그 동안 준비했던 실천방안이 행동으로 옮겨가는 그 순간에도 현실 상황은 계속 변하고 있다는 사실을 잊지 않을 때에 진정한 시중의 모습이 기대될 수 있다. 따라서 종전과 같은 정확한 상황 인식과 옳음을 향한 가치추구는 잠시도 멈출 수가 없는 것이다. 이에 다음의 발언이 주목된다.

　군자는 천하 사람들과 상대하여 딱히 정함이나 딱히 부정함도 없이 '옳음(義)'을 좇아간다.[29]
　나아갈 줄만 알고 물러설 줄을 모르며, 살 줄만 알고 죽을 줄을 모르며, 얻을 줄만 알고 잃을 줄을 모르는 것이 진정 성인이겠는가? 나가고 물러섬과 살고 죽음을 알아서 그 '바름(正)'을 잃지 않는 자가 진정 성인인 것이로다![30]

---

29 『논어』「里仁」: "子曰 君子之於天下也 無適也 無莫也 義之與比."
30 『周易』「乾卦」'文言': "知進而不知退 知存而不知亡 知得而不知喪 其唯聖人乎 知進退存亡而不失其正者 其唯聖人乎."

여기서 우리는 최소한 두 가지 의미를 확인하게 된다. 하나는 현실적 상황 변화로 말미암아 고정적인 태도로 대할 수만은 없다는 점이요, 또 하나는 그러한 변화 속에서도 '옳음'과 '바름'으로 표현되는 가치는 항상 중시되고 있다는 점이다. 전자는 인간의 삶이란 현실을 떠나고서는 불가능하다는 사실성을 보이고 있는 것이며, 후자는 그렇다고 맹목적인 현실주의로 전락될 수는 없다고 하는 대의정신을 나타내고 있다.

이처럼 시중행時中行을 계속하기 위해서는, 외향적으로는 상황변화에의 방법적 유연성, 그리고 자신에 대해서는 정의를 향한 실천적 사명감이 견지되어야 한다. 이러한 모습을 주자는 이렇게 말하고 있다.

> 대개 中은 ㉠'고정된 모양 없이 때를 따라 있는 것'으로서 곧 평상의 이치이다. 군자는 그것이 자기에 있는 것임을 알므로, ㉡'남이 보지 않음에도 경계하고 듣지 않음에도 두려워할 수 있게 되니' 시의에 적중하지 않음이 없는 것이다.[31]

여기서 ㉠부분은 바로 그 방법적 유연성을 나타냄이요, ㉡부분은 그 실천적 사명감을 드러내고 있는 모습이다. 그런데 ㉠과 같은 방법적 유연성이란, 그저 시류에 따르는 편의주의의 모습이 아니라 '옳음'의 공효를 높이기 위한 상황 변화에의 상응적 태도를 말하는 것이므로, 그 새로운 방안 마련에의 긴장감은 상존하기 마련이다.

이와 같은 시중행은 진리와 정의에 대한 공존의식과 자기 스스로에 대한 진솔함으로 구현될 수 있다. 잠시라도 스스로가 정의와 함께 있음의 자아의식이 약화되거나, 때로는 그것을 벗어날 수도 있다는 일탈

---

31 『중용』 2장 註: "蓋中無定體 隨時而在 是乃平常之理也 君子知其在我 故能戒謹不睹 恐懼不聞 而無時不中."

의식이 작용한다면, 그 순간부터 지선至善을 향한 시중 행위는 더 이상 기대할 수 없게 된다.

이러한 점에서 속이지 않는 자기 관리가 더욱 절실한 것인 바,『대학』에서는 이렇게 말하고 있다.

이른바 그 뜻을 성실히 한다는 것은 스스로 속임이 없는 것이다. 악취를 싫어하듯이 멋진 모양을 좋아하듯이 한다. 이것을 '스스로 만족함(自謙)'이라 이르니, 그러므로 군자는 반드시 자기 스스로를 더욱 신중히 한다.[32]

그 무엇을 속이지 않는다는 순연한 자기관리에서는 결국 '스스로 족함'으로서의 성취욕을 맛볼 수 있다는 것이다. 이러한 사실은 우리 인격수양 과정에서 종종 경험하는 것이기도 하지만, 특히 그것이 어려운 여건에서 성취된 것이라면 그 자족의 정도는 더욱 깊게 느껴진다.

또 그것이 사회적 정의의 가치를 빛낸 경우에는 자타가 칭송하고 더 깊이 공감한다. 그러므로 순자荀子는 "의義를 먼저하고 리利를 뒤로 하는 자는 영광되고, 리를 앞세우고 의를 뒤로 하는 자는 욕먹는다."[33]는 말로 의로운 행위를 중시 여겼다. 그러한 정의의 가치는 인간 모두가 공유하고 있다는 점, 그리고 그로 말미암아 얻게 되는 자족과 영광은 나만의 것이 아니라 인간 공동체 모두가 향유하게 된다는 점에서 그 의의가 드높다.

이와 관련하여 맹자의 "마음의 같은 모습은 무엇일까? 이르건대, 리理이며 의義이다. 성인은 내 마음 속의 같은 모습을 먼저 얻었을 뿐

---

32 『대학』傳 6장: "所謂誠其意者 毋自欺也 如惡惡臭 如好好色 此之謂自謙 故君子必愼其獨也."
33 『순자』「榮辱」: "先義而後利者榮 先利而後義者辱."

이요, 리의理義가 내 마음을 기쁘게 하는 것은 고기가 내 입을 즐겁게 하는 것과 같다."[34]라는 말은 우리의 가슴을 울리게 한다.

이처럼, '옳음'으로서의 인간 행위는 우리 모두의 심기를 근원에서부터 기쁘게 하는 것이요, 시중행의 진의도 바로 그 '옳음'을 잃지 않는 데에서 칭송될 수 있는 것임을 알 수 있겠다. 상황 변화에 따른 태도의 변경도 이러한 조건에서 의미를 더해가는 것이다.

2) 지선을 향한 평가와 인생

인간의 삶에서 연속적으로 이어지는 각종의 행위에 대해서는 자의든 타의든 그것을 돌이켜 보고 또 선악시비의 평가를 내리기 마련이다. 그리고 그 평가의 단계는 개인적 측면에서부터 가정과 사회 및 민족적 입장, 넓게는 세계인류사의 영역에까지 이어지기도 한다. 이러한 평가를 통하여 잘못은 거듭하지 않고 좋은 것은 더하는 반성의 기반을 강화시킨다는 점에서 그 발전적 의의를 볼 수 있다. 또한 거기에는 인생의 최고선을 향한 이른바 '지선至善'의 가치 추구가 상존하고 있는 셈이다.

그러나 그 평가의 공정함은 당연한 것이나 그것이 항상 쉬운 것만은 아니다. 예컨대 "나라가 잘 다스려질 때에는 가난하고 천한 것이 부끄러운 일이며, 나라가 어지러울 때에는 부유하고 귀한 것이 부끄러운 일이다."[35]라는 정도는 그리 어려운 경우가 아니나, 정치 행위 등의 경우에는 간단하지 않다.

그 쉽지 않음의 한 예로는 병자호란 때 척화斥和와 주화主和의 상반론으로 유명한 김상헌金尙憲과 최명길崔鳴吉의 경우를 볼 수 있으니

---

34 『맹자』「告子上」: "心之所同然者 何也 謂理也義也 聖人 先得我心之所同然耳 故理義之悅我心 猶芻豢之悅我口."
35 『논어』「泰伯」: "子曰 … 邦有道 貧且賤焉 恥也 邦無道 富且貴焉 恥也."

사료에 전하는 내용의 일부를 보면 다음과 같다.

　　최명길이 심양의 감옥에 있을 때에 일찍이 김상헌에게 經經과 권權에
대하여 논하였다. 김상헌이 시를 지어 말하기를, '성공과 실패는 천운에
달려있다. 모름지기 의義에 돌아가야 한다. 아침과 저녁은 바꿀 수 있을
망정 웃옷과 아래옷을 거꾸로 입을쏘냐. 권權은 어진이도 혹 그르칠 수
있으나 經經만은 마땅히 여러 사람이 다 어길 수 없다. 이치에 밝은 선
비에 말하노니 급한 때라도 저울질을 삼가라.'라고 하였다. 최명길이 또
한 시를 지어 말하기를, '고요한 곳에서 뭇 움직임을 볼 수 있어야 진실
로 원만한 구절을 지을 수 있다. 끓는 물도 얼음장도 다 같은 물이요,
털옷도 삼베옷도 옷 아닌 것 없으니, 하는 일 어쩌다가 때를 따라 다를
망정 속마음이야 어찌 정도에서 어긋날 수 있겠는가. 그대 만약 이 이치
를 깨달아 알게 되면 말함도 아니함도 다 각기 천기로세.'라고 하였다.
이경여李敬輿가 두 사람에게 보낸 시에 이르기를, '두 어른의 經經과 권
權이 각기 나라를 위한 것이니, 하늘을 떠받드는 큰 절개요(김상헌), 한
때를 건져낸 큰 공적이로다(최명길). 이제야 원만히 마음이 합치는 곳,
심양 감옥 속의 두 늙은이 모두가 백발일세.'라고 하였다.[36]

국가와 더불어 더 이상 생사의 기로를 해결할 수 없는 위급한 상황
에서 최명길이 제기한 주화의 실상이 밝혀지고 있는 장면이다. 만일
이와 같은 본인들의 진술과 이경여의 평론이 없었다면 아마도 최명길
의 주화론은 '권도' 즉 시중으로서의 의미를 찾기 어렵게 될 것이요,
결국은 그가 불충不忠으로 비판 받을 수밖에 없었을 것이다. 그러나
'애국'이라는 그 대의를 잃지 않았다는 사실이 확인됨으로써 김상헌의

36 李肯翊(민족문화추진회 역), 『국역 연려실기술』 Ⅵ(306쪽) 권26, '瀋陽獄애 갇힌
　　사람들'.

척화정신과도 만나는 이른바 상도常道와 권도權道의 근원적 소통처를 보게 되는 것이었다.

이 근원의 가치는, 척화나 주화로서의 방법적 차이를 넘어서고 또 양자를 포괄하는 의미를 가질 수 있는 것이기 때문에, 크고 작은 역사 사실의 평가에서는 위 이경여가 보였던 행위의 본원적 측면을 깊이 파악하는 태도가 긴요하다고 본다. 만일 미약한 사료에 만족하려 하거나 행위의 외적 측면만 보면서 역사와 인물을 평가하려 한다면, 그 결과는 오류를 범하기 쉽게 될 뿐만 아니라, 진정한 시중 행위도 불의로 매도하는 잘못을 저지를 수도 있을 것이다. 따라서 평가자의 입장에서는 보다 더 신중한 태도로 그 내면의 정신적 지향성 즉 대의의 소재를 따라 공정하게 선악시비를 가리려는 정의에의 애정이 깊게 작용해야 할 것이다. 또한 그 폭을 넓혀가기 위해서는 역지사지易地思之의 토론 과정도 필수적인 것이라 하겠다.

그러나 평가행위가 아무리 어렵다 하더라도 그것은 간단없이 지속될 필요가 있다. 그것은 과거사 정리로서의 의미를 갖는 것일 뿐만 아니라, 대자적으로는 '정명正名'을 향한 자기 관리의식을 제고시키는 요인이요, 대타석으로는 '정의'를 향한 사회적 감시기능을 높이는 기인으로 작용할 수 있을 것이기 때문이다. 즉 앞날에 대한 평가의식은 오늘의 행위에서부터 '옳음'과 '마땅함'을 더하게 하는 동인으로 작용한다는 점이다.

따라서 도덕 공동체의 일원으로서 나날이 더욱 바람직한 삶의 모습에 이르기 위해서는 특히 반성과 평가운동의 생활화가 필요한 것이다. 그것은 나날이 변하는 현실과 최고가치로서의 대의가 함께하는 시중행의 수준을 높이게 하는 것으로서 결국은 '지선至善'을 향한 적극적 의의를 갖는 것이기 때문에 더욱 그러하다. 이러한 점에서, 증자曾子가 매일 진실됨(忠)과 신뢰성 그리고 실천성 등의 세 가지를 반성하며 살았다는 발언[37]은 오늘의 우리들에게 적지 않은 의미를 던지는 것으로 보인다.

반성과 평가가 없는 상태에서는 더 이상의 도덕적 태도를 기대할 수 없다는 사실은 우리가 잘 알고 있다. 인간이라는 이유 때문에 인격의 향상의 문제를 포기할 수 없는 한, 그것은 삶이 끝나는 그 순간까지 계속되어 마땅하다. 행위에 대한 자타의 평가는 시의를 따라 스스로가 적극 수용하고 지속해 갈수록 발전적 의미를 가지게 되는 것이다. 이러한 기반이 유교문화에서는 부단히 중시되어 왔다.

이상에서 살핀 바와 같이 '시중時中'이란, 인생의 현장에서 인간의 도리에 적중되는 삶의 모습으로 이른바 '중용'의 길에 이르는 '시의時宜'의 도덕적 행위로서, 예나 지금이나 인격 함양의 요체가 되는 것이었다. 이것은 곧 과거와 오늘에 통하는 유자의 바른 길임은 물론이요, 유학과 비유학의 소통적 요인으로서도 의의가 지대하다고 본다.

이제 '현대 유자의 바른 길'로서 제시하는 시중時中의 능력 제고론을 요약해보면 다음과 같다.

첫째, 인간으로서의 각 개인은 자기 스스로가 진리적 존재임을 깊이 자각해야 한다는 점이다. 성인군자는 따로 있고 나는 그저 되는대로 아무렇게나 살아도 된다는 자기 비하의 의식구조가 작용한다면 그 어떠한 도덕 행위도 기대하기 어렵다. 따라서 동서 고전의 인간해석이 보여주는 바와 같이, 인간은 모두 애초부터 진리의 순수성을 타고 태어났으니, 그 성인군자와의 차이는 각자의 인격 수양의 결과로서 나타나는 것에 불과하다는 사실을 확인하며, 자기의 안팎에 흐르는 이치의 실상을 파악하려는 데에 적극성을 보여야 한다. 이때에 비로소 선악시비에의 판단력이 형성되어 시중행의 정신적 기반을 다질 수

---

37 『논어』「學而」: "曾子曰 吾日三省吾身 爲人謀而不忠乎 與朋友交而不信乎 傳不習乎."

있는 것이다.

둘째, 현실의 주변 상황에 대한 통찰력을 적극 발휘할 수 있어야 한다는 점이다. 시중은 가상의 세계에서 인생을 논하는 것이 아니라 삶의 구체적인 이 현실에서 가장 올바르고 합당한 방향의 길을 찾아 삶을 영위하고자 하는 모습이다. 따라서 어느 한 순간도 현실을 떠나고서는 스스로의 삶 자체가 불가능하다는 긴장감 속에서 과연 이 현실의 상황이 어떠한 모습인가에 대한 정확한 파악이 요구된다. 동시에 보다 더 바람직한 태도를 모색하는 데에는 그 현실에 대한 영역 설정의 폭과 깊이의 확장을 필요로 한다.

셋째, 자기가 처한 상황에서 최선의 방안을 수립하되 항상 가변적 대안까지 모색할 수 있어야 한다는 점이다. 이는 위의 첫째와 둘째를 통합하는 입장으로서 저속한 시류에 전락되지 않으면서 시의를 따라 구체적인 실천방안을 수립하는 부분이다. 이 경우에는 현실의 상황은 항상 변할 수 있다는 사실성이 고려되어야 한다. 그렇지 않으면 그 처음의 방법은 실효성이 없어지거나 '옳고 좋음'으로서의 정의의 가치를 상실할 수가 있는 것이기 때문이다. 이 점에서 이른바 '권도'의 길 또한 긴요한 것이다.

넷째, 스스로 속이지 않는다는 지성적 의지로서 이미 구상한 것을 적극 실천하되 항상 반성과 평가의 태도를 견지할 수 있어야 한다는 점이다. 모든 행위의 주체는 다름 아닌 자기 스스로라는 사실을 직시해 볼 때 그 모든 것들의 성공 여부는 바로 스스로의 진솔한 태도에 달려있다는 점을 알게 된다. 그러므로 군자다운 인격함양에서는 특히 '신독慎獨'이 중시되어 남이 보지 않는 경우에까지 그 속임 없음의 진면목을 보여주기도 한다. 나아가 각각의 제반 행위에 대한 안팎의 반성과 평가 내용들이 적극적으로 수용해 갈 수 있을 때에 이른바 지선至善을 향한 인생의 전개가 가능한 것으로 본다.

이상의 태도가 일상적인 삶의 현장에서 점차 능동적으로 종합 지향

해 간다면, 자기 스스로는 시의에 합당한 도덕적 삶의 주체로 각인될
수 있을 것이요, 사회적으로는 바람직한 인간상의 주인공으로 이름을
남길 수 있을 것이다. 이것은 곧 현대를 살아가는 참된 유자의 길이기
도 하다.

〈이 제4부 제2장의 내용은, 논문 「時中에 이르는 능력 함양론」(한국윤리교육학회 『倫理
教育研究』 7집 17~37쪽, 2005.)을 가감 보필한 것임.〉